한국문단의
스캔들

# 한국문단의 스캔들

© 홍지화, 2018

1판 1쇄 인쇄 __ 2018년 12월 20일
1판 1쇄 발행 __ 2018년 12월 30일

지은이 __ 홍지화
펴낸이 __ 홍정표

펴낸곳 __ 작가와비평
　　　　등록 __ 제 2018-000059호

공급처 __ (주)글로벌콘텐츠출판그룹
　　　　대표 __ 홍정표　디자인 __ 김미미　기획·마케팅 __ 노경민 이조은 이종훈
　　　　주소 __ 서울특별시 강동구 풍성로 87-6　전화 __ 02-488-3280　팩스 __ 02-488-3281
　　　　홈페이지 __ www.gcbook.co.kr　메일 __ edit@gcbook.co.kr

값 14,500원
ISBN 979-11-5592-226-2 03900

# 한국문단의
# 스캔들

홍지화 지음

작가와비평

전작 『거장들의 스캔들』의 후속편으로 집필을 의뢰받은 지 만 6년 만의 출간이다. 내게는 쉽지 않은 집필 과정이었다. 한 사람의 작가로서 의욕은 왕성했지만 현실은 그리 녹록치 않았다. 우선 후손들의 눈치를 살펴야 했고, 사생활 침해 소지와 명예훼손 등 법적인 시비에 휘말릴 가능성도 염두에 두고 최대한 리스크를 줄이는 방향으로 거론할 작가들을 선정해야 했다. 사정이 그렇다 보니 내가 집필하고 싶다고 한들 함부로 집필하는 게 불가능했다.

그런 까닭으로 여러 작가들을 거론할 수 없었다. 이미 객관적인 사실이 된, 작고한 지 오래된 작가들한테만 허용되는 일이었다. 그리고 최대한 조심조심히 집필했다. 내가 한없이 게으름을 피운 까닭도 있지만, 자료조사에서부터 시작하여 검증, 검토, 집필에 이르기까지 만 6년의 시간이 필요했다. 그 시간 동안 이 미완의 원고는 내 명치를 짓누르는 체증 같은 것이었다. 지금까지 출간한 다섯 권의 책 중에서 가장 어렵고 힘든 작업이었다.

하지만 한 작가씩 집필을 끝내고 난 후의 쾌감이란 말로 표현할 수 없는 것이었다. 내 손끝에서 한국 문단의 대표 거장 4인의 삶과 사랑, 희로애락이 정리되었다는 자부심! 그것은 아마 영원한 나의 족적(足跡)으로 기록될 것이다. 힘들고 어려운 작업이었던 것만큼 그것을 기어코 끝낸 후의 보람은 실로 크다.

이상, 김우진, 나혜석, 모윤숙. 그들은 한국문단의 전설이다. 그들이 살았던 시기는 한국문단 및 한국문학의 태동기였다. 그들은 일제강점기와 해방, 서로 다른 정부 수립, 6.25 동란 등의 파란만장한 근·현대사를 온몸과 온 영혼으로 맞닥뜨렸다. 암울하고 척박한 시대와 처절히 사투를 벌이다가 끝내 자살하거나 요절했고, 그도 아니면 불명예스럽게 퇴장하였다.

그러나 그들은 최선을 다해 살았고, 최선을 다해 썼고, 열심히 누군가를 사랑했다. 『어린왕자』 속 명언처럼 사막이 아름다운 이유는 어디엔가 오아시스 감추고 있기 때문일 것이다. 마찬가지로 척박하고 비루한 현실 속에서도 그들이 삶에 용기를 잃지 않았던 것은 쓸 수 있었기 때문일 것이리라. 또, 누군가를 아낌없이 사랑할 수 있었기 때문이리라. 그래서 그들은 기꺼이 한 자루의 촛불이 되어 스스로를 아낌없이 태웠을지언정, 현실 앞에 무릎을 꿇고 굴복하지 않았다.

거장을 넘어서 한국문단의 전설이 된 4인의 작가! 그들이 존재했기에 세계문학 속에서도 독특한 빛을 발하는 한국문학이 있는 것이다.

한 시대의 작가는 가장 외롭고 고독한 존재다. 그들은 시대의 비합리와 모순, 폭력적이고 척박한 현실에 맞서 고매하고도 비폭력적인 자기만의 방법으로 항거하다가 끝내 촛불처럼 녹아 흔적 없이 스러져 가는 존재들이다. 먼저 삶을 산 작가들이 그랬듯이 지금 현재를 살아가는 나를 비롯한 이 땅의 작가들한테도 그것은 주어진 숙명일 것이다.

끝으로, 인내심을 가지고 6년 동안 기다려주신 〈작가와비평〉 관계자분들과 나의 부모님, 지인, 친구들의 늘 한결 같은 응원에 감사드린다. 마지막까지 족적이 아름다운 작가로 남고 싶다.

어느새 한 해가 뉘엿뉘엿 저물고 있다. 아무도 살아보지 못한, 겪어보지 못한 새해가 밝아온다. 살아 보지 않았기에, 겪어 보지 않았기에 미지의 시간은 아름다운 것이 되는 것이다.

2018년 끝자락에서
홍지화 씀.

# 나혜석

# 모윤숙

# 이
# 상

박제가 된 모던보이

천재작가

이상의 삶,

그리고

세 여인

"불행한 운명 가운데서 난 사람은 끝끝내 불행한 운명 가운데에서 울어야만 한다. 그 가운데에 약간의 변화쯤 있다 하더라도 속지 말라. 그것은 다만 그 불행한 운명의 굴곡에 지나지 않는 것이다."

천재작가 이상이 했던 말이다.

작가 이상(李箱: 1910.09.23~1937.04.17)의 이름에 붙는 수식어는 참 많다. 한국문학의 돌연변이, 한국문학사의 이단아, 근대문학의 마침표이자 현대문학의 시작, 한국 시사(詩史) 최고의 아방가르드 시인, 한국 현대시 최고의 모더니스트, 한국의 보들레르 등등. 즉 이상의 등장 자체가 한국 현대문학사상 최고의 스캔들로 통하는 것이다.

이상이 아니면 어느 누구도 집필할 수 없을 것 같은 소설 「날개」와 「봉별기」는 그의 자전적 소설이다. 그만큼 작중 '나'와 이상 본인은 꽤 많이 닮아 있다. 현실적으로 무능력하고, 어설프고, 자폐적인 성향까지.

하지만 이게 이상의 전부는 아니다. 그의 지인들의 회상에 따르면, 동거녀 금홍이 다른 남자와 긴밀한 사이가 되더라도 방임하는 등의 당시 풍속과 상식으로는 납득하기 어려운 기행과 일탈을 일삼고 괴팍한 구석이 많긴 했으나, 사리분별이 정확하고 꽤 냉철한 사람으로 전해진다. 또, 양자로 다른 집에 입양됐음에도 불구하고 자신의 처지에 대해 좌절하지 않고, 더욱이 형편이 어려운 친가에 어떤 식으로든 도움이 되고자 소위 물장사, 즉 다방사업에 목을 매는 등 나름대로 책임감도 강한 사람이었다.

그래서일까? 이상의 절친이자, 함께 구인회의 회원이었던 시인 김기림은 그를 '순교자, 혹은 피에타'로 표현했다. 이상을 평소 '우리가 가진 가장 뛰어난 근대파 시인'으로 칭송해마지 않았던 김기림은 훗날 그가 만 스물일곱 살, 막 피어난 한 떨기 꽃 같은 나이로 요절하자 다음과 같이 말하며 깊이 애도했다.

> (이)상은 한번도 잉크로 시를 쓴 적이 없다. 상의 시에는 언제든지 상의 피가 임리하다. 그는 제 스스로 혈관을 짜서 시대의 서(書)를 쓴 것이다. 그는 현대라는 커다란 파선에서 떨어져 표랑하던, 너무나 처참한 선체조각이었다. ……상의 죽음이 한국문학을 50년 후퇴시켰다. 상의 죽음은 한 개인의 생리의 비극이 아니다. 축쇄(縮刷)된 한 시대의 비극이다.
>
> ㅡ김기림, 「고(告) 이상의 추억」, 『이상전집』, 가람기획, 2004

고로, 이상은 시대의 죄를 사하고자 제 스스로 무거운 십자가를 어깨에 짊어지고 죽을힘을 다해 언덕을 넘은 '골고다의 시인'이었다고 김기림은 먼저 떠난 벗이자 동료를 추억했다. 그렇다. 우리는 한 천재작가를 일제강점기라는 매우 특수하고도 암울한 현실 속에서 지켜주지 못한 채 영영 떠나보냈다. 그것은 우리의 현대문학사의 커다란 손실이며 시대의 아픔이자 치유

되지 않는 상처다.

천재작가 이상의 삶은 자신의 말처럼 철저히 불운과 비극으로 점철되었다. 어미젖을 갓 떼고 난 후, 아들이 없는 탓에 대가 끊길 위기에 처한 큰집에 구원투수로 입양되어 백모의 서릿발 같은 눈총을 받아가며 성장기를 보냈고, 명석한 두뇌와 뛰어난 재능을 소유했지만 가난과 소외, 그리고 병마의 굴레로부터 평생 벗어나지 못했다. 가까운 친구한테마저 그는 '얼치기 화가' 또는 도저히 이해할 수 없는 시를 쓰는 '괴팍한 친구'로 불리기도 했다. 그는 겉으로는 언제나 쿨한 척했지만, '입양아 트라우마'에서 자유롭지 못했고, 만 스무 일곱 해 동안 아무도 진심으로 사랑하지도, 또 사랑받지도 못했다.

건축학도였던 청년 이상은 어느 날 불현듯 자신의 비극적인 운명을 가슴을 움켜쥐듯 와락 끌어안고 제 살을 파먹는 문학 안에서, 마치 제 할 일은 오로지 그것뿐이라는 듯이, 마치 불나비처럼 문학 속에서 자멸해 버리고 말겠다는 듯이 속수무책으로 문학 안으로 육신과 영혼을 모두 내던져 힘차게 질주했다. 그것은 마치 죽음을 향한 뜨거운 몸짓이었을까? 마치 제 스스로 타며 어둠을 밝히는 촛불의 운명처럼 이상의 인생은 철저히 비극으로 막을 내렸지만, 그의 문학은 지금까지도 싱싱하게 살아 팔딱거리는 위대함의 신화가 되었다.

## ::: 그림을 잘 그리던 흰둥이

이상은 우리나라가 일본에 강제로 병합됐던 치욕의 해인 1910년 9월 23일(음력 8월 20일), 경성의 사직동에서 이발소를 하던 강릉 김씨 시조인 김연창의 2남 1녀 중 장남으로 태어났다. 그의 본명은 김해경(金海卿)이다.

김해경이 언제부터 이상으로 불러졌는지는 정확하게 알려진 바가 없고, 몇 가지 확인되지 않은 설들이 전해질 뿐이다. 1932년, 그의 나이 스물세 살 즈음 총독부 건축과 기수로 일을 할 때에 공사장 인부들이 일본어로 '김상(金さん)'을 '이상(李さん)'으로 착각해 그렇게 부르던 것에서 유래됐다는 설이 가장 널리 알려진 설이다. 또, 이상의 행동과 성격이 워낙 남달라 사람들이 '이상한 사람'이라는 의미로 그렇게 불렸다는 설도 있다.

그러나 1929년 경성고등공업학교의 졸업앨범에 '이상'이라는 필명이 처음 등장하는 것으로 보아, 실습생 시절 공사현장에서 인부들이 본인을 그렇게 부르는 것을 필명으로 사용했을 가능성도 있다. 그 후, 1932년 작가로서 등단작품이라고 할 수 있는 시 「건축무한육면각체」를 발표할 때부터 그는 김해경이 아닌, 이상으로서의 삶을 살았다.

그의 아버지 김연창은 구한말 궁궐 내에 있는 활판소에서 직공 일을 하다가 손가락을 잃는 부상을 당해 더 이상 직공 일을 할 수 없게 되자 집 근처에 이발소를 차렸다.

해경은 만 두 살 때에 어머니의 젖을 갓 뗀 후, 조부의 뜻에 따라 혼례를 올린 지 몇 해가 지났어도 아직 자식이 없던 큰아버지의 양자로 입적되어 김씨 집안의 종손이 되었다. 백부는 총독부 상공과 기술관이었는데, 어려서부터 해경의 총명함과 영민함을 알아봐 매우 애지중지했다.

해경이 백부의 양자로 들어간 데에는 그만한 사정이 있었다. 그가 태어날 무렵 아버지가 손가락 세 개를 잘리는 부상을 당한 탓에 더 이상 일을 구할 수가 없는 처지여서 급격히 가세가 기운 탓이었다. 해경을 제 친아들보다 더 아꼈던 백부는 인자하고 자애로우면서도 엄격한, 진정한 부성애를 베풀어주었지만, 백모는 그렇지 못했다.

"오빠는 세 살 때에 자기를 보고 웃는 큰어머니를 보고 무서워했대요. 무서웠지만 울지는 않았고, 슬금슬금 문 밖으로 숨었대요."

누이동생 김옥희의 증언이다. 그는 아직 사람이나 상황에 따른 분별력도 생기지 않았을 나이임에도 왜 백모의 웃는 얼굴을 보고 식겁했을까. 어린 나이였음에도 육감이라는 게 유독 발달했던 모양이다.

조카사랑이 남달랐던 백부는 출타했다가 돌아오기가 바쁘게, "해경아, 해경이 어딨느냐."며 그를 곁에 가까이 두기를 바랐다. 아동기를 지나고 나서부터는 모든 집안대소사를 그와 상의할 정도로 신뢰가 두터웠다.

이런 백부의 행동이 백모의 눈에는 좋게 비춰질 리 없었다. 더욱이 백부의 부부 사이에 뒤늦게 아들이 태어나고 나서 백모의 태도는 180도로 완전히 달라졌다. 친아들이 있음에도 불구하고 장남 자리를 애먼 사람이 꿰차고 있는 것도 마뜩찮았을 텐데, 게다가 남편은 친아들한테는 무심하고 조카한테만 무한 애정을 쏟아 부었으니 백모 입장에서는 속이 부글부글 끓어넘쳤을 게 빤하다. 그야말로 백모한테 이상은 어찌지도 못하는 눈엣가시, 꿔다놓은 보릿자루 같은 존재였다. 그녀는 남편의 사랑을 독차지하는 조카 이상에게 노골적으로 적의를 드러냈다. 결국 그는 구박떼기 입양아 신세였던 것이다.

큰집 양자로 들어간 것에 대해 이상은 훗날 자신의 저서 「공포의 기록」에서 다음과 같이 적었다.

그동안 나는 나의 성격의 서막을 닫아버렸다.

이같이 말할 정도로 평생 '입양아 트라우마'는 그의 내면을 더욱 춥고 어둡게 만들었다. 내 부모가 있는 내 집이 아닌, 남의 집살이의 고단함을 표현하기에 이 함축적이고 간결한 한 문장 외에 무엇이 더 필요하랴.

어쩌면 천재 이상의 비극적인 삶의 시작은 이 첫 단추가 잘못 끼워진 데서 출발한 것인지도 모른다. 이상 본인도 그랬겠지만, 제 속으로 낳은 자식임에도 불구하고 마음껏 안아줄 수도 없고, 짧은 대화조차 편히 나눌 수도 없었던, 그저 먼발치에서 아들이 자라가는 모습을 지켜보던 친모의 마음고생이 얼마나 진하고 애잔했을지는 굳이 말로 표현하지 않아도 알 것 같다. 동생 김옥희는 이상이 양자로 큰집에 들어간 것부터 크게 잘못된 일이었다고 말하며 그간의 친모의 마음고생에 대해 다음과 같이 회상했다.

"그렇게도 총명하더니, 재주 있어도 명 없으니……"
오빠의 지난날을 생각하는 어머님(친모) 말씀처럼 그의 총명과 재주가 명 때문에 발휘 못된 그 먼 원인이 우리 가정적 비극에 있었다고 생각하면 참 원통하기 이를 데 없습니다.
-김옥희, 「오빠 이상」, 『이상전집』, 가람기획, 2004

이상의 어린 시절은 여느 아이들과 그다지 유별나지 않았다. 지나치게 뽀얗고 창백한 얼굴 때문에 마을 아주머니들이 그를 "흰둥이, 흰둥이"라고 불러 어린 시절 별명이 '흰둥이'가 되었다.

다만, 그의 어린 시절에 얽힌 한 가지 일화가 전해지는데, 총명함과 영특함이 빛을 발해 한글을 하룻저녁에 모두 깨우쳐버렸다고 한다. 그리고 일곱 살 때에는 홍역을 앓았는데, 고열로 온몸이 펄펄 끓으면서도 머리맡에 책을 두고 아파서 공부를 못하는 걸 슬퍼했다고 한다. 어쨌든 이상은 어린 시절부터 범상치 않은 인물이었음에 틀림없다.

특히 그림에 소질이 뛰어나서 어린 시절부터 무엇이든 주의 깊게 관찰하고 골똘히 생각해, 밤을 새워서라도 종이 위에 똑같이 쓰거나 그려냈다고 전해진다.

미술의 천부적인 소질에 대해 백모와 동생 김옥희는 위의 책에서 다음과 같이 증언했다.

"그 아이(이상)는 그림에 빠져있기 일쑤였어요. 길가에 버려진 화투 목단 열 곳짜리를 똑같이 그려내 사람들이 놀라기도 했지요. 내가 환쟁이는 상놈이라고 막무가내로 혼내고 말려도 소용이 없었어요. 그 아이는 혼자 있을 때엔 늘 무언가를 그렸어요."

"해경 오빠는 어릴 때부터 그림을 매우 잘 그렸습니다. 무엇이든지 예사로 보아 넘기는 일이 없이, 그것을 종이에 옮겨 써보고, 그려 보고 하는 것이 버릇처럼 되었더라고 합니다. 열 살 때인가는 당시 '칼표'라는 담배가 있었는데 그 껍질(겉표지)에 그려져 있는 도안을 어떻게나 똑같이 잘 옮겨 그렸는지 오래도록 어머니(친모)가 간직해두었다고 합니다."

-김옥희, 「오빠 이상」, 『이상전집』, 가람기획, 2004

이상은 다니던 동광학교가 폐교된 후, 보성교보로 편입했다. 이상의 미술

쪽 재능은 여기에서 촉발됐다고 해도 과언이 아닐 것이다. 당시 보성교보에는 한국 최초의 서양화가였던 고희동이 미술 교사로 재직 중이었고, 미술 공부를 하기에는 당시 이보다 더 좋은 학교는 조선에 없었다. 이러한 보성의 미술 친화적인 환경이 그의 숨겨진 재능에 불을 지핀 건 당연했다. 그는 다른 수업에는 통 흥미를 보이지 않다가도 미술시간에는 두 눈을 반짝이며 열혈 공부모드가 되었다. 이상은 보성 시절, 교내 미술전람회에서 작품「풍경」으로 1등상을 받는 것으로 시동을 걸었고, 몇 해 후에는 조선미술전람회에서 작품「자화상」을 출품해 입선했다.

하지만 그는 보성 시절, 의탁하던 백부네 집의 가세마저 기운 탓에 쉬는 시간이면 학우들을 상대로 현미빵을 팔아 어렵게 고학을 했다. 후에 그가 다방 같은, 이른바 먹는장사에 집착했던 이유도 일찍이 겪었던 경제적 난관에서 싹튼 돈에 대한 가치관 때문이리라. 그렇다고 그가 장사수완이 남달라서 돈을 많이 번 것도 절대 아니었다.

마침내 1926년, 이상의 나이 열일곱 살이 되던 해, 미술이라는 신세계를 가르쳐준 보성교보를 졸업했다.

"해경아, 가난한 환쟁이는 안 된다. 너는 건축과에 가서 기술자가 되어라. 시대가 아무리 힘들고 어려워도 기술이 있으면 배를 곯지 않는단다. 나도 이제 늙어 너한테 아무 도움도 못되고, 네 아비도 마찬가지지 않느냐. 적선동(이상의 친가)은 먹을 게 없어서 요즘 밥을 곯을 때도 많은 모양이더라. 그러니 너는 꼭 기술자가 되어야 하는 게야."

본래 이상은 화가가 되고 싶었지만, 백부는 조카가 자기 뒤를 이어 기술자가 되어주기를 강력히 희망했다. 백부의 설득으로 그는 1926년 경성고등공업학교 건축과에 입학했다.

이 경성고공은 일제강점기 당시 조선총독부에서 운영하는 관립 전문학교로서 건축기술 전문 인력양성소였다. 1940년대 초반까지 한반도 유일의 고등공업교육기관으로 자리했으며, 현재 서울대학교 공과대학의 전신이다.

즉, 이상은 그 시대 대부분의 문인들과는 달리, 전문기술학교를 거쳐 건축기술을 보유한 보기드믄 최상위 클래스의 엘리트이자 전문직업인이었던 것이다.

이상이 시와 소설을 습작하기 시작한 게 바로 이 경성고공 시절부터였다. 이상의 내면에 이상심리, 즉 현실에서 도피하고자 하는 욕구나 자살을 동경하는 병적인 심리는 이때부터 그의 마음속에 이미 똬리를 틀고 도사렸던 것으로 짐작된다.

그런데 그 이상심리가 표출된 경로가 미술도 건축도 아닌, 바로 문학이었다. 이 무렵 그가 집필했던 작품은, 한 남자의 비극적 운명을 사실주의적으로 다룬 중편소설 「12월 12일」(『조선』에 연재, 1930년), 「휴언과 사정」, 시 「선에 대한 각서」 등인데, 작품들을 자세히 들여다보면 이상다운, 꽤 까칠하고 불편한 심리가 전반에 표출돼 있음을 느낄 수 있다.

미술과 어느 정도 연관이 있는 건축인 까닭에 별다른 거부감 없이 건축 공부를 했던 이상은 1929년, 일본인 학생들을 모두 제치고 경성고공 건축과를 수석으로 졸업했다. 본인의 말대로 정말 '문벌이 버젓한 사람'이 된 것이다. 그의 졸업작품은 「수상 경찰서 겸 소방서 설계안」으로 알려져 있다.

그가 작품에서 「3차각설계도」나 「오감도」, 「건축무한육면각체」 등 건축과 관련된 제목을 종종 사용하고, 아라비아숫자와 기하학 기호들을 시어로 활용해 무슨 외계 암호문처럼 난해한 시들을 줄곧 썼던 것도 바로 건축을 전공한 영향이었다.

즉 건축은 문학과 마찬가지로 그의 삶의 한쪽을 든든히 떠받쳐준 기둥이었으며, 이상만이 쓸 수 있는 글을 쓰고, 나아가서 '이상 신화'를 있게 한 본질이자 촉매제였던 것이다.

그는 그해 4월, 백부가 재직 중인 총독부 내무국 건축과 기수(건축기사)로 입사, 근무하게 되었다.

당시 이상의 직업 스타일은 그야말로 제 마음 내키는 대로였다. 며칠씩 잠적해 직장에 나오지도 않아 사람들을 애태우기고 하고, 직장에 나와도 멍하니 앉아 도통 일에 집중하지 않는 등 별로 성실하진 못했다. 하지만 누구나 할 수 있는 평범한 일이 아닌, 자기만 해결할 수 있을 것 같은 어려운 일을 맡으면 그의 멍했던 눈은 갑자기 살아나 반짝반짝 빛을 발했고, 그의 몸은 마치 바다로 나간 돌고래처럼 생기와 열정으로 팔팔했다. 어떤 어려운 일이 주어져도 주어진 시간 안에 자동화된 시스템처럼 적확하게 일을 마무리하는 스타일이었다. 그가 꼬깃꼬깃한 메모지 한 장을 내밀면 일은 이미 끝난 것이나 다름없었다.

특유의 노련함과 경륜으로 그의 천재성을 간파했던 첫 번째 일본인 상사와는 쿵짝이 제법 잘 맞아서 얼굴 붉힐 일이 별로 없었고 일할 맛도 났다. 그 일본인 상사는 그를 어느 정도는 믿을 수 있는 사람이라 생각했으므로 설령 며칠씩 무단결근을 하더라도 태클을 걸지 않았다. 이상의 스무일곱 해 일생에 걸쳐서 이 얼마 되지 않는 시기가 가장 안정되고 평안한 시기였다.

하지만 다음에 새로 부임해온 일본인 상사와의 사이는 정반대였다. 이상은 새 상사와 사사건건 마찰을 빚었다. 서로를 향해 발톱을 세우고 으르렁거리기 바빴다. 새 상사는 이상처럼 히스테릭하고 길들여지기를 거부하는,

마치 야생마와도 같은 스타일의 사람과 어떤 커뮤니케이션을 해야 하는지 전혀 무지했던 것이다.

이상의 성격에 이렇게 사사건건 마찰을 빚고 모욕적인 언사를 일삼으며 제 자존심에 상처를 입힌다는 것, 그 자체가 매우 치욕으로 느껴졌다. 오로지 편히 먹고 살겠다고 다른 사람, 더구나 일본인 관리 밑에서 굽실대며 매일 정시에 출근해 자동화 기기처럼 일할 이상이 아니지 않은가.

결국 그는 봉급생활자의 피로하고 무미건조한 일상을 더 이상 견디지 못하고, 1933년 총독부 건축과 기수 자리를 박차고 나왔다. 그나마 양부인 백부의 체면을 생각해서 많이 참고 견딘 것이었다.

작가 이상이 아닌, 건축가 이상이 설계한 것으로 추측되는 건물은 당시의 전매국청사와 현재 서울대학교 문리대 인문학부 건물이다. 하지만 시간이 많이 흐른 탓에 이를 증명할 설계 도안 같은 자료는 현재 전해지지 않는다.

가는 날이 장날이라고 했던가? 공교롭게도 그가 직장을 관둔 직후부터 그의 육체는 쇠약해지고 폐결핵이 악화되어 각혈을 시작하였다. 그의 인생에 있어서 비극으로 내딛는 프롤로그가 이미 전개된 것이다. 상태로 미루어 짐작해 보아도 폐결핵이 많이 진행된 듯 보이지만, 그는 전문적인 치료를 받지 못한 채 방임된 상태였다. 실직상태였던 그는 갈수록 가난해졌고, 자신이 어떻게 살아가야 할지도 판단이 서지 않았다. 칠흑같이 어둡고도 매서운 추위뿐인 터널을 걸어서 건너야 하는 그는 이제 막 터널의 입구에 발을 내딛고 있을 뿐이었다.

누가 이상을 '사시사철 백구두 신사'라고 했던가. 일제강점기 때의 소설가 조영만 선생은 이상의 외모적인 특징을 단 한 줄로 표현했다. '외국인처럼 희고 창백한 얼굴, 덥수룩하고 까만 수염, 보헤미안 넥타이, 한겨울에도 백단화'.

원조 귀차니즘 신봉자였을까. 이상은 자신의 몸단장에 매우 소홀한 사람이었다. 빗질조차 몇 날 며칠이고 하지 않아서 머리는 늘 수세미처럼 엉켜있었고 여름이나 겨울이나 같은 옷만 입었던 가난한 단벌신사였다. 더욱이 멀대처럼 큰 키에 날이 갈수록 야위어가는 마른 체구가 허술한 옷차림에 도드라져서 그를 아주 초라하고 쓸쓸하게 보이게 했다. 자신의 외모에 있어서는 그저 되는 대로, 그냥 저냥 사는 게 이상의 라이프스타일이었던 것이다. 그래서 그는 수상한 사람으로 오해를 받아 설핏하면 불심검문에 걸려 연행되는 수모를 겪기도 했다.

　　이상의 범상찮은 외모에 얽힌 한 가지 재미있는 일화가 전해진다. 때는 이상이 종로에 다방 '제비'를 개업한 직후 즈음이었다. 어느 날, 이상이 절친한 친구였던 화가 구본웅과 함께 걸어가고 있는데 때마침 저만치 앞서서 걸어가는 소설가 양백화를 보고 반가웠다. 양백화가 누구냐 하면, 최남선이 주간으로 있던 주간잡지 『동명』에 장편소설 「빨래하는 처녀」를 발표하고, 1921년 입센 원작의 「인형의 집」을 박계강과 함께 번역하여 ≪매일신보≫에 연재하기도 했던 당대에서는 꽤 알려진 작가다. 그런데 그날따라 이상의 눈에 양백화의 뒷모습이 왠지 모르게 쓸쓸해 보이는 것이었다. 주머니를 탈탈 털어봐야 동전 한 닢 나올 리 없는 이상은 당시 꽤 부잣집 아들에 속했던 구본웅에게 술 한 잔 사라고 하고, 양백화를 뒤에서 불렀다. 이 세 사람은 당시 다방골에 있던 양백화의 단골집 민순자의 집을 향해 나란히 일렬로 서서 걸었다. 그런데 그들 뒤에서 난리가 났다. "곡마단 온거야?", "어디서 한대?" 주변 사람들은 그들을 보고 저희들끼리 수근댔고, 꼬마아이들은 그들 뒤를 졸졸 따라다녔다. 그도 그럴 것이 이들 세 사람 모습이 서커스단을 연상시키기에 충분할 만큼 우스꽝스러웠다. 이상은 귀신처럼 희고 창백한 낯빛으로 오래된 까치집처럼 보기 흉하게 작소머리를 한 상태였

1. 이상과 구보

2. 최정희

3. 이상

4. 이상과 금홍(추정)

고, 어렸을 때 허리를 다쳐서 꼽추가 된 구본웅은 작은 키 때문에 어쩔 수 없이 땅바닥에 질질 끌리는 망토 풍의 인버네스 코트를 입고서 키가 높은 중산모를 썼으며, 게다가 양백화는 꺽다리처럼 큰 키에 사지를 흐느적거리면서 걸었다. 상상해 보라. 이 세 사람의 매우 언밸런스한 조합을.

외향적으로는 이렇게 엉망이었지만 이상은 내면적으로 매우 따뜻하고 수줍음도 많고 여리디 여린, 착한 사람이었다. 어려서부터 정에 굶주렸던 이상은 사람들과 어울리기를 좋아했다. 사람의 내음을 그리워했다. 사리분별도 정확해 친구들 사이의 갈등도 원만하게 잘 해결해주곤 했다. 자기를 낳아 준 친부모와 자기를 길러 준 양부모 모두한테 공손했다. 특히 제일 가슴 밑이 쓰린 부분이었을 친가에 뭔가 도움이 되어주지 못해 늘 마음을 졸였다. 그는 돈을 벌기 위해서라면 뭐든 열심히 했다. '하·웅'은 이상의 또 다른 예명인데, 그는 이 예명으로 신문소설 「구보씨의 1일」(박태원 저, ≪조선중앙일보≫, 1934)에 삽화를 그리기도 했다. 고로, 이상이 제 자전적 소설 「날개」의 작중화자처럼 경제적으로, 혹은 현실 부적응자로 깎아내리기에는 지나치다. 다만, 속된 말로 돈이 그를 안 따라주었을 뿐, 이상은 가장으로서나 장남으로서의 책무를 다하고자 나름 애썼던 흔적이 곳곳에서 엿보인다.


::: 응답하라 1930

지금부터 시간을 거슬러 1930년대 경성(현재 서울)으로 타임 슬립(Time slip)을 해보려 한다. 90여 년 전 지금의 서울은 어땠을까? 눈을 감으면 종로바닥을 헤집고 다니는, 한 손에 쥔 스틱을 휙휙 돌리며 가시처럼 삐쩍 마른 체구와 봉두난발의 20대 중반의 청년 이상이 보인다. 기침을 콜록콜록

하면서 걷던 그가 갑자기 미로처럼 좁고 기다란 어느 골목길로 사라진다.

흔히들 '미의 혁신을 표방한 예술적 아방가르드'를 '모더니스트'라고 한다. 바야흐로 1930년대 경성은 모던보이들과 모던걸들의 전성시대였다. 댕기머리를 스스로 자르고, 양장을 입고 미스코시 백화점 옥상공원에 올라가 햇볕바라기를 하거나, 바에 드나들며 커피를 마시고 축음기에서 흘러나오는 최신음악을 듣고 시답잖은 수다를 떨며 자유연애를 즐기는 것. 이게 1930년대 한 때를 주름잡았던 모더니스트의 일상이었다.

그 당시 미스코시 백화점은 부와 근대, 세련됨의 상징이었다. 그들은 일제강점기의 암울한 시대배경 속에서 그나마 유행과 소비의 주체였다. 모더니스트들은 모던 이전의 것들, 즉 구시대적이며 낡고, 세련되지 못한 옛것들은 모두 퇴행적이고 열등한 것으로 받아들여 거부했다.

개화바람에 휩쓸려 수도 경성에 살랑살랑 불어온 모더니즘이라는 봄바람은, 500년 동안 조선인들을 지배한 유교주의에서 파생된 비효율적인 유습들과 봉건 군주주의의 뿌리 깊은 영향 아래서 굳어진, 낡고 비효율적인 양식과 문화를 새롭게 혁신하는 서구 근대문화와 생활양식을 모방한 문화운동으로 젊은이들을 중심으로 전개되었다.

특히 예술분야에서 이런 점들이 두드러졌다. 1930년대에는 개성을 중시하고, 예술가 자신의 내면세계를 다루려는 경향이 두드러졌다. 그 대표적인 예가 이상과 구본웅을 비롯한 모더니즘을 이끌었던 예술가들이다.

1930년대의 몇 안 되는 백화점은 개화된 근대 문명의 축소판이자, 억눌렸던 소비욕망을 깨워 불을 지피는, 마치 파라다이스 같은 곳이었다. 돈만 있으면 안 될 게 없는.

모던보이들과 모던걸들은 이 미스코시 백화점에서 아이쇼핑(eye-shopping)을 즐긴 후, 옥상정원으로 올라가 커피 한잔을 마시며 수다를 떨고, 마음에 드는 연애상대를 물색했다. 그들은 그렇게 시대의 아픔 따위는 내 알 바 아니라고 애써 외면하고 싶었는지도 모른다.

모더니즘은 당시 다방이나 바(bar) 같은 서비스업 종사자들로부터 가장 먼저 촉발되었고 젊은이들 사이에서 빠르게 트랜드화 되었다.

그러나 어느 도시나 마찬가지지만, 이러한 경성의 화려함 뒤에는 그림자도 존재했다. 경성 시민 90%는 미스코시 백화점이 어디에 있는지도 몰랐을 것이다. 그들은 소달구지를 끌며 다음 날 끼니를 걱정해야 했고, 아이들은 배가 고파 쌀밥 구경이라도 실컷 해보는 게 소원이었다. 그런 아이들을 배불리 먹일 수 없는 어머니들은 희망 없는 미래에 거칠게 악다구니를 쓰며 쌀 한 톨이라도 일본인 지주들한테 더 빼앗기지 않으려 발버둥을 쳤지만 아무 소용도 없었다.

보기에는 세련된 도시문화에 무분별한 소비와 향락적인 유흥문화가 곁들여져 경성을 황홀하고 멋진 도시로 비춰주었지만, 그러나 그 안에 독사처럼 똬리를 튼 채 도사리고 있는 강점기의 절대빈곤과 위생적이지 못한 주거환경 등은 어쩔 수 없었다.

바로 이것이 1930년대 경성의 이중성이었다.

그 이중적인 모습에 쉽게 적응할 사람은 별로 없을 것이다. 이상도 적응하지 못했다. 1910년도에 태어난 그는, 근대와 전근대, 또 이상과 김해경 사이에서 자아가 갈기갈기 찢기고 분열했다. 마치 머리와 몸통이 각각 분리돼 따로 움직이는 연체동물처럼.

그의 머리는 울트라슈퍼모던이었고, 가슴은 19세기의 전근대적인 사고방식에 붙잡혀 있었을 뿐 아니라, 친부모와 양부모 사이도 그랬고, 새것과 옛것 사이, 조선과 일본의 사이에서도 그는 갈등해야 했다. 그 어느 곳에서도 안정과 평화를 찾을 수 없었다.

이상은 비오는 날 경성 거리를 달리는 자동차의 행렬을 다음과 같이 표현했다.

바깥은우중.발광어류의군집이동.

-이상, 「건축무한육면각체」 중에서, 1932

1930년대 경성을 주무대로 활동했던 모던보이 작가들은 이상을 비롯해 박태원, 이태준, 김유정, 김기림, 임화 등이었다. 그들은 작품을 통해 그 시대를 이야기한다. 때로는 시대의 고통을 외면했던 자신의 참회와 고해처럼 들리기도 하고, 때로는 너무 힘들어서 처절한 비명처럼 들리기도 한다. 해서 이상은 다음과 같은 시를 남겼을 것이다.

문(門)을암만잡아다녀도안열리는것은안에생활(生活)이모자라는까닭이다.밤이사나운꾸지람으로나를좋른다.나는우리집내문패(門牌)앞에서여간성가신게아니다.나는밤속에들어서서제웅처럼자꾸만감(減)해간다.식구(食口)야봉(封)한창호(窓戶)어데라도한구석터놓아다고내가수입(收入)되어들어가야하지않나.지붕에서리가내리고뾰족한데는침(鍼)처럼월광(月光)이묻었다.우리집이앓나보다그러고누가힘에겨운도장을찍나보다.수명(壽命)을헐어서전당(典當)잡히나보다.나는그냥문(門)고리에쇠사슬늘어지듯매어달렸다.문(門)을열려고안열리는문(門)을열려고.

-이상, 「가정」, 『가톨릭청년』, 1936

그의 작품의 특징대로 띄어쓰기가 전혀 안 돼 읽기조차 힘든 위 시는 얼핏 보기에는 생활인으로서 무능력한 화자자신에 대한 조롱이 섞여 있는 것 같지만, 내면 깊숙이 들어가 보면 이상 자신의 좌절된 욕망을 표현하고 있다. 특히 마지막 구절이 그렇다. 봉건체제로부터 자유로워진 새롭고 누구나 평등한 '근대'로 향하는 문을 눈으로 볼 수는 있지만, 그 안으로 절대로 들어갈 수는 없는, 르네 마그리트의 그림에서와 같이 한낱 그림 속의 문일 뿐이다. 단단한 벽으로 가로막힌 근대로 가는 문을 끝내 열어젖힐 수 없는 이상은 그래서 좌절하고 절망한다.

실제로 이상은 경성에서 자기가 생각하는 근대의 모습을 찾을 수 없자, 경성 너머에 있는 해외로의 도피를 갈망했다. 제일 먼저 그는 벗 김기림에게 프랑스로 가자고 제안했다. 이상이 가장 좋아했던 시인이 프랑스 시인 보들레르였다. 그래서 그는 프랑스로 가고 싶었는지도.

그러나 당시 그는 훌훌 털고 프랑스로 떠날 수 있는 여건이 안 되었다. 무엇보다 경제적인 여건이 그랬다. 해서 이상의 프랑스행은 불발되었다.

얼마 후, 이상이 프랑스 대신 차선으로 꿈꾼 근대도시가 동경이었다. 거리도 가까운데다가 말도 잘 통하겠지, 더 이상 문제될 게 없었다. 이상은 결혼한 지 석 달만에 홀로 동경으로 떠났다. 진정한 근대의 참모습을 보고자.

그러나 거기에서도 그가 찾고 있는 걸 찾을 수 없었다. 날이면 날마다 긴자와 신주쿠 거리를 휘젓고 다녔지만 그곳에서도 자기가 꿈꾼 만인이 평등하고 평화로운 근대의 참모습은 보이지 않았다. 대신 경성에서 느낀 것처럼 환멸과 위선을 느꼈다.

그는 동경의 첫인상에 대해 '어쨌든 이 도시는 몹시 가솔린 냄새가 나는구나.'로 표현했다. 또, '이태백이 놀든 달아! 너도 차라리 19세기와 함께 운명해버렸었던들 작히나 좋았을까.'라고 표현할 만큼 근대에 대한 실망과 멸시는 깊고 무거웠다.

이상은 좌절뿐인 동경에서 더욱 악화되는 폐결핵과 하루에 밥 한 끼 먹기조차 어려운 하루하루를 이어가다가 끝내 조국으로 돌아오지 못했다. 그래서 이상의 비극은 모더니즘의 비극이자, 이상의 실패는 근대 댄디즘의 한계요, 실패라고 말하는 것이다.


::: 다방 '제비'에 날아온 나비. 금홍과의 동거

19세기 초 조선의 여성들은 딱 세 부류로 간단명료하게 나누어졌다. 주부, 여학생, 그리고 매춘부. 대부분의 여성들은 대체로 10대 후반과 20대 중반까지의 결혼 적령기에 결혼 후 가정이라는 울타리 내에서 가족들을 보살피고, 아이들을 양육하며 한 가정의 기반이자, 주체인 주부였다. 여학생들은 개화된 근대식 교육과정을 밟으며 근대의 초석이 될 신여성으로 성장했다. 끝으로, 매춘 여성들은 일반적으로 하룻밤의 유희를 원하는 불특정 남성들을 대상으로 제 성(sex)을 팔아서 그들의 일탈 욕구와 사디즘적 지배욕을 채워주는 부류였다. 흔히 근대의 기생이나 카페여급, 바걸(bar girl), 술집작부와 창부 따위가 여기에 속했다.

이상과 기생 금홍의 스캔들을 모르는 이는 없을 것이다. 독특한 두 사람의 라이프스타일 때문에 그동안 영화와 연극 등 여러 매체를 통해 끊임없이 리바이벌되었으니까.

이상이 금홍을 처음 만난 것은, 1933년 황해도 배천온천(白川溫泉)에 요양차 갔을 때였다. 금홍(본명: 연심)은 온천에서 가까운 '능라정'이란 요정에 있던 기생이었다. 그러나 금홍을 조선시대 명기 황진이와 매창(梅窓) 계량과 같은 기녀로 생각하면 아주 큰 착각이다. 조선시대에서 근대로 넘어가는 과정에서 기녀들을 기녀답게 조련하고 교육시키는, 이른바 권번들은 서서히 몰락의 길을 걸었으며 결국 하나둘씩 사라졌다. 그래서 우리가 일반적으로 생각하는 예(藝)를 갖춘 기녀의 명맥은 대부분 끊겼고, 대신 말 그대로 술 팔고 몸 파는 싸구려 기녀들과 그들을 데리고 영업하는 요정들만 우후죽순으로 늘어났다. 해서 금홍도 사숙에서 고작 1, 2년 동안 장구와 잡가 등을 배우고 색주가로 팔려온 작부에 불과했다.

금홍은 나이 열여섯에 한 사내를 만나서 머리를 얹고, 다음 해에 딸을 낳았으나 곧 아이가 죽었다. 그 후, 그녀는 안정적인 결혼생활을 못하고 가출해서 입에 풀칠이라도 하고자 기생이 된 것이다. 「봉별기」는 이상이 금홍과의 만남과 동거, 그리고 작별까지의 모든 전말을 상세하게 집필한 자전적인 사소설이다. 작품 속 금홍은 체구도 자그맣고 통통하며 귀엽고 앙팡진 스타일이다. 실제로도 그랬다고 한다.

남자들을 호리는 데 묘한 재주가 있어서 남자들은 금홍을 보면 안고 싶은 욕망이 생겼다고 전해진다. 이상도 당시 피 끓는 청춘이었으므로 별 수 없었으리라. 그는 작품 속에서 금홍을 '체대가 비록 풋고추만 하나, 깡그라진 계집'으로 표현했다. 아무튼 그녀는 첫눈에 이상을 사로잡는데 성공했다.

후에 누이동생 김옥희는 그러한 금홍의 색기가 오빠 이상의 건강에 악영향을 끼쳤을 거라며 두 사람의 결합에 대해 꽤 불편한 속내를 토로했다.

내가 그다지 사랑한 그대여 / 내 한평생 그대를 잊을 수 없소이다 / 내 차례에 못 올 사랑인 줄은 알면서도 / 나 혼자는 꾸준히 생각하리다 / 자, 그러면 내내 어여쁘소서

위 글은 이상이 금홍에게 보낸 편지의 일부다. 이 글만 보더라도 당시 이상이 그녀를 얼마나 각별하게 생각했는지 알 수 있으리라.

금홍을 처음 본 이후 호기심이 발동했던 이상은 다음날 날이 어둑어둑해

지자 기다렸다는 듯이 친구 구본웅을 끌고 그녀가 있는 능라정에 다시 갔다. 이상은 금홍에게 잘 보이겠다는 일념으로 여섯 달 동안 정성스레 다듬어 길렀던 나비 같은 콧수염마저 깨끗이 밀고 금홍을 다시 불러들었다. 이상은 작품 「봉별기」에서 금홍과의 첫 만남과 첫날밤에 대해 다음과 같이 언급하고 있다.

스물세 살이오, 3월이오, 각혈이다. 여섯 달 잘 기른 수염을 하루 면도칼로 더듬어 코밑에다만 나비만큼 남겨 가지고 약 한재 지어 들고 B라는 신개지 한적한 온천으로 갔다. 게서 나는 죽어도 좋았다.

그러나 이내 기를 펴지 못한 청춘이 약탕관을 붙들고 늘어져서는 날 살리라고 보채는 것은 어찌하는 수가 없다. 여관 한등(寒燈) 아래 밤이면 나는 늘 억울해했다.

사흘을 못 참고 기어이 나는 여관 주인 영감을 앞장세워 밤에 장구소리 나는 집으로 찾아갔다. 게서 만난 것이 금홍(錦紅)이다.

"몇 살인구?"

체대가 비록 풋고추만 하나, 깡그라진 계집이 제법 맛이 맵다.

열여섯 살? 많아야 열아홉 살이지 하고 있자니까.

"스물한 살이에요."

"그럼 내 나인 몇 살이나 돼 뵈지?"

"글쎄. 마흔? 서른아홉?"

나는 그저 흥! 그래 버렸다. 그리고, 팔짱을 떡 끼고 앉아서는 더욱 점잖은 체했다. 그냥 그날은 무사히 헤어졌건만.

이튿날 화우(畵友) K군이 왔다. 이 사람인즉 나와 농하는 친구다. 나는 어쩌는 수 없이 그 나비같다면서 달고 다니던 콧수염을 아주 밀어버렸다. 그리고 날이 저물기가 급하게 또 금홍이를 만나러 갔다.

"어디서 뵌 어른 같은데."

"엊저녁에 수염 난 양반내가 바루 아들이지. 목소리까지 닮았지?"

하고 익살을 부렸다. 주석(酒席)이 어느덧 파하고 마당에 내려서다가 K군의 귀에 대고 나는 이렇게 속삭였다.

"어때? 괜찮지? 자네 한번 얼러보게."

"관두게. 자네나 얼러보게."

"어쨌든 여관으로 깔구 가서 짱껭봉을 해서 정허기루 허세나."

"거 좋지."

그랬는데 K군은 측간에 가는체하고 피해버렸기 때문에 부전승으로 금홍이를 이겼다. 그 날 밤에 금홍이는 금홍이가 경산부리는 것을 감추지 않았다.

"언제?"

"열여섯 살에 머리 얹어서 열일곱 살에 낳았지."

"아들?"

"딸."

"어딨나."

"돌만에 죽었어."

지어가지고 온 약은 집어치우고 나는 금홍이를 사랑하는 데만 골몰했다. 못난 소린 듯하나 사랑의 힘으로 각혈이 다 멈췄으니까.

나는 금홍이에게 놀음차를 주지 않았다. 왜? 날마다 밤마다 금홍이가 내방에 있거나 내가 금홍이 방에 있거나 했기 때문에.-

-이상, 「봉별기」, 『여성』, 1936


위는 「봉별기」의 전반부의 내용이다. 당시 이상 본인인 동시에 작중 화자

'나'는 스물세 살, 금홍이는 스물한 살이었다. 이상은 금홍을 만난 직후부터 그녀를 성적 유희의 대상으로 삼았지만 가장 중요한 화대를 주지 않았다. 금홍이는 직업적인 매춘녀인데, 왜 그랬을까? 그가 무일푼이어서? 이상 본인의 목소리나 마찬가지인 '나'는 그 이유에 대해 '날마다 밤마다 금홍이가 내 방에 있거나 내가 금홍이 방에 있거나 했기 때문'이라고 쿨하게 대답한다.

즉, 이는 돈을 매개로 하는 매춘녀와 고객 관계가 아닌, 그것을 넘어선 연인관계로 진전되었음을 뜻한다. 그러나 이상의 또 다른 문제작 「날개」를 보면 이와는 전혀 다른 상황이 펼쳐진다. 「날개」 속 '나'와 '아내'는 부부지만 아내는 다른 남자들과만 어울린다. 화자인 '나'는 사회적으로 아주 무기력하고 무능력한, 매춘을 하는 '아내'에게 빌붙어 살며 그녀에게 육체적으로나 정신적으로 종속되어있다. 아내가 그한테 죽으라고 명하면 죽는 시늉이 아니라, 그대로 꼼짝없이 죽어야 하는 관계인 것이다. 그러나 '나'는 정작 '아내'의 직업이 무엇인지, 다른 사내들이 왜 밤마다 '아내'의 방에 끊이지 않는 것인지, 그 이유에 대해 정확하게 모른다. 궁금하기도 하지만 굳이 알려고 하지도 않는다.

어느 날, '나'는 '아내'와 다른 남자와의 아찔한 현장을 목격했으나, 못 본척, 아무것도 모르는 척 눈을 질끈 감고 구렁이 담 넘어가듯 넘어간다. 그런데 사시사철 어두운 '내 방'에 누워 골똘하게 '연구'한 결과, 한 가지 깨달은 바가 있어 그 직후부터 '나'는 '아내'와 같이 잠을 자려면 은화를 준다. 부부 사이인데 동침을 하기 위해서는 그만한 대가를 지불해야 하다니, 1930년대 당시로서는 이러한 파격적인 사고는 평안히 받아들여지기 매우 어려웠으리라.

다시 「봉별기」로 돌아가면 한술 더 뜬다. 이상 본인으로 보이는 화자 '나'

는 금홍에게 화대를 안 주는 대신, 다른 남자들과 매춘을 하도록 적극적으로 권유, 아예 자기가 상대들을 물색까지 해서 그녀에게 안겨줬다.

그 대신-

우라는 불란서 유학생의 유야랑을 나는 금홍이에게 권하였다. 금홍이는 내 말대로 우씨와 더불어 '독탕'에 들어갔다. 이 '독탕'이라는 것은 좀 음란한 설비였다. 나는 이 음란한 실비 문산에 나란히 벗어놓은 우씨와 금홍이 신발을 보고 언짢아하지 않았다.

나는 또 내 곁방에 와 묵고 있는 C라는 변호사에게도 금홍이를 권하였다. C는 내 열성에 감동되어 하는 수 없이 금홍이 방을 범했다.

그러나 사랑하는 금홍이는 늘 내 곁에 있었다. 그리고 우 C 등등에게서 받은 10원짜리 지폐를 여러 장 꺼내놓고 어리광 섞어 내게 자랑도 하는 것이었다. (하략)

　　　　　　　　　　　　　　　　　　　　-이상, 「봉별기」, 『여성』, 1936

이는 이상이 금홍을 진심으로 진실하게 사랑하지 않았다는 반증일 것이다. 아니, 금홍도 마찬가지였을 것이다. 두 사람은 그 어떤 진실한 감정의 커뮤니케이션 없이 마치 게임이라도 하듯 그렇게 엔조이에만 머문 관계였다. 상대를 이기느냐, 자기가 지느냐. 또, 상대를 약 올리느냐, 약이 올라서 씩씩거리느냐. 오로지 그것만이 중요했다.

이상은 지병인 폐결핵을 치유할 겸 점점 쇠약해져 가는 몸을 요양하고자 한약을 한 재 지어 공기 좋고 물 맑은 유명 온천에 갔으나, 정성스레 약을 달여 먹기는커녕 금홍과 이상야릇한 유희를 즐기는 데만 골몰했다. 어찌나 그 '놀이'에 재미가 있었던지 각혈까지 사라졌다지 않은가.

이상과 금홍, 이 두 사람의 내면에 어떤 공통분모가 있는 건 아닐까. 바로 사도마조히즘적 광기. 금홍은 '매춘녀'라는 직업으로 인해 유혹자이기도 하지만, 반대로 남자들의 성적 욕망, 그리고 이상의 야릇하고 독특한 게임 본능을 채워주는 희생자이기도 했다.

이상은 금홍과의 유희에 한창 몰입 중에 백부, 즉 자기를 키워준 양아버지가 돌아가셨다는 전보를 받고, 서둘러 경성으로 떠났다. 그의 백부 김연필은 1937년 5월 7일에 뇌일혈로 사망했다.

금홍과의 인연도 그렇게 끝나는 것 같았다. 그런데 이상은 금홍이 꽤 마음에 들었는지 금홍을 다시 경성으로 데려왔다.

이상은 1933년 6월, 백부의 유산으로 종로 2가 청진동 조선광무소 건물 1층을 전세를 내 다방 '제비'를 개업하고, 금홍을 얼굴마담으로 앉혔다. 부족한 자금은 절친인 화가 구본웅이 보탰는데, 어떤 이들은 이상이 집안 어른들 몰래 집문서를 저당 잡혀 다방을 개업했다고도 한다.

어쨌든 이게 이상의 본격적인 물장사 역사의 출발점이자, 금홍과의 기묘한 동거의 시작이었다. 고급 기녀였든 아니든 간에 명색이 기녀 출신인 금홍이 사업수완이 없는 자기를 대신해 다방 운영을 잘 할 것이라고 나름 머릿속으로 계산을 했을 것이다. 하지만 이런 생각은 보기 좋게 빗나갔다. 이상은 이상대로, 금홍은 금홍대로 장사에는 경험이 없었을 뿐 아니라, 다방 업종에서 흥패를 가르는 가장 중요한 조건인 커피 맛이 아주 엉망이었다.

다방 '제비'의 분위기는 아주 음습하기 짝이 없었다. 이상이 평소 좋아하는 까만색 벽은 차 맛이 달아나게 착색돼 있었고, 턱없이 낮은 의자의 불편함, 게다가 정면에 내걸린 본인이 그린 그림 〈자화상〉만으로 충분히 우울하고 칙칙한 느낌이 전달되었다.

색체의 상징적인 의미에 따르면 검정색은 '죽음, 상, 수용, 수동성'을 뜻한다. 한마디로 말하면, 편히 대할 수만은 없는, 어쩐지 기분 나쁜 색이다. 때론 자살 충동과 극심한 내적 불안에 사로잡히는 이상을 닮은 색이다. 이상이 몇 해 전 조선미술전람회에 출품했던 적이 있는 그림 〈자화상〉은 현재 전해지지 않는다. 다방 '제비'가 폐업하면서 경매로 넘어가기 직전, 친구 구본웅이 그림을 떼어가 자기 작업실에 보관했다는 기록만 남아있을 뿐이다.

어쨌든 당시 종로에는 다방이 하나둘 생기기 시작할 때였으므로 구태여 사람들이 다방 '제비'처럼 커피 맛도 엉망이고, 분위기도 칙칙한 곳에 앉아 차를 마실 이유는 없었을 것이다.

동거 초기에는 이상과 금홍은 여느 신혼부부처럼 함께 산책도 다니고, 사이가 아주 좋았다. 실제로 이상의 일생에 있어서 금홍과 함께한 날들이 가장 행복하고 안정되었다. 이상의 만 스무 일곱 해의 생애에 걸쳐 금홍이 외에 두 명의 여인이 더 있었지만 이상의 영혼 깊숙이 각인된 것은 금홍이었다. 작품 「봉별기」를 보더라도 당시 이상의 금홍을 향한 마음에서 진심이 느껴진다.

금홍이가 내 아내가 되었으니까 우리 내외는 참 사랑했다. 서로 지나간 일은 묻지 않기로 하였다. 과거래야 내 과거가 무엇 있을 까닭이 없고 말하자면 내가 금홍이 과거를 묻지 않기로 한 약속이나 다름없다.

금홍이는 겨우 스물한 살인데 서른한 살 먹은 사람보다도 나았다. 서른한 살 먹은 사람보다도 나은 금홍이가 내 눈에는 열일곱 살 먹은 소녀로만 보이고 금홍이 눈에 마흔살 먹은 사람으로 보인 나는 기실 스물세 살이오, 게다가 주책이 좀 없어서 똑 여남은 살 먹은 아이같다. 우리 내외는 이렇게 세상에도 없이 현란하고 아기자기하였다. (하략)

-이상, 「봉별기」, 『여성』, 1936

과거를 문제 삼지 않겠다니, 이 남자 참 당대의 남자들과 다르게 쿨했다. 그도 그럴 것이 금홍을 만나기 전 이상은 자폐성이 꽤 강한 사람이었다. 대부분의 천재들이 그렇듯 그도 일종의 심각한 '외골수'였다. 몸집만 어른으로 성장했을 뿐, 제 자아를 세 살 때 백부의 집으로 입양될 즈음에 가둬 그는 어른으로 성장할 수 없었다. 즉, 금홍은 어른이 아직 되지 못한 이상의 내면에서 잠재적인 인격과 나름의 정체성을 찾아내 자기 식으로 길들였다. 금홍과 함께일 때 비로소 그는 '입양아 트라우마'에서 자유로울 수 있었다.

다방 '제비'에는 이상의 구인회 동기들 및 문인들이 자주 드나들었으나, 이상과 금홍이 커피 맛 향상과 인테리어 등 관리와 서비스에 소홀했던 탓에 점점 손님이 줄어들었다. 당시 이상은 친구들 사이에서 일명 '도스토예프스키의 방'이라는 별칭이 붙은 다방 안채의 손바닥만큼 작은 방에 틀어박혀 몇 날 며칠이고 나오지를 않았다. 그 골방에서 그는 술을 마시거나, 멍하니 앉아 벽면을 응시하거나, 몇 날 며칠이고 잠을 잤다. 그리고 이따금씩 정신을 차리면 봉두난발의 초라한 차림새로 정처 없이 거리를 쏘다녔다.

금홍도 집안일에는 무신경한 여자여서 돼지우리처럼 발 디딜 틈도 없이 어질러진 그 방에 누가 감히 들어갈 엄두조차 내지 못했다. 이상은 골방에 틀어박혀 고치 속 애벌레처럼 종종 뭔가를 열심히 끄적였다. 언젠가 나비가 되어 비상할 날을 꿈꾸며, 조선의 도스토예프스키를 꿈꾸며.

　　13인의아해(아이)가도로로질주하오.
　　(길은막다른골목이적당하오)

　　제1의아해가무섭다고그리오.
　　제2의아해가무섭다고그리오.

제3의아해도무섭다고그리오.

제4의아해도무섭다고그리오.

제5의아해도무섭다고그리오.

제6의아해도무섭다고그리오.

제7의아해도무섭다고그리오.

제8의아해도무섭다고그리오.

제9의아해도무섭다고그리오.

제10의아해도무섭다고그리오.


제11의아해도무섭다고그리오.

제12의아해도무섭다고그리오.

제13의아해도무섭다고그리오.

13인의아해는무서운아해와무서워하는아해와그렇게뿐이모였소.

(다른사정은없는것이차라리나았소.)


그중에1인의아해가무서운아해라도좋소.

그중에2인의아해가무서운아해라도좋소.

그중에2인의아해가무서워하는아해라도좋소.

그중에1인의아해가무서워하는아해라도좋소.

-이상, 「오감도」 전문, ≪조선중앙일보≫, 1934


이상은 1934년 당시 구인회의 동기이자 조선 중앙일보의 편집장으로 있던 친구 이태준과의 친분으로 조선중앙일보에 시 「오감도」를 발표했다. 이 작품은 지금까지도 그의 작품 중 최고의 문제작으로 손꼽히며, '파격'이란 단어로밖엔 설명되지 않는다. 막다른 골목으로 질주하는 13인의 아이들을 통해 암울한 시대상황에 대한 엘리트의 고뇌와 절망, 공포의 자의식을 표현했고, 그 공포는 곧 이상의 내면을 가득 채운 두려움일 것이다.

혹자는 시 「오감도」에 대해 단발령에 대한 공포와 항거정신을 '13인의 아해'로 표현했다고 말하기도 한다. 당시 단발령은 하늘과 땅이 거꾸로 뒤집히는 엄청난 문화 쇼크였다. 단발령에 의해 강제로 상투를 자른 양반들은 출구가 없는 막다른 골목으로 내몰릴 수밖엔 없었으리라. 어쩌면 '13인의 아해'는 근대와 전근대 사이에서 혼란스러워 하는 이상 본인일지도 모른다.

이런 속뜻도 모르는 채 작품발표 직후 이상은 물론 그에게 지면을 내준 신문사와 편집장 이태준까지 거센 비난의 회오리 안에 갇혔다. 특히 이태준은 한 달 넘게 재킷 주머니에 사표를 준비하고 다녔을 만큼 독자들의 항의가 거세게 빗발쳤다. 이 시 한 편은 그야말로 조선 문단의 문제작을 넘어서 테러작이었고, 그 여파는 핵폭탄 수준이었다.

"그것도 시냐? 나도 쓰겠다."
"미친놈이 아니고서야 그런 걸 시라고 신문에 발표할 수가 없지."
"독자 수준을 뭐로 보고 저딴 미친 발광난 자가 쓴 넋두리를 읽으라는 게야."

이상의 「오감도」를 개제했다는 이유만으로 당시 조선중앙일보사는 논란의 중심에 서있었고, 거의 폐간될 위기에까지 처하였다.

사정이 이러한 까닭에 조선 문단에서 이상이 설 자리가 좁아짐은 당연했다. 게다가 유일한 생계수단인 다방 '제비'도 「오감도」 발표 이후 손님이 뚝 끊겼다. 그렇지 않아도 주인장을 닮은 칙칙한 분위기와 관리 부재로 개업 직후부터 적자 운영이었는데 오던 손님들마저 발길을 딱 끊었으므로 폐업은 이제 시간문제였다.

그때부터였다. 금홍이 바깥으로 나돌았던 것은. 금홍에게는 예전 생활의 향수가 찾아왔다. 현실적으로 무능력하고 게으름뱅이 가장인 이상의 아내로서 권태를 느낀 것이다.

1년이 지나고 8월, 여름으로는 늦고 가을로는 이른 그 북새통에 금홍에게는 예전 생활의 향수가 찾아왔다. 나는 밤이나 낮이나 누워 잠만 자니까 금홍이에게 대하여 심심하다. 그래서 금홍이는 밖에 나가 심심치 않은 사람들과 심심치 않게 놀고 돌아오는… (중략)

그런데 이번에는 내게 자랑을 하지 않는다. 않을 뿐만 아니라 숨기는 것이다.

이것은 금홍이로서 금홍이답지 않은 일일밖에 없다. 숨길 것이 있나? 숨기지 않아도 좋지. 자랑을 해도 좋지.

나는 아무 말도 하지 않는다. 나는 금홍이 오락의 편의를 돕기 위하여 가끔 P군(박태원) 집에 가 잤다. P군은 나를 불쌍하다고 그랬던가시피 지금 기억난다.

나는 또 이런 것을 생각하지 않았던 것도 아니다. 즉 남의 아내라는 것은 정조를 지켜야 하느냐고!

금홍이는 나를 내 나태한 생활에서 깨우치게 하기 위하여 우정 간음하였다고 나는 호의로 해석하고 싶다. 그러나 세상에 흔히 있는 아내다운 예의를 지키는 체해 본 것은 금홍이로서 말하자면 천려(千慮)의 일실이 아닐 수 없다.

이런 실없는 정조를 간판 삼자니까 자연 나는 외출이 잦았고 금홍이 사업에 편의를 돕기 위하여 내 방까지도 개방하여 주었다. 그러는 중에도 세월은 흐르는 법이다.

하루 나는 제목(題目) 없이 금홍이에게 몹시 얻어맞았다. 나는 아파서 울고 나

가서 사흘을 들어오지 못했다. 너무도 금홍이가 무서웠다. (하략)

-이상, 「봉별기」, 『여성』, 1936

제 여자에게서 낯선 남자의 채취를 맡고도 별일 아닌 것으로 넘겼던, 제 여자를 다른 남자들에게 대여하거나 공유하는 것을 '우정간음'으로 생각했던, 되레 다른 남자들과 마음 편하게 밀애를 즐기라며 자기 방까지 내주는 과잉친절까지 베풀었던, 이상은 그런 남자였다. 그렇게 생각하면 스스로 위안이라도 됐을까?

속된 말로 순해서 짖을 줄도 모르는 개는 누가 거들떠도 안 본다는 말이 있다. 금홍은 이상을 투명인간 취급을 하고서 날마다 샛서방들과 사랑 놀음을 즐겼다. 다방도 문을 닫던지, 말던지 관심조차 없이 밖으로 나돌았다.

금홍이로서는 일말의 질투심도, 소유욕도 전혀 없는 이상의 그 지독한 무능함과 착함에 진저리가 쳐졌을 것이다. 제 여자가 다른 남자와 잠자리를 하는데, 오히려 맘 편히 '영업'하라며 제 방까지 내주는 무한 친절을 베푸는 이 남자, 나를 정말로 사랑하는 것일까?라는 의문이 들기 마련일 것이다. 그건 착함을 몇 곱절 넘어선 것이고, 여자로서 제가 그에게서 보호받을 수 없다는, 즉 그에게 자기가 아무것도 아니라는 생각마저 들게 했을 것이다. 별다른 감정의 교류 없이 육욕과 육욕만의 결합이었기 때문에 구속이 사라진 남녀관계가 가능했던 게 아니었을까.

점차 시간이 지나고, 초기에는 몰래몰래 외도를 했던 금홍이 차차 노골적으로 되어갔다. 이미 그도 알 것 다 아는 마당에 숨길 필요가 무엇이라는 심사였으리라. 그런데 금홍보다 더 납득이 안 되는 건 그녀를 대하는 이상의 태도였다. 아예 드러내놓고 남자를 집안으로 끌어들여 매춘을 하고, 마뜩찮으면 손찌검까지 일삼는 금홍을 이상은 재미있다는 듯 지켜보기까지

했다. 대체 무슨 심사였을까? 극도의 피학성을 띤 자기폐쇄성은 아니었을까? 단언컨대, 이상은 마조히스트였음에 분명하다.

「봉별기」를 비롯한 그의 일련의 소설들, 즉 「지주회시」, 「날개」, 「실화」 등에서 보이는 그의 자폐적이고도 자학적인 면면은 마치 연인 잔느 뒤발에 끊임없이 배신과 학대를 당하면서도 그것을 즐기기까지 했던 프랑스 시인 보들레르의 그것과 많이 흡사하다. 차이가 있다면 보들레르한테는 '애증'이란 감정이 가슴 밑바닥에 누룽지처럼 엉겨 붙어있었고, 이상한테는 그마저도 없었다는 것일 뿐.

계집의 얼굴이란 다마네기다. 암만 벗기어 보려무나. 마지막에 아주 없어질지언정 정체는 안 내놓으니.

-이상, 「실화」, 1936

후에 이상은 위와 같이 의미심장한 글을 남겼다. 그만큼 이상에게 여인이란 존재는, 까도까도 속이 드러나지 않는 양파 같은 존재, 진심을 도무지 믿을 수 없는 존재였던 것이다.

특히 작품 「날개」에서는 금홍과 동거생활에서의 희로애락이 보다 구체적으로 드러난다. 작품이 끝날 때까지 이름을 밝히지 않은 작중화자 '나'는 바로 이상 자기 자신이다. 18가구가 나란히 어깨를 맞대고 죽 늘어선 유곽 같은 집에 새들어 사는 주인공 '나'는 아무런 의욕도 없이 골방에 틀어박혀, 아내가 외출하면 그녀의 화장품 냄새를 맡아보거나 돋보기를 이용해 불장난을 하면서 하루하루를 권태에 찌든 채로 산다. 다른 이웃들과 마주치지 싫어서 화장실도 새벽에 단 한 번만 가고, 나머지 시간은 볕도 아침나절에 손바닥만 하게 드는 어두컴컴한 골방에서 잠을 자거나 그 나름의 진지한 '연구'를 하면서 마치 껍데기 속 달팽이처럼 지낸다.

　그 33번지라는 것이 구조가 흡사 유곽이라는 느낌이 없지 않다. 한 번지에 18가구가 죽 어깨를 맞대고 늘어서서 창호가 똑같고 아궁이 모양이 똑같다. 게다가 각 가구에 사는 사람들이 송이송이 꽃과 같이 젊다. (중략)

　나는 그러나 그들의 아무와도 놀지 않는다. 놀지 않을 뿐만 아니라 인사도 않는다. 나는 내 아내와 인사하는 외에 누구와도 인사하고 싶지 않았다. 내 아내 외의 다른 사람과 인사를 하거나 놀거나 하는 것은 내 아내 낯을 보아 좋지 않은 일인 것만 같이 생각이 되었기 때문이다. 나는 이만큼까지 내 아내를 소중히 생각한 것이다. 내가 이렇게까지 내 아내를 소중히 생각한 까닭은 이 33번지 18가구 속에서 내 아내가 내 아내의 명함처럼 제일 작고 제일 아름다운 것을 안 까닭이다. (중략)

　볕드는 방이 아내 방이요, 볕 안 드는 방이 내 방이요 하고 아내와 나 둘 중에 누가 정했는지 나는 기억하지 못한다.
　그러나 나에게는 불평이 없다. 아내가 외출만 하면 나는 얼른 아랫방으로 와서 그 동쪽으로 난 들창을 열어 놓고 열어놓으면 들이비치는 햇살이 아내의 화장대를 비춰 가지각색 병들이 아롱이 지면서 찬란하게 빛나고, 이렇게 빛나는 것을 보는 것은 다시없는 내 오락이다. 나는 조그만 돋보기를 꺼내가지고 아내만이 사용하는 지리가미를 꺼내 가지고 그을려 가면서 불장난을 하고 논다. (중략)

　아내에게 직업이 있었던가? 나는 아내의 직업이 무엇인지 알 수 없다. 만일 아내에게 직업이 없었다면 같이 직업이 없는 나처럼 외출할 필요가 생기지 않을 것인데---아내는 외출한다. 외출할 뿐만 아니라 내객이 많다. 아내에게 내객이 많은 날은 나는 온종일 내 방에서 이불을 쓰고 누워 있어야만 된다. (중략)

  내객을 보내고 들어온 아내가 잠든 나를 잡아 흔드는 것이다. 나는 눈을 번쩍 뜨고 아내의 얼굴을 쳐다보았다. 아내의 얼굴에는 웃음이 없다. 나는 좀 눈을 비비고 아내의 얼굴을 자세히 보았다. 노기가 눈초리에 떠서 얇은 입술이 바르르 떨린다. 좀처럼 이 노기가 풀리기는 어려울 것 같았다. 나는 그대로 눈을 감아 버렸다. 벼락이 내리기를 기다린 것이다. 그러나 쎄근 하는 숨소리가 나면서 부스스 아내의 치맛자락 소리가 나고 장지가 여닫히며 아내는 아내 방으로 돌아갔다.

  나는 다시 몸을 돌쳐 이불을 뒤집어쓰고는 개구리처럼 엎드리고 엎드려서 배가 고픈 가운데도 오늘밤의 외출을 또 한 번 후회하였다. 나는 이불 속에서 아내에게 사죄하였다.…… 나는 사실 밤이 퍽으나 이슥한 줄만 알았던 것이다. 그것이 네 말마따나 자정 전인지는 정말이지 꿈에도 몰랐다. (중략)

  나는 감기가 들었다. 여전히 으스스 춥고 또 골치가 아프고 입에 군침이 도는 것이 씁쓸하면서 다리 팔이 척 늘어져서 노곤하다. 아내는 내 머리를 쓱 짚어 보더니 약을 먹어야 한다. 아내 손이 이마에 선뜻한 것을 보면 신열이 어지간한 모양인데 약을 먹는다면 해열제를 먹어야지 하고 속생각을 하자니까 아내는 따뜻한 물에 하얀 정제약 네 개를 준다. 이것을 먹고 한잠 푹 자고 나면 괜찮다는 것이다. 나는 널름 받아먹었다. 쌉싸름한 것이 짐작 같아서는 아마 아스피린인가 싶다. (중략)

  나는 날마다 이불을 뒤집어쓰고 밤이나 낮이나 잤다. 유난스럽게 밤이나 낮이나 졸려서 견딜 수가 없는 것이다. 나는 이렇게 잠이 자꾸만 오는 것은 내가 몸이

훨씬 튼튼해진 증거라고 굳게 믿었다. (중략)

다음 순간 실로 세상에도 이상스러운 것이 눈에 띄었다. 그것은 최면약 아달린 갑이었다. 나는 그것을 아내의 화장대 밑에서 발견하고 그것이 흡사 아스피린처럼 생겼다고 느꼈다. 나는 그것을 열어 보았다. 꼭 네 개가 비었다.

나는 오늘 아침에 네 개의 아스피린을 먹은 것을 기억하고 있었다. 나는 잤다. 어제도 그제도 그끄제도…… 나는 졸려서 견딜 수가 없었다. 나는 감기가 다 나았는데도…… 아내는 내게 아스피린을 주었다. 내가 잠이 든 동안에 이웃에 불이 난 일이 있다. 그때에도 나는 자느라고 몰랐다. 이렇게 나는 잤다. 나는 아스피린으로 알고 그럼 한 달 동안을 두고 아달린을 먹어온 것이다. 이것은 좀 너무 심하다. (중략)

아내는 한 달 동안 아달린을 아스피린이라고 속이고 내게 먹였다.

그것은 아내 방에서 이 아달린 갑이 발견된 것으로 미루어 증거가 너무나 확실하다. 무슨 목적으로 아내는 나를 밤이나 낮이나 재웠어야 됐나? 나를 밤이나 낮이나 재워 놓고, 그리고 아내는 내가 자는 동안에 무슨 짓을 했나? 나를 조금씩 조금씩 죽이려던 것일까? (중략)

나는 내 눈으로 절대로 보아서 안 될 것을 그만 딱 보아 버리고 만 것이다. 나는 얼떨결에 그만 냉큼 미닫이를 닫고 그리고 현기증이 나는 것을 진정시키느라고 잠깐 고개를 숙이고 눈을 감고 기둥을 짚고 섰자니까, 일 초 여유도 없이 홱 미닫이가 다시 열리더니 매무새를 풀어헤친 아내가 불쑥 내밀면서 내 멱살을 잡는 것이다. 나는 그만 어지러워서 게가 나둥그러졌다. 그랬더니 아내는 넘어진 내 위에 덮치면서 내 살을 함부로 물어뜯는 것이다. 아파 죽겠다. 나는 사실 반항할 의사도 힘도 없어서 그냥 넙적 엎드려 있으면서 어떻게 되나 보고 있자니까, 뒤이어 남자가 나오는 것 같더니 아내를 한 아름에 덥석 안아 가지고 방으로 들어가는 것이다. 아내는 아무 말 없이 다소곳이 그렇게 안겨 들어가는 것이 내 눈에 여간 미운 것이 아니다. 밉다.

아내는 너 밤새워 가면서 도둑질하러 다니느냐, 계집질하러 다니느냐고 발악이다. 이것은 참 너무 억울하다. 나는 어안이 벙벙하여 도무지 입이 떨어지지를 않았다. 너는 그야말로 나를 살해하려던 것이 아니냐고 소리를 한 번 꽥 질러 보고도 싶었으나, 그런 긴가민가한 소리를 섣불리 입 밖에 내었다가는 무슨 화를 볼는지 알 수 없다. 차라리 억울하지만 잠자코 있는 것이 우선 상책인 듯싶피 생각이 들길래, 나는 이것은 또 무슨 생각으로 그랬는지 모르지만 툭툭 떨고 일어나서 내 바지 포켓 속에 남은 돈 몇 원 몇십 전을 가만히 꺼내서는 몰래 미닫이를 열고 살며시 문지방 밑에다 놓고 나서는, 나는 그냥 줄달음박질을 쳐서 나와 버렸다. (하략)

-이상, 「날개」, 『조광』, 1936

매춘업으로 생계를 꾸려가는 아내, 그에 빌붙어서 무기력하게 하루하루를 무위도식하는 남편, 아내는 매춘을 하고서도 지나치게 당당한 것도 부족해서 남편 때문에 영업에 지장을 받자, 그에게 수면제를 먹여 일부러 종일 잠을 재운다. 남편은 아내의 매춘을 말릴 의지가 전혀 없고, 매춘 현장을 목격하고서도, 그녀가 자신한테 먹인 약이 아스피린이 아니라 수면제였다는 사실을 알고도 일언반구 말도 못하고 심지어는 사나운 손찌검과 폭언까지 당한다. 남편이란 존재는 별다른 주체성도 의식도 없이, 그저 아내의 통제를 받는 좀비일 뿐이다.

이처럼 이상 본인이 금홍과의 동거생활의 면면을 사실적으로 그린 작품

「날개」 속 부부는 숙명적으로 함께 같은 곳을 바라보며 걷는 게 불가능한, 그래서 서로 내밀하게 엇박자를 낼 수밖에 없는 절름발이 부부였던 것이다.

작품 속 남자한테 여자라는 존재는 언제나 도달 불가능한, 즉 도저히 가까이 다가갈 수 없는 신기루 같은 존재다. 한 발짝 다가가 손을 뻗는 순간 두 발짝, 세 발짝씩 뒷걸음치는 존재에 불과했다. 어쩌면 금홍을 비롯해 이상 곁을 맴돈 여자들이 모두 다 그랬다. 제 짝을 만나지 못한 탓인지는 모르지만, 그들은 서로가 서로에게 마음 편히 비빌 언덕이 되지 못했다.

이상의 텍스트 안 '사랑'은 '유희'에 지나지 않는다. 서로가 고통스럽고 힘든 상황인데도 오히려 그 상황마저 즐기는 지독한 패러독스를 보여준다. 이상식 사랑은 낭만적 사랑을 결단코 부정한다. 시니컬한 그에게 있어서 로맨틱은 열 번 죽었다가 깨어나도 불가능한 것이다.

이상의 소설에서 여자란 욕망의 대상이긴 하지만, 더불어 욕망 충족의 불가능성을 상징하는, 즉 사랑의 불가능성을 상징하기도 한다.

이상한테 연애의 두려움이란, 상대에게 속거나 배반당하는 게 아니라 오히려 사랑이 완성되거나, 사랑이 이루어져서 행복해지거나 하는 것이다. 즉 자신을 있는 그대로 인정해주고 사랑해주고, 받아들여주는 그런 착한 여인을 만나는 게 가장 두려웠던 것이다. 그는 정녕 남들처럼 행복해지고 싶지 않았을까? 아무튼 자폐적인 성향이 강한 '외골수'의 전형이다.

그에게 있어서 연애란, 「봉별기」에서의 금홍처럼 다른 사내들과의 매춘으로 번 돈을 동거남 앞에서 펼쳐놓고 자랑을 하거나 하는 식의 도박이나 게임의 형태로 나타난다. 손에 총칼만 없을 뿐, 그들의 사랑과 연애는 대결과 승부로 구현되는 것이다.

「날개」 속 부부도 마찬가지다. 남편과 아내의 대등한 관계로 보이기보다 흡사 상하수직의 모자관계처럼 보이는 게 사실이다. 아내한테 남편은 식객 그 이상도 그 이하도 아니다. 성가시고 귀찮은 존재이긴 하지만, 일말의 의무감으로 함께 살 뿐이다. 반면, 남편한테 아내 또한 마찬가지다. 가깝긴 하지만 한편으로는 언제 불호령이 떨어질지 몰라 조마조마한, 무서운 존재다. 아내에게 여인다운 섹슈얼리티가 사라진 채 오히려 마치 몸을 팔아서 자식을 먹이고 보살피는 가난한 어머니의 모습처럼 굴절되어 비춰지기까지 한다.

　문제는 이뿐만이 아니다. 다음 글에서 엿볼 수 있듯이 이들 부부관계는 사랑이나 감정 대신 돈을 매개로 하고 있다. 실제 이상의 돈에 대한 집착이나 가치관이 반영된 듯 보이지만, 「날개」 속 부부는 돈을 아주 중요하게 여긴다. 돈에 너무 무심해 사용할 줄도 모르는 바보 같은 남편과 적절한 대가를 돈으로 지불해야만 남편과 한 방에서 함께 잠자리를 하는 아내.

　　나는 내 이불 속에서 아내가 늘 흔히 쓸 수 있는 저 돈의 출처를 탐색해내는 일변 장지 틈으로 새어나오는 아랫방의 음성은 무엇일까를 간단히 연구하였다. 나는 잠이 잘 안 왔다. 깨달았다. 아내가 쓰는 그 돈은 내게는 다만 실없는 사람들로밖에 보이지 않는 까닭 모를 내객들이 놓고 가는 것이 틀림없으리라는 것을 깨달았다. 그러나 왜 그들 내객은 돈을 놓고 가나? 왜 내 아내는 그 돈을 받아야 되나? 하는 예의 관념이 내게는 도무지 알 수 없는 것이었다. 그것은 그저 예의에 지나지 않는 것일까? 그렇지 않으면 혹 무슨 대가일까? 보수일까? 내 아내가 그들의 눈에는 동정을 받아야만 할 한 가엾은 인물로 보였던가? 이런 것들을 생각하노라면 으레 내 머리는 그냥 혼란하여 버리고 버리고 하였다. 잠들기 전에 획득했다는 결론이 오직 불쾌하다는 것뿐이었으면서도 나는 그런 것을 아내에게 물어 보거나 한 일이 참 한 번도 없다. 그것은 대체 귀찮기도 하려니와 한잠 자고 일어나는 나는 사뭇 딴 사람처럼 이것도 저것도 다 깨끗이 잊어버리고 그만 두는 까닭이다. (중략)

나는 아내 이불 위에 엎드러지면서 바지 포켓 속에서 그 돈 오 원을 꺼내 아내 손에 쥐어 준 것을 간신히 기억할 뿐이다. 이튿날 잠이 깨었을 때 나는 내 아내 방 아내 이불 속에 있었다. 이것이 이 33번지에서 살기 시작한 이래 내가 아내 방에서 잔 맨 처음이었다. (중략)

나는 또 오늘밤에도 외출하고 싶었다. 그러나 돈이 없다. 나는 또 엊저녁에 그 돈 오 원을 한꺼번에 아내에게 주어 버린 것을 후회하였다. 또 고 벙어리를 변소에 갖다 쳐넣어 버린 것도 후회하였다. 나는 실없이 실망하면서 습관처럼 그 돈 오 원이 들어있던 내 바지 포켓에 손을 넣어 한번 휘둘러보았다. 뜻밖에도 내 손에 쥐어지는 것이 있었다. 이 원밖에 없다. 그러나 많아야 맛은 아니다. 얼마간이고 있으면 된다. 나는 그만한 것이 여간 고마운 것이 아니었다. (중략)

경성역(京城驛) 시계가 확실히 자정을 지난 것을 본 뒤에 나는 집을 향하였다. 그 날은 그 일각대문에서 아내와 아내의 남자가 이야기하고 섰는 것을 만났다. 나는 모른 체하고 두 사람 곁을 지나서 내 방으로 들어갔다. 뒤이어 아내도 들어왔다. 와서는 이 밤중에 평생 안 하던 쓰레질을 하는 것이었다. 조금 있다가 아내가 눕는 기척을 엿보자마자 나는 또 장지를 열고 아내 방으로 가서 그 돈 이 원을 아내 손에 덥석 쥐어 주고 그리고—하여간 그 이 원을 오늘 밤에도 쓰지 않고 도로 가져온 것이 참 이상하다는 듯이 아내는 내 얼굴을 몇 번이고 엿보고—아내는 드디어 아무 말도 없이 나를 자기 방에 재워 주었다. (중략)

내가 아내에게 흔들려 깨었을 때는 역시 불이 들어온 뒤였다. 아내는 자기 방으로 나를 오라는 것이다. 이런 일은 또 처음이다. 아내는 끊임없이 얼굴에 미소를 띠고 내 팔을 이끄는 것이다. 나는 이런 아내의 태도 이면에 엔간치 않은 음모가 숨어 있지나 않은가 하고 적이 불안을 느끼지 않을 수 없었다.

　나는 아내의 하자는 대로 아내의 방으로 끌려갔다. 아내 방에는 저녁 밥상이 조졸하게 차려져 있는 것이다. 생각하여 보면 나는 이틀을 굶었다. 나는 지금 배고픈 것까지도 긴가민가 잊어버리고 어름어름하던 차다. 나는 생각하였다. 이 최후의 만찬을 먹고 나자마자 벼락이 내려도 나는 차라리 후회하지 않을 것을. 사실 나는 인간 세상이 너무나 심심해서 못 견디겠던 차다. 모든 것이 성가시고 귀찮았으나 그러나 불의의 재난이라는 것은 즐겁다. 나는 마음을 턱 놓고 조용히 아내와 마주 이 해괴한 저녁밥을 먹었다.

-이상, 「날개」, 『조광』, 1936

아내와의 관계만이 세계의 전부였고, 아내 이외에 그 누구와도 감정을 소통할 수 없었던, 사회적 격리와 더불어 타인과 커뮤니케이션의 부재로 인해 철저하게 고립된 자아, 그 안에서 까칠까칠하게 메말라가는 내면의 고독과 의식을 해부하고 있는 「날개」는, 바로 그런 이유로 이상의 자전적인 소설이 될 수밖에 없었다.

작중화자 '나'는 어느 나른한 오후 미스코시 백화점 옥상에 올라 문득 제 등에 날개가 돋아 현실 세계를 박차고 단 한 번만이라도 날 수 있기를 간절히 바란다. 사랑하거나, 살뜰하게 사랑받진 않았지만 그래도 유일한 보호자였던 '아내', 그 아내한테서 버림받았다는 절망감이나 두려움이라도 갑자기 느낀 것일까? 그는 의식 없는 영원한 박제로 남고자 자살을 선택하는 것이다.

실제 이상이 자살로 생을 마치지는 않았지만, 몇 번 자살을 시도한 적은 있었다. 가장 많이 알려진 일화로는, 같은 구인회의 회원이었고 절친한 동무였던 「동백꽃」의 작가 김유정한테 동반자살을 하자는 제안을 했다는 설이다. 물론 그 제안은 실패로 돌아갔지만, 「12월 12일」을 비롯해 이상의 작품들 곳곳에 마치 지뢰처럼 '자살' 코드가 숨어있다. 그의 문학을 잠식하는 고립과 무위도식은 자살충동과 같은 의미를 지니는 것으로 봐도 좋을 것이다. 특히 소설 「실화」에서,

나는 십 년 간 세월을 두고 세수를 할 때마다 자살을 생각하여 왔다. 그러나 나는 결심하는 방법도, 결행하는 방법도 아무것도 모르는 채다.

라고도 언급했는데 그가 생각했던 자살은 자신을 두렵게 만드는 죽음, 다시 말해 지병인 폐결핵이 진행되면서 육신의 고통을 받다가 결국 죽는 것에 맞서기 위한 가장 적극적인 수단이었던 것 같다. 거듭된 연애 실패와 사회적 경제적 낙오로 인해 극단적인 생각까지 하게 된 이상. 그가 생각하기에는 절망에서 벗어나기 위한 길은 오로지 죽음, 곧 자살뿐이었다.

그래서 이상의 연애서사는 죽음 앞에서 벌이는 절대절명의 마지막 몸부림이고도 치명적인 유희다. 자세히 들여다보면 그다지 아름답지 않지만, 결과적으로 아름다움마저 초월해버리는 그 무엇. 이상의 글쓰기는 자신의 죽음에 대한 기록이나 마찬가지였던 것이다.

어쨌든 금홍은 이상에게 「봉별기」와 「날개」 등의 자전적인 소설을 쓰게 한 뮤즈였음에는 틀림없다. 그러나 그녀가 이상 본인에게 남기고 간 사랑의 상처는 상당히 아프고 쓰린 것이었다. 특히 「봉별기」에는 두 사람의 만남에서부터 헤어짐의 과정이 자세히 기록되어 있다.

금홍은 갈수록 외출과 외박이 잦아지더니 어느 날엔가는 때 묻은 버선을 윗목에 내동댕이치고 아예 가출해버리고 말았다. 금홍에게 이유 없이 손찌검까지 당하고 도망치다시피 나간 이상이 나흘 만에 집에 돌아와 보니 그녀

는 이미 떠난 뒤였다.

그다지 손님이 많았던 건 아니지만, 다방 '제비'의 얼굴 마담으로 앉아있었던 까닭에 꽤 기억하는 사람이 많아서 금홍의 가출과 관련된 여러 소문이 이상의 귀에 바람처럼 들렸다.

> 버스를 타고 금홍이와 남자는 멀리 과천 관악산으로 가는 것을 보았다는데 정말 그렇다면 그 사람은 쫓아가서 야단이나 칠까봐 무서워서 그런 모양이니까 퍽 겁쟁이다.
>
> —이상, 「봉별기」, 『여성』, 1936

그러나 당시 이상은 금홍이 그렇게 가출한 걸 이별로 생각하지 않았다. 워낙 그동안 나갔다 들어왔다를 반복했으니, 외간 남자와 눈이 맞아서 나간 그녀가 며칠 후면 다시 돌아와서 눈물이라도 쫄쫄 흘리며 용서해달라고 간청할지도 모른다고 생각했을까?

금홍이 떠난 후, 얼마 못가서 다방 '제비'도 파산해 경매에 넘어가고 말았다. 프랑스 문학 살롱을 염두에 두고 야심차게 '제비'를 개업한 지 딱 두 해만인 1935년 9월의 일이었다. 이상과 잦은 마찰을 빚던 일본인 건물주는 마침내 점포를 비워달라는 요구를 했고, 이상은 이에 불응했다. 마침내 건물주와 법적 소송을 벌이던 중이었는데 하필이면 재판 당일 늦잠을 자느라고 오전 9시에 열리는 재판에 참석도 못하는 어처구니없는 실수까지 저질렀다. 결국 이상의 다방 '제비'는 판결에서 가장 불리한 결석판결로 건물주의 뜻대로 처리하게 되었고, 이상은 보증금 한 푼 건지지 못한 채로 몸만 빠져나왔다.

이상은 관철동 대항권번의 제일 구석방에서 몇 년 동안 잠을 못 잔 사람처럼 밤낮으로 잠만 퍼질러 잤다. 이상의 절친 박태원의 소설 「보고」를 참고하면, 이 대항권번 근처의 관철동 33번지 및 18가구는 이상의 자전적인 소설 「날개」의 배경이 되는 33번지 18가구와 정확히 일치한다. 즉 이는 이상이 며칠 밤낮을 늘어지게 잠만 잤다는 관철동 대항권번은 실제로 이상과 금홍의 주거지였음을 증명하는 것이다.

어쨌든 며칠 시체처럼 실컷 자고 일어난 이상이 정신을 차려보니, 금홍의 빈자리가 너무도 쓸쓸했다. 그래서 그는 친구인 소설가 정인택을 찾아가 돈 30전을 빌려, 급히 금홍에게 전보를 쳤다. 돌아오라는 내용이었으나, 현재 전해지는 전보 내용으로는 딱 한 줄이었다.

"너 올래? 안 올래? 끝. 이상."

당시 전보란 게 30전으로는 한 줄밖에 칠 수 없었는지, 본래 전보란 게 그런 것인지, 혹 까칠한 이상의 성격 탓인지 알 길이 없으나, 어쨌든 참 간단명료하다.

두어 달 뒤에 이상은 어느 정도 마음이 정리된 상태였으나, 뜬금없이 금홍이 초췌한 몰골로 다시 돌아왔다.

인간이라는 것은 임시 거부하기로 한 내 생활이 기억력이라는 민첩한 작용을 하지 않았기 때문에 두 달 후에는 나는 금홍이라는 성명 석 자까지도 말쑥하게 잊어버리고 말았다.

그런 두절된 생활 가운데 하루 길일을 복하여 금홍이가 왕복 엽서처럼 돌아왔다. 나는 그만 깜짝 놀랐다.

금홍이의 모양은 뜻밖에도 초췌해 보이는 것이 참 슬펐다. 나는 꾸짖지 않고 맥주와 붕어과자와 장국밥을 사먹여가면서 금홍이를 위로해주었다. 그러나 금홍이는 좀처럼 화를 풀지 않고 울면서 나를 원망하는 것이었다. 할 수 없어서 나도 그만 울어버렸다.

"그렇지만 너무 늦어버렸다. 그만해두 두 달 지간이나 되지 않니? 헤어지자, 응?"

"그럼 난 어떻게 되우 응?"

"마땅한 데 있거든 가거라, 응."

"그럼 당신도 장가가나? 응?"

헤어지는 한 해도 위로해 보낼지어다. 나는 이런 양식 아래 금홍이와 이별했더니라. 갈 때 금홍이는 선물로 내게 베개를 주고 갔다. 그런데 이 베개 말이다. 이 베개는 2인용이다. 싫대도 자꾸 떠맡기고 간 이 베개를 나는 두 주일 동안 혼자 베어보았다. 너무 길어서 안됐다. 안됐을 뿐 아니라 내 머리에서는 나지 않는 묘한 머릿기름 땟내 때문에 안면이 적이 방해된다.

　　　　　　　　　　　　　　　　　　　　　　－이상, 「봉별기」, 『여성』, 1936

천박하기 이를 데 없는 이분법적 사고방식의 금홍이답게 제 잘못은 생각도 않고, 두 달여 만에 뜬금없이 돌아와서 한다는 말이, 네가 잘했으면 내가 그랬겠냐는 원망이었다. 다른 남자와 베던 베개를 이별선물이랍시고 주고 간 금홍이. 그녀를 어떻게 생각해야 할까? 뻔뻔하다고 해야 할까? 무지의, 순수하다고 해야 할까?

얼마 후, 이상은 금홍에게 다시 짧은 서신을 한 장 띄웠다. '중병에 걸려 식음 전폐하고 누워 있으니 어서 돌아오라'는 내용이었다. 그래도 마음 편히 비빌 데는 이상뿐이었는지, 금홍은 기다렸다는 듯이 한걸음에 달려왔다. 와서 보니까 이상의 처지가 측은하고 안 돼 보였다. 이대로 뒀다가 며칠 못가서 굶어죽을 것 같았다. 해서 금홍은 이상을 간호한답시고 그대로 눌러 앉아 그를 벌어먹여 살렸다. 그러나 다섯 달 뒤, 아무 대가 없이 그에게 애고(愛顧)를 베푸는 데에도 싫증이 났는지 금홍은 다시 땟물 나는 버선을 벗어던지고 훌쩍 떠나버렸다. 이렇게 금홍은 가출과 다시 돌아오기를 몇 번 반복했다. 그러면서 자연스레 두 사람의 인연도 소원해져 정리가 되어가는 듯 보였다.

이 무렵 이상은 생의 고갈 상태에 다다랐다. 1935년은 이상의 생애 중 가장 불행했던 해였다. 경영난으로 그저 월세 몇 번 밀렸을 뿐인데, 다방 '제비'도 법적으로 강제 폐업조치 당하고, 경제적으로 그는 완전히 파탄 수준이었다. 모교인 경성고공에서 그의 처지를 딱하게 여겨 당시 신축 중이던 신촌 이화여전 공사의 현장감독으로 부르기도 했지만 결국 또 잠 때문에 이튿날부터 결근을 해서 그마저도 놓쳤다.

마침내 그는 제비에서 쓰던 기명집물들을 모두 헐값에 팔아버리고 본가로 들어가 버렸다. 그의 나이 이제 갓 스물여섯이었다.

그러던 어느 날이었다. 이상이 한 친구로부터 금홍이 경성에 나타났다는 소식을 들은 것은. 때는 이상이 그의 마지막 연인 변동림과 결혼해서 황금정(지금의 을지로)에 신접살림을 꾸린 지 얼마 되지 않았을 때였다. 금홍의 소식을 들은 이상은 그녀의 동생 일심의 집으로 찾아가 그녀와 다시 재회했다.

금홍은 매춘녀의 생활전선에서 찌든 피로가 얼굴에서 여실히 드러날 정도로 초췌한 몰골로 그를 맞았다.

"네놈 하나 보구져서 서울 왔지. 내 서울 뭘 하려 왔다디?"

"그러게 또 난 이렇게 널 찾아오지 않았니?"

"너 장가갔다더구나."

"얘 디끼 싫다. 그 육모초 같은 소리."

"안 갔단 말이냐, 그럼?"

"그럼."

당장에 목침이 내 면상을 향하여 날아 들어왔다. 나는 예나 다름이 없이 못나게 웃어주었다.

술상을 보아왔다. 나도 한 잔 먹고 금홍이도 한 잔 먹었다. 나는 영변가를 한마니 하고 금홍이는 육자배기를 한마디 했다.

밤은 이미 깊었고 우리 이야기는 이게 이 생에서의 영이별이라는 결론으로 밀려갔다. 금홍이는 은수저로 소반전울 탁탁 치면서 내가 한 번도 들은 일이 없는 구슬픈 창가를 한다.

"속아도 꿈결 속여도 꿈결 굽이굽이 뜨내기 세상 그늘진 심정에 불 질러 버려라 운운."

-이상, 「봉별기」, 『여성』, 1936

이상과 금홍, 3년여 간의 진한 인연의 고리는 그렇게 한 잔의 술로 끝이 났다. 술상을 마주하고 장단을 맞추며 육자배기를 구슬프게 부르던 금홍도, 시시각각 다가오는 죽음의 그림자와 삶의 허무함 속에서 한 여인을 제 기억에서 지워야 하는 이상도 누가 먼저 말을 하지 않았지만 이미 깨달았을 것이다. 이 밤이 지나면, 이 이별의식이 끝나면 이제 두 번 다시 영영 볼 수 없는 사람이란 것을.

그래서 이상과 금홍의 「봉별기」는 삶과 사랑에 대한 짙은 허무가 깔려 있는 작품이 되었다. 또 「날개」는 「봉별기」를 조금 더 유머러스하고 극적으로 포장한, 논픽션과도 같은 작품이라고 할 수 있을 것 같다.

「봉별기」에서 이상은 다음과 같이 언급했다.

> 천하의 여성은 다소간 매춘부의 요소를 품었으니라고 나 혼자는 굳이 신념한
> 다. 그 대신 내가 매춘부에게 은화를 지불하면서도 한 번도 그들을 매춘부라고
> 생각해본 일이 없다. 이것은 내 금홍이와의 체험에서 얻은 체험만으로는 성립되
> 지 않는 이론같이 생각되나 기실 내 진담이다.
>
> -이상, 「봉별기」, 『여성』, 1936

지금 같아서는 여성들을 능멸하는 혐오발언으로, 전 여성들의 적이 되기
에 충분하겠지만 이상에게 여성이란 이토록 폄하될 만큼 우스워 보이면서
도 한편으로는 두려운 존재였던 것 같다.

금홍과 함께 사는 동안, 이상은 친가에 그녀를 직접 데려가 인사를 시킨
적이 단 한 번도 없었다고 한다. 뒤에 언급될 이상의 마지막 여인 변동림은
시집 식구들과 비교적 가까이 지낸 반면, 금홍은 그럴 기회가 전혀 없었다.
어쩌다가 동생 김옥희가 생활비를 받으려 다방 '제비'에 찾아가면, 이상은
멀찌감치 금홍을 바라보며 동생한테 눈짓으로만 '저게 네 언니니라.' 알려
줄 뿐, 집안 식구들한테 정식으로 인사를 시킨 일이 없었다. 왜 그랬을까?
금홍과 오래 살 생각이 별로 없었던 건 아닐까?

그렇지만 아이러니컬하게도 사랑을 거부하고 부정하는 이상의 만 스무
일곱 해의 일생에 있어서 곁에 있었던 세 명의 여인들 중 가장 오랜 시간을
함께 했던 건 금홍일 것이다.

이상은 다방 '제비'가 폐업한 후에도 다시 인사동에 '쓰루', 종로 1가에

'69'에 이어 다시 '무기', '맥'까지 연이어 다방을 개업했지만 모두 다 실패했다. 별다른 노하우나 관리 체계 없이 물장사에만 집착했던 그 때문에 금홍을 비롯해 그의 여자들은 모두 가슴앓이를 해야 했다. 결국 금홍은 이상의 무능력에 치를 떨면서 다시 술집에 나가 매춘과 외박을 밥 먹듯 하다가 아예 그의 곁을 떠나가 버렸다.

앞서 언급했듯이 이상은 작품 「실화」에서 '계집의 얼굴이란 다마네기'라고 할 만큼 그에게 여자란 존재는 좀체 믿지 못할 존재였다. 사실, 그는 금홍을 비롯해서 그가 교류했던 여자들의 진심을 읽어내지 못했다. 그녀들은 그의 앞에서는 사랑한다고 말하지만, 늘 언제든 틈만 주면 떠나갈 준비를 하고 있었다. 즉 진심을 교류하는 연애라기보다는 게임이나 내기하듯 유희하듯 속고 속이고 그런 솔직하지 못한 관계에 익숙해져 있었다.

이상에게 금홍은 벗겨내면 벗겨낼수록 자꾸 새 모습이 나와 도저히 본모습을 알 수 없는 '양파'와도 같은 사람이었다. 그녀는 달달한 사랑을 주려 온 게 아니었다. 육체만 성숙할 뿐, 감정적으로는 아직 미성숙한 어린 아이에 불과했던 그에게 삶의 단맛과 쓴맛, 짠맛, 매운맛 등 오감을 일깨워 주려 온 것이었다.

이상의 친구들은 금홍을 천하의 '색골'로 취급했다. 이상과 절친한 사이였던 김소운과 정지용이 어느 날 만나서 이런 대화를 나누었다고 전해진다.

"그 무식한 술집작부가 아는 게 있어야지. 그것밖에는."
"그러게나 말일세. 금홍이 고것과 계속 붙어살면 폐병쟁이 이상이는 얼마 못갈 걸세."

이상의 친구들은 금홍이 가출하고 나서 그의 건강이 오히려 좋아졌다고 말하기도 한다. 여동생 김옥희도 체질적으로 허약한 이상이 금홍을 만나고 나서 건강이 급격하게 쇠약해졌다고 증언했다.

즉 이상의 주변인들한테 금홍은 남자를 쥐락펴락하는 '요부', 남자를 밝히는 '색골', 남자한테 기생해 피를 쏙쏙 빨아먹는 '거머리' 등의 몹쓸 이미지로 낙인 찍혔다. 사회적으로 고립되고, 경제적으로 무능력한 이상을 매춘을 해서라도 2년여 간 먹여 살린 게 금홍이건만, 대체 그들은 왜 그랬을까?

본래 '요부'란 서양에서의 '마녀'처럼 사람들의 두려움에 의해 만들어진 허상에 불과하다. 즉 남성들의 여성들에 대한 혐오, 내지는 두려움이 만들어낸 거짓이다.

금홍은 요부도 색골도 거머리도 마녀도 아닌, 그저 암울하고 가난한 그 시절을 살아내려고 아등바등 발버둥쳤던, 지극히 평범한 한 여인에 불과했다. 집안 식구들의 생계를 책임지려고 유곽에 팔려와 푼돈에 성(性)이 착취 당하는 가난하고 평범한 어느 집의 딸에 불과했던 것이다.

또 일제강점기하에서 수탈당하거나 파탄 나버린 국가경제를 다시 되살리고자 돈이 몰려 밤마다 흥청대는 유흥문화의 중심지에서 현실적인 필요로 별 수 없이 그 시대 여자가 할 수 있는 유일한 전문직이었던 작부가 된 여인이었다. 이유야 어떻든 금홍이야 말로 고단한 사회적 경제적 현실을 있는 그대로 받아들이고 책임과 의무를 다해 열심히 살아내려고 애쓴 그 시대의 가련한 여성이었다.

금홍은 이분법적 단순한 논리에 익숙한 인간이지, 성녀는 아니었다. 그랬기에 살기 위해 아무 노력도 하지 않는 이상의 무능과 무기력을 이해할 수는 없었을 것이다. 나도 이렇게 열심히 죽을힘을 다해 사는데, 문벌이 버젓한 저 사람은 왜 저리 놀고먹나? 호강은커녕 내가 다른 남자들한테 매춘해 번 돈으로 왜 저 놈팡이까지 먹여 살려야 하나? 싶어 짜증이 나고 더 나아가 내면에 숨겨진 폭력성이 마침내 촉발되고야 말았던 것이다. 해서 그녀는 이상을 할퀴고, 때리고, 마침내는 때 묻은 버선을 방바닥에 벗어던지고 집을 뛰쳐나갈 수밖에 없었던 것이다.

이상이 남긴 일련의 작품들 속에서는 그가 금홍을 데리고 유희하고, 생계에 이용한 것처럼 보이지만, 사실은 금홍이 이상을 유희한 것이다. 이상은 끝내 금홍의 속마음을 파악하지 못한 채 이별했다.

이는 금홍의 정체성이 가면과 페르소나의 양면을 모두 가지기 때문이다. 성녀와 요부의 이미지를 동시에 가지는 '마돈나'처럼 금홍도 여러 가지의 아이덴티티를 갖고 있기 때문에 자신의 정체성은 이미 오래전에 지워져버렸다.

그래서 혹자는 '금홍은 제 관능적인 매력으로 온갖 수컷들을 꾀는, 그리스 신화의 요부 키르케의 근대적 환생이고, 이상은 길들여지지 않은 음욕이란 마법에 걸려서 키르케한테 애완동물처럼 길러지는 돼지'라고도 말했다.

결국 이를 요약하면, 이상의 여인 중 가장 큰 비중을 차지함에도 불구하고 지금까지의 금홍의 이미지는 제 육체적인 관능미로 남자를 유혹해 파멸에 이르게 하는 '요부'에 지나지 않았다. '요부'나 '마돈나'는 남성지배사회에서 남성 중심의 규범을 거부하고, 되레 남성들을 지배하려 한다는 공통점이 있다.

그래서 그들은 남성중심의 사회에서 비난과 비웃음을 사고, 이어 배척해야 할 '마녀'로 낙인찍히게 되는 것이다. 금홍이라는 이상의 여인도 예외는 아니었다. 천하디 천한 신분의 술집 작부가 천재 이상을 꾀어내 만신창이로 만들어 결국 만 스물일곱 꽃다운 나이에 요절에 이르게 한 '요부', 그 이상도 그 이하도 아니었다. 매춘을 해 이상을 먹여 살리고 아픈 그를 돌보고, 작품의 토대가 된 뮤즈 역할까지 한 공덕은 천재작가 이상의 신화에 가려져 새까맣게 지워지고야 말았다. 어쩌면 금홍이야말로 이상을 만난 대가를 혹독하게 치른 희생양은 아니었을까. 그녀도 후대인들한테 '요부'로 기억되느니, 차라리 필부로 잊혀진 사람이 되고 싶어 하지는 않을까.

나이 듦이 성숙을 뜻하진 않지만, 두 사람의 연애가 그토록 가을바람에 한 잎 한 잎 휘날리는 낙엽처럼 스산한 이유는, 그도 어렸고 그녀도 어렸기 때문일 것이다.


### ::: '천재'들에게 날개가 되어준 지적인 여왕벌, 권순옥

이상은 당시로서는 매우 드물게, 아니 현대에 이르러서도 이상과 같은 작가는 드물다. 아무튼 매우 보기 드물게 자기만의 독특한 수사학을 사용해 작품을 집필했다. 제 자신을 우스꽝스러운 바보로 만들거나 자신의 불행마저 유머러스하거나 가볍게 표현하고, 제 이름을 작품 속에 넣거나 제 자신과 동일인물을 작품에 등장시켜 제 치부를 만천하에 공개하곤 하였다. 그래서 작품 속 주인공들은 제아무리 로맨틱한 사랑 한 점 없이 맞수끼리 게임이라도 즐기는 듯한 연인관계라지만 그 전체적인 느낌은 밝고 명랑하다. 마치 작중화자는 1인 2역의 베테랑 연극배우 같다.

다음은 이상의 유고시 「회한(悔恨)의 장」의 일부다.

> 가장 무력한 사내가 되기 위해 나는 얼금뱅이였다. / 세상에 한 여성조차 나를 돌아보지는 않는다. / 나의 나태는 안심이다. / 양팔을 자르고 나의 직무를 회피한다. 이제는 나에게 일을 하라는 자는 없다. / 내가 무서워하는 지배는 어디서도 찾아볼 수 없다. (중략) 나는 이젠 세상에 맞지 않는 옷이다. (하략)
>
> ─이상, 「회한의 장」, 『현대문학』 74호, 1966

위 작품은 이상이 세상을 마감하기 얼마 전에 남긴 유고작품 중 한 편이다. 여기서 이상은 자신을 세상의 어떤 여자도, 어쩌면 금홍이조차 돌아보지 않는 마치 주검과도 같은, 세상에서 가장 무기력한 남자로 표현했다. 즉 아무도 알아보지 못하는, 완벽하게 투명인간과도 같은 삶인데 이는 세상으로부터 존재의 의미를 부여할 수 없는 자의 절망인 것 같다. 완전히 사화와 세상으로부터 격리되고 소외된 자의 좌절!

다방 '제비'의 폐업과 함께 가출과 컴백을 반복하는 금홍 때문에 속앓이를 너무 많이 한 탓이었을까? 무기력증이 온몸 구석구석까지 침투한 이상은 심신이 너덜너덜해졌다.

그토록 무기력하고 게으르던 그에게도 겨울이 지나면 어김없이 봄이 오듯 두 번의 사랑이 더 찾아왔다. 하지만 사랑 자체가 불가능했던 이상은 금홍을 대할 때와 똑같이 마음의 자물쇠를 꼭꼭 잠가둔 채 그녀들과 내기하듯 사랑에 임했다. 그러나 금홍과의 관계에서와 마찬가지로 패자는 언제나 이상이었다.

이상 문학에 등장하는 여성들은 크게 두 종류로 나뉜다. 「봉별기」와 「날개」의 여주인공 금홍과 같은 계열의 몸 하나로 벌어먹고 사는 작부 스타일의 여성들과 「실화」, 「동해」와 같은 작품에 나타난 단발머리 여인, 소위 신여성들이다.

이상은 금홍 계열의 내유외강형의 여성에게는 순종적이며 마조히스트적인 쾌감을 느끼는 데 반해, 자의식이 강해 절대 호락호락하지 않는 신여성들한테는 가혹하리만큼 학대를 가하면서 사디즘적인 쾌감을 느끼는 것처럼 보인다. 「실화」에 등장하는 단발머리 소녀 연이는 겉으로는 연약해 보여도 남자를 제 손바닥에 올려놓고 좌지우지하는, 마치 여왕벌 같은 이미지다. 수많은 남자들을 유혹하지만, 어느 남자에게도 구속되기를 거부하는.

똑똑한 척 잘난 척 하는 남자들이 가장 매력 없어 하는 상대녀들은 자기와 닮은꼴일 것이다. 이상은 이렇게 '뭘 좀 아는' 여인들에게서 스스로 모욕감 내지는 성적 콤플렉스를 느낀 것 같다. 그는 당시 신여성들의 강한 자의식에 반발해 찬물을 확 끼얹으며 '철면피', '눈 가리고 아웅의 천재', '석녀', '한개 요물' 등으로 그녀들을 공개적으로 매도했다. 기 드센 그녀들의 자존감을 꺾어버리고픈 사나이의 거친 욕망 때문이었을까. 그는 신여성들에 대해서만큼은 이중적이고도 매우 모순된 잣대를 드러냈다.

그래서 이상식 연애서사는 연애담이 아니라, 연애실패담이다. '이 세상의 모든 여자란 존재는 도무지 무슨 정성을 기울인들 양파처럼 속을 알 수도, 믿을 수도 없고, 가질 수도 없으며 따라서 사랑의 해피엔딩도 불가능한 것이다'라고 그는 작품을 통해 말하고 있다.

그러나 아이러니컬하게도 사랑에 회의적이었던 이상이 가장 의지하고 싶어 했던 여인이 한 명 있었다. 바로 권순옥(본명: 권영희)이었다.

권순옥은 공부를 많이 한 건 아니지만, 신여성 측에 끼어도 좋을 만큼 지적인 여성이었다. 외모는 그다지 출중한 편이 아니었어도 수수한 이미지의, 무엇보다 고리키 전집을 모두 독파할 만큼 문학에 조예가 깊었다. 언변에도 막힘이 없어서 당시 내로라하는 작가들과도 스스럼없이 잘 어울렸다. 그 때문에 결과적으로 그녀는 당시 모더니즘의 천재들, 즉 이상, 정인택, 박태원 이 세 남자의 틈바구니에서 매우 기이한 인연의 고리로 엮였다.

이상이 권순옥을 처음 만났던 것은 금홍이 며칠 혹은 몇 달 간격으로 가출과 컴백을 반복할 때였다. 다방 '제비'의 파산 이후, 친부모의 집을 다시 저당 잡혀서 인사동에 '쓰루(つる: 학)'란 다방을 개업했다. 금홍 대신 다방을 운영해줄 여급이 필요했던 이상은 당시 다방 '엔젤'에서 자신과 말이 잘 통해 눈여겨보았던 괜찮은 여성을 한 명 스카우트했다. 그녀는 처녀가 아니

었지만, 고리키 전집을 한 권도 빼지 않고 읽은 매우 지적인 여성이었다.

> 처녀가 아닌 대신에 고리키 전집을 한 권도 빼놓지 않고 독파했다는 처녀, 이
> 상의 보배가 송(末)군을 동(動)하게 하였고 지금 송군의 은근한 자랑거리리라.
> 　결혼하였으니 자연 송군의 서가와 부인 순영 씨(이 순영이라는 이름자 밑에다
> 씨자를 붙이지 않으면 안 되는 지금 내 가엾은 처지가 말하자면 이 소설을 쓰는
> 동기지)의 서가가 합병할밖에— 합병을 하고 보니 송군의 최근에 받은 고리키 전
> 집과 순영 씨의 고색창연한 고리키 전집이 얼렸다.
>
> -이상, 「환시기」, 『청색지』, 1938

이상의 사후에 발표된 유고작 「환시기」에 이상과 권순옥, 정인택 이들 세
사람 사이에서 벌어진 묘한 삼각관계가 참 재밌게 묘사되어 있다. 여기서
이상은 이상 본인이고, 순영은 권순옥이며, 송군은 정인택이다.

이상에게 금홍이 미(美)와 성(性)적인 존재로 인식되었다면 권순옥은 지
(知)적인 존재였다. 이상은 관능적인 것에만 치우쳐 있는 금홍에게 부족한
것을 권순옥에게서 발견했다. 바로 그가 늘 꿈꿔왔던 로망, 저런 여자라면
혹시 내 날개가 되어줄지도 모른다는 생각을 하게 된 것이었다.

이상에게 금홍의 사랑은 그녀의 육감적인 몸놀림에 눌려 제 날개를 꺾어
버린 채 골방에서 틀어박혀 잠이나 쿨쿨 자야하는 박제 같은 사랑이었다.
얼굴도 모르는 남자들과 공유해야 하는, 때로는 이유 없이 억울하게 매도
맞는 그런 피학적 사랑이었다.

하지만 고리키 전집을 독파한 권순옥은 확실히 달랐다. 그녀와 함께라면
제 어깨에 날개가 돋아나 세상을 훨훨 날 것만 같았다.

조용만의 당시 회고에 따르면, 권순옥은 이상에게 'D. H. 로렌스의 모조

품'이란 별명을 붙여주었다고 한다. 즉, 이상의 창백한 얼굴과 고수머리가 우선 그러했고, 즉흥적이고 무계획한 생활태도와 천재적인 작품세계가 D. H. 로렌스와 흡사하다는 것이었다. 그래서 권순옥은 이상한테 농담처럼 '로렌스의 모조품'이라고 불렀던 것이었는데 이상은 진심으로 감격해서 친구인 정인택과 박태원에게 자랑을 늘어놓았다. 정인택이 권순옥의 교양을 칭찬하며 추켜세우자, 이상은 제가 공연한 말을 해서 권순옥을 정인택에게 빼앗기게 생겼다며 전전긍긍했다는 후문이 전해진다. 이것만 보더라도 당시 이상이 권순옥에게 어떤 감정을 가졌는지 예감할 수 있다.

그런데 결과적으로는 그 말이 씨가 된 셈이었다. 권순옥은 처음에 정인택보다는 이상한테 호감을 가졌던 것으로 보인다. 그러나 이상이 금홍에 대한 마음을 완전히 떨쳐버리지 못하고, 자신과 금홍 사이에서 양다리를 걸치고 갈팡질팡하자 그에 대한 실망이 커져만 갔다. 한 가지 재미있는 점은 권순옥을 사랑할수록 이상은 금홍이 어쩌다가 집에 있는 날이면 더욱 열정적으로 격렬하게 금홍을 끌어안고 사랑하게 된다고 밝혔다는 점이다. 바깥에서 바람을 피우는 남자들이 귀가해서 아내를 대하는 이중심리를 조금이나마 알게 되는 대목이다.

이상은 이렇듯 다른 여자를 마음에 품고 동경하면서도 아편 같은 금홍의 애욕에서 벗어나지 못했다. 그런데 전문가들의 말을 빌리면, 결핵환자가 섹스에 집착하는 것은 일종의 자살행위에 가깝다고 한다. 해서 금홍에 대한 이상의 집착은 결국 그의 건강을 악화시키는 중요 요인이 됐을 가능성이 매우 크다.

이 때 권순옥을 넘보던 한 남자가 있었다. 바로 소설가 정인택이다. 그는 당시 여자들 중 보기 드물게 지적인 이미지의 권순옥한테 첫눈에 반해 무한 애정공세를 펼쳤다. 그녀를 이상의 다방 '쓰루'에서 처음 만난 이후, 정인택의 머릿속에는 오로지 그녀뿐이어서, 신문사에서 퇴근하기가 바쁘게 그녀의 일터인 쓰루로 매일 출근하다시피 하며, 나중에는 월급을 쓰루에서 다 써버려 하숙비조차 밀려가며 권순옥에게 공을 들였다.

카페 여급출신이었으나, 권순옥은 금홍처럼 성적인 매력은 없었다. 대신 수수하고 정갈한, 이를테면 '백자'와 같은 여인이었다. 새침하면서도 어떤 주제의 이야기를 나눈다 한들 말이 잘 통하는 까닭에 당시 문인들과 커뮤니케이션이 활발했다. 아마 그래서였나보다. 이상과 정인택, 후에 박태원까지 그녀에게 마음을 빼앗긴 게.

조용만의 회고에 의하면, 당시만 해도 박태원은 권순옥에게 별 관심이 없었던 것 같다. 하지만 인생은 길고, 사람의 일이란 알 수가 없는 것 아니겠는가. 이때만 하더라도 권순옥을 사이에 두고 이 세 모더니즘 작가의 관계가 어떻게 얽히고설킬지 그 누구도 상상조차 못했으리라.

주변에서는 이상과 권순옥이 사장과 종업원의 관계를 넘어서 서로 연모하는 관계라는 것을 이미 어느 정도 눈치를 채고 있었다. 그런데 정인택이 그 사이를 비집고 들어간 것이다. 친구의 애인을 사랑한 정인택은 이상과 본의 아니게 연적 관계가 되었고, 겉으로는 서로 흔연했지만 두 사람의 관계가 상당히 껄끄러웠을 것이다. 사실 이상이 권순옥을 사귄다고, '저 여자는 내 여자'라고 공개적으로 알릴 수 없었던 이유도 바로 금홍이 때문이었다. 몇 달 간격, 혹은 며칠 간격으로 집을 들락거리기를 반복하는 금홍이 때문에 이상은 새 사랑을 시작하기가 부담스러워 정인택처럼 적극적으로 그녀에게 대시하지 못했다. 마음은 그게 아닌데, 소유하고 싶지만 소유할 수 없는 것 앞에서 갈등하듯이 이상은 권순옥한테, 너만 바라보는 정인택한테로 가라며 자꾸 그녀의 등을 떠밀 수밖에 없었다.

그런데 그때 마침 결정적인 사건이 터졌다. 사랑과 우정 사이에서 갈등하던 정인택이 어느 날밤, 괴로운 심경에 덜컥 자살기도를 했던 것이다. 술과 함께 수면제 과다복용으로 목숨이 경각에 붙어있는 걸 이상이 발견해 들쳐 업고 병원으로 달려가 가까스로 살려냈다.

송군과 결혼하지 응? 그야말루 송군은 지금 절벽에 매달린 사람이오-. 송군이 가진 양심, 그와 배치되는 현실의 박해로 말미암은 갈등, 자살하고 싶은 고민을 누가 알아주나-.

송 선생님이 불현듯이 만나 뵙구 싶군요.

십 분 후 나와 순영이 송군 방 미닫이를 열었을 때 자살하고 싶은 송군의 고민은 사실화하여 우리들 눈앞에 놓여 있었다.

아로날 서른여섯 개의 공동(空洞) 곁에 이상의 주소와 순영의 주소가 적힌 종잇조각이 한 자루 칼보다도 더 냉담한 촉각을 내쏘으면서 무엇을 재촉하는 듯이 놓여 있었다. (중략)

순영은 쩡쩡 천장이 울리도록 코를 골며 인사불성된 송군 위에 엎뎌 입술이 파르스레하다.

어쨌든 나는 코고는 '사체(死體)'를 업어 내려 자동차에 실었다. 그리고 단숨에 의전병원으로 달렸다. 한 마리의 셰퍼드와 두 사람의 간호부와 한 분의 의사가 세 사람(?)의 환자를 맞아 주었다.

독약은 위에서 아직 얼마밖에 흡수되지 않았다. 생명에는 '별조'가 없으나 한 시간에 한 번씩 강심제 주사를 맞아야겠고 또 이 밤중에 별달리 어쩌는 도리도 없고 해서 입원했다. (하략)

-이상, 「환시기」, 『청색지』, 1938

문득 괴테의 명작 「젊은 베르테르의 슬픔」이 떠오르지 않는가! 1930년대 경성에도 친구의 여자를 사랑한, 사랑에 목숨을 건 사내가 있었던 것이다. 자신의 비극적 짝사랑을 고해하듯 괴테는 「젊은 베르테르의 슬픔」을 남겼고, 이상은 「환시기」를 남긴 것이었다.

조용만의 증언에 따르면, 당시 사람 하나 구하는 샘치고 정인택을 구제해달라는 이상의 계속된 설득에 권순옥은 꽤 완강하게 그럴 수 없다고 맞섰다고 한다. 이상과 어떻게 헤어지냐며, 절대 자기는 헤어질 수 없다며 떼를 썼던 모양이다.

그러나 정인택의 자살기도 이후 권순옥의 마음도 달라졌다. 그녀는 금홍의 치마폭을 벗어나지 못하는 이상보다 저한테 목숨을 건 정인택을 운명의 남자로 받아들였다. 이상은 금홍이라는 요부한테 단물을 쪽 빨린 채 부러진 날개를 가진 탓에 날아오를 수도 없었지만, 정인택은 달랐다. 권순옥은 당시 엘리트 여성들이 가졌던 로망, 즉 프롤레타리아에 휴머니즘을 접목해 세상을 다르게 변화시킬 수 있는 사람은 모더니즘에 갇혀있는 이상이 아니라, 바로 정인택이라고 생각했던 것이다. 그는 마음만 먹으면 언제든 멋지게 날아오를 수 있는 건강한 날개를 가졌다고 믿었다.

결국 권순옥은 정인택을 선택했다. 겉으로는 두 사람을 열렬히 축복해주던 이상, 속마음은 진심이었을까? 아니었다. 이상은 술기운을 빌려 매우 괴로워하는 뒤끝을 보였다고 한다. 그는 공복에 술을 마시고 취해 정인택이 입원해 있는 병원 계단을 오르다 말고 비틀거리며 쓰러져 다음과 같이 횡설수설 취중진담을 늘어놓았다고 한다.

"정군이 누워서 으흠, 으흠, 하고 숨이 넘어갈 때 나는 정말 아찔했어. 인제 아까운 친구 하나 잃었구나 하고 눈앞이 캄캄해지더군. 나한테 그 아이에 대한 연정을 이야기했더라면, 내가 순순히 양보했을 텐데, 그깟 게 무어라구 술김에 약을 먹을 게 무어야. 딱한 친구야 정군은… 그렇지만 이왕 약을 먹었으니 꺼지는 게 좋아. 살아난대야 아무짝에도 쓸데없는 인물이거든. 정군은 차라리 꺼지는 게 좋단 말야. 꺼져야 할 인물이란 말야…."

함께 가던 일행은 그의 말을 행여 누가 듣기라도 할까봐서 이상의 입을 틀어막으려 했다고 한다. 그러나 이상은 시니컬하게 그 손을 뿌리치고, 껄껄 웃으며 같은 말을 자꾸 반복했다고 전해진다.

이상은 다방 '제비'에 이어, '쓰루', 상호가 매우 선정적이라는 이유로 하루 만에 허가가 취소된 명동의 '69', '무기(むぎ)'와 '맥'에 이르기까지 연이은 다방사업의 실패로 인해 경제적 어려움을 온몸으로 겪고 있었다. 낡고 허름한 셋방을 전전하면서 방세를 내지 못해 쫓겨나기도 하고, 당시 청소부로 일했던 동생의 봉급으로 간신히 입에 풀칠하며 살아가기도 했다. 엎친 데 덮친 격으로 실연으로 인한 슬픔까지 더해져 갈수록 쇠약해지는 육신을 대걸레처럼 질질 끌고 하루하루를 힘겹게 연명했다. 그러나 이상은 좌절하거나 절망하지 않았다. 오히려 전보다 더 열정적으로 삶을 바라보았다. 작품 집필에도, 사랑에도 더 열정적이었다. 마치 오늘이 마지막인 것처럼.

1935년 8월 25일, 마침내 돈암동 흥천사에서 정인택과 권순옥은 결혼식을 올렸다. 당대 최고의 소설가로 손꼽히는 김동인과 박종화, 조용만, 정지용, 양백화, 박태원, 김소운, 구본웅 등 내로라하는 작가들은 모두 결혼식에 참석해 두 사람을 축복했다. 정인택의 장난 섞인 부탁으로 그 결혼식에서 이상은 사회를 봤다.

이상이 세상을 떠난 후, 정인택은 회고담에서 다음과 같이 이상에 대한 고마움과 각별한 인연을 표현했다.

이상이 그 야윈 어깨에 명재경각의 저를 짊어지고 밤 깊은 종로거리를 헤매던 일, 제가 어찌 잊겠습니까. 그때 이상이 아니었다면 지금의 나도 없고, 내 아내도 없고……

-정인택, 「불쌍한 이상」, 『조광』, 1939

그러나 이것이 이야기의 끝이 아니다. 더욱 기막힌 인연은 권순옥과 구보 박태원과의 인연이다. 앞서 이야기했듯이 박태원은 권순옥과 부부의 연으로 맺어질 인연은 아니었다. 그저 친구의 아내와 남편의 친구 사이로 잘 아는 관계에 머물 인연이었다. 그러나 운명은 이들 사이에 끼어들어 몹쓸 장난질을 했다.

평소 프롤레타리아 성향을 갖고 있었던 권순옥은 6.25 전쟁 직후 남편 정인택과 함께 두 딸을 데리고 월북했다. 그런데 월북 직후 정인택은 안타깝게 병사를 하고 말았다. 그 후 권순옥은 홀로 두 딸을 키우다가 극적으로 박태원을 만났다. 박태원은 가족들을 모두 남한에 둔 채로 납북되어 북한으로 끌려간 상황이었다. 객지에서 아는 사람을 만났을 때의 반가움 내지는 동병상련이었는지는 모르나, 어쨌든 이 두 사람은 그렇게 극적으로 만나 재혼을 했다.

정인택의 둘째 딸 정태은은 계부 박태원을 자상하고 좋은 아버지로 기억했다. 작가 박태원의 북한 내 활동을 기록한, 북한의 문학계간지 『통일문학』에서 그녀는 박태원에 대해 자세히 기술했다. 이 글에서 정태은은 월북 직후, 친부 정인택이 갑작스레 병사하자 친모 권순옥과 박태원은 재혼하게 되었고, 계부 박태원의 집에 들어가서 함께 살았다고 당시를 회고했다.

박태원은 말년에 뇌출혈로 인한 전신마비와 백내장으로 인한 실명으로 고통 받으면서도 창작의 열정을 끝내 놓지 않았다고 한다. 권순옥은 병환

중인 그를 극진히 간병했고, 그래서 탄생된 작품이 「계명산천은 밝아오느냐」 1, 2부와 「갑오농민전쟁」 1~3부다. 이 모든 집필 작업을 권순옥과 함께했다. 권순옥은 눈이 보이지도, 몸을 움직일 수도 없는 남편을 대신해 그의 구술을 채록해 원고를 작성하고, 1986년 박태원이 「갑오농민전쟁」을 미완의 상태로 사망하자, 작품의 결말을 직접 창작까지 해 완성시켰다고 한다.

비록 문인은 아니었지만 권순옥은 1930년대 모더니즘의 주역이었던 세 남자, 즉 이상, 정인택, 박태원과 아주 특별하고도 기묘한 인연으로 얽혀 기꺼이 그들에게 뮤즈가 되어준 여인이었다.


## ::: 천재의 마지막 곁을 지킨 여인, 변동림

꺼져가는 불씨 같은 제 목숨 줄을 부여잡고 이상은 1936년 한 해에 걸쳐 마치 절망적인 삶에 저항이라도 하듯 열정적으로 작품을 줄줄이 쏟아냈다. 다양한 장르에 걸쳐, 오늘날 걸작으로 손꼽히는 이상의 작품들은 대부분 이 시기에 집필, 발표된 것들이다. 만 스무 일곱 해의 절름발이 인생과 사랑에 있어서 유일한 위안은 문학이었다.

오래도록 함께 하고픈 여인으로 가슴에 품었지만, 결국 친구의 아내가 된 권순옥에 대한 마음을 정리한 이상이 얼마 후 절친한 벗 구본웅의 소개로 만난 여성이 변동림(1916~2004)이었다.

그러나 결론적으로 말하면 이상과 변동림의 실제 결혼생활은 3개월 남짓이었다.

두 사람의 결혼에 언급하기 전에, 먼저 구본웅과 변동림의 조금 복잡하게 얽힌 관계에 짚고 넘어가야 할 것 같다.

구본웅 역시 이상처럼 평탄치 못한 어린 시절을 보냈다. 그는 부잣집 외아들로 태어나고 자랐지만, 산후후유증으로 어머니를 일찍 여의고 젖동냥으로 가까스로 자랐다. 그의 불행은 여기서 그치지 않았다. 갓난아이 때 그를 보살피던 하녀가 맷돌 위에 아이를 떨어뜨리는 치명적인 실수를 저지르는 바람에 허리를 다쳐 평생 꼽추 장애를 십자가처럼 짊어져야 했다. 그래서 그를 '조선의 로트레크'라고 부른다.

구본웅의 아버지가 그의 나이 세 살 무렵에 재혼을 했고, 계모 변동숙은 친자식처럼 그를 살뜰히 보살폈다. 그런데 이 변동숙의 이복 여동생이 바로 변동림이었던 것이다. 비록 어머니는 다르나, 한 아버지 아래서 태어난 자매지간인 변동숙과 변동림의 나이 차이는 무려 스물여섯 살이다. 그러니까 변동림과 구본웅은 의붓 이모와 조카 사이였던 셈이다. 그것도 조카의 나이가 한참이나 더 많은.

그러나 이들 변씨 자매는 사이가 별로 좋지 못했다. 변동숙은 계모와 변동림을 늘 마뜩찮아 해 잦은 트러블을 빚었다.

어쨌든 1936년 변동림의 나이 스물한 살 꽃다운 나이에, 조카 구본웅의 소개로 스물일곱 살인 이상을 만나게 되었다. 당시 변동림은 경기여고를 졸업 후 이화여전 영문과에 재학 중인 최고 레벨의 신여성이었다. 그녀는 소설 애독자였고, 「삼국지」와 「구운몽」을 수십 번을 탐독해 달달 외울 만큼 문학소녀였으며 유창한 화술과 기억력도 남들이 무서워할 만큼 뛰어난 재원이었다. 이렇게 소위 '잘난' 그녀가 당시로서는 별로 보잘 것 없었던 이상을 만나 어떻게 사귀고 결혼까지 하게 됐는지는 알려진 바가 별로 없다. 이상이 조금 더 오래 살았더라면 이 부분도 자전적인 글로 남겼을 텐데, 하는 아쉬움이 남는다. 아마도 두 사람을 소개한 구본웅의 역할이 대단히 컸으리라 짐작된다.

당시 구본웅은 잇따른 다방 사업의 실패로 아사 직전인 이상을 딱하게 여겨 자신의 아버지가 경영하는 출판사 창문사에 취직시켰다. 그곳에서 이상은 자신이 몸담고 있는 구인회 동인지의 편집일을 했다. 구본웅은 창문사 한켠에 마련한 자신의 작업실에서 함께 담소도 나누며 친구 이상의 생계를 보살폈다. 그는 전에 이상이 다방 '제비'를 개업할 때에도 부족한 자금을 보태어 금홍이조차 "아제, 아제"하며 잘 따르는 등 이상의 생애에 걸쳐 가장 진심어린 우정을 나눈 벗이었다. 이상과 구본웅의 질긴 인연은 소학교 시절부터 시작되었다.

장애가 있었던 구본웅은 소학교에 제 나이에 입학하지 못했고, 몇 년 늦깎이로 겨우 입학해서도 동급생들한테 왕따와 놀림을 당했다. 그런데 유독 한 친구만은 그에게 예를 갖춰 친절히 대해주었다. 바로 김해경, 즉 이상이었다. 구본웅은 그 마음 씀씀이에 깊이 감동했고, 두 사람은 친구가 되어 평생토록 그들의 우정은 변함없었다. 두 사람이 나란히 걸어가면 마치 '꺼꾸리와 장다리' 같은 절로 희극적인 모양새가 되어 곡예단이 왔다며 사람들의 시선이 집중되기도 했지만, 두 사람은 이에 전혀 개의치 않았다.

이상이 변동림을 만난 것은 창문사에 재직할 당시였던 것 같다.

절친한 벗의 이모와 조카의 친구 사이였던 두 남녀는 무엇보다 '문학'이라는 서로 공통관심사가 있었고, 이상은 권순옥의 빈자리를 대신할 여자로 변동림을 생각했던 것 같다.

이상은 그녀를 처음 만난 자리에서 앞서 두 여인과는 판이하게 다르게 꿀먹은 방어리가 되어 각설탕만 만지작거렸다고 한다. 신여성을 벌레 보듯 하던 그 이상이라는 게 믿기 어려울 만큼 특유의 위트와 말재간을 다 잃어버린 채로. 그만큼 당시 변동림이 매력적이었던 것 같다. 넌 어디서, 왜 이제 왔니? 할 정도로 지금까지 만난 여인들과는 차원이 완전히 다른.

변동림의 집안에서 이상과의 만남을 반대한 것은 당연했다. 어디 남자가 없어서 오입쟁이에 폐병쟁이냐고 난리가 났다. 특히 구본웅의 계모 변동숙의 반대가 가장 심하였다. 하지만 변동림은 이상의 과거 따위에는 전혀 관심이 없었다. 천재를 알아보는 눈을 가진 변동림, 그래서 먼저 도끼를 찍었던 건 이상이 아니라, 변동림이었다.

어느 날 이상은 엉뚱한 말로 청혼을 대신했다.

"동림, 우리 같이 죽을까? 아니면 그냥 우리 먼 데 가서 같이 살까?"

그에 변동림의 대답은 한 술 더 떴다.

"저는 당당한 시민이 못 되는 선생님을 그냥 따르기로 했습니다."

무슨 일이든 쉬 싫증을 내는 이상은 구인회 동인지가 1집만 나오고 폐간되자, 창문사 편집일을 그만 두고 다시 황금정(지금의 을지로)의 뒷골목으로 이사, 그곳에서 변동림과 동거를 시작했다.

두 사람은 동거를 시작한 지 얼마 후인 1936년 6월, 신흥사에서 구인회 회원들이 모인 자리에서 정식으로 결혼식을 올리고, 현재 청계천과 을지로의 중간 지점쯤 되는 수하동 근처의 낡은 일본집 아파트에 신혼살림을 꾸렸다.

정식으로 결혼식을 올린 여인이라는 이유때문인지는 몰라도 변동림은 금홍과는 다르게 이상의 친가와 꽤 친밀한 관계를 맺고 지냈다. 특히 이상의 동생들과는 자주 만나 허물없이 지낸 사이였다고 한다.

하지만 신혼을 즐기기에는 이상이 지나치게 피폐해 있었다. 햇볕 한 점 안 들어오는 셋방에서 이상은 하루 온종일 누워서만 지냈고, 변동림은 일본인이 운영하는 바에 나가 일할 정도로 형편이 엉망진창이었다.

이를 안타깝게 생각했던 구본웅은 친구 겸 이모부한테 일본에 가서 얼마간 바람이라도 쐬고 오라고 경비를 쥐어주었다. 결혼한 지 넉 달도 안 된 그해 10월에 이상은 평소 그토록 가보고 싶어 했던 동경으로 혼자 떠났다. 그 길이 생애 마지막 길, 제 발로 다시는 돌아오지 못할 길이라는 걸 자신도, 아내 변동림도 미처 깨닫지 못했을 것이다.

한 여인을 지고지순하게 사랑하는 게 불가능했던 이상. 여인에게 의지하고 위안을 얻고 그녀 하나만을 바라보고 사랑할 스타일은 아니었다. 몇 달 살아보니 결혼도 별 것 아니고 똑똑한 여자도 다른 여타의 여자들과 다를 게 하나 없네, 그런 생각으로 변동림과의 결혼생활에 회의를 느껴 도망이라도 치고 싶었던 것일까?

이는 이상 특유의 환경적 결함에서 기인하는 타인에게 정을 주는 것에 익숙지 않았던 탓이거나 지극히 개인주의적이며 자폐적 성향이 강한 천재의 속성에서 기인하는 현실도피 욕망이 그만큼 강한 탓일 것이다. 또 그의 내면에서 여전히 똬리를 틀고 살아 꿈틀대는 금홍의 팜므파탈적 마력에 길들여진 탓이었을 것이다.

어쨌든 결혼 후 한 여인의 지아비로서 뒤따르는 책임감과 의무감이, 누군가와 함께 하는 것 자체가 그로서는 꽤 불편했을 것이다. 똑똑하고 영특한 여자 변동림도 이상한테 안정감과 따뜻함을 주는 데 실패했다.

누이동생 김옥희의 증언에 따르면, 동경으로 떠나기 전, 그는 친모를 찾았다고 한다. 늘 손님 같은 아들이었기에, 더 애틋하게 생각됐던 어머니! 장남으로서 든든한 기둥이 되고 싶었으나 뜻대로 되지 않아 볼 때마다 죄송스럽고 속상해 했다.

그는 어머니에게 문안인사 겸 2, 3일쯤 어디에 좀 다녀오겠습니다, 하고 말씀드리러 갔던 길이었다. 백모의 이중적인 성격에 파르르 떨 만큼 어려서부터 육감이 남달리 발달한 이상이 아니던가? 그게 어머니한테 올리는 이 생애에서의 마지막 작별인사라는 걸 어렴풋이 짐작이라도 했던 걸까? 어쩐지 예감이 좋지 않아 골목어귀까지 배웅 나온 어머니를 그 또한 몇 번이고 자꾸만 뒤돌아보았다고 한다. 어떠한 절망과 슬픔 속에서도 언제나 빙그레 한 웃음을 잃지 않았던 이상. 그러나 그 날은 유독 슬퍼보였다고 한다.

어머니와 아들, 서로 이어진 신경과 핏줄 사이에서 뭔가 강력한 스파크가 일어난 건 아닐까? 이상이 일본으로 떠나고 나서 사나흘 동안 그의 어머니는 갑작스레 지독한 몸살을 앓았다고 한다. 금방이라도 팔이 떨어져나갈 것 같은 지득한 통증과 불안한 마음에 한시도 가만히 앉아있을 수가 없었다. 당시 그의 친부도 사경을 헤매고 있던 상태라 집안 살림이 말이 아니었다.

며칠 잠깐 자리를 비우겠다는 여행. 그러나 어머니한테 했던 말과는 달리, 이상은 그해 늦가을과 겨울을 동경에서 보냈다. 동경에서 진정한 근대화의 모범해답을 찾을 수 있을 것으로 믿었던 이상. 하지만 역시나 경성에서 보았던 근대화의 이중적인 가면만을 봤을 뿐이었다.

이상은 이런 동경의 모습에 크게 실망해, 그 환멸감을 다음과 같이 작품에 표현했다.

(상략) 어쨌든 이 도시는 몹시 가솔린 내가 나는구나!가 동경의 첫인상이다.

우리같이 폐가 칠칠치 못한 인간은 우선 이 도시에 살 자격이 없다. 입을 다물어도 벌려도 척 가솔린 내가 침투되어 버렸으니 무슨 음식이고 간에 얼마간의 가솔린 맛을 면할 수 없다. 그러면 동경 시민의 채취는 자동차와 비슷해 가리로다.

-이상, 「동경」, 『문장(文章)』, 1939. 5

또, '나는 참 동경이 이따위 비속, 그것과 같은 시나모노(물건)인 줄은 그래도 몰랐소. 그래도 뭐이 있겠거니 했더니 과연 속빈 강경 강정이오.'라고 비아냥거리기도 했다. 이상은 몸은 동경에 있었지만 마음은 이미 경성에 가 있었다. 날로 악화되는 결핵도 결핵이지만, 생계가 어려운 가족에 대한 장남으로서의 부담감, 과로와 불규칙한 식사, 정신적인 스트레스로 인해 그의 심신은 지칠 대로 지쳐가 낡은 걸레 조각처럼 너덜너덜해졌다. 오후에는 하숙집의 온기 한 점 없이 찬 다다미방에 누워서 꼼짝도 못할 정도로 신열과 무기력증에 시달렸다.

결정적으로 이상은 동경에서 건강이 이미 위험신호를 지나 손을 쓸 수 없을 만큼 악화되었던 것이다. 이를 어느 정도 눈치 챈 변동림은 엽서를 통해 이상에게 이제 그만 귀국하라고 몇 번이나 권하였다. 이상도 고추장이 먹고 싶어 죽겠다며 3월에는 귀국할 뜻을 밝혔다. 아마도 갑자기 일본 경찰에 붙들려 한 달간 감옥살이만 하지 않았던들, 그는 한 달쯤 더 동경에 머물다가 고국으로 돌아왔을 것이다. 그랬더라면 조금 더 수명이 연장됐을 수도 있었을 것이다.

그는 동경에서 지인한테 다음과 같은 서신을 보냈다.

H형에게.
(상략) 저는 지금 사람 노릇을 못하고 있습니다. 계집은 가두(街頭)에다 방매(放賣)하고 부모로 하여금 기갈케 하고 있으니, 어지 족히 사람이라 일컬으리까? …살아야겠어서, 다시 살아야겠어서 저는 여기를 왔습니다. (하략)

이상이 바로 아래 남동생 김운경한테 마지막으로 보낸 서신에서도 생애 마지막 길 끝에 다다른 그가 얼마나 타국에서 정신적인 스트레스를 받았는지 잘 드러난다.

어제 동림이 편지로 비로소 네가 취직되었다는 소리 듣고 어찌나 반가웠는지 모르겠다. (중략) 이제는 마음을 놓겠다. 불민한 형이다. 인자(人子)이 도리를 못 밟는 이 형이다. 그러나 나에게는 가정보다도 하여야 할 일이 있다. (중략) 내 자세한 글, 너에게만은 부디 들려주고 싶은 자세한 말은 2, 3일 내로 다시 쓰겠다.

-1937. 2. 8-

-이상, 「남동생 김운경에게」, 『이상전집』, 가람기획, 2004

위 서신은 그가 고국에 띄운 마지막 서신이다. 2, 3일 내로 다시 편지를 쓰겠다던 그의 약속은 끝내 지켜지지 않았다. 그는 평소에도 종종 단정하지 못한 머리와 옷차림새로 인해 경찰의 의심을 받았다. 동경에서도 마찬가지였다. 하숙집에서 그리 멀지 않은 곳으로 산책을 가던 중에 갑자기 불심검문을 받았고, 행색이 남루하고 수상하다는 이유로 '거동수상자'라는 명목으로 체포되었다가 즉각 '사상불온'이란 죄목으로 니시간다(西神田: 현 간다 지역) 경찰서에 투옥되었다. 그리고 한 달여간의 모진 핍박과 굶주림, 정신적인 억압 속에서 그의 육체와 영혼 모두 만신창이가 되었다. 결국 그는 그렇게 영영 살아 돌아올 수 없는 길로 발을 내딛었다. 그가 '가정보다도 하여야 할 일'이 대체 무엇이었을까? 시대의 고통에 당당히 맞서야 하는 작가 본연의 책임감? 작가로서 글을 집필해야 한다는 의무감? 아마도 둘 다였을 것이다.

그는 감옥생활 중에도 글쓰기를 포기하지 않았고 틈틈이 무언가를 벽에 끄적이곤 했는데, 검열을 하던 일본인 경찰마저도 그의 팬이 되었다.

한 달여가 지나고, 이상의 건강이 심상치 않다고 판단한 일본경찰에서는 그를 '병에 인한 보석'으로 석방시켰다. 그들은 의식조차 혼미한 이상을 하숙집 대문 앞에 팽개치고 달아났다.

그 후 동경에 있던 친구들이 동경제국대학 부속병원에 그를 입원시켰지만, 이미 타이밍을 놓쳐버린 후였다. 그의 몰골은 피골이 상접해 있었고, 목숨은 경각에 붙어있었다. 당시 이상의 상태는 일본인 의학박사 주치의마저도 사람이 이 지경이 되도록 왜 이렇게 방치했냐며 기겁할 만큼 매우 심각하고 위중한 상태였다. 양쪽 폐가 형체도 없이 녹아내린 후였다.

육신의 마지막 불꽃마저 꺼져 죽어가고 있던 그는 그래도 정신만은 아직 또렷해 문병 온 친구들한테 쉬지 않고 이야기를 건넸다고 전해진다. 그는 쓸쓸하고 외로운 삶을 살았지만, 생애 마지막은 외롭지 않았을 것이다. 친구들과 동경 유학생들의 밤낮을 가리지 않는 위문과 정성 가득한 간호를 받았다. 그가 이 세상에서 누린 유일한, 그러나 마지막 호사였다.

뒤늦게 소식을 듣고, 변동림은 서둘러 여인 혼자 몸으로 기차와 배를 갈아타고서 만 이틀을 걸려 동경으로 달려갔다. 당시는 비행기도 없었으므로 경성에서 동경으로 가려면 12시간 기차를 타고 부산으로 가서, 다시 여덟 시간 동안 관부연락선을 타고, 또다시 12시간 기차를 타야 했다. 이 지루하고 힘든 여정 속에서도 변동림은 이상만을 생각했다. 사랑하는 사람과 긴 이별을 준비해야 하는 그녀, 똑똑하고 냉철한 그녀였지만 머릿속이 혼란스러웠다. 고작 석 달을 살았음에도 그는 그녀의 남자였다. 가난하고 아무 것도 내세울 것 없었지만 그 남자에 대한 믿음과 사랑 하나만으로 집안의 반대에도 불구하고 그 남자를 스스로 선택했던 그녀! 그런데 그 남자가 지금 타국에서 죽어가고 있다. 그가 천재임을 첫눈에 알아본 그녀. 그래서 결혼도 망설임이 없었다.

훗날 변동림은 다음과 같이 회고했다.

"(상략) 처음 이상을 만났을 때 이상은 밤색 두루마기의 한복차림이었고, (이후로도) 쭉 한복을 입었다. 후리한 키에 곱슬머리가 나부끼고 수염은 언제나 파랗게 깎았다. 우뚝 솟은 코와 세 꺼풀진 크고 검은 눈이 이글거리듯 타오르고 유난히 광체를 발산했다. 수줍은 듯 홍조 짓는 미소가 없으면 좀 무서운 얼굴이었을 게다. 그러나 언제나 수줍은 듯 사람을 그리는 듯 쓸쓸한 웃음을 짓는 모습과 컬컬한 음성이 내 기억에 남아있다. 이상이 폐병을 앓았다고 했지만 기침을 하거나 각혈하는 것을 본 일이 없다. 나는 건강한 청년 이상하고 결혼했다. 그가 「오감도」와 「날개」를 발표한 직후였다."

변동림은 간절히 기도하는 마음으로 병실 문을 열었다. 다다미가 깔린 입원실에 이상은 수척한 얼굴로 누워, 그러나 표정만은 반갑게 아내를 맞았다. 변동림은 이상의 손을 꼭 쥐었다. 그가 죽어간다는 게 실감나지 않았다.
"당신, 무엇이 먹고 싶어?"
변동림이 그의 얼굴 가까이에 대고 물었다. 이상은 천천히 가느다랗게 대답했다.
"센비키야 멜론, 멜론이 먹고 싶어."
센비키야 농원에서 나오는 멜론이 당시에는 가장 맛이 좋은 멜론이었나 보다. 변동림은 서둘러 나가서 멜론을 사와, 힘없이 누워있는 이상 앞에서 한 조각 깎았다. 이상은 향긋한 멜론 향기를 음미하듯 가만히 미소를 지었다. 그러나 그는 아내가 건넨 멜론의 작은 한 조각조차 목 안으로 넘길 수 없었다. 그렇지만 이상의 얼굴은 가랑비가 내리는 호수의 물결처럼 평온했다. 그것이 마지막이었다. 그것이 그녀에게 건넨 그의 마지막 작별인사였다.
이상은 다음날 새벽, 변동림이 곁을 지키는 가운데 눈을 감았다. 1937년 4월 17일 새벽 4시, 한국문학의 이단아이자 천재 이상은 만 26세 7개월의 삶을 이국의 한 병원에서 마감했다. 주치의가 그의 사망사실을 알린 후에도 오래도록 그의 마지막 연인이자 아내 변동림은 그의 식어가는 손을 놓지 못했다.

나쁜 일은 겹으로 온다고 했던가? 한 가지 더 비극적인 일은 이상이 사망하기 하루 전, 경성에서는 그의 조모와 부친 김연창이 동시에 한날에 사망했다. 물론 사경을 헤매던 이상은 그들의 부음도 알지 못한 채 떠나고야 말았다.

이상의 사망 직후, 병원 입원비를 정산해야 하는데 우선 급한 경비만 마련해 온 변동림의 수중에 그럴만한 돈이 없었다. 그래서 별 수 없이 제 사무실 전세보증금을 선뜻 내놓은 김소운을 비롯해 동경 유학생들이 십시일반 모아 입원비와 장례비를 마련했다.

지금도 논란이 되고 있는 것은 이상의 사인(死因)이다. 대부분 공식적으로 알려진 사인은 폐결핵이다. 하지만 김소운은 전혀 다른 주장을 하고 있다. 이상의 사망 진단서에 적힌 사인은 뜻밖에도 폐결핵이 아니라, '결핵성 뇌 매독'이었다고 한다. 결핵성 뇌 매독이란, 4기 매독으로 매독이 척수를 타고 뇌로 올라가서 진행되는 것을 말한다. 왜 이런 결과가 나왔는지, 매독은 누구한테 감염된 것인지 확인할 길은 없다.

다만 전문의의 소견에 따르면, 결핵과 매독은 서로 인과관계는 없지만 기존에 결핵을 앓았을 경우 면역력이 급격히 저하되는 까닭에 매독과 같은 면역력 저하질환이 쉽게 발병할 수 있다고 학계에 보고되어 있다고 한다. 결국 이상의 죽음은 그를 둘러싼 여러 가지 좋지 않은 환경에 의해 발생한 것으로 보인다.

이상의 육신은 한 줌의 재가 되어 변동림의 품 안에 안겨서 마침내 그리워하던 경성 땅을 밟았다. 이때가 초록이 싱그러운 5월 4일이었다. 그의 유골은 어머니가 있는 친가에서 며칠 밤을 보내고, 미아리 공동묘지에 안장되었다. 비석에는 '묘주: 변동림'이란 글자가 새겨졌다. 그러나 세월과 함께 현대화의 거센 물살을 타고 현재 이상의 묘는 흔적도 없이 사라졌다.

또, 그의 사망 직후, 화가 김진섭이 뜬 데스마스크 역시 얼마 후 분실되었다. 사망한 이상의 얼굴에서 석고를 떼어내자, 그의 수염 몇 가닥이 뽑혀져 나왔다는데 여동생 김옥희의 증언에 따르면 그의 벗 누군가가 가져와서 친모한테까지는 보였는데 그 후로 이 데스마스크의 행방이 모연해졌다는 것이다.

김옥희의 주장에 의하면, 이상의 사망 직후 변동림이 그의 하숙방에서 원고 뭉치들과 그림들을 손수레로 가득 끌고 나왔다고 한다. 그러나 이 또한 행방이 묘연하다고 주장했다. 그것이 사실이라면 그것들은 이상의 미발표 원고들일 텐데. 그것이 오늘날 우리가 읽고 있는 작품들인지, 그야말로 그의 죽음과 함께 그대로 묻혀버린 것인지 알 수 없다.

한국문단에 있어서 1937년의 봄은 그 어느 계절보다 잔인했다. 이상이 세상을 떠나기 딱 20일 전, 그의 벗 김유정도 폐결핵으로 한 줌의 재로서 스러지고 말았다. 언젠가 동반자살을 모의했던 두 사람이 아니었던가.

본래 변동림은 이상과 함께 동경 유학을 계획했다고 한다. 하지만 구본웅의 계모이자 변동림의 이복언니인 변동숙의 반대로 무산되었다.

더욱이 이상의 사망하고 나서 얼마 후, 변동림이 수화 김환기(金煥基) 화백과 재혼을 하겠다고 했을 때 변동숙의 노여움은 실로 대단해 동생의 머리채까지 휘어잡을 정도였다고 한다. 이에 분개한 변동림은 변씨 가문과 영영 인연을 끊고, 아예 이름마저 김향안(金鄕岸)으로 개명한 후 김환기와 동거를 시작했다. 수년 후에 김환기 화백은 김향안, 즉 변동림과 정식으로 혼인했다.

이상과 김환기, 시대의 두 천재를 품에 안았던 여인 변동림, 그녀는 아무도 알아봐주지 않는 천재를 알아보는 탁월한 안목을 가진 여인이었음에 틀림없다.

## ::: 한국문학사의 붙박이 별, 이상!

이상은 자신의 지병 폐결핵을 꽤 수치스럽게 생각했다. 그는 작품 속에서 폐결핵을 '악령', 혹은 '몸 안에 있는 칼날', '참을 수 없는 고통과 죽음의 공포'로 묘사했다. 이상은 폐결핵이 자신처럼 '문벌이 버젓한 예술가한테는 어울리지 않는 병'이라고 생각했다. 그도 그럴 것이 결핵은 전염력이 강한 질병이긴 하지만, 개인관리를 철저히 하면 예방 가능한 질병이기 때문이다.

당시 사람들한테는 고립과 죽음의 상징으로 통했던 폐결핵. 이상이 작가로서 창작에 전념한 기간은 고작 7년이다. 그런데 이 창작기간은 그가 결핵을 앓았던 기간과 거의 일치한다. 즉 결핵으로 인해 사회적으로 격리와 고립이 됨으로써 그는 글로 위안을 얻고 문학에 전념할 수 있었다. 그래서 그에게 결핵은 죽음과 고립의 상징인 동시에 이상 특유의 독특한 수사학을 만들어낸 원동력이 되었다. 그의 글은 그가 죽어가면서 쓴 죽음의 기록이나 마찬가지다. 그는 작품 「추동잡필」에서 다음과 같이 말했다.

그다지 명예롭지 못한, 그러나 생각해보면 또 그렇게까지 불명예라고까지 할 것도 없는 결핵.

언제 죽을지 모른다는 죽음의 공포와 시시때때로 엄습해오는 통증, 그리고 사회적 고립 등은 이상을 그만큼 심적으로 위축되게 하는 것이었다. 이상이 결핵환자였기 때문에 자살 충동을 느꼈던 것은 아니지만, 작품 「1931년」과 「12월 12일」에서도 느껴지듯이 결핵은 자살에 대한 열망을 불러오는 중요한 역할을 한다.

결핵으로 인해 사회적으로 소외되었지만, 이상의 곁에는 좋은 벗들이 있었으므로 그리 외롭지는 않았으리라. 무엇보다 그의 곁에는 진실한 벗 구본웅이 있었다. 두 사람은 어느 혹자의 말처럼 폐병쟁이와 꼽추라는 신체적 고통으로 엮인 동병상련의 연대감이 있었다.

이상이 일본어로 썼던 시 「차8씨의 출발」은 구본웅에게 바친 작품이다. 이상의 작품답게 기발한 제목의 이 시는 구본웅에 대한 이상의 우정과 언어유희의 대가인 이상의 재능을 함께 엿볼 수 있는 재밌는 작품으로 알려져 있다.

구본웅 역시 이상의 천재성을 높이 샀다. 친구이자 이모부, 친구이자 처조카 사이로 다소 묘하게 얽힌 관계였던 두 사람. 이상이 죽은 후, 구본웅은 마치 짝 잃은 외기러기처럼 쓸쓸해했다 한다.


"이상은 천재였어. 그림을 그렸어도 성공했을 거야."


라며 먼저 떠난 친구를 회고했다고 전해진다.

특히 같은 구인회 멤버로 활동했던 구보 박태원은 이상과 떼려야 뗄 수 없는, 서로 좋은 관계를 유지했다. 당대의 천재라 불렸던 두 작가, 이상과 박태원.

이상의 사후, 박태원은 맞수이면서 벗이었던 이상에 대해 다음과 같이 회고했다.

마르고 키 큰 몸에 어지러운 머리터럭과 면모(면도)를 게을리 한 얼굴에 잡초와 같이 무성한 수염이며, 심심하면 손을 들어 맹렬한 형세로 코털을 뽑는 버릇에 이르기까지, 「애욕」 속의 하웅은 현실의 이상을 방불케 하는 것이었다. (중략)

죽은 벗의 비밀을 이야기하려다, 내 자신의 구악이 드러나는 것은 나로서 매우 처지가 거북한 노릇이지만, 진실을 위하여서는 또한 어찌 하는 수가 없는 것이다.

그 당시 나와 이상은 서로 전후하여 각기 한 개씩의 조그만 로맨스를 가졌었다. 이상의 정인이 어느 카페의 여급이라는 것과, 나의 상대가 모 지방 명사(?)의 딸이었다는 그만한 차이는 있었으나…… 이상과 나는, 당시에 있어 서로, 겨 묻은 개였고, 동시에 서로 똥 묻은 개였다. (중략)

당당한 오입쟁이 이상도 몸과 마음을 그대로 내어 놓은 연정에는 스스로 소년과 같이 수줍고 애탔다. (하략)

-박태원, 「이상의 비련」, 『여성』, 1939


1934년 10월에 조선중앙일보에 발표한 박태원의 소설 「애욕」을 보면 그가 이상과 얼마나 함께 붙어 다녔는지, 얼마나 서로를 꿰뚫어보고 있었는지 잘 알 수 있다.

이상이 동경으로 떠나기 전날 밤, 술을 함께 마시며 석별의 정을 나눈 것도 박태원이었다.

박태원은 절친한 벗이자 맞수 이상을 모델로 해 「애욕」과 「이상의 비련」을 비롯해서 「성군」, 「제비」, 「방란장 주인」 등을 집필했다.

이상이 사랑과 연애를 짐짓 농담과 유희로 치부하게 된 배경에는 사랑에 진지하지 못했던 여자들 때문에 자신의 순정이 짓밟히고 놀림거리가 되어 버렸던 쓰라린 경험이 가슴 속 상처가 되어 매번 생채기를 냈던 것이다.

그래서 그는 작품 「실화」에서도 말했듯이 '나는 임종할 때 유언까지도 거짓말을 해줄 결심'이라며 철저히 제 불행에 가면을 씌워 자기방어적 사랑을 했던 것이었다.

박태원은 그의 작품 「애욕」에서 이상을 모델로 한 극중 인물 하웅에게 다음과 같이 충고했다.

"여자는 연애를 단순히 유희로 알구 있소. 뿐만 아니라, 남자는 결코 하웅 한 사람이 아니요. 그런 여자한테 감정을 농락당할 까닭이 있소?"

이상과 친밀한 관계를 오랫동안 유지해온 벗들 역시 그의 평범하지 않은 애정관을 이해하지 못했던 것이다.

고작 7년을 작가로 살았을 뿐이지만, 이상을 설명하는 수식어는 70년을 작가로 활동한 이보다도 더 휘황찬란하다. 그만큼 이상이란 존재는 한국문단에 큰 족적과 강렬한 인상을 남겼다. 그 누구도 감히 흉내 낼 수도 없고, 따라갈 수도 없는.

그의 문학은 파격을 넘어서, 한국문학사상 최초로 이성과 의지를 무시한 자동기술법으로 독자들을 당혹케 했고, 띄어쓰기도 무시한 채 난해한 한자와 일본어를 혼합해 사용함으로서 누구나 쉽게 이해할 수 없는 반대중적인 글이며 아라비아숫자와 기호, 기하학이 난무한 까닭에 기성문단에 핵폭탄급 충격과 혼란을 주었다.

디지털 시대인 21세기에 이르러서도 그의 문학은 완전한 해독이 불가능한 '아방가르드'이며 '첨단'이고, 보편성과 고정관념을 무시한 '파격'으로 해석된다.

뿐만 아니라, 이상은 한국 최고의, 유일하게 현존하는 모더니스트다. 모더니즘 문학이 지니는 한계성, 즉 지나치게 기교를 중시한 나머지 예술지상주의로의 함몰과 퇴폐성, 현실 도피적인 성격이 강해 대부분 모더니즘 작가들은 '조선 문단의 전위'라는 상징적 지위를 넘어서지 못했다.

그러나 이상의 문학은 달랐다. 그가 남기고 간 '이상의 문학'은 문학사의 한 페이지를 장식하는 것을 넘어서 백 년 후에도, 천 년 후에도 붙박이 별처럼 오롯이 자리해 한국문학을 인도할 것이다.

이상의 만 스무 일곱 해의 인생은 고독했다. 사랑 또한 고독하고 쓸쓸했다. 그의 사랑은 언제나 가면놀이에 지나지 않았다. 사랑을 이해하는 게 성숙함을 의미한다면, 이상은 그리 성숙하지 못한, 응석받이 피터팬일 것이다. 어른이 되기를 거부하는 피터팬.

사랑이란, 두 사람이 함께 같은 마음으로 세상을 바라보는 것이다. 인생이라는 무겁고 자꾸만 흔들리는 액체를 가득히 실은 수레를 함께 끌고 앞으로 나아갈 힘이 바로 '사랑'인 것이다. 그러나 이상과 그의 연인들은 그런 진실된 사랑의 의미를 깨닫지 못했다. 그저 유희하듯, 게임하듯 사랑이란 감정을 즐겼을 뿐이다. 겨우 사랑에 대해 뭔가 조금씩 깨달아갈 때, 그의 앞에는 죽음이 가로막고 있었다.

「어린 왕자」를 쓴 작가 생텍쥐페리는 다음과 같은 말을 남겼다.

"Love has taught us that love does not consist in gazing at each other but in looking outward together in the same direction. (사랑이란 서로 마주보는 것이 아니라 둘이서 똑같은 방향을 내다보는 것이라고 인생은 우리에게 가르쳐 주었다.)"

진정하고 진실된 사랑이란, 서로 마주보며 하는 게 아니라, 서로 같은 방향, 같은 곳을 바라보며 서로 손을 잡고 걸어가는 것이다. 그런 의미에서 보면 이상의 사랑은 너무나 외롭고 고독했다. 마치 이방인처럼 외롭게 살다간 그의 인생처럼.

# 김우진

대한해협 격랑에

그림자가 된

조선 희곡의 대부

조선

최초의

연출가 겸

극작가,

김우진

1926년 8월 4일 새벽 4시경, 일본 시모노세키 항을 출발해 부산으로 향하던 관부연락선 도쿠주마루 호, 즉 덕수환(일부에서는 창경환이라고도 한다.)에서 두 연인이 서로를 부둥켜안은 채 대한해협의 깊고도 푸른 바다 속으로 몸을 던졌다. 모두들 깊은 잠에 빠진 시각이었고, 따라서 목격자도 없었다. 다만 아직 깨어 있던 갑판원의 귀에 바닷물 속으로 육중한 물체가, 풍덩, 빠지는 둔중한 소리만 들렸을 뿐이다. 이후 여러 날에 걸친 수색작업에도 시신조차 찾을 수 없었고, 두 연인은 승객명부에서만 확인될 뿐, 흔적조차 남기지 않고 사라져버렸다. 수십 년간 그들이 어딘가에 살아있을 것이라는 생존설이 나돌았던 이유 또한 그 때문이었다. 흔적 없이 사라져버렸기에.

그들이 남긴 건 단지 약간의 현금과 책, 원고뭉치, 옷가지, 누군가에게 선물할 일본산 실크 넥타이 등이 들어있는 트렁크 등이었고, 유품을 각자의 집으로 보내달라며 연락선의 객실담당 보이에게 부치는, 서둘러 쓴 듯 보이는 필체의 편지 한 장과 돈 5전뿐이었다. 후대에 기억되는 '최초의 대한해협 정사 사건(일명 현해탄 정사 사건)'이었다. 그 두 연인의 이름은 노래 '사의 찬미'로 유명한 우리나라 최초의 여류성악가 윤심덕(尹心悳: 1897.1~1926.8.4)과 역시 우리나라 최초의 극작가 겸 연출가인 김우진(金祐鎭: 1897.9.19~1926.8.4)이었다.

이 전대미문(前代未聞)의 정사 사건은 당시 국내 언론들은 물론이거니와 일본 내에서도 대서특필할 만큼 떠들썩한 사건이었다. 사실 이렇게 두 사람의 지극히 개인적인 정사 사건이 세안의 뜨거운 관심을 받은 데에는 당시 '스캔들 메이커'였던 성악가 윤심덕과 그들을 죽음으로 내몬 결정적 이유이기도 했던 '목포 만석꾼 아들 김우진과의 동반자살'이라는 것이 큰 화두로 작용했다. 남자라면 누구나 한번쯤 탐내던 유명 여자연예인과 부잣집 아들의 동반자살! 그렇다. 어쩐지 뭔가 세속적이면서도 반한, 그러나 말 못할 비밀의 여운이 진하게 풍기는 이 일은 충격과 경악을 넘어서 요릿집에서 요리보다 사람들의 입에 오르내리기 좋은 안줏감이 되었던 것이다.

어쩌면 그들은 다소 억울할지도 모르겠다. 후대에 이르기까지 자신들을 죽음으로 내몰았던 당시 척박하고 비루했던 현실 따위에는 관심도 없고, 오로지 사랑을 이루지 못하던 두 청춘남녀가 서로 애틋해 밀회에서 돌아오는 길에 동반자살로 함께 생을 끝마쳤네, 어쨌네, 하며 '정사'에만 초점을 맞추어, 자기들을 나약하고 감상적인 인물들로 격하시키는 게 몹시 못마땅할 것 같다. 특히 당시 일본의 명문 와세다 대학교 영문학과 출신이었고 당대 최고의 엘리트로 촉망받던 김우진은 그런 세안의 오해가 그림자처럼 지금까지도 따라다녔다. 마치 사랑 때문에 가족도, 재산도, 미래도, 꿈도 다 져버린 철부지 부잣집 도련님 같은 인상으로 각인되었다.

그렇다면 그들은 정말 사랑 때문에 죽음을 결행한 것일까? 김우진은 윤심덕을, 윤심덕은 김우진을 그토록 열렬히, 애틋하게 사랑했을까? 자신의 모든 걸 한순간에 대한해협 물결 속으로 내던질 만큼 서로가 서로에게 절실했을까? 그건 아니었을 것이다. 아니, 분명 그것 때문만은 아니었다. 그들이 자신의 목숨을 희생하면서까지 세상에 바랐던 것은 아주 기본적인 인간의 권리, 즉 사람다운 삶과 창작 및 예술 활동의 자유, 자유연애에 대한 것이었다. 이는 1920년대 조선의 엘리트 사회에 열병처럼 번지던 페시니즘(厭世主義)의 분화구로 통했다는 점과도 일맥상통할 것이다.

### ::: 염세주의자가 된 모범생, '불타는 빙산'

김우진이 죽고 난 후, 그의 부친 김성규는 먼저 간 아들의 묘비(가묘) 문을 다음과 같이 새겼다.

어려서부터 맑고 명랑하고 총명하고 지혜로웠으며 해맑은 눈빛에 어질고 효성스러우며 고결한 성품을 지녔다. 나이 겨우 열 살 되었는데 이미 열심히 공부하여 학문이 매우 돈독해졌다. …

위 글에서도 충분히 느껴지듯이 그는 아버지의 기대와 신뢰를 한 몸에 받았던 믿음직한 장남이자 가장 애틋한 자식이었다. 김우진의 아버지 김성규 또한 그리 호락호락한, 자신의 피붙이이기에 맹목적으로 자식을 사랑할 평범한 인물은 아니었고 세상의 이치를 꿰뚫던 꽤 비범한 인물이었다. 당시 연간 7천 석을 거둬들이는 대지주의 아들임에도 돈에 욕심을 부리지 않고 되레 재산을 짐스러워하는 아들의 깊은 심중을 이해하기는 어려웠지만 아들의 영민함과 천재성을 잘 알고 있었기에 그를 위해 자신의 터 성취원 안에다가 별체로 2층 서재까지 지어서 '백수재'라는 이름까지 지어줄 만큼 장남에 대한 애정이 깊고도 각별했다.

김우진은 갑신정변(1884), 동학농민혁명(1894), 갑오개혁(1894~1896) 등 잇따른 개화의 물결이 소용돌이치며 조선을 온통 혼돈이 뒤덮고 있던 1897년 9월에 전라도 장성에서 태어났다. 그의 아버지 김성규는 당시 장성 군수로 재직 중이었고, 어머니 순천 박씨는 김우진이 다섯 살 무렵에 세상을 뜬 탓에 그는 줄곧 계모들 밑에서 자랐다.

김우진이 태어나자 아버지 김성규의 기쁨은 이루 말로 표현할 길이 없었다. 그도 그럴 것이 김성규는 지지리도 아내 복이 없는 남자였다. 무려 5취, 다섯 번의 결혼으로 3남 7녀를 두었다. 정들만 하면 아내들이 모두 아파서 죽어나갔던 것이다.

장남 김우진 또한 공식적으로는 두 번째, 자신의 작품 「난파」에서의 언급에 따르면 세 번째 재혼에서 얻은 금쪽같은 장남이었다. 당시로는 굉장히 늦은 나이, 서른세 살에 첫 아들을 안아본 것이었다. 그리하여 슬하에 10남매를 두었으나 장남에 대한 신뢰와 애정만큼은 변함없이 유별났다.

아들 김우진이 훗날 자신의 부친을 가리켜, '정력 있는 천재'라 칭할 만큼 명석한 두뇌와 사업수완도 뛰어났던 김성규는 그 시대 상투 튼 사대부가(家) 양반들이 그렇듯 유가(儒家)의 법도를 중시하는 매우 엄격한 성품을 지녔다. 김성규는 유학자답게 집안의 장자인 김우진의 교육에 특별한 열의와 관심을 쏟았다. 훗날 김우진이 어릴 적 받았던 엄격한 유교적 가르침과 집안 환경은 일본 유학시절 중에 경험한 서구근대사상과 정면충돌하며 그를 혼란에 빠뜨렸다. 이로 말미암아 그의 내면적 갈등은 더욱 깊어져, 어두운 고독감에 뒤덮여 내성적이고 염세적인 성격으로 변하는 계기가 되었다.

훗날 김우진 자살의 중요한 모티브(동기)가 되기도 한 가정환경을 이해하기 위해서는 부친 김성규(金星圭 : 1864~?)가 어떤 인물인가를 먼저 이야기할 필요가 있다.

부친 김성규는 대대로 사대부 지주가문이었고 높은 벼슬까지 지낸 김병욱(1808~1885)의 차남으로 태어났다. 혹자는 정실부인의 소생이 아닌, 첩의 소생이라고도 한다. 부자지간의 나이 차이가 꽤 나기에 그런 견해가 있을 만도 하다. 김병욱은 장남이 일찍 죽자, 장손이 대를 잇는 게 유가의 법도에 맞았으나, 어려서부터 총명함이 남다르고 강직한 성품의 차남 성규에게 가계를 잇게 했다. 훗날 큰아버지보다 나이가 한참이나 위인 조카는 두고두고 김우진 가(家)의 애물단지가 되었고, 김우진의 희곡작품에도 여러 번 주요 인물로 등장했다.

어려서부터 워낙 슬기롭고 똘똘했던 김성규는 온 고을의 소문난 수재로 통했다. 강인한 성품에 어려서 한학을 제대로 배우고, 한양으로 상경해 다산 정약용 등의 실학에 대해 공부해 벼슬길에서도 막힘없이 승승장구했다. 조선 말기의 촉망받는 문신으로 출발해 고창 군수, 장성 군수, 강원도 순찰사를 지냈다. 토지제도 및 활용에 능했던 그는 재산도 크게 축적했다. 당대 탐관오리의 백성들의 착취와는 거리가 있는, 정당한 사업에 의해서였다. 김성규의 이런 큰 기개 뒤에는 흥선대원군 앞에서도 꿋꿋하게 기개를 떨치며 언행을 비판한 부친 김병욱의 올곧은 기개가 밑받침되어 있었다. 김우진의 조부 김병욱은 전통사상과 근대사상 사이에서 줄타기를 하는 진보적인 성향을 가진 인물이었다. 실학자인 까닭에 전정과 군정개혁을 통한 봉건적인 사회경제체제를 변혁하고자 하는 의지가 강했던 진보적인 인물이기도 했다.

따라서 김우진의 아버지 김성규는 이러한 부친의 영향 아래서 유학과 실학사상을 엄격히 익히고 근대교육까지 두루 섭렵했기 때문에 내치는 물론, 외교, 국방, 이재에 능해 15세 때 벼슬길에 올라, 광무국 주사를 시작으로

해서 후에는 지금의 홍콩 총영사에 해당하는 외교관까지 지낸 개화파 지식인이었다.

그는 출세가도를 달리며 나이 서른 살에 상의원 주부, 장성 군수, 무안 감리 등을 거쳐 고종황제가 부활시킨 암행어사제도인 강원도 순찰사로 부임했다. 강원도 순찰사로 부임 당시 탐관오리로 백성들의 원성이 자자했던 세도가 홍천 군수를 봉고파직 시킨 것은 유명한 일화이며 인간 김성규의 대쪽같이 강직하고 불의에 비타협적인 성품을 보여주는 일화라 하겠다. 이러한 그의 빈틈없고 강인한 성격은 훗날 아들 김우진에게 큰 영향을 끼쳤을 뿐만 아니라, 아버지가 아들을 대하는 태도와 언행에서도 잘 드러났다. 가업을 이어야 하는 장남이라는 이유로 어떠한 틈도 허용하지 않는, 무서우리만큼 정확하고 철두철미한 바른 생활을 요구했다. 예를 들면, 가령 일본 유학중인 김우진에게 매월 부쳐주는 생활비 지출 내역서를 꼬박꼬박 보내게 해 설령 단돈 1전이라도 불필요한 데에 사용했거나 계산이 맞지 않으면 즉시 본가로 호출했고, 술과 여자 등 금지사항 10가지 목록을 정해 철저하게 지키게 했다.

김우진이 결혼을 하고 완전한 성인이 된 이후에도, 부친은 이국에 있는 아들에게 지나치리만큼 자주 서간을 통해 엄하게 교육시켰다. 부친이 그에게 보냈던 편지에는 몸도 마음도 다 자란 청년인 아들에게 보내는 편지라기보다는 '~하지 마'라는 당부가 많이 섞인, 즉 물가에 내놓은 다섯 살짜리 아이한테 보내는 것 같은 느낌이 든다. 그 당부라는 게 대체로 이런 것이었다. 첫째, 학교의 스승님을 비롯해 모든 사람들을 반드시 공경할 것, 둘째, 참을성이 필요하고, 셋째, 형은 반드시 아우를 감독하고 아우는 형에게 복종해야 한다는 것, 넷째, 돈을 아껴 쓰고 검소하게 지낼 것, 다섯째, 불필요하게 친구들과 어울려 다니며 놀지 말고 면학에 힘쓸 것 등이었다. 그리고 이어서 금기사항 다섯 가지가 또 붙었다. 첫째, 필요 없이 친구들을 쫓아 다니지 말 것, 둘째, 지정된 집 외에 다른 집에 가서 자지 말 것, 셋째, 기혼 자로서 다른 여성을 취하지 말 것, 넷째, 술을 멀리 할 것과 다섯째, 담배를 배우지 말 것이었다.

즉, 그의 부친은 그에게 한 인간으로서 행복하고 평안한 삶보다, 절제와 금욕을 기본 바탕으로 하는 완전하고 완벽한 장남, 혹은 그런 완벽한 인간 이 되기를 강요했던 것이다. 부친이 제시한 10가지 목록을 일상생활에 적 용해야 하는 김우진을 상상하고 있노라면, 제우스의 노여움을 사 바위에 사슬로 묶인 채 매일 아침이면 새로운 간이 돋아나 독수리한테 쪼아 먹히 는 걸 반복하는 잔인한 운명의 사내 프로메테우스가 불현듯 떠오르는 건 필자의 지나친 비약일까?

이렇게 엄격한 아버지였던 유학자 김성규는 육영사업에도 뜻이 깊었다. 1905년 을사조약으로 국권이 일본의 소유가 되자, 왜놈들 밑에서 더 이상 일할 수는 없다며 관직을 버리고 낙향해 장성에 '호남 선우의숙'이라는 서 원을 차려 육영사업을 펼쳤다. 김우진을 비롯해 철진 등 자신의 자식들과 집안 자손들은 물론이고, 가까운 고을 청소년들까지 모아 신구학문을 가르 쳤다. 그는 정통 유학뿐 아니라, 선각자적인 측면 또한 강한 인물이었던 것 이다.

청년이 된 김우진은 부친에게 연민의 정을 느꼈지만, 그를 존경하고 좋아 할 수는 없었다. 김우진이 부친에게 등을 돌리게 된 결정적인 계기는 바로 동학농민혁명에서의 탐탁지 않은 부친의 행적 때문이었다. 과거 김성규는 조정과 농민군 사이에서 중재역할을 담당한 관리였다. 나름 개혁적이고 반 봉건적인 인물로 생각했으나, 결과적으로는 농민군의 대표 김개남이 체포, 처형되는 데 매우 주도적인 역할을 하면서 급진적인 개혁의 반대편에 섰던,

아주 이율배반적인 부친의 과거 행적을 알게 된 후, 김우진의 절망과 실망이 매우 컸다.

부자간의 갈등은 갈수록 첨예해져 갔고, 아들은 아버지를 갈수록 더욱 더 증오했다. 한 집안의 가장으로서, 아버지로서는 존경했지만, 아버지가 신봉하고 있는 낡은 인습과 고루한 유교사상을 받아들이고 따를 수는 없었다. 이 부자간의 다정다한(多情多恨)의 감정은 아버지 세대의 고루한 전통인습과 아들 세대의 서구 신사상의 대립적 세대갈등이었고, 그 틈바구니 속에 김성규, 김우진 부자가 있었던 것이다.

후에 김우진이 모든 혈연관계를 정리하고, 출가를 결심해 일본으로 떠나게 된 결정적 계기도 이것이다. 돈과 가문, 전통에 집착하는 아버지, 돈과 가문을 짐스러워하는 마르크스적 사상을 지닌 예술가 아들. 이들은 결코 끝내 타협하거나 화해할 수 없었다. 즉, 강하고 성공지향적인 아버지 슬하에서 소심하고 내향적이긴 하지만 한편으로는 격렬한 반항심을 내면에 감춘 햄릿 같은 아들이 나오듯, 김우진 부자도 마찬가지 성향을 지녔다. 매사 거침이 없고 치밀하며 아들의 표현대로 유능한 '정력적인 천재'인 아버지와 그와 달리 지극히 내성적이면서 낭만적이고 겉으로는 한없이 온순하고 부드러워 보이면서도 그 내면에는 용암 같은 반항심이 활활 타오르는 아들과의 대립은 필연적인 것일 수밖에 없었다.

김우진은 모든 면에서 진보적이었다. 그의 진보적인 사고를 말해주는 가장 좋은 예는 어린 딸 진길의 헤어스타일과 옷차림이었다. 당시 풍속 상으로는 양가집 딸들이 머리를 자른다는 것은 상상도 못할 매우 파격적이고 더불어 충격적인 일이었다. 하지만 김우진은 달랐다. 주변사람들의 만류에도 불구하고 이제 유치원에 갓 입학한 딸 진길의 머리를 어깨 위 단발로 짧게 자르고, 무릎 위까지만 내려오는 짧은 치마를 입혔다. 진보적인 사고를 일상생활에도 대담하게 실천했다.

다시 김우진의 학창시절을 이야기하자면, 다섯 살 꼬맹이일 때부터 부친이 설립한 선우의숙에서 공부를 했다. 당시에도 엄격한 조기교육을 받은 것이다. 어머니를 다섯 살 때에 여의고, 모든 면에서 완벽만을 요구하는 엄한 아버지와 수시로 바뀌는 새어머니 사이에서 얼마나 많은 상처와 모친에 대한 그리움을 안고 성장했을지는 충분히 짐작이 된다. 게다가 새어머니들조차 걸핏하면 병석에 눕거나 유명을 달리하곤 하였다. 다행히 새어머니들과의 관계는 그다지 나쁘지 않았던 것으로 판단된다. 걸핏하면 받는 아버지의 질타 속에서 김우진을 두둔해준 것은 되레 새어머니들이었다. 그래서 김우진의 작품 속 계모들은 대체로 호의적이다. 혹자는 이를 두고 '약자의 연대'라고 일컫는다. 즉, 강하고 권위적인 가장 김성규 앞에서 새어머니들 역시 약자들이었다. 그들은 어미 없이 자란, 게다가 아버지한테 걸핏하면 혼나는 김우진을 보며 안타깝고 제 자식은 아니지만 지켜주고픈 모성본능을 부추겼을 것이다. 그러나 선한 새어머니들 또한 김우진의 오랜 울타리가 되어주진 못했다. 어린 시절부터 이렇게 죽음의 그림자가 늘 가까이 있었던 복잡하고 불안한 주위 환경이 천성적으로 예민한 김우진으로 하여금 더욱더 안으로만 움츠러들고 내성적이고도 고독하게 만들었던 것이다.

장성 초심정에서 어린 시절을 보낸 김우진은 1907년 열한 살 되던 해에 동학농민혁명의 여파로 인해 무안 감리로 발령받은 아버지를 따라 목포 성취원으로 이주했다. 이때부터 김우진의 본가는 목포 복교동 성취원이 되었다.

그의 집안은 장성 일대 양반 관료형 지주에서 출발했으나 이때부터는 매년 쌀 7천 석을 거둬들이는 경영형 지주로 탈바꿈했다.

민속학자 이두현 교수의 기록에 의하면, 당시 성취원은 목포항에서 북쪽으로 산을 끼고 돌아 유달산 동쪽 오금쯤에 해당하는 위치였다고 전한다.

주변에 게딱지만한 초가집들이 옹기종기 모인 가운데에 한 집만 신선의 누 각처럼 자리한 99칸 기와집이었다고 해 이 교수는 '호남 속에 떠있는 외로운 영남의 섬과 같은 존재'라 표현했다. 김우진 일가가 본래 경상도 출신이기도 했지만 그만그만한 낡고 작은 초가집들 가운데 나 홀로 대궐 같은 집이었기 때문이었다.

부친 김성규는 관직을 내려놓고도 목포 금융조합장 등을 역임하면서 지역 유지로서 활발히 활동했고, 지역 사회 및 경제에 절대적인 영향력을 행사했다. 1924년 김우진이 일본 와세다 대학을 졸업하고 귀국하자, 상성합명회사를 설립, 경영권을 이임하면서 부자간의 갈등의 골은 더욱더 깊어져 갔다. 재산에 대한 욕심이 많은 아버지는 당대의 개혁사상을 두루 섭렵하고, 마르크스주의에도 상당히 이해가 깊었으며, 그리하여 지주 아들이란 신분임에도 불구하고 목포 부두노동자들이 일본세력에 항의해 파업 중일 때에는 그들의 가족들에 생활자금을 지원하는 등 긍정적으로 파업을 독려하는 아들이 마땅찮을 수밖에 없었다. 또 그런 아들의 식견에서는 대지주로서 소외 계층과 더불어 사는 것도 없이, 소작농 및 사회사업 등으로 재산을 계속 축적, 증식하는 아버지에 분노하고 경멸할 수밖에 없었다.

당시 목포는 가난한 어부들이 주축을 이루는 소도시였다. 김우진은 그들의 생존권을 쥔 대지주의 장남이었다. 자신은 가난과 거리가 멀었지만 어려서부터 가난이 무엇인지, 빈부격차가 어떤 것인지를 직접 보고 느낀 게 당연했다. 천성적으로 인간에 대한 연민과 예민한 감수성은 그로 하여금 이 문제에 대해 깊이 골몰하게 했다. 인간의 기본권조차 보장 받지 못하는 어부들과 부두노동자들, 그리고 그들을 상대로 매춘을 하며 벌어먹고 사는 유달산 아래 집창촌의 창녀들. 한참 감수성 예민한 시기인 청소년기의 김우진은 그 비참함과 비루함을 보고 자랐다. 실제로 그는 후에 유달산 아래 창녀들의 고단한 생활상을 배경으로 한 희곡 「이영녀」(1925)를 집필하기도 했다.

1910년, 목포공립학교(현재 북교초등학교)를 졸업하고 열여덟 살에 아버지의 뜻에 따라 일본으로 건너간 김우진은 당시 꽤 이름 있는 농업학교였던 구마모토 농업학교에 입학했다. 거부(巨富) 김성규는 장남 우진이 앞으로 자신의 토지와 재산을 모두 관리해야 한다고 생각했고, 농림관리의 필수지식을 터득하는 데 도움이 될 만한 학교로 구마모토 농업학교를 선택했다. 그 마음의 이면에는 자신이 이루고자 했던 농협개혁을 장남 우진이 대신 이루어주길 바라는 기대도 있었을 것이다. 마침 큰 목재상을 하는 자신의 숙부가 그곳 학교를 추천, 숙부에게 우진을 맡기면 되겠다, 싶은 마음이기도 했을 것이다. 그러므로 문학과 철학 책을 좋아하고 시인이 되고 싶은 아들의 감수성 따위는 그에게 개 풀 뜯어먹는 소리나 마찬가지였고, 전혀 고려할 사항이 아니었다.

당시 대부분의 남자들이 그렇듯, 김우진도 열아홉 살이 되던 해에 일본에서 잠시 귀국해서 부친의 권유에 따라 집안끼리 친분이 있는 곡성 출신의 정점효와 혼인을 했다. 물론 달달한 사랑은 없는 결혼이었으나, 그의 아내는 착하고 품위 있고, 인내심 강한 여인이었다. 후에 윤심덕이 집에 드나들을 때마저도 그녀를 따뜻하게 맞아줄 줄 알았던 너그러운 마음 씀씀이를 가진 여인이었다. 뒤에서 거론할 나혜석의 첫사랑 최승구나 소설가 이광수가 조혼한 아내의 방에는 얼씬도 안 했던 것과는 반대로 김우진은 아내를 박대하지 않았다. 사랑까지는 아니었어도 가장으로서의 책임감, 자기 같은 사람을 남편으로 두었다는 데에 연민의 정과 미안한 감정은 항상 그의 마음 속 짐이 되었다. 시간이 지남에 따라 두 사람 사이에서 남매도 태어났다. 그러나 단지 그뿐이었다. 그들의 부부관계는 늘 서먹했고 건조했다.

문학소년 김우진한테 벼가 어떻고, 나무가 어떻고 하는 농학이 적성이 맞을 리 없었다. 그는 이미 보통학교 때에 빅토르 위고와 셰익스피어, 단눈치오 등 서양 거장들의 작품들을 탐독하여 심취해 있었다. 1913년 8월 열일곱 살이 된 해에는 1백 50장 가량의 단편소설 「공상문학」을 집필했다. 죽음으로서밖에 이룰 수 없었던 두 남녀의 절절한 사랑 이야기인 김우진의 처녀작 「공상문학」은 한때 그가 찬탄해 마지않던 이탈리아의 국민 작가 단눈치오의 「죽음의 순리」나 토마스 하디의 「환상을 좇는 여인」과 구성과 내용이 흡사하다.

단편소설 「공상문학」은 근대적 자의식을 가진 한 문학소녀의 이야기다. 독신으로 살면서 글을 쓰고 싶었지만, 그녀는 어려운 집안 형편에 자신의 꿈을 포기하고 남들처럼 부유한 청년과 결혼해 화목한 가정을 이루었다. 그러던 중, 자기가 평소 흠모하던 한 청년작가를 만나게 되고 두 사람은 격한 사랑의 회오리에 휘말리게 된다. 남편이 그 사실을 알게 되고 아이의 출생마저 의심받게 된다. 이 혼돈의 와중에 청년작가가 자살로 생을 끝마쳤고, 얼마 안가서 여자 주인공 역시 병사하고 만다. 죽음으로서만 이 두 사람의 사랑은 이룰 수 있는 것이다.

자신의 미래를 암시라도 하듯, 주인공 순자와 작가 김우진이 자연스레 오버랩되는 그의 처녀작 「공상문학」은 김우진의 사후에 발표된 작품이지만, 창작 직후에 발표했었더라면 한국 소설사에 기념비적이고 획기적인 이정표가 됐을 것이라는 평가를 받고 있다. 번안물이든, 순수창작물이든 간에 이런 작품을 당시에 집필했다는 것은 그만큼 사고의 깊이가 남달랐다는 증명이다.

시인을 꿈꾸었던 김우진은 그때부터 많은 시를 집필하기 시작했다. 그의 문학적 재능은 일찍이 이렇게 드러났으나, 대외적으로 표출된 것은 구마모토 농업학교에 입학하고 나서부터였다. 1915년 5월에 개최된 교내 웅변대회에 '초추와 농업'이란 제목의 글을 별표, 심사위원인 나루사와 마사루 교수로부터 다음과 같은 칭찬을 받았다는 기록이 있다.

> 변(辯)을 잘하는 것을 보니 문학적인 소질이 있는 것 같다. 곳곳에 의미가 불확실한 점이 있지만 언어상 할 수 없는 일이다.
>
> -유민영, 『윤심덕과 김우진, 비운의 선구자』, 새문사, 2009

즉, 외국인이라는 한계로 인해 불확실한 의미의 언어를 종종 사용했지만 내용과 구성은 좋아 문학적인 소질이 엿보인다는 뜻으로 해석된다. 이로써 그의 문학적 재능이 일본 학교에서까지 인정받은 것이다.

또 평소 그를 유심히 관찰했던 나루사와 마사루 교수는 김우진에 대해 증언하면서 다음과 같은 말도 남겼다.

> 사교적이지 못하고 친구를 골라 사귀는 청년이었고, 항상 고귀한 모습을 잃지 않았다. 그는 항상 내성적이고 사색에 빠져 있었으며 자기처럼 문학에 관심이 있는 친구를 좋아해 그들과 주로 사귀었다. 그리고 스스로도 문학을 좋아하고 또 문학의 체질(문학적 감수성)을 지니고 있었다. 특히 영문학자 마쓰자키 선생에게서 감화를 크게 받았고, 성적도 매우 좋을 정도로 영어 실력이 뛰어났다.
>
> -유민영, 『윤심덕과 김우진, 비운의 선구자』, 새문사, 2009

어쨌든 그는 농업이 적성에 그다지 맞지 않았지만, 그래도 집안의 장남이라는 의무감으로 구마모토 농업학교를 우수한 성적으로 졸업했다. 학교생활을 매우 충실하게 한 그가 쓴 「축산론」이라는 논문은 교수들한테 좋은 논문으로 인정받았으며 무엇보다 「조선에 있어서의 삼림사업 일반」이라는 타이틀로 쓴 졸업논문은 매우 훌륭한 논문으로 인정받아 영천왕으로부터

5천 원의 우등상금을 받기도 했다는 기록이 있다.

김우진의 성격은 전형적인 남산골 샌님 스타일이었다. '불타는 빙산'이란 별명이 긴 설명이 따라붙지 않아도 그의 강직하고 이지적이며 냉철한 성격을 잘 말해준다.


## ::: 창살 없는 감옥이 된 집

앞서 잠시 언급했듯, 1916년 김우진은 아내 정점효와 혼인을 했다. 김우진보다 세 살 아래인 정점효는 전남 곡성 출신의 유학자로서 경학원 강사였던 정운남의 딸이었다. 김우진의 의사와는 상관없이 부친의 의사에 따라 이루어진 혼례였다. 당시 김우진은 일본 유학 중이었고, 결혼에 뜻이 없었다. 그 시대의 어느 사대부가의 여인들처럼 아내 정점효는 목포 갑부 김성규 가(家)의 맏며느리로 부족함이 없는 여인이었다. 순종의 미를 갖추었고, 품위와 덕이 있었으며, 성품이 온화한 여인이었다. 딱 한 가지 아쉬운 것이 있다면, 남편 김우진과 막힘없는 대화를 나누기에는 역부족이었다는 것이다. 감수성 예민하고 해박한 작가 남편이 제 속을 툭 터놓고 이야기를 하기에는 벽이 보이는 그런 아내였다. 이는 아내 정씨가 학식이 부족해서라기보다는 천성적으로 맞지 않았기 때문이다.

그러나 김우진은 그런 아내를 박대하지 않았다. 아내로서, 자기 아이들의 엄마로서 최대한 존중했다. 아내 정씨도 그랬다. 불같은 사랑은 없었지만, 서로를 신뢰하고 연민하는 마음은 항상 있었다. 이들의 결혼생활 기간은 딱 십 년이었다. 그러나 김우진의 일본 체류기간을 제하고 나면, 실제 몇 년이 채 되지 않는다. 시간에 지남에 따라 몇 년 터울을 두고 그들 사이에 딸 진길과 아들 방한(전 서울대학교 국문학과 교수: 1925~2001.10.18)이 태어났다.

김우진은 겉으로 보기에는 자상하고 인자한 좋은 남편, 좋은 아버지였지만 일기에 집을 '감옥'에 비유하며 내면적으로 혼란스럽고도 짐스러워 했다. 물론 그가 집을 '감옥'이라 표현한 것은 작가로서 자유로운 창작활동을 할 수 없는 자신의 처지와 환경을 빗대어 표현한 것으로 보인다. 특히 부친과의 갈등의 골이 깊어짐에 따라 집이 '감옥'이 된 주된 이유였다. 그의 아내는 설령 우진이 갑부의 장남이 아니라, 가난뱅이 작가를 한다 해도 그를 신뢰하고 순종했을 것이다. 김우진의 그런 마음의 이면에는 처자식에 대한 미안함과 동정, 죄스러움이 함께 내재해 있었다.

이를 증명하듯 「첫날밤」이라 제목을 붙인 김우진의 시는 다음과 같다.

이날 저녁에 너/ 흰 분(紛)얼굴 붉혀가며/ 붉고 작은 입/ 다물고/ 무엇을 생각하니…/ 이날 저녁 이 자리 위에/ 같이 누워서/ 너와 나/ 같은 숱한 마음으로/ 천년만년 축수(祝壽)하나/ 너와 나/ 생각하는 것 같지 않다/ 첫날 밤/ 이 같은 등불/ 아무리 있을지나/ 이 내 마음의 눈/ 밤 같이 어둡다/ 너의 부끄러운/ 나 아니 가졌으되/ 내 마음 속/ 상구히 어둡다.

　　　　　　-김우진, 「첫날 밤」, 서연호 엮음, 『김우진 전집』, 연극과인간, 2000

위 시에서도 느껴지듯이 가장 설레고 가장 행복해야 할 이들 부부에게는 첫날밤부터 동상이몽(同床異夢)이었다. 김우진은 아내와 한 방에 나란히 누웠지만 벌써부터 '너와 나 생각하는 것 같지 않다'고 딱 잘라 말하고 있다. 부연하면 남편으로서, 가장으로서 의무는 다하겠지만 너에게 내 마음을 나누어줄 수가 없다고 선전포고를 한 것이나 마찬가지인 것이다. 낭만적인 사랑과 자유연애를 동경했던, 하지만 현실은 조혼의 악습으로 인해 자기도 아내도 행복할 수 없는, 사랑이 바탕이 되지 않은 첫날밤을 보내면서 이 남자는 이토록 어둡고 쓸쓸했던 것이다.

당시 주변인들의 증언에 따르면, 김우진의 일상적인 대화상대는 계모와 제수였다고 한다. 김우진에게 있어 아내 정씨는 사랑이 아닌, 동정의 대상이었다. 마땅히 사랑받아야 할 여인인데, 나는 너를 사랑할 수 없으니 너도 나도 우리 두 사람 모두 구시대 인습의 피해자로구나, 이렇게 생각했던 것 같다. 부부 사이의 서먹함은, 1918년 태어난 맏딸 진길과 장남 방한의 터울이 일곱 살인 게 이를 증명한다고 해야 할까?

즉, 그는 아내보다 유학 중에 깊이 사귀었던 일본인 간호원 고토 후미코와 죽음마저도 함께 나눈 성악가 윤심덕에게 더 곁을 내주었고 마음을 주었던 것이다. 어쩌면 대놓고 박대하는 것보다 그의 아내에게는 되레 더 나쁜 남편이었을지도 모르겠다.

앞서 말한 대로, 부친 김성규가 유학을 마치고 귀국한 김우진에게 모든 재산관리를 이임하고 부친이 세운 상성합명회사의 실질적인 책임자로 가업을 잇게 하면서부터 그들 부자간의 갈등의 골은 더욱더 첨예해졌다. 주변인들의 증언에 따르면, 김우진은 재산관리 사무에 대해 어떠한 의미와 가치도 느끼지 못했고, 부친의 강요에 의해 마지못해 회사 일을 했을 뿐이었다. 낮에는 온종일 회사 일에 메어 있다가 퇴근 후 집으로 돌아오면 한 뭉치쯤 되는 열쇠꾸러미를 안채 툇마루에 홀떡 내던지고 나서 한참을 혼자 중얼대며 신경질을 부렸다고 전해진다. 곧 마음을 다독거린 후, 곧바로 서재에 틀어박혀 밤새도록 원고를 쓰거나 책을 읽었다고 한다. 그것이 수년간 반복되면서 우울감이 깊어졌을 게 당연하다.

그는 종종 마음이 갑갑하거나 울적해지면 삼학도 앞바다를 홀로 서성이기도 하고 바위에 우두커니 앉아있기도 했으며 뭘 어쩌지를 못하는 제 마음 때문에 펑펑 울기도 했다고 한다. 그의 마음은 아버지의 곳간 열쇠꾸러미가 아니라, 자유와 연극을 열망하며 오로지 조선의 신극운동과 글을 집필하고자 하는 열의로 가득 차 있었다. 그러나 부친은 그런 아들의 내적 갈등을 전혀 이해하지 못하고, 고집과 엄격함만을 내세우며 채찍을 휘둘렀다. 김우진에게 가족과 집은 자신의 말대로 창살 없는 '감옥'이나 마찬가지였던 것이다.

김우진은 장남 방한이 두 살 되던 해에 부친과의 갈등과 어둡고 척박한 조선 연극계에 대한 좌절과 회의로 인하여 일본으로 도피하듯 출가를 결행했다. 그리고 윤심덕과의 대한해협 정사로 다시는 돌아오지 않았다.

아내 정씨는 당시 대부분의 조강지처들이 그랬던 것처럼, 남편이 어느 날문득 사라진 가정을 지키며 올곧은 소나무처럼 종부와 어머니 자리를 꿋꿋이 지켰다. 죽은 자는 말이 없었지만, 그녀의 가슴을 가득 채웠을 한(恨)을 종교에 귀의하며 스스로를 위로했다. 독실한 그리스도 교인으로 살아가면서 말년에는 성취원 일대를 전부 가톨릭 재단에 기부했다. 그래도 그녀는 한동안 남편을 기다렸을 것이다. 육신조차 남기지 않은 야속하고 무정한 남편 김우진을.


::: 와세다에서 꿈의 날개를 달다


1918년 봄, 김우진은 와세다 대학교 예과에 입학했다. 그가 선택한 전공은 영문학, 더 자세히 말하면 연극이었다. 처음에는 시를 쓸 생각이었다. 물론 부친 김성규는 이번에도 호락호락 허락할 리가 없었다. 하지만 그는 당장 귀국하지 않으면 생활비를 보내주지 않겠다는 부친의 으름장에도 끝내 귀국하지 않고, 제가 하고자 하는 공부를 하기로 마음을 굳혔다.

그가 구마모토를 떠나 도쿄에 입성했을 때에는 조선 유학생들 사이에서 독립운동의 열기가 들불처럼 확산되고 있었다. 미국 윌슨 대통령의 '민족 자결주의' 원칙에 자극을 받았음은 물론이거니와 국내외에서 활동하는 독립투사들의 잇따른 거사 소식에 거는 기대가 컸기 때문이었다. 1919년 1월 21일, 고종이 승하했다는 소식을 접하고, 김우진은 복잡한 마음을 가눌 길이 없는 듯 다음과 같은 일기를 남겼다.

반도의 산천초목이여! 이조 오백년 최후의 군주를 승하하심을 입은 반도 백의의 민이여! 과연 사실상으로는 최후의 군주다. 사실상으로는 이에 이조 역대 군주는 절근되었다. 즉, 우리 대한의 역사는 이에 종결이다. 아아아! 아(我) 조상의 성가시던 군주는 이제 홍거 -붕어하셨다. 사거(死去)에 붕어(崩御)하셨다. 반도 백의의 호호애곡지성(呼號哀哭之聲)이야 뉘가 동정하랴. 나는 이렇게 한통(恨痛)한다. (중략) 그러나 이로부터 신 생명 신 원기 신 의미를 발생하는 것이 우리의 당연한 일이다. 전진하자. 신 생명을 얻자! 신 행복을 자득(自得)하자.

　　　　　　　　　-김우진, 서연호 엮음, 『김우진 전집』, 연극과인간, 2000

이때에도 진보성향이 강했던 김우진은 고종의 죽음을 민족의 상실로 애통해하면서도 다른 한 편으로는 조선시대로 대표되는 봉건주의의 붕괴와 종말로 받아들였다. 조선 청년 독립단의 2·8 독립선언이 있었던 다음 날, 일본 형사가 그의 하숙집으로 찾아왔던 일도 그가 조선의 독립과 개화에 얼마나 열의를 쏟고 있었는지 보여주는 한 일화라 할 수 있겠다.

와세다에서 그는 세상의 모든 지식과 사상을 흡입했다. 그의 마음 한가운데에는 정신적 강인성과 절대에의 반항심을 설파한 니체의 초인사상이 있었고, 모든 진보적인 개혁사상이 응집되었다고 볼 수 있는 베르그송의 생명주의 사상이 내면화되어 있었다. 또한 이 시기에 그는 급진사상으로 손꼽히는 스트린드베리의 표현주의와 전통부정정신, 그리고 버나드 쇼의 개혁사상을 받아들였으며, 그에게 있어 아버지 세대의 전통인습을 송두리째 부정하는 계기가 되었다. 특히 김우진은 일본 백화파의 일원이었던 작가 아리시마 다케오를 정신적인 지주로 삼고, 자신의 재산과 좋은 배경을 항상 부담스러워 하며 오히려 부르주아라는 것에 죄책감마저 느꼈다. 그가 생각하는 가치 있는 문학은 민중과 함께 하는 문학, 고통스럽고도 치열한 민중의 삶을 그대로 표현하는 것이었다.

목포 제일 갑부의 후계자였지만, 그는 항상 지나치리만큼 검소했고, 검약했다. 자기를 위해 돈을 쓰는 건 꼭 갖고 싶은 책을 사보는 일뿐이었다. 하지만 남에게는 베풀 줄 알았다. 친구 홍혜성 등 집안 형편이 어려운 몇몇 유학생 고학 동지들에게 학비를 대신 내주기도 했고 조선 유학생들이 직접 제작하는 동인지 『조선지광』 발간 자금도 적극 보탰다. 또, 그는 민족의식도 투철해서 조국에도 헌신적으로 도움을 주어, 항상 일본 경찰이 그의 뒤를 멀찌감치 밟을 정도였다. 그럴수록 그는 남들이 보기에 마음만 먹으면 뭐든 할 수 있는 '부잣집 큰 도련님'이란 타이틀에 신물이 났고, 진저리를 쳤다. 당시 그의 현실은 부친의 허락 없이는 단돈 1전도 쓸 수 없었고, 도쿄에서도 여름이면 머리 위가 지글지글 끓고 겨울에는 입김이 호호 날 정도로 추운 양철지붕 밑 허름하기 그지없는 단칸방 하숙생이었으며 방안에는 온통 책뿐인 가난뱅이 유학생에 지나지 않았다. 게다가 부친으로부터 언제 호출 당할지 모르는 불안한 처지였다. 현실이 이렇게 피폐하면 피폐할수록 그의 문학과 예술을 향한 마음은 더욱더 강렬히 타올랐다.

정신적으로나 육체적으로도 지쳐 있었던 이 시기에 그가 만나던 한 여인이 있었다. 바로 일본인 간호사 고토 후미코. 김우진이 각막염으로 치료를 받으러 다니던 중, 이노우에 안과 병원의 간호사 후미코를 우연한 계기로 알게 되었고, 얼마 지나지 않아 두 사람은 깊은 사이가 되었다. 대단히 내성적이며, 집과 학교, 공부밖에 몰라 만나는 사람만 만나던 공부벌레 김우진에게 후미코는 좋은 말벗이자 연인이었다. 일본의 강점지 조선의 남자였음에도 후미코는 매우 지성적이며 인품도 나무랄 데가 없는 김우진에 완전히 매료되었다. 후에 윤심덕도 마찬가지였지만, 후미코는 동갑인 김우진을 존경했다. 지적인 측면에서 자기가 만난 남자들과는 게임이 안 되는 상대였다. 남편이나 연인 앞에서 무릎을 꿇고 대하던 당대의 일본 여인 특유의 순종스러움에서도 기인했을 테지만 김우진은 그녀의 모든 것이었다. 안타깝게도 두 사람 모두에게 이 사랑은 달콤하고, 눈빛만 마주해도 찌릿찌릿한 첫사랑이었다. 김우진은 연인 후미코에 대해 적잖게 일기와 시로 흔적을 남겼다. 가령, 「이국의 소녀」란 시가 그러하다.

대리석의 살/ 오, 그 살은 아폴로의/ 그 눈은 마돈나의 눈/ 모란화 같은 웃음/ 양귀비같은 입술/ 오, 그 웃음은 루루의 웃음/ 그 입술은 나나의 입술/ 기이하게도/ 아폴로의 살빛 위에/ 루루의 웃음이 넘치고/ 마돈나의 눈빛 속에/ 나나의 입술이 붙었다/ 기이한 이국의 소녀여!
　　　-김우진, 「이국의 소녀」, 서연호 엮음, 『김우진 전집』, 연극과인간, 2000

당대에서는 보기 드문 이 에로틱한 시는 연인에 대한 최고의 찬사와 칭송이라 할만하다. '루루', '나나' 등 당대 문학작품에서는 매우 낯선 서양인의 이름이 언급되는데, '루루'는 독일의 표현주의 작가인 프랑크 베테킨트의 대표적인 연작 「지령」과 「판도라 상자」의 주인공이다. 베테킨트의 작품 속

'루루'는 기성 모럴을 뿌리째 흔들어놓은, 팜므파탈이다. 원초적인 생존욕과 관능적 욕망, 치명적인 유혹, 성적인 쾌락에 집착해 두 남자를 파멸시키는 요부이다. 원시적이고 비이성적인 성욕과 모든 전통과 인습을 파괴하고, 야성적이며 절대 자유를 실천하는 에피쿠르스 학파적인 베테킨트의 '루루'는 표현주의 이념의 상징과도 같은 인물이다. 그만큼 김우진과 후미코의 사랑이 강렬했던 것으로 추측된다. 김우진은 후미코를 통해 부친과 환경으로 말미암아 그동안 억눌린 욕망을 구현했던 것은 아닐까.

또, 김우진의 「이단의 처녀와 방랑자」라는 제목의 시에서도 두 사람의 모닥불처럼 뜨겁게 타오르는 사랑이 보인다.

> 두 애인은/ 자리를 바꾸며/ 손과 뺨을 마주하여/ 다문 입/ 감은 눈/ 열정의 술과/ 침묵의 안주로/ 에덴 최초의 행복을/ 이 세상의 잔치로 맛보려 한다/ 이단의 처녀가 다시 노래하되~/ 살아서/ 사람의 값싼 눈물을 맛봄보다/ 죽어서/ 흑아(黑鴉)에게 백골을 찍어 먹혀라/ 시인은 이같이 노래하지 않았나?/ 나는 이제 그를 알았나이다.
>
> -김우진, 「이단의 처녀와 방랑자」, 서연호 엮음, 『김우진 전집』,
> 연극과인간, 2000

고독한 김우진에게 스무 살 인생 처음으로 진심어린 위안과 위로가 되어 준 후미코, 그리고 그녀의 진정어린 사랑! 안타깝게도 그 사랑은 오래가지 않았다. 그 사랑 역시 후미코의 돌연한 병사로 끝이 나고야 말았다. 본래 고독을 숙명처럼 지니고 태어나긴 했지만, 이국에서 잠시나마 심적 안정과 버팀목이 돼 주었던 고토 후미코와의 사랑은 스물아홉 해 그의 생애에 있어 유일한 낭만시대의 한 페이지였다. 너무 짧게 끝나버려 더욱 강렬하게 남은.

후미코를 잃은 후, 김우진은 다시 예전의 '우울의 늪' 속에 빠지게 되었다. 깊은 절망감 속에서 다시 방황했다. 한 사랑의 끝에는 다른 사랑이 기다리고 있다고 했던가? 후미코와의 사랑이 끝난 후에, '우울의 늪'에서 만난 여인이 바로 윤심덕이었다. 그러나 그 사랑의 속성과 질감은 후미코와의 사랑과는 다른 것이었다. 예쁘고 아름답고 다정한 것과는 거리가 먼, 서로가 서로에게 아낌없이 빼앗은 독한 사랑이었다. 어쩌면 목숨마저도.


## ::: 평양 제일의 왈녀 윤심덕, 도쿄에 입성하다

우리나라 최초의 소프라노, 최초의 대중가수, 최초의 국비유학생, 당대 최다음반판매량 기록자, 최초의 방송국 여성사회자, 최초의 대한해협 정사 등등.

레코드판이 발매된 지 1백여 년이 가까운 지금까지도 꾸준히 후대 음악인들에게 리메이크 되며 잊히지 않고 불리는 '사의 찬미'의 원곡 가수 윤심덕을 가리키는 수식어는 정말 많다.

고작 삼십여 년 남짓한 짧은 생을 살았지만 그녀의 인생은 대한해협의 물결처럼 파란만장하고도 거침없었다. 프리마돈나가 필생의 꿈이었고, 당대 여성으로서는 보기 드물게 홀로 일본 유학까지 다녀온 그녀는 세련된 외모와 빼어난 가창력으로 당대 최고의 스캔들 메이커였으며 어디를 가든, 무엇을 하던 간에 늘 화제의 중심에 있었다.

윤심덕은 어린 시절 평양의 부촌에 살았지만 사실 매우 가난한 집의 딸이었다. 아버지는 산에서 풋나물 등을 캐서 가족들의 생계를 이어갔고 어머니도 바느질과 허드렛일을 하며 자식들을 뒷바라지했다. 윤심덕은 1남 3

녀 중 둘째딸이었지만 맏딸 같은 둘째였다. 아버지의 수입만으로는 매일매일 입에 풀칠하기도 어려웠으나, 매사 적극적이고도 강한, 전형적인 평양 여자였던 어머니가 가족의 생계를 책임졌다. 부모가 모두 독실한 기독교인이었는데 그 때문에 배움의 중요성에 대해 일찍 눈을 떠, 자식들의 교육에서만큼은 열성적이었다.

특히 그녀의 어머니는 여자도 공부를 해야 한다고 생각해, 똥구멍이 찢어지게 가난한 살림살이에도 딸 셋을 모두 당시로서는 보기 드물게 고등교육까지 가르쳤다. 당시 같은 또래 여자들은 학교 근처에 얼씬도 못하던 시절이었다.

윤심덕의 어머니는 강직하고 이치에 밝은 현명한 사람이었다. 윤심덕은 그런 어머니의 성품을 그대로 빼닮았다. 소학교에 들어가자마자 어려서부터 교회활동을 해서 또래들보다 야물고 영특해 반장을 도맡아했고 학업성적도 우수했다. 나이는 동급생 중 가장 어렸지만, 친구를 성별이나 나이에 구분을 두지 않고 사귀었고, 워낙 성격이 괄괄하고 활발해서 짓궂은 상급반 남자아이들까지 윤심덕 앞에서는 순한 양처럼 굴었다. 학창시절 별명이 '왈녀', '말괄량이', '대장' 등 주로 이런 것들이었다. 옛날 어른들 말로 하면, 어려서부터 계집아이가 사내아이처럼 기가 드셌던, 한마디로 리더십 강한 '걸 크러시'였던 것이다. 성격 좋고, 외모 출중하고, 노래도, 공부도 잘하는 팔방미인 윤심덕은 그래서 교사들과 동네 어른들의 사랑을 독차지하는 게 당연했다.

윤심덕의 형제들은 가난한 살림살이에 고생하는 부모를 보고 자라며 또래들보다 철이 일찍 들었다. 그 중 둘째였지만 어려서부터 항상 집안의 기둥 역할은 윤심덕이 도맡았다. 특히 무엇보다 그녀의 음악적 재능은 학교, 교회, 동네를 넘어서 나중에는 평양 시내에까지 소문이 자자할 정도로 타의 추종을 불허했다.

윤심덕의 음악적 재능은 어머니의 뱃속에서부터 타고난 것이었다. 말문이 트일 때부터 음악을 좋아하던 아이, 어느 곡이든, 얼마나 어려운 곡이든 간에 한 번만 들으면 완벽하게 그대로 따라 부르는 아이, 해서 교회 어린이 성가대에서 솔로를 도맡아했고 지휘에도 남다른 재능이 있어 밥을 하려 부엌아궁이에 불을 지피다가도 멀리서 교회의 찬송가가 들리면 밖으로 무작정 뛰쳐나가 부지깽이를 들고 양팔을 신나게 휘저으며 지휘를 하는 아이, 윤심덕은 어려서부터 그토록 특별한 아이였다. 해서 사람들은 그녀가 '음악의 천재'라며 감탄해 마지않았다.

동은(東恩)은 자신의 저서에서 그녀의 어린 시절에 대해 다음과 같이 밝히고 있다.

윤(심덕)은 생태로 목청이 좋아 학생 때부터 성악의 천재였다. 조선은 금수강산, 모란봉, 대동강, 연관정, 부벼루, 그림 같은 평양의 대자연이 이러한 성악의 예술가를 낳아주었다 하는 천연적 조건은 고수하고라도 남산현 예배당에서 울려오는 찬송가를 듣고 부엌에 불을 넣고 있던 심덕이가 부지깽이를 손에 든 채로 마당에 뛰어나와 부지깽이를 휘두르며 찬송가 흉내를 내는 것을 보고는 동네 사람들도 그가 성악의 천재인 줄을 알게 되었다. 그러다가 그가 재학한 기독교 숭의여학교에서 아침저녁 부르는 찬미가는 윤(심덕)으로 하여금 마음껏 천재(성)를 발휘시킬 기회를 주었다.

어린 처녀의 날카로운 입술을 쫓아 울리어 나오는 창가소리는 어린 동무들끼리 사이에서 이름이 나기 시작하여 학과를 마친 교실에서나 운동장 한 모퉁이에서나 여러 동무가 둘러앉아서, '심덕아, 창가 한번 해라', 하고 조를 때마다 저는 득의의 입을 벌리고 구름에 솟을 듯한 목소리를 아끼지 아니하였다.

－동은, 「윤심덕의 일생」, 『신민』, 1920

그러나 윤심덕이 살았던 때는 영재교육은커녕 음악에 대한, 예술에 대한 개념조차 제대로 세워져 있지 않았던, 전문교육의 인프라가 아예 전무했던 시절이었다. 속된말로 완전히 맨땅에 헤딩하기, 계란으로 바위치기였던 것이다. 윤심덕이 그런 어려운 환경에서도 계속 공부를 할 수 있었던 것은 자녀들 교육에 헌신적이었던 어머니의 노고 외에도 한 사람의 노고가 더 있었다. 심덕에게는 어머니와 마찬가지였던, 미국인 의사 홀 부인(Mrs. Holl)이다.

평양 부촌의 언저리에서 유년 시절을 보낸 윤심덕의 가족은 보다 안정적이고 실질적인 가족의 보금자리를 마련하고자 잠깐 진남포로 이사를 한 윤심덕은 사립삼숭학교 얼마간 다녔지만 몇 년 후, 평양으로 다시 돌아왔다. 생각과는 달리, 가난한 어촌마을에서 아무 기술이 없는 그녀의 부모가 할 만한 일이 아무래도 대도시 평양보다 적었고, 남달리 영특한 사남매의 교육에도 대도시 평양의 조건이 훨씬 더 좋았기 때문이었다. 평양에서도 전문적인 기술이 없었던 아버지의 수입만으로는 여섯 식구가 먹고 살기 어려워서 어머니가 맞벌이를 해야 했는데 교회를 통해 인연이 된 게 바로 평양 광해병원이었다. 정식으로 학문을 익힐 기회는 없었지만, 한글과 한문 정도는 능히 읽고 쓸 줄 알았던 윤심덕의 모친은 그곳에서 사무를 보았다. 그런데 바로 그 광해병원의 원장이 미국인 여의사 홀 부인이었던 것이다.

홀 부인은 심덕을 유독 중히 여겨 아꼈다. 심덕이 조선의 또래 아이들과는 다르게 언제 보아도 활발하고 명랑하며 영특했기 때문이다. 홀 부인은 심덕의 총명함과 특별함을 꿰뚫어, 모든 경제적 후원을 약속하며 심덕이 의사가 되기를 바랐다. 헐벗고 가난한 조선 땅에는 노래 잘하는 예술가보다, 유능한 의사가 절실하다는 이치에서였다. 심덕의 부모 역시 홀 부인과 같은 생각이었다. 어디에 내놓더라도 부끄럽지 않고, 덕분에 자식농사는 잘지었다고 자부하는 딸 심덕이 홀 부인처럼 의사가 되어 가난한 집안의 기둥이 돼주기를 바랐다. 하지만 심덕의 생각은 달랐다. '의사'라는 직업이 갖는 폐쇄성, 즉 경제적인 면에서 윤택하고 가난한 사람들에게 혜택을 베풀 수 있다는 장점이 있긴 했지만, 하루 종일 병원 안에서 아픈 환자들을 보살펴야 한다는, 또 그만큼 활동의 폭도 좁아진다는 것이 마음에 걸렸다. 어쩐지 때로는 대책 없이 쾌활하고 대책 없이 감상적이며 또 때로는 대책 없이 활동적인 자신의 적성에는 맞지 않는 것 같았다.

며칠의 고민 끝에 내린 결론은 의학공부가 아닌, 마음껏 노래를 부를 수 있는 조선 최초의, 최고의 프리마돈나의 길을 걷겠다는 것이었다. 물론 그녀의 부모는 반대를 했지만, 홀 부인은 심덕의 뜻을 존중해주었고, 음악가의 길을 걷더라도 후원을 멈추지 않을 것을 약속했다. 그리고 그녀는 심덕이 경성여고보(구 경기여고) 사범과를 졸업하고 교편을 잡을 때까지 그 약속을 굳건히 지켰다.

윤심덕은 평양 숭의여학교를 우등한 성적으로 졸업하고, 경성여고보 사범과에 입학했다. 평양에서 튀던 아이가 경성(현 서울)이라고 안 튀겠는가? 경성에서도 물론 심덕의 존재는 단연 독보적 카리스마가 있었다. 학업성적은 언제나 그렇듯 늘 우등생이었고, 여전히 음악적 천재였으며, 아무도 못 말리는 말괄량이였으나 인내심 강하고 사려 깊은 아이이기도 했다. 가족에 대한 책임감과 생활력이 강했던 윤심덕은 자수 솜씨가 좋아서 기숙사 친구들한테 틈틈이 자수를 팔아 제 용돈과 평양집 생활비를 보탰다.

당시 사범학교는 관비로 운영되었기 때문에 졸업 후 의무적으로 1년간 교직 생활을 해야만 했다. 이미 일본 유학 계획을 세워둔 심덕도 예외일 수는 없었다. 경성여고보를 우등생으로 졸업한 후에 원주, 춘천 등 두메산골 오지를 떠돌며 적성에도 맞지 않는 소학교 선생노릇을 해야 했다.

여기서 윤심덕과 관련된 많고 많은 일화들 중, 그녀의 올곧고 당찬 면을 엿볼 수 있는 일화 한 가지가 전해진다. 바로 열여덟 살, 한창 수줍은 풋내기 교사가 얼토당토않은 산골마을에 발령이 났다는 이유로 곧장 쳐들어가 총독부 학무과장의 멱살잡이를 한 일이다.

1914년 초여름, 우등생으로 경성여고보 사범과를 졸업한 심덕은 성적이 좋았기에 자신이 지망한 평양 소재의 학교에 발령을 받을 줄 알고 평양 본가에 머무르고 있었다. 이제야 말로 부모님의 버팀목이 될 수 있을 거라는 희망과 설렘도 잠시, 이게 웬걸! 그녀의 초임지는 평양이 아닌 멀고 먼 원주였다. 두메산골 원주에서 1년 이상은 안 썩겠다고 다짐하고 임지로 떠났다. 그녀를 기다리는 건 키가 땅딸막한 중년의 일본인 교장선생이었다. 키가 6척이나 되고, 얼굴에 수줍음이라고는 찾아볼 수 없는 이 당돌한 앳된 여선생을 보고 그는 긴장하지 않을 수 없었다. 부임한 지 며칠 만에 그녀는 동료 남자선생들과도 말을 트고, 학교의 명물이 되었다. 특히 주변에서 여선생을 찾아볼 수 없었던 일본인 남선생들에게는 인기 만점이었는데, 그러면 그럴수록 그녀는 더욱더 짓궂게 굴었다. 교장조차도 그녀 앞에서는 고분고분했다.

그런데 어찌된 일인지 원주 소학교에 부임한 지 석 달도 지나지 않아 이번에는, 당시로는 벽지 중의 벽지 횡성으로 다시 발령이 난 것이었다. 윤심덕의 꼿꼿했던 자존심에 금이 적적 가는 소리가 들렸다. 더 이상 참을 수가 없었다. 무엇보다 시골생활이 말할 수 없이 지루했고 단조로웠다.

때마침 경성여고보 동창회가 열린다는 전갈이 왔다. 동창회의 주요간부였던 그녀는 자연스럽게 참석해 내빈 안내를 맡았다. 그곳에서 특별내빈으로 참석한 관옥 학무과장을 정중하게 안내를 하고서 소개를 마친 그녀는, 백발이 성성한 그에게 잠시 실례하겠노라고 목례를 한 후, 갑자기 그의 멱살을 콱 움켜쥐었다. 그리고 분노와 미소가 함께 담긴 매우 야릇하고 짓궂은 표정을 지으며 다음과 같이 억지와 응석을 반반씩 섞어 당돌하게 대들었다고 전해진다.

"할아버지 선생, 내가 무슨 잘못을 했기에 한 학기도 안 됐는데 다시 오지 산골로 쫓아 보냈어요? 내가 왜 거기로 가야 해? 응? 나 거기 가기 싫어요. 안 갈 테야."

하며 주저앉아 울어버린 것이다.

그녀의 갑작스런 돌출행동에 처음에는 모두들 당황했지만, 식장에 모인 내빈들과 동창들은 이내 모두 껄껄 박장대소를 했다. 얼결에 멱살잡이를 당한 학무과장도 철부지 풋내기 교사의 해프닝을 기분 좋게 웃어넘겼다. 이 일을 계기로 일본인 학무과장은 윤심덕에 대해서 알게 되었고, 귀엽게 봐 상경하자마자 바로 춘천으로 이동발령을 냈다. 그리고 얼마 후, 학무과장의 추천으로 윤심덕은 관비유학생 시험에 응시하게 됐고, 우수한 성적으로 선발이 되어 마침내 1915년 4월 말경 벚꽃이 흐드러지게 핀 도쿄로 유학을 떠났다. 멱살잡이의 인연이 도쿄 유학까지 이어진 것이다.

수필가 이명온은 저서 『흘러간 여인상』(1956, 인간사)에서 윤심덕의 성품에 대해 다음과 같이 언급했다.

'그저 옹졸한 것을 보면 화가 나고, 궁상맞은 것을 보면 때려 부수고 싶고, 수줍은 것을 보면 시원스럽게 따귀라도 한 대 갈기지 않으면 못 베기는 성미'라고.

윤심덕의 최종 목적지는 일본이 아니었다. 이태리였다. 이태리로 가서 오페라 가수를 하는 게 그녀의 최종 목표이자 꿈이었다. 일본은 그저 경유지에 불과했다.

1. 윤심덕

2. 김우진

3. 조명희

4. 홍난파

## ::: 그 남자, 운명의 그 여자를 만나다

우연히도 동갑내기인 김우진과 윤심덕은 거의 같은 시기에 도쿄에 입성했다. 김우진은 와세다 대학교에, 윤심덕은 도쿄 음악학교에 각각 입학했기 때문이다.

그때 즈음 조선은 서구열강의 침탈이 계속되고 있었고, 특히 일본의 야욕이 매우 노골화 되었던 시기였다. 반면, 일본은 메이지유신의 영향 아래에서 서구문명이 쓰나미처럼 쏟아져 들어왔고 매우 능동적으로 받아들였다. 문화 예술은 물론, 사회 전반에 걸쳐 과거의 낡고 국가중심의 전통에서 탈피해서 개인의 생각과 자유를 존중하려는 분위기가 만연해 있었다. 모든게 풍요로웠고 흥청망청하는 분위기였다. 그들이 억압하는 식민지 조선과는 전혀 다른 세상, 다른 분위기였다.

잠깐 독자들의 이해를 돕고자 일본의 '메이지유신'에 대해 설명을 덧붙이면, 일본은 1854년 태평양에 침입한 미국의 무력에 굴복하면서 문호를 개방했는데 서구열강의 군사적 위협을 느낀 일본은 권력에서 소외된 무사들을 주축으로 하여 에도막부를 무너뜨리고 왕정을 수립하고자 하는 쿠데타가 일어났다. 1867년 마침내 국왕 중심의 새 왕정이 들어섰고, 이듬해 5개조의 어서문이 발표되면서 사회와 경제, 정치 전반에 걸쳐 강도 높은 개혁이 시작되었는데, 이를 '메이지유신(明治維新, Meiji Restoration)'이라고 한다. 이로써 700년에 걸친 무인 시대, 즉 막부 정치가 막을 내리고 일본은 입헌군주국가가 되었다. 그로부터 일본은 중앙집권체제 강화와 산업육성, 군비확충을 위한 부국강병정책 등 근대화 정책을 폭넓게 폈으며, 헌법이 새로 제정되고 의회도 생겼다.

하지만 일본의 헌법은 여타 서양의 입헌군주제 헌법과는 근본적인 차이가 있었다. 국왕의 명령이 언제나 우선하는, 즉 국왕의 신성불가침을 규정하여 의회를 통한 왕권의 견제가 애초에 불가능한 것이었다. 결과적으로 보면 일본의 근대화는 결국 피로 얼룩진 역사, 즉 군국주의와 국수주의, 제국주의로 치달았다. 대개 이 유신의 개시시기를 메이지 연호가 시작된 1868년으로 보는데, 일본 자국의 입장에서는 이 메이지유신으로 인해 서양문명을 가장 먼저 개방해 당시 동아시아에서 가장 부강한 나라로 발돋움하는 계기를 마련한 것이었다.

메이지유신을 다른 말로 '다이쇼데모크라시(大正デモクラシー, Taisho Democracy)'라고도 하는데, 이 다이쇼 시대에 일본은 서양문화를 광범위하게 받아들여 일본의 전통을 뿌리째 흔들었다. 상당수 젊은이들이 19세기 말부터 20세기 초에 들어 유럽에 유학을 가서 제빵 기술과 맥주 양조 기술을 비롯해 서양철학과 문학을 익혀서 돌아왔고, 선진문화를 배워왔기 때문에 고루하고 경직된 일본 사회와 문화는 이들의 숨통을 조이는 게 당연했다. 이들을 주축으로 한 사회 대변혁이 일어날 수밖에 없는 상황이었다.

서양문화의 개방이 밑바탕이 된 개혁의 바람은 젊은 지식인층의 의식을 완전히 뿌리째 뒤흔들어놓기에 충분했다. 철학분야만 하더라도 칸트에서부터 베르그송, 쇼펜하우어, 니체, 에피쿠로스, 마르크스 등 서양철학의 대표 저서들이 물밀듯 줄줄이 쏟아져 들어왔고, 예술분야, 특히 문학도 마찬가지였다. 셰익스피어는 기본이고, 괴테, 빅토르 위고, 톨스토이, 도스토예프스키, 버나드 쇼, 발자크, 체호프, 하이네 등 거장들의 저서도 일본의 젊은 지식인들을 매료시켰다. 그런 사회적 분위기에서 일본의 젊은 엘리트들은 이전의 칼이 앞서던 시대와는 달리 인간의 본성, 즉 인간성을 중시하는 낭만주의에 심취되어 자아실현을 매우 중요시 생각하는 풍조가 퍼져나갔다. 즉 인간 존엄의 가치를 얽어 메어온 과거 전통윤리와 인습을 버리고, 인간 본연의 모습, 다시 말해 인간 중심의 생명사상을 전파하려 노력했다. 밖에서는 식민지 쟁탈전을 잔혹하게 벌였던 일본인들의 이중성은 우리의 상상을 초월하는 것이었다.

당시 일본 문단에서도 마찬가지의 바람이 불었다. 개인의 개성과 자유를 최고의 가치로 삼은 이상주의 문학의 사조가 형성되었는데, 이를 '백화파'라 한다. 백화파의 중심에는 단연 인도주의에 입각한 사실주의 작가 아리시마 다케오가 있었다. 그는 홋카이도의 한 농장주의 아들이었는데 자신의 농장을 소작농들에게 나누어 줄만큼 청빈한 삶을 살았다. 이 아리시마 다케오에 사상적으로 큰 감화를 받은 게 바로 김우진이었다. 자신의 신분과 재산을 짐스러워 한 것도 아리시마 다케오의 영향이었다. 윤심덕도 그의 대표작 「어떤 여자」 등 그의 소설작품과 에세이 등을 읽으며 깊이 심취되었다.

특히 인간 존중과 남녀 간의 낭만적인 사랑이 화두였던 서양의 문학작품들은 조선의 유학생들로서는 꿈에서조차 상상해보지 못한 신세계와 다름 없었다. 김우진과 윤심덕 또한 유학 중 빅토르 위고와 톨스토이 등 서양의 대표 거장들의 작품들에 심취하면서 자유와 낭만적인 사랑을 동경했다.

특히 본래 자유분방했던 윤심덕은 일본 다이쇼 시대의 사회 문예에 절대적인 영향을 받으면서 시야가 확 트였다. 여자나 남자나 조금도 다를 것이 없는 똑같은 사람이고, 여자라고 해서 못할 게 없으며 가장 중요한 것은 나의 행복과 자유라고 생각했다. 그래서 윤심덕은 점점 자유분방해져 갔으며 도쿄 음악학교와 기숙사에서 '조선의 윤 양'하면 모르는 사람이 없을 정도로 왈녀로 통했다.

그러나 그만큼 내적으로 성숙해진 것도 사실이었다. 푸치니, 토스카, 모차르트, 베토벤, 로셰리니 등등의 음악가들에 심취하면서 더욱 음악적으로도 성장했다. 일본 여자들에게서는 볼 수 없는 대륙 여자의 활달한 기질과 풍부한 성량과 미성(美聲)으로 교수들한테 주목을 받았고, 어른스러운 언행으로 일본 여학생들 사이에서도 리더가 되었다. 게다가 다른 조선의 유학생들보다 경제적으로도 윤택했다. 학비는 국비장학생이라서 총독부에서 받았고, 생활비는 여력껏 홀 부인이 보내주었으며 자수실력이 뛰어나 일본 여학생들 사이에서 그녀의 자수는 완성되기 바쁘게 불티나게 팔려나갔다.

학교수업이 끝난 저녁이나 휴일에 윤심덕은 멋들어지게 잘 차려입고 도쿄 거리를 활보했다. 주로 오페라와 연극 등을 구경하려는 외출이었지만 훤칠한 키와 뚜렷한 이목구비, 화려하게 잘 차려입은 용모는 항상 다른 사람의 시선을 끌었다.

화려한 겉모습과는 달리, 한편으로는 낙엽 진 우에노 공원의 벤치에 앉아 그녀가 특히 좋아했던 백화파의 이상주의적인 작품들과 쇼펜하우어의 염세적인 글들을 읽으며 조국 조선의 암울한 미래와 조선 여인들의 억압된 삶을 떠올리며 깊은 갈등과 고민에 빠지기도 했다. 조선의 고루한 낡은 전통과 여인들에 잔인할 정도로 희생을 강요하는 남존여비사상, 개인의 행복과 자유는 깡그리 무시되는 사회분위기 등으로 미루어볼 때 학교를 졸업하고 조선으로 돌아간다면 자기 앞에 어떤 인생이 펼쳐질지 쉬 속단할 수 없지만 생각만으로도 암울하고 우울했다. 조선 여성들의 개화와 여권 향상이 가장 시급한 문제라고 생각했다.

독서광이었던 김우진도 윤심덕과 비슷한 생각을 하고 있었다. 일본 유학 중, 손에 잡히는 대로 원서와 일본어 번역서를 탐독했는데, 주로 철학과 문학, 예술분야의 책이었다. 김우진의 꿈과 포부는 조선에서의 신극운동을 펼치는 것이었다. 신극운동을 통해서 조선의 개화와 독립을 앞당길 수 있다는 확신과 믿음을 가지고 있었다.

그렇다면 김우진과 윤심덕은 어떻게 만나게 되었고, 사랑하는 사이로 발전하게 된 것일까?

구마모토 농업학교를 졸업하고 와세다에 입성한 김우진과 그 즈음해서 도쿄 음악학교에 재학 중이었던 윤심덕은 어떤 필연처럼 조우하게 된다. 더군다나 조선의 유학생들이 많지도 않은 탓에 한 다리만 건너더라도 다 아는 사이였다. 여학생이 워낙에 드물고 사교성이 남다르고 활달해 누구에게나 허물없이 대했던 윤심덕을 모르는 조선 유학생은 없었다.

"아하, 도쿄 음악학교의 윤심덕! 알지. 아주 잘 알고말고. 모임에서 몇 번 만났어."

다들 그렇게 말할 정도였다. 윤심덕은 조선 남자 유학생들 사이에서 요즘 유행하는 속어로 말하면, '퀸카'였다. 뒤에 언급될 화가 겸 문인이었던 나혜석 다음으로 인기가 많았다. 니혼 대학교 문과에 재학 중이었던 박정식이라는 한 유학생은 윤심덕을 죽도록 사모해서 만날 꽃다발과 시를 바치며 프러포즈를 했지만 거절당하자 미쳐서 정신병원에 입원까지 했다. 그를 불쌍하게 생각해 받아주면 안되겠느냐는 주변인들의 의견에 그녀답게, 그에게 미안한 마음이야 있지만 싫은 것을 어떻게 좋다고 할 수가 있느냐며 안 되는 것은 안 되는 것이라고 딱 잘라 거절했다고 한다.

그녀에 대한 일련의 소문들을 김우진이 모를 리 없었다. 그래서 그는 윤심덕에 대한 첫인상이 그다지 좋지 않았다. 제멋대로인데다가 천방지축인 꼴불견 나르시시스트 정도로 치부했다. 고토 후미코처럼 여리여리하고 순종스럽고 지적인 여성을 마음에 품었는데 육척 장신에 말괄량이 왈녀가 눈에 들어올 리 있겠는가.

비로소 두 사람이 대면한 건 1921년 여름이었다. 1919년에 있었던 조선 유학생들의 2·8독립선언과 조선의 3·1운동의 여파로 인해 조선은 물론 일본 내 조선 유학생들에 대한 경계가 더욱 삼엄해진 때였다. 평소 친분이 있었던 몇몇 유학생들로부터 윤심덕한테 만나자는 전갈이 왔다. 그 자리에 나가보니 도쿄 유학생들이 많이 모여 있었다. 그곳에 이름만 들었던 와세다 대학교 영문학과에 재학 중인 김우진이 있었다. 그를 리더로 조명희, 홍혜성, 진장섭, 김석원, 고한승, 유춘섭 등 총 십여 명이 있었다. 그것이 김우진과 윤심덕의 첫 만남이었다. 첫 만남에 대한 감흥은 없었다.

한 학생이 대표로 나서서 그 모임의 성격을 설명했다. 재일조선인 노동자들과 고학생들이 주축이 된 동우회에서 방학 동안 고국에 잠시 돌아가 봉사활동을 통해 도쿄에 사무실을 마련할 수 있도록 모금 활동을 해달라고 요청을 해왔다는 것이었다. 마침 동우회의 그러한 요청이 전년도에 조직된 최초의 근대극 서클인 '극예술협회(劇藝術協會: 일본 동경에서 문학과 기악 등 예술 분야를 공부하던 유학생들이 모여 1920년 봄에 조직한 연극 연구 단체로서 당시 저질 신파극만 유행하던 1920년대 초의 조선에 정통 서구 근대극의 씨앗을 뿌렸으며, 서구 사실주의 연극을 처음으로 도입·시도한 단체)'로 전달된 것이다. 그래서 궁리 끝에 생각한 게 연예인 전국순회공연이라고 했다. 단순히 연극에만 치중하지 않고 민족운동에 초점을 맞춰 다양한 레퍼토리를 구성할 생각이었다.

민족의식을 고취시키는 강연으로 시작해서 홍난파와 윤심덕을 일원으로 해, 일제의 착취와 억압에 시달리는 민족을 위로하는 음악 공연과 마지막으로 무지몽매한 민족을 각성시키는 연극으로 짜인 전국순회공연이었고, 그 총괄책임자는 노동자회에서 파견된 임세희가, 연극연출은 김우진이 맡았다.

갈수록 쇠락해지는 조국을 위해 뭐든 하고 싶었던 윤심덕은 마다할 이유가 없었다. 이렇게 꾸려진 게 총 스물두 명의 유학생 및 고학생들이 함께하는 '동우회 순회극단'이었다. 음악파트는 성악가 윤심덕과 바이올리니스트

홍난파, 피아니스트 한기주 세 사람 뿐이었다. 김우진은 첫 만남에서 윤심덕에게 연극에서 주연배우를 맡아줄 것을 요청했으나 그녀는 노래만 부르겠다며 단호히 거절했다.

이후에도 종종 연습 모임에서 마주쳤지만 그때까지도 두 사람은 눈이 마주치면 짧은 눈인사와 가벼운 목례만 오갔을 뿐, 말을 섞지는 않았다. 한마디로 서로 소가 닭 보듯 했던 것이다.

"흥, 무슨 저런 건방진 계집애가 다 있어? 노래라고 소리만 빽빽 지르고. 여자다운 데는 눈을 씻고도 도무지 찾아볼 수가 없고 제 잘난 맛에 피곤한 스타일인데 다른 애들은 귀엽다고 왜들 난리야?"

"어디 목포 촌뜨기가? 얼마나 똑똑한지는 모르겠다만 성격도 참 까칠하고. 너는 내 취향이 아니올시다."

하며 서로 갉잖게 보는 마음이기도 했다.

두 사람이 나이는 동갑이었지만 당시 김우진은 조혼을 해 고향에 아내와 딸이 있었고 일본인 간호사 여자 친구도 아직 잊지 못했던 때였다. 윤심덕 또한 주변에 남사친(남자사람친구)에게 허물없이 대해서 오해도 많이 샀지만, 마음에 둔 사람은 없었고, 자기만 깨끗하면 된다는 생각이어서 그들에게 신경도, 눈길도 가지 않았던 때였다.

그런데 연극 연습에 문제가 생겼다. 본래 성격이 내성적이고 수줍음이 정도를 지나쳤던 김우진은 정작 자기가 가장 잘 할 수 있는 연극연출을 맡았지만 출연자들을 통솔하는 힘이 부족해 제대로 연습이 이루어지지 않았다. 수줍음 때문에 동료들을 똑바로 보면서 제대로 된 지시 하나 못 내리는 것이었다. 궁여지책 끝에 하는 수 없이 일본인 연극배우 도모다 교오지케를 섭외해 김우진을 도왔다는 일화가 전해진다.

마침내 1921년 7월 5일, 동우회 극단단원들은 방학 중 일시 귀국하여

8일 부산 공연을 시작으로 해, 전국순회공연의 막을 올렸다. 윤심덕은 어디를 가나, 누구에게나 인기가 좋았다. 유일한 여성단원이었으며 개성만점에 활달하고, 명랑한데다가 일본에서 몇 해 동안 살면서 일본 여인에게서나 볼 수 있는 특유의 상냥함과 친절함까지 몸에 배어 남자 단원들의 관심과 선망의 대상이었다. 딱히 그녀에게 관심이 없었던 김우진도 그때부터 그녀를 눈여겨보기 시작했다. 그녀를 내내 짝사랑하던 남자 단원이 여관방에서 스킨십 한번 했다고 남들 앞에서 따귀를 올려붙일 정도의 당참에 아연실색하고 말았지만 노래도 잘하고 묘한 끌림의 매력이 있는 것은 부정할 수 없었다.

윤심덕의 주변은 늘 남학생들로 에워 싸여있었고, 종종 홍난파 등의 유난히 절친한 사람들과의 염문설이 나돌기도 했지만 한 사람에게 특별히 마음을 주지 않았다. 그 많고 많은 주변 남자들이 모두 친구 그 이상도 그 이하도 아니었다. 그때까지는 김우진도 감독과 단원 이외의 다른 의미를 부여하지 않았다.

조선에서의 순회공연은 대성공이었다. 부산공연을 시작으로 해 김해, 마산, 진주, 통영, 밀양, 경주, 대구, 목포, 광주, 전주, 군산, 강경, 공주, 청주 등 남부지역을 돌아 마침내 서울 단성사 공연을 앞두었다. 거듭되는 공연의 입소문 때문에 단성사 공연은 관객들로 장사진을 이루었다. 전문배우들이 아니었기에 서툰 것도 사실이었지만 그때까지 본 적도 들은 적도 없는 생소한 문화를 경험한 것이었기에 관객들의 반응은 가히 폭발적이었다. 그중에서도 가장 인기가 좋았던 게 윤심덕의 독창과 홍난파의 바이올린 독주였다.

특히 윤심덕의 독창은 풍부한 성량과 미성(美聲), 지금까지 보지 못한 청중을 압도하는 제스처, 관능적 몸매가 보여주는 여성미까지 완벽하게 조화를 이루었기에 관객들이 열광하는 건 당연했다. 그렇게 경성 공연을 마치고 동우회 순회극단은 다시 북부지역 순회공연을 이어갔다. 개성을 시작으로

해서 해주, 평양, 선천, 정주, 철원, 원산, 함흥까지 이어지는 순회공연이었다. 북부지역도 입소문을 타고 연일 전석 매진에, 홀은 사람들로 가득했다. 이렇게 조선 팔도 전국순회공연을 무사히 끝마치고 경성으로 다시 돌아와 앙코르 공연을 가진 후 성공을 자축하며 해산하기로 되어 있었지만 일이 계획대로 풀리지 않았다. 경성 앙코르공연 도중, 뜻하지 않은 일이 벌어져 공연 중간에 억지로 공연을 끝내버려야 했기 때문이다.

그 일에 대해 자세히 밝히면, 김우진과 절친한 사이인 조명희가 쓴 소설 「김영일의 사(死)」를 각색해 공연하는 도중, '십 년 전에는 자유가 있었는데 지금은 자유가 없다'라는 대사가 입석한 일본 경관에게 적발된 것이다. 사전에 극본이 검열에 통과된 것임에도 불구하고 입석한 일본 경관은 생트집을 잡아 기어이 공연 중에 막을 내리게 하고야 말았다. 단원 중 몇 명은 경찰에 끌려가 두들겨 맞거나 고문을 당했다는 후문이다.

조명희의 소설 「김영일의 사(死)」는 한 가난한 고학생의 불행한 삶을 통해 사상적인 갈등과 일제강점기 시대의 조선 젊은이들의 갈등과 고난, 그리고 저항의식 등을 사실적으로 표현한 작품이다. 이는 학생극의 성격을 띠고 있었지만 우리나라의 첫 희곡 작품이고, 전국 순회공연에서 대중들의 큰 호응을 얻었으며 민족주의의 신극운동을 개척한 작품이란 평가를 받는다. 다시 말하면, 이 연극은 신극운동의 도화선이 되었고 그 중심에 김우진이 있었다.

이 순회공연에 대한 언론의 평가는 다음과 같다.

"이것이 진정 참연극이다." -≪동아일보≫ 1921년 7월 8일자.
"가장 명확하게 근대 연극운동의 가치를 올려 처음으로 신극을 상연했다." -『연극운동』 창간준비호, 1932년 5월.

아무튼 그러한 연유로 성공적인 순회공연을 했음에도 마지막 공연에서 강제로 해단이 되었던 동우회 순회극단은 시작 한 달 반만인 8월 18일 종로 YMCA회관에서 쓸쓸한 해단식을 가졌다. 그렇지만 그들의 마음속에는 한 달 반 동안 조국의 산야를 누비고 민초들과 교감하며 가슴에 켜켜이 키를 돋운 뜨거운 조국애가 살아 숨 쉬고 있었다. 당시 별다른 유희거리가 없었던 지방 사람들에게 가는 곳마다 격한 환영을 받았던 동우회 순회극단이 외부 세력에 의해, 그것도 침략세력에 의해 강제로 해단당하는 수모를 눈앞에서 지켜볼 수밖에 없었던 단원들의 충격과 절망감은 이루 말할 수가 없었다. 특히 김우진과 윤심덕은 새로운 다짐을 하는 계기가 되었다. 김우진은 학교를 졸업하고 귀국 후, 고통과 핍박받는 민중의 상처를 보듬어 안고 깨워 각성시키는 신극운동을 펼치리라 다짐하였다.

　윤심덕도 마찬가지였다. 조선이 일본처럼 강하고 자유롭고 풍족한 나라였으면 더없이 좋았겠지만, 일본의 식민지인 조선도 버릴 수도, 외면할 수도 없는 자신의 조국이었다. 그런 조국을 위해, 상처받은 민족과 민중을 어루만지는 따뜻한 노래를 많이 불러야겠다고 다짐했다.

　동우회 순회공연 참여는 윤심덕으로 하여금 성장의 기회가 되었다. 무엇보다 조국애를 다지는 계기가 되었고, 그때까지 그렇게 많은 청중들 앞에서 노래를 불러본 적이 없었으므로 담대함을 기르는 계기도 되었다. 윤심덕이란 이름 석 자를 세안에 각인시키는 계기도 되었다. 그러나 무엇보다도 김우진이란 사람을 알게 되었다는 것, 물질이 아닌 그보다 더 귀한 무언가를 내면에 갖고 있는 듯한 그를 알게 되었다는 것, 그것이 큰 기쁨이었다. 그때까지는 자기가 그와 어떤 인연으로 엮일지, 얼마나 기이하고 강력한 운명의 고리로 엮일지 짐작조차 못했겠지만 여자의 육감이란 건 있었을 것이다. 이 남자가 자꾸만 내 신경을 거슬리네, 정도의 그 무엇.

그렇다고 해서 김우진과 윤심덕이 특별히 가까워진 것은 아니었다. 여전히 서먹한 사이였고, 허물없이 여러 말을 해본 적도 없었다. 더욱이 김우진은 당시 고향에 처자가 있는 몸이었고, 엄한 아버지로부터 아내 이외의 여인에게는 눈길조차 주어서는 안 된다는 엄명이 내려진 상태였다. 되레 가부장적인 면이 없지 않았던 김우진은 매사 제 멋대로인데다가 남자들을 수줍음도 없이 허물없이 대하는 말괄량이소녀 같은 윤심덕이 못내 미덥지 않고 볼 때마다 신경이 곤두섰다. 노래 실력만 제외하고, 마음에 담을 만한 구석이 한 군데도 없었다. 친구들 사이에서도 '냉혈한'이라 불릴 만큼 매우 이성적이고 냉철한 사람이었던 김우진은 윤심덕이 별종으로밖에는 생각되지 않았다.

　즉, 상대방에 조금이라도 관심을 가졌던 건 김우진이 아니라 오히려 윤심덕이었던 셈이다. 다른 남자를 이성으로 보거나, 특별히 예의를 갖춰 대하지 않는 윤심덕의 별난 기준에도 김우진은 독특한 끌림의 매력이 있었다. 그도 그럴 것이 아직 대학 신입생 풋내기였음에도 꼭 필요한 말만 하고 농담 같은 건 아예 남의 일일 정도로 과묵함이 지나쳤지만 모든 일처리를 꼼꼼하게 완벽하게 하고, 작품의 원서 번역에서부터 각색, 연출, 연기지도, 무대감독, 분장에 이르기까지 그의 손을 안 거치는 게 없을 정도였으며 자금조달까지 도맡아 했다. 게다가 그 또래의 젊은이에게서는 찾아볼 수 없는 진중함과 사려 깊음, 매사 치열하게 삶을 대하는 태도에서 어쩐지 자신에게 부족한 내적 깊이 같은 게 느껴졌다. 해서 단원들이 모두 비슷한 또래였고, 비슷한 학생 처지였지만 모두들 김우진을 어려워했고 함부로 대하지 못했다. 존경까지는 아니더라도 정신적 지주를 곁에 모신 것 같은 분위기가 흘렀다. 도수 높은 뿌옇고 둥근 안경 너머로 보이는 예리하게 번뜩이는 눈빛, 그 눈빛에는 범상치 않음을 담고 있었다. 그의 범상치 않음을 알아보았던 윤심덕은 그가 가진 풍부한 지성과 식견으로 고삐 풀린 망아지 같은 자신을 인도해주고 다독거려주길 바랐다. 조금만 더 친해지길 바랐지만 그 또한 쉬운 일은 아니었다. 태어난 이래 이성한테 신경이 쓰이고, 그리 강렬하게 각인이 됐던 건 그 나무 같은 남자 김우진이 처음이었다.

그러나 정작 그들 사이에 조금이나마 진전이 보인 것은 역시나 두 사람이 학기 시작에 맞춰 도쿄로 돌아간 직후부터였다.


#### ::: 그 남자, 그 여자의 흔해빠진 연애이야기

갓 스무 살을 넘긴 윤심덕에게는 독특한 매력이 있었다. 겉으로는 천방지축 제멋대인 것 같았지만 상대의 마음속으로 금세 미끄러져 들어가는 듯한 특유의 친밀감이 있었다. 6척 장신에 출중하고 세련된 외모 때문만은 아니었다. 무엇보다 당시 조선의 여인들답지 않게 사교적이었고, 매사 시원시원한 성격 탓에 다른 이들의 이목을 끌기에 충분했다. 동우회 순회공연 후, 윤심덕은 도쿄의 조선 유학생 사이에서 유명인사가 되어 있었다. 더불어 남학생들의 데이트 신청도 쇄도했다.

그러나 남자를 평하는 기준이 생각보다 까다로웠던 윤심덕에게 그들은 안중에도 없었다. 종종 김우진만 머릿속에 떠오를 뿐이었다. 이미 혼례를 마친 몸, 고향에 처자식이 있는 몸이라며 자신의 잘못된 화살의 촉을 바로잡아보려 하지만 그럴수록 그에게로 달려가는 상념은 어쩔 도리가 없었다.

정작 김우진은 윤심덕의 노골적인 접근에도 전혀 반응을 보이지 않았다. 연인 고토 후미코가 곁에 있었기 때문이기도 했지만 그녀와의 짧은 사랑이 사별로 마침표를 찍은 후에도 윤심덕이 비집고 들어갈 자리는 없었다. 후미코에 대한 실연의 상처가 꽤 오래 그의 마음속에 똬리를 틀고 어둠과 우울 속에 갇혀 있었기 때문이다.

장래가 촉망되는 엘리트였지만 윤심덕을 향한 지독한 상사병으로 결국 미치광이가 되어 삶을 끝마친 스토커 기질이 다분한 박정식과의 일화에서도 알 수 있듯이 윤심덕은 이성이 치근덕대는 걸 가장 질색했다. 저 정도면 괜찮네, 하던 사람이더라도 자기에게 집착하는 면면을 보이면 그대로 끝이었다. 윤심덕이 김우진을 마음에 담은 것도 이런 심리상태에서 연유했을 것이다. 자기에게 관심을 주지 않는 남자에게로 향하는 모종의 호기심 비슷한 감정!

그나마 이 시기에 가장 가까이 지낸 사람은 도쿄에서 함께 음악공부를 하던 작곡가이자 바이올리니스트 채동선이었다. 채동선은 윤심덕을 진심으로 좋아하고 사랑했다. 그러나 윤심덕은 사랑과 우정 사이에서 우정을 택했고, 채동선은 화가 나 중국집에서 술병을 탁자에 내리쳤다. 술김에 저지른 일이었지만 채동선은 자신의 행동이 민망해 다시는 윤심덕 앞에 나타나지 않았다는 일화도 전해진다. 채동선이 떠난 후 윤심덕은 좋은 친구를 잃어 마음이 내내 허허로웠다.

'왜 남자들과는 친구가 될 수 없는 거야?'

홍난파, 채동선을 비롯해 박정식, 안기영, 이모 씨, 김모 씨, 최모 씨 등등 제 마음을 얻지 못해 울면서 떠나간 몇몇의 남자들을 떠올리며 그녀는 안타까워했다. 윤심덕의 이성관은 매우 명확하고 뚜렷했다. 진실한 사랑을 찾되, 자신을 진심으로 이해해주고, 제가 그 사람 앞에서는 정말 여인이 되게끔, 즉 남성적 기질마저도 여성스럽게 다독여주고 제 부족한 점을 보완해줄 사람을 찾았다. 그녀가 김우진에게 매달렸던 이유도 바로 이런 이유에서였을 것이다.

어느덧 김우진과 윤심덕은 스물다섯 살이 되었다. 동우회 순회공연 이후 두 사람은 친해질 기회조차 없었다. 그저 가끔 있는 도쿄 유학생 모임에서 잠깐씩 보면 여전히 눈인사와 가벼운 목례 정도만 오가는 사이였다. 그런데도 윤심덕의 뇌리 속에서 김우진은 여전히 강렬하게 각인된 체 잊히지 않는 것이었다.

겉으로 보기에는 차고 무뚝뚝하고, 책상물림 꽁생원 같은 그 남자, 하지만 매사 성실하고 진중하게 삶을 대하는 태도가 감동적이었다. 졸업반이었던 까닭도 있었지만 자꾸만 뭔가 부족하고 불안한 마음이었는데, 김우진이라면 자신이 앞으로 나아가야 할 방향과 진로에 값진 조언을 해줄 수 있을 것 같았다. 세상 두려울 것 하나 없는 천하의 윤심덕도 멘토가 필요했던 것이다. 게다가 다분히 자기를 짝사랑하다가 미쳐버린 박정식의 갑작스러운 죽음으로 인해 그녀도 충격과 상처를 받은 뒤였다. 그로 인한 깊은 우울감이 마음속에서 웅크리고 앉은 채 비켜나지 않은 상태였다. 때는 어느 바람결엔가 김우진의 연인과의 이야기가 소문으로 소소히 들려오던 때였다.

그래서 윤심덕은 몇날 며칠 고민 끝에 어느 날 김우진이 묵고 있는 하숙집을 급습했다. 동우회 순회공연이 끝난 지도 한참 되었고, 그 후에도 모임에서 가끔씩 만나왔지만 집을 방문할 정도의 친분은 없었던 터라 윤심덕의 깜짝 방문에 김우진은 놀라고 당황하는 빛이 역력했다. 더구나 평소 그녀의 왈녀 같은 기질이 마뜩찮았던 김우진은 할 말을 잃고 한참을 서있었다.

"생각했던 대로 참 예의가 없는 사람이로군요. 외간남자의 집에 이렇게 불쑥 쳐들어와도 되는 거요?"

김우진은 노골적으로 볼멘소리를 했다.

"어머, 나 예의 같은 것 몰라요. 나 하고 싶은 대로 하며 사는 사람이란 거 우진 씨도 잘 알잖아요."

윤심덕도 이에 질세라 응수하며, 들어오라는 말도 채 떨어지지 않은 하숙방에 들어가 턱, 하니 앉아서 요리조리 둘러보았다. 정말 소문대로 한 평 남짓한 방에 사방이 책으로 둘러싸인 방이었다. 딱히 깊게 이야기를 나누지도 않았고 차 한 잔 마시고 나왔을 뿐이었다. 김우진은 자신의 소중한 시간을 빼앗은 이 무례한 침입자를 경멸하는 듯한 인상을 보였지만, 그래도 그를 보고 온 후, 윤심덕은 평상심을 찾아 졸업발표회 준비에만 전념할 수 있었다.

1922년 초여름, 윤심덕은 도쿄 음악학교를 우등으로 졸업했다. 그녀는 졸업발표회와 함께 연극에도 배우로 참여했다. 졸업발표회에서는 푸치니의 오페라 「나비부인」을, 연극에서는 입센의 「인형의 집」의 주인공 '노라'를 연기했다. 그녀의 공연을 유심히 본 것은 김우진뿐만이 아니었다. 공연이 끝나자, 도쿄 제국극장의 지배인이 찾아와 배우를 해보지 않겠느냐고 제안했다. 도쿄 제국극장의 전속여배우로의 제안이었다. 그러나 윤심덕은 한마디로 딱 잘라 말하며 거절했다. 자신의 목표는 이태리로 가서 프리마돈나로 성장하는 것이라고.

당시만 하더라도 배우는 매춘부도 거절하는 천하디 천한 직업에 속했다. 아무리 깨인 사람이라 하더라도 윤심덕의 자존심이 그것을 허락하지 않았다.

윤심덕은 학교를 졸업했으나, 일 년 더 학교에 남아 지도교수 밑에서 조교와 비슷한 역할을 하며 공부할 수 있는 기회를 얻었다. 그리고 여름방학을 맞아 잠깐 귀국했다.

윤심덕에 대하여 지나치리만큼 무심함과 냉정함으로 일관했던 김우진이 조금이나마 시각의 변화를 일으킨 것은 그녀의 졸업 발표회와 연극을 감상한 직후부터였다. 겉멋만 잔뜩 들어 허세만 부리는 여자라고 생각했으나 공연을 보고 나서 실력과 재능을 인정한 것이다. 북방계 여인 특유의 뻣뻣함

도 그리 마뜩찮았음은 물론, 남자들을 대하는 그녀의 태도로 보아 천방지
축으로 생각했으나 졸업발표회 때 본 윤심덕은 어쩐지 이전과는 다른 인상
이었다. 많이 성숙해져 있었다. 무엇보다 일본 여학생들에 비해 단연 돋보였
다. 풍부한 성량도 그렇지만, 당당하고 구김살 없는 용모와 의연함, 흠잡을
데 없는 가창력, 그리고 관객을 리드하는 무대 매너 등 김우진은 그동안 자
신이 윤심덕을 편견에 치우쳐 생각해왔음을 인정하지 않을 수 없었다. 무대
위의 윤심덕이 엄청나게 카리스마가 넘치고 섹시해 보였던 것이다. 그는 그
제까지 윤심덕에 대한 부정적인 편견을 버리기로 했다. 그렇다한들 김우진
이 윤심덕에게 단번에 반했거나 사랑하게 된 것은 절대 아니었다.

그런데 얄궂은 운명이 두 사람 사이에서 장난을 치기 시작했다. 바로 그
즈음 김우진의 연인 후미코가 돌연 유명을 달리한 것이다. 평소 몸이 허약
한 건 알았으나, 병원에 입원한 지 3주 만에 세상과 이별을 고한 것이다. 사
인(死因)은 급성백혈병이었다. 그녀의 죽음을, 그리 빨리 제 곁을 떠날 것이
라고는 생각지 못했다. 그녀를 많이 사랑하고 정을 주었던 김우진으로서는
죽음과 지독하게 얽혀있는 제 운명을 탓하며 절망했다. 후미코를 잃음으로
써 공허함과 상실감은 그의 내면을 우울과 염세로 집어삼켰다.

하지만 사랑의 상처는 다른 사랑으로 치유된다하지 않은가? 그게 자학이
든, 가학이든 간에 어쨌든 새로운 사랑의 그림자는 김우진을 탐하고 있었
다. 물론 적극적인 애정 공세는 아니었어도, 윤심덕이 김우진에게로 서서히
한 발짝씩 다가가고 있었던 것이다.

앞서 여러 번 강조했지만 윤심덕은 '스캔들 메이커'로 불릴 만큼 남자들
한테 인기가 많았다. 그녀에게 잘 보이기만을 고대하면서 주변을 맴돌았던
남자가 수도 셀 수 없었다. 조선 유학생들을 넘어서서 일본학생들마저도 탐
낼 정도였다. 그럼에도 불구하고 그녀가 자신에게 별다른 관심을 내비치지

않는 목석같은 김우진에게로 향하는 마음을 멈출 수가 없었던 이유는 생각 외로 간단했다. 그들과 달라서! 그때까지 자기가 만난 남자들과는 달리, 김우진은 단연 돋보이는 존재였다. 마치 고뇌하는 철학도와 같은 인상으로 항상 모든 면에서 진중한 태도에 마음이 깊이 끌렸다. 무엇보다 그녀 자신에게 부족하고 모자란 면이 김우진에게는 차고 넘쳤다. 즉 김우진은 놀랍도록 재능이 많고 박식하며 이지적이어서 제 자신이 곁에 다가가면 어쩐지 주눅이 드는 것도 사실이었다. 말수가 적음에도 그 깊은 침묵에서 뿜어져 나오는 카리스마가 대단했다. 또, 그처럼 내향적이고 과묵하며 냉정해 보였음에도 불구하고, 고집이나 뻣뻣한 기질 같은 것은 찾아볼 수 없었다.

두 사람의 비극적인 결말을 생각하면 윤심덕 혼자 짝사랑하다가 끝났으면 차라리 좋았을지 모르지만, 언제나 그렇듯 남녀 간의 사랑은 '타이밍'이다. 앞으로 도무지 나아갈 기미라고는 보이지 않았던 이들에게도 절호의 기회가 온다.

1922년 여름, 방학을 맞아 김우진과 윤심덕은 일본에서 일시 귀국해 본가가 있는 목포와 평양으로 각자 돌아갔다. 그런데 귀국한 지 얼마 되지 않아 윤심덕에게 김우진으로부터 목포 본가로 초대하고 싶다는 편지가 날아들었다. 동생들과 함께 목포로 놀려와 주었으면 좋겠다는 내용이었다. 김우진은 윤심덕의 가정형편과 언니와 동생들도 모두 음악을 전공하고 있다는 걸 알고 있었다. 그래서 그들을 목포로 초대해 가족음악회를 열고자 함이었다. 목포행 기차표와 여비도 동봉하였다. 윤심덕은 김우진의 제의를 흔쾌히 수락했다. 그녀는 결혼한 언니를 제외하고, 이화학당에서 피아노를 전공하는 여동생 성덕과 연희전문에서 역시 성악을 전공하는 남동생 기성을 데리고 목포로 향했다. 평양에서 목포까지는 완행기차로 하루 종일을 달려야 하는 멀고먼 거리였다. 마침내 하루 온종일을 기차 안에서 보낸 끝에 윤심덕 일행은 목포에 도착했다. 목포에 대한 첫인상은 그들이 어린 시절을 보낸 진남포를 떠올리게 했다. 그때부터였는지도 모른다. 후에 윤심덕이 김우진이 그립고 기분이 착잡할 때마다 기차로 하루 온종일을 달려 이슥한 새벽바다의 비릿한 내음을 맡으며 목포역에 내려서서 제 고향집에 온 것처럼 마음에 안정을 찾은 게.

목포역에 마중을 나갔던 김우진과 철진, 익진 등 그의 동생들은 윤심덕 일행을 반가이 맞았다. 그들을 기다리고 있는 건 유달산 아래 신선 누각 같은 성취원의 아흔 아홉 칸 대저택이었다. 김우진은 평소 부잣집 아들인 티를 눈곱만큼도 내지 않았고, 일상생활도 검약하게 해왔으므로 그가 그토록 부잣집 아들이란 사실을 전혀 눈치 채지 못했던 윤심덕으로서는 놀라지 않을 수 없었다. 조선 유학생들 사이에서도 몇몇 그와 절친한 사람들만이 아는 사실이었고, 따라서 그 정도로 부잣집 아들일 거라고는 상상도 못했던 그녀는 김우진이란 남자를 다시 보는 계기가 되었다. 실제로 그녀는 목포 대지주의 장남이었으면서도 책으로 사방이 둘러싸여 한 사람이 쓰기도 비좁은 허름한 하숙방을 떠올리며 검소와 겸손이 몸에 배인 김우진의 훌륭한 인간 됨됨이에 감동해서 더 큰 신뢰를 갖게 됐다고 한 지인에게 고백했다고 한다.

사랑채에서 쉬고 있을 때, 김우진은 아내를 데려와 윤심덕에게 소개를 했다. 말이 별로 없었지만 남편과 아이를 대하는 태도며 말씨가 정숙하고 품위 있고, 고상해 보여 저와 같은 사람이 범접하기 어려운 여인이라는 걸 한눈에 깨달았다.

김우진과 동생들의 안내로 윤심덕 일행은 홍도와 목포 주변 곳곳을 두루 돌아보고 잘 먹고 잘 쉬다가 며칠 후에 이윽고 가족 음악회가 열렸다. 김우진의 동생들은 물론, 친구들이 관객으로 하는 자리였고, 이들도 모두 도쿄 유학생들이거나 교보에 재학 중인 엘리트들이었기 때문에 윤심덕과 그의 동생들의 공연을 모두 좋아하고 즐겼다. 윤심덕의 여동생 성덕의 피아노 반주에 맞춰 윤심덕과 남동생 기성이 노래를 부르는 음악회였다. 형식은 가족음악회였지만, 음악회의 내용과 청중의 수준은 고급 연주회나 별 차이가 나지 않았다.

이로부터 3년 후, 조선일보는 두 사람의 스캔들에게 대한 기사를 내면서 이 가족음악회 때 두 사람의 관계가 급진전됐으며 연인관계로 발전했다는 추측성 기사를 내보냈다. 하지만 이것은 사실이 아니었다. 이때의 두 사람의 관계란, 담담하고 가벼운 친구 같은 관계였다.

이 가족음악회를 통하여 김우진은 윤심덕을 음악에 대한 재능과 진정성이 있는 친구로 재평가함과 동시에 좋은 '벗'으로 마음의 거리를 좁힌 계기가 되었다. 이로써 두 사람이 조금 더 친밀한 관계로 발전한 것도 사실이었다.

김우진으로서는 다시 여인 때문에 번민하지 않을 수 없는 때가 다가오고 있었다. 그에게 있어서 여난(女難)은 어쩌면 잔인한 운명 같은 것이었다. 너무 일찍 떠나버린 생모와 자기를 엄격한 부친으로부터 보호해주려 했던 착한 새어머니들, 그리고 첫사랑 고토 후미코에 이르기까지 주변에 있었던 여인들은 그에게 있어 아픔이고 상처였다. 그러나 앞으로 겪을 그 사랑은 목숨까지도 담보로 해야 하는 그런 가혹한 사랑이었다.

윤심덕과 그의 동생들은 목포 성취원에서 꽤 길고 여유로우며 유쾌한 휴가를 보내고 평양으로 돌아왔다.

1922년의 여름방학은 김우진과 윤심덕에 있어서 하나의 터닝 포인트였다. 무엇보다 두 사람이 심적으로 가장 안정적인 시기를 보낸 게 이 시기였고, 남녀 사이를 넘어서서 서로 좋은 벗이 될 수 있을 것 같다는 설렘이 있었던 시기였다. 목포 가족음악회의 초대는 윤심덕이 김우진을 자신의 정신적 멘토로 받아들이는 계기였고, 그동안 윤심덕을 사치와 허영 가득한 철부지로만 보았던 김우진도 색안경을 벗어던지고 윤심덕의 진가를 인정하는 계기였다.

두 사람은 나름 평안하고 조금 설레는 방학을 보내고, 가을 학기가 시작하기 전 도쿄로 돌아갔다. 윤심덕은 졸업을 했지만, 교수의 조교로 학교에 1년 더 남아 성악공부를 할 수 있다는 것에 매우 만족했다. 특히 지척에 2년 동안 짝사랑만 한 김우진에게로 가는 길이 어느새 터였었기에 그녀는 그의 하숙방을 자주 찾았다. 그녀는 김우진을 깊이깊이 사랑하고 있었다. 당시 그녀의 나이 스물여섯, 당시 여인의 나이로는 과년했다. 그녀는 가을 낙엽산의 불 같았다.

하지만 김우진은 흔들리지 않았다. 그는 낙엽산의 석고상처럼 한 치의 흔들림이 없었다. 그렇다고 해서 그가 그녀를 향하는 마음이 아예 없었다고 말할 수도 없었다.

가족음악회 때 함께 지내면서 느낀 음악에 대한 재능뿐만 아니라, 삶을 대하는 열정에 그도 감동을 받았기 때문이었다. 다만, 어떤 것에 쉽게 동요하지 않는, 냉철하고 자제력 강한 성품에다가 전 연인 후미코에 대한 죄책감이 아직 마음속에 잔영처럼 남아있기 때문이었다. 그래서 윤심덕을 언제나 차분하고 덤덤하게 맞았다. 그한테는 처자가 있는, 게다가 그가 긴장이 조금 풀릴 때 즈음이면 호랑이처럼 무서운 아버지는, 다른 여자를 취하지 말고 면학에 전념하라는, 금기사항이 빼곡히 적힌 서간을 보내오곤 하였다. 아버지의 눈 밖에 나는 즉시 그는 목포로 호출될 처지였다. 자기한테 허락된 시간이 얼마나 남아있는지 알 수 없었으므로 그는 공부에 전념할 수밖에 없었다. 그에게 연애란 사치였고 시시한 놀음이었다. 타오르는 불 같은 여인 윤심덕의 격정 앞에서 그 역시 발버둥 치면서도 그녀에게 한 발짝씩 빠져드는 건 어쩔 수 없는 일이었지만, 윤심덕을 액면 그대로 받아들일 수 없는 그의 내적 갈등은 깊어질 대로 깊어져 갔다. 이러한 그의 내적 갈등은 이 시기의 일기와 시작품 등에 잘 표현되어 있다. 이 갈등의 시기에 쓴 대표적 시작품이 바로 「추사(秋思)」 같은 시다.

쓸쓸한 가을바람/ 황엽(黃葉)을 날리고/ 애련한 바이올린/ 행인을 울릴 때/ 촉촉이 가을비는/ 내 혼을 죽이고/ 한없는 설은 눈물/ 목에 가득하다.

-김우진, 「추사(秋思)」, 서연호 엮음, 『김우진 전집』, 연극과인간, 2000

윤심덕에 대한 갈망이 커 갈수록 김우진은 깊은 번민 속에서 우울과 슬픔의 더미도 부피를 키워갔다. 마치 저희의 운명을 이미 알고 있기라도 한 것처럼 다가오는 사랑에 대한 반감과 자괴감이 컸다. 그럴수록 그는 더욱더 냉정해졌다. 윤심덕에게조차도 절대 호락호락하지 않았다. 그야말로 '전쟁 같은 사랑'이었다. 그는 더욱더 공부에만 전념했다. 김우진은 윤심덕이 내지르는 감정의 도발을 되레 학문에 전념하며 승화해 나아갔던 것이다.

그럴수록 윤심덕은 더욱 애가 탔다. 그보다 자신이 더 그를 더 많이 사랑하고 좋아한다는 것에 때로는 화가 나고 야속했으며 절망감에 휩싸이기도 했다. 그러나 좋아하는 사람을 닮아간다고 했던가? 그녀는 서서히 김우진의 인내심과 자제력을, 성실하고 진실한 태도에 영향을 받아 이전보다 성숙해졌다. 천하의 석불 같은 남자 김우진 역시 한 발짝씩 다가서는 제 운명을 피하거나 거부할 수는 없었다.

::: 불과 빙하의 사랑, 운명을 모두 걸어야 하는 사랑 앞에 선 두 연인

김우진이 가진 카리스마와 커리어가 워낙 대단한 것이었기에 윤심덕은 자신이 하찮아 보일 수밖에 없었고, 때로는 자존감이 바닥을 칠 때도 있었다. 갈수록 윤심덕에 대한 김우진의 영향력은 커져만 가서 어느덧 그녀의 영혼마저 지배하고 있었다. 그는 연인 이전에 정신적 지주로 숭배하고 있었다. 윤심덕은 김우진에 어울리는 상대가 되고파서 열심히 노래를 부르고, 손가락이 부서져라 피아노를 연주했으며 철학과 문학에도 관심을 기울여 그가 좋아하는 작가의 책이라면 무조건 읽어, 청년 문사 김우진의 연인으로서 손색이 없을 정도로 자신을 다듬었다.

그러나 이 사랑은 애초에 불과 빙하의 사랑이었다. 한쪽은 너무 뜨거웠으나, 다른 한쪽은 너무 차가웠다. 고로, 이 사랑에는 환희와 행복은 없었다. 그 자리에는 아픔과 상처만이 있을 뿐이었다. 그것은 시대를 잘못 만난 비극에서 비롯된 아픔이었고, 그것을 극복할 수 없는 데에서 기인하는 좌절이었고, 그들이 세상을 등지기 직전까지 겪어내야만 했던 인생의 숱한 모퉁이였다. 사랑하면 할수록 기쁜 것이 아니라, 사랑이 더해갈수록 외롭고 고뇌에 찼다.

윤심덕에게 김우진은 전부였지만, 김우진은 좀처럼 제 속내를 드러내지 않았다. 만날 때마다 곁을 내주기는커녕, 잔소리꾼 도덕선생님이 불량학생을 대하듯 타박과 훈계만 늘어놓았다. 평소에는 말이 정말 없다가도 단 한 번 눈 밖에 나는 실수를 놓치지 않고서, '예술인이라고 하여 건방지게 객기나 부리지 말고 먼저 인간이 되시오.', '꼭 제멋대로인 사내아이를 보는 것 같구려. 좀 여성스러워질 수 없겠소?'라는 등등의 잔소리 폭탄이 떨어지곤 하였다. 김우진은 그녀의 걸걸하고 여성적이지 못한 왈녀 기질이 늘 마뜩찮

앗다. 동갑내기인 그한테 그런 충고를 들을 때마다 윤심덕은 자존심에 금이 쩍쩍 갔다. 어쩐지 순종미와 여성미로는 따라갈 자가 없을 것 같은 그의 전 연인 후미코와 본가에 있는 아내와도 비교되고 있는 것 같아 자존심이 무척 상했다. 이별을 생각하기도 했다. 하지만 그 때마다 백기를 들고 먼저 그를 찾는 것은 윤심덕 자신이었다. 워낙 근엄한 태도로 옳은 말만 했기 때문에 그 어떤 말로도 반발할 거리가 없었다. 다른 한편으로는 그가 진심으로 의지가 되고 믿음직스러웠다. 부족한 것 많은 자신을 갈고 다듬어 진귀한 보석으로 만들어줄 사람은 이 세상에 단 한 사람, 김우진뿐인 듯싶었다.

그러나 이 시기에 김우진이 윤심덕에게 시니컬하게 대했던 이유는 따로 있었다. 사상의 급 전환기에 있었던 까닭에 번뇌와 고뇌 가득한 시간을 보낸 것은 오히려 김우진이었기 때문이다.

1920년 와세다 대학교 영문학과에 입학한 이래, 김우진은 학문적 깊이를 더해갔다. 당시 와세다 대학교는 도쿄 제국대학교와 쌍벽을 이루며 아시아권에서는 최고의 명문사학으로서 우수한 교수들과 학생들이 포진하고 있어 서양문화와 학문을 깊이 있게 연구하는 메카로 통했다. 특히 김우진은 졸업논문('Man and superman-A Critical study of is Philosophy')을 영어로 능숙하게 쓸 만큼 영어실력이 뛰어났다.

서양문학과 철학의 이해도가 쌓이면서 그는 자기만의 사상을 정립하고 체계화하기 시작했다. 그렇게 나온 결과물이 바로 대학 2, 3학년 때 발표한 「생명력의 고갈」, 「아리스토텔레스의 형식논리」 같은 논문들이었다. 그는 동양의 유교에 바탕을 둔 뜨뜻미지근한 공자교와 옛것 중심의 상고주의를 강도 높게 비판하면서 니체의 초인사상과 자유의지를 강조했다. 그는 이른바 '열녀문'으로 대표되는 한국 여인들의 위선적인 정조관념을 맹렬히 비난하기도 했다. 이때부터 그는 진보적이고 개혁적인 이단아로 변해가고 있었던 것이다. 이런 그가 구시대의 대변자와 같은 부친과의 사상적인 충돌은 이미 예고된 것이었다. 부친이 그에게 쏟는 애정이 깊을수록 그의 내적 부담감과 반발심은 비례했다. 그는 아버지가 자주 보내오는 서간문조차 곤혹스러워 했다.

겉으로는 나약하고 왜소해 보였지만 그는 철저히 외유내강형이었다. 어떤 외부의 힘에도 자신의 판단과 의지를 꺾거나 굴하지 않는 전형적인 남산골 샌님이었다. 따라서 사랑함에 있어서도, 연인관계에 있어서도 자신의 내면을 결코 상대에게 내비치지 않았다. 이 단단한 껍질을 윤심덕이 깨부수고 그의 내면으로 파고들기까지 몇 년의 공(功)이 필요했다. 어쩌면 윤심덕이 김우진에 사상적으로 동화됐다고 말하는 게 옳은 표현일 것이다.

윤심덕은 천성적으로 활발하고, 근대교육을 받았기에 당대 여인들보다는 개방된 사고를 지녔지만, 그녀로 하여금 사상적으로, 체계적으로 근대 사상을 가지는 데에 절대적인 영향을 끼친 건 김우진이었다. 그는 폭넓은 독서와 토론으로서 윤심덕에게 진보사상을 깨우쳐주고 새로운 가치관을 심어주었다. 남자들을 우습게보던 윤심덕도 그 앞에서는 순한 새끼양이 되었고, 연인관계를 넘어서 정신적인 지배를 받는 정신적인 우상이 되었다. 그것은 사랑이나 연모의 정의 범주를 넘어서는 것이었다. 이후, 윤심덕이 김우진 오직 한 남자를 제외한, 세상 모든 남자들에게 배타적이었던 까닭도 이런 이유에서 기인할 것이다.

1924년 봄, 김우진은 학업을 끝마치고 일본에서 귀국했다. 그러나 조국에서 그를 기다렸던 것은, 일본에서의 포부와 계획과는 달리 목포 집에서 일상적인 일을 하며 의미 없이 하루하루를 보내는 것이었다. 바로 부친이 만든 상성합명회사의 실질적인 책임자로, 사업을 이어받는 일을 본격적으로 하지 않으면 안 되었던 것이다. 즉, 연간 7천 석을 벌어들이는 곳간지기의 임무를 수행해야만 했다.

그러나 진보적 가치관을 가진 김우진은 이런 부르주아의 사업형태에 뼛속 깊이 염증을 느꼈고, 그렇게 의미 없이 지나가는 자신의 일상을 괴로워했다. 문화의 불모지였던 조선에서 신극의 르네상스를 꿈꾸며 귀국했건만 현실은 너무나 냉혹했다.

생전의 김우진과 절친한 사이였던 연출가 홍혜성의 회고에 의하면, 당초 두 사람의 계획은 십만 원 가량의 저렴한 예산으로 경성에 연극 전문극장을 열고, 몇몇 뜻이 통하는 사람들과 의기투합하여 신극운동을 일으키기로 뜻을 모았다고 한다. 조국에서의 신극운동을 펼치고자 홍혜성이 다니던 주오 대학교 법학과를 그만두고, 일본 신극의 선구자 오사나이 가오루의 제자로 들어가 무대실기를 배웠고, 김우진 또한 와세다 대학교 영문과에서 연극을 집중 탐구했던 것이다. 김우진은 귀국해 본격적으로 신극운동과 문예론, 희곡작품을 집필할 계획이었다.

그러나 이들의 이런 노력과 결심은 조선의 참혹한 문화의식의 절벽 앞에서 차츰 제대로 힘도 못 써본 채 초라하게 무너져 내렸다. 무엇보다 목포의 집안일에 매인 김우진이 좀처럼 시간을 낼 수가 없었다. 1924년 여름까지만 해도 김우진은 '아버지의 사업 대리 경영'에 대해 그저 '세상 경험 쌓기' 정도로 생각해 그리 심각하게 받아들이지 않았다. 자기 일이 아니라고 생각했기 때문이다. 그는 사업을 하고 재산을 늘린다는 것의 실제적인 의미, 즉 자본주의의 재산증식이란 결국 자본가의 무산자에 대한 착취와 동의어라는 점을 처음에는 깨닫지 못했다. 하지만 1년이 지난 후, 모든 걸 명확하게 깨닫고 큰 충격을 받았다.

그렇게 그는 이상과 현실의 괴리 속에서 아침부터 저녁까지 상성합명회사의 회계장부를 들여다보고, 곳간 열쇠 뭉치를 손에 쥔 채 입출고대장을 작성하고 있노라면 절망감을 느꼈다. 그의 내면은 날로 피폐해져만 갔다. 그와 성향이 정반대인 부친은 아들의 이런 깊고 어두운 내적인 갈등을 전혀 알 리 없었다. 그저 부자 아비를 둔 덕에 세상물정 모르고 곱게 자라 외국 유학까지 하고 와서 마음이 딴 곳에 가 있다고 생각해 더욱 채찍을 가했다. 엄격하고 고집이 센, 늘 자기 판단이 옳다고 믿는 부친은 그에게 마치 자기 희곡 작품은 거들떠보지도 않고 일본의 저질 아류 신파극 공연에만 열을 올리는 조선의 열악한 문화 현실과 마찬가지로 죽어도 극복할 수 없을 것 같은 단단하고 높은 성벽이었다. 그럴수록 이들 부자간의 갈등의 골은 깊어만 갔다. 김우진은 부친의 가족중심주의를 경멸했고, 그 안에 콩깍지처럼 끼어 이러지도 저러지도 못하는 제 운명을 저주했다. 김우진은 마치 야생의 사막에서 지내다가 한 칸 남짓한 동물원 방에 갇힌 고독한 사막여우처럼 갈수록 내적으로 움츠려들었다.

그는 오로지 밤 시간에만 자유로웠다. 회사에 온종일 메여 있다가 저녁 때 즈음 퇴근을 하면 혼자 짜증을 내며 열쇠뭉치를 안채 툇마루에 훌훌 내던지고, 부친이 각별한 애정으로 지어준 서재 백수재에 틀어박혀서 위스키를 홀짝대며 밤새 책을 읽고 글을 썼다. 지인들의 증언에 따르면, 그는 원고나 책 등을 손에 잡았다 하면 꼭 끝장을 봐야 하는 성미 탓에 의식이 반쯤 깨어있는 상태로 밤을 지새우는 게 예사였다고 한다. 이 시기에 그는 대학시절에 이미 접했던 마르크스의 「자본론」을 정독하며 표현주의와 실존주의 작가들의 작품에도 경도되어 있었던 때였다. 어쩌면 그 시기의 김우진으로서는 회계장부나 관리하고 있는 자신의 처지를 비관하는 게 당연했을지도 모른다. 해서 자신의 집을 감옥에 비유하여 일기에 'In the prison of home'이라 기록할 수밖에 없었는지도.

하고 싶은 것을 할 수 없는 심적 열병은 학문과 예술에 대한 열정으로 더욱 강렬히 불타올랐다. 그의 말대로 창작욕이 성했다. 이 시기에 탄생한 작품이 희곡 「정오」, 「두더기 시인의 환멸」 등이었고, 목포 유달산 뒤 창녀촌을 무대로 쓴 「이영녀」의 탈고를 마쳤다.

한편, 그는 당시 영국의 유명 출판사인 맥밀란 출판사에 정기적으로 책을 주문했다. 요즘 말로 하면 '직구'인데, 그 당시 목포 세관에 들어오는 유일한 양서는 오로지 김우진이 주문한 책들뿐이었다고 한다. 그 시기에 그가 읽은 외서는 대부분 버나드 쇼와 스트린드베리, 밀론, 유진 오닐, 피란델로 등의 작가의 작품들이었다.

이런 상황에서 일상의 스트레스를 풀고 함께 고뇌해줄 말벗조차 주위에 없었다는 점도 안타까운 일이었다. 지극히 내성적인 탓에 사람을 가려 사귀고, 타인에게 좀처럼 자기 속내를 잘 드러내지 않는 김우진이 그래도 평생의 동지로 생각한 사람이 딱 한 사람 있었다. 바로 친구 조명희였다. 이 시기에 김우진은 그에게 일기 뿐 아니라 편지도 자주 보냈다.

조명희 군에게 / 창작욕이 성하면서도 시간이 없어서 그냥 지냅니다. 스트린드베리가 30대 때의 스웨덴의 사회적 분위기를 맛본 것 같은 큰 걸작이 지금 일(一) 소(小) 부르주아 가정 안에서 생활하는 내게도 돌아올 것이외다. 나는 숙명론자요, 숙명을 벗어나지 못할 줄 압니다마는, 한 가지 이 how의 생활에서 내 가치를 나타내고자 합니다. 요사이 실업(實業)을 더욱 알게 되었습니다. 제 삼자의 눈으로 보면 어떻게 보일지 모르오나, 그러나 나는 나요! 겉으로 일 광인(狂人)에 지나지 못한 swedish dramatist의 생활을 난 흠모합니다. 1924년 8월 24일

-김우진, 서연호 엮음, 『김우진 전집』, 연극과인간, 2000

형은 요새 어떠시오. 형의 그 곧은 심플한 천진하고도 열 있는 얼굴, 입, 코, 눈 앞에 기회 있을 때마다 나타납니다. 되게 만나고 싶습니다. 간절하게도 만나고 싶습니다.

-김우진, 서연호 엮음, 『김우진 전집』, 연극과인간, 2000

등등의 조명희에게 부친 편지들을 보아, 김우진이 이 시기에 얼마나 고독하고 외로웠는지 알 수 있겠다. 당시 조선 팔도를 통 털어 어느 누구보다 사상적으로 가장 앞서 나아갔던 사람! 바로 김우진 그였다. 곁에 아내가 있었지만 남편의 고뇌를 이해하기에는 역부족이었다. 서로 폭넓게 이해할 수 있는 부부는 아니었다. 식구들과 일상적인 대화 외에는 대화 단절이 가장 그를 힘겹게 했으리라 추측된다. 그 암울한 시기, 자기를 가장 잘 이해해 주고 다독거려 준 사람이 조명희 외 한 사람이 더 있었다. 바로 경성에서 가수로 활발히 활동하고 있던 윤심덕이었다. 이제 자신도 붙들길 없이 윤심덕에게로 향하는 제 마음을 받아들일 수밖에 없었다. 당시 그의 일기에서도 그 끌림의 흔적을 읽을 수 있다.

자기를 기만하는 자! 그이는! 가는 잎의 수선(水仙―김우진이 지어준 윤심덕의 아호이기도 함). 보랏빛의 작은 화판의 꽃, 연하고도 빳빳한 석죽화. 섬세하고도 미련한 꽃이 늘어져 피는 들판에서 그의 피로된 마음과 육체를 쉬어야한다. 그러나 상극의 두 요소를 가진 그이의 성격이 한 쪽의 추구는 험하고 깊은 심산유곡을 찾아간다. 항파(荒波)의 노도로 천지를 진동시키는 넓은 바다를 가고자 한다. 다만 그이의 운명은 그 중환자의 치명적 운명이다. 그렇잖으면 의지 있는 진리의 광산, 그것이다. ……(후략) 1924년 11월 22일)

-김우진, 서연호 엮음, 『김우진 전집』, 연극과인간, 2000

김우진보다 1년 앞선 1923년 5월 초, 윤심덕은 일본에서의 모든 일정을 마치고 금의환향했다. 당시 보기 드문 전문예술인으로서 조국에서 할 일이 많을 것 같았지만 실상은 그렇지도 못했다.

당시 조선은 서양음악의 개념조차 무지한 상태였으니 윤심덕이 소프라노로서 활동할 데라고는 고작 제 모교인 경성여자고등보통학교에서 시간제 강사로 와달라는 청탁뿐이었다. 그럼에도 그녀는 야심만만하게 본격적인 활동준비를 하며 귀국한지 얼마 지나지 않아, 평양 집을 떠나 경성에서 자취방을 얻어 새로운 시작을 했다. 그 직후, 이곳저곳 찾아다니면서 제 존재를 알린 결과 1923년 6월 26일 밤 8시, 종로 YMCA회관에서 정식으로 악단에 데뷔하게 되었다. 동아부인상회 창립 3주년 기념음악회에 초청가수로 대중 앞에 선 것이다. 전문성을 갖춘, 명실상부한 조선 최초의 소프라노로서의 정식 데뷔 무대였다. 이에 대한 전후사정은 당시 일간지에 다음과 같이 상세히 보도되었다.

3주년을 영(迎)하는 동아부인상회의 기념적 대 음악회.

시내 종로 이정목에 있는 동아부인상회는 조선에서 처음 시험으로 여자의 자력과 노력을 가지고 운영하는 상회인데 그 사업이 순조로이 발전되어 오는 이십육 일 오후 여덟 시 시내 종로중앙청년회관에서 음악 무도(舞蹈)대회를 개최한다는데, 그 음악 무도대회에 출연할 음악가들은 금년 봄에 동경음악학교 성악과를 우등의 성적으로 졸업한 후 경성의 악단에는 아직 한번도 나오지 아니한 윤심덕 양의 천재가 풍부한 독창을 위시하여 '콕'양의 독창과 기타 서양 사람들의 연주며 러시아의 유명한 무도 등인데 출연자는 모두 당시 일류로 내용이 모두 충실하다 하여, 입장료는 남자는 보통 이 원이고 여자와 학생은 일 원이라 하며 그 입장권은 오는 이십육 일 오후 여섯 시까지 동아부인상회에 가서 물건 오 원어치 사는 이에게는 이 원권 한 장을 무료로 주고 삼 원어치를 사는 이에게는 일 원권 한 장을 무료로 준다 한다.

-≪동아일보≫ 1923년 6월 25일자 기사면 발췌

사실 윤심덕은 수년 전 동우회 전국순회공연에서부터 대중에 얼굴이 알려졌고, 능력도 인정받았기에 성공적인 데뷔무대는 당연한 것이었다. 첫 무대에서부터 강렬한 이미지로 자신의 이름을 각인시키는 데 성공한 그녀는 나흘 후에 여성청년회 주최로 열린 무대에 다시 섰다. 그녀는 자신을 필요로 하는 무대면 어디든 섰다. 그 무대가 그녀만의 독창회는 아니었지만 무대에 섬으로서 소프라노로서 활동을 하고 사람들에게 각인된다는 데에 큰 의미를 두었다. 그녀는 차츰 경성악단의 신데렐라로 발돋움했다. 당시 조선의 소프라노로서 유일한 기성 가수로 활동하던 임배세는 윤심덕의 등장으로 인기가 급격하게 하락했다. 귀국한 지 몇 달도 채 지나지 않아 바야흐로 윤심덕의 시대가 열린 것이다. 윤심덕은 경성뿐 아니라, 조선 최고의 소프라노 가수로 군림하게 된 것이었다.

윤심덕의 인기는 나날이 드높아갔다. 그야말로 문화 예술계의 블루칩이 되었던 것. 경성에서 이름이 알려지자, 고향인 평양의 여성단체들이 앞 다투어 그녀를 초청했고 여러 문화예술단체에서도 초청했다. 그녀는 한동안 오늘은 경성, 내일은 평양, 모레는 전주, 하는 식으로 바쁜 공연일정에 쫓겼다. 이 시기의 전국 주요음악회 초청가수 명단에서는 그녀의 이름이 거의 빠지지 않을 정도였다. 가히 당시 음악계에서는 윤심덕의 독무대라고 해도 과언이 아니었다.

당시 언론매체도 윤심덕에게 최고의 찬사를 아끼지 않았다. ≪동아일보≫를 살펴보면 다음과 같은 윤심덕의 공연에 대한 평이 실려 있다.

밤 지난 해당(海棠)의 붉은 화관이 아침 이슬에 젖은 듯한 오렌지 빛 작은 입술로 옥반(玉盤)에 구르는 구슬소리와 같이 곧고도 청아한 멜로디를 올리어 반도 악단의 한없는 총애를 한 몸에 받고 있다.

가히 최고의 찬사가 아니겠는가.

윤심덕은 일본인들에게 핍박받는 조선인들을 볼 때마다 음악을 통해서 상처입은 민족을 위로해야 한다는 생각을 늘 하고 있었다. 그래서 돈이 전혀 생기지 않는 각급 학교 음악회에도 열성적으로 출연했다. 아이들과 여성들의 개화가 시급하다고 생각했기 때문이었다.

1924년은 조선에 극심한 가뭄이 들었던 해였다. 전국 각지에서 범국민적인 가뭄극복 운동이 일어났다. 윤심덕 또한 기근극복운동에 성악가로서 적극적으로 참여했고, 자선음악회에도 열심히 참여했다.

그러나 이렇게 몸은 바빴지만, 그녀의 얼굴과 이름이 알려지면 알려질수록 그녀는 자신이 하고 있는 일에 회의와 실망감이 들었다. 조선 땅에서 순수음악을 한다는 것 자체가 무리이고, 허무맹랑한 모험이라는 걸 차츰 깨달았다. 언젠가부터 그녀의 노래도 슬퍼졌다. 초창기에는 '캔터키 옛집'처럼 밝고 경쾌한 노래를 많이 불렀으나 차츰 쓸쓸한 비가 류의 레퍼토리를 선택하곤 했다. 사람들은 그녀의 변화에 의아해했다. 누군가는 악평을 쏟아냈다.

그녀의 변화에는 이유가 있었다. 사실 그녀는 호흡이 길고 성량과 표정이 풍부하여 오페라의 프리마돈나에 적합했다. 하지만 당시 조선에서 '오페라'라 함은 그저 들도 보도 못한 먼 나라 귀족들의 이야기에 불과했다. 청중이 그녀에게 듣고 싶어 했던 것도 민요나 창가였다. 사정이 이러했으므로 무대에서 윤심덕은 항상 제가 부르고 싶은 곡을 부르지 못하고 청중의 수준에 맞춰 수준 낮은 노래나 불려야 했으니 제 자신이 얼마나 한심하고 답답했을까? 뿐만 아니라, 조선의 여인답지 않게 지나치게 능수능란하고 명랑한 태도와 밝은 표정도 청중들의 눈총을 샀다. 비가를 실실 웃으며 부른 탓에 청중을 깔본다며 '태도논란'의 비난에 휘말리기도 했다. 실제로 나혜석은 윤심덕의 공연을 보고 와서 노래를 부르는 그녀의 태도가 매우 성의 없고 표정과 제스처가 과장적이며 너무 껍적댄다면서 강도 높은 혹평을 신문에 실었다.

당시 가수에게도 배우와 같은 풍부한 표정과 연기력이 필요하다는 그녀의 생각을 이해하는 이가 있을 리 만무했다.

그녀는 차츰 성악에 대한 진심과 열의를 잃어갔다. 제 능력이 그 따위로 소모됨에 회의와 환멸을 느꼈던 것이다. 그녀는 어떻게든지 기회만 닿으면 이태리로 가서 공부를 해 오페라 무대에 서보고 싶었다. 그게 그녀의 꿈이자 최종 목표였다.

아이러니컬하게도, 활발하게 활동을 했지만 윤심덕은 경제적으로 일본에서보다 더 어려워졌다. 갈수록 더 쪼들리는 신세가 되었다. 그도 그럴 것이 일련의 가수활동이 수입으로 이어지지 않았다. 명성은 하늘을 찌를 듯 드높았지만 출연료라고 해봐야 가마비를 비롯한 이동비와 화장품 비용도 채 되지 않았다. 그 시절, 무슨무슨 초청음악회의 출연료는 전차 토큰 값밖에 안되었다. 그래도 명색이 윤심덕인데, 아무 옷이나 걸치고 다닐 수도 없잖은가. 옷값 등 품위유지비, 하숙비 등등은 모교 강사료와 경성방송국 출연료로 간신히 버텼다.

이런 사정을 잘 모르는 가족들은 그녀가 떼돈이나 버는 줄로 착각을 해, 매달 적잖은 생활비를 요구했고, 1924년 봄에는 그녀 하나만을 믿고 식솔들이 평양에서 경성으로 아예 이사를 와버렸다. 기대가 컸던 자식이라 부모가 요구하는 것도 많았다.

윤심덕은 가장이었다. 결혼한 언니를 제외한, 부모와 동생들의 생계와 학비가 모두 윤심덕의 몫이었다. 귀국 직후에는 자신만만했다. 이제부터 세상은 나의 것이라며 큰소리쳤다. 하지만 현실은 너무나 달랐다. 서양음악에 대한 무지와 남성 중심사회, 게다가 식민지 조선의 낙후된 예술인에 대한 인식에서 그녀는 좌절할 수밖에 없었다.

그토록 당당하고 담대했던 윤심덕을 서서히 좌초시킨 또 다른 원인, 당시 사람들이 그녀를 대했던 태도였다. 그건 요즘 한창 주목받는 인기 연예인을 대하는 태도와 별반 다를 것이 없었다. 일거수일투족을 감시당하는 듯했다. 언론은 조그마한 빌미만 주어져도 온갖 추측성 기사를 쏟아냈으며, 금테 안경에 화려한 옷만 입고 다녀도 사람들의 입방아에 오르내렸다.

윤심덕을 가장 힘들게 했던 것은 뭐니 뭐니 해도 불확실한 미래에 대한 불안감이었다. 성악가로서의 미래가 불투명했다. 자신이 아무리 노력한들 그건 나아질 것 같지 않았다. 게다가 혼인할 나이가 한창이나 지난 탓에 부모한테서 결혼에 대한 압력을 받고 있었다. 이렇게 생활고와 각종 스트레스가 그녀의 목을 시시각각 조여 내면적으로 지쳐갔음에도 불구하고 굴하지 않고 사방팔방으로 뛰어다니며 자신에게 허락된 무대라면 어디든 기꺼이 서서 노래를 불렀다. 조선 최초의 슈퍼스타 윤심덕은 그렇게 자신을 갉아먹으며 소모되고 있었다.

어쩌면 윤심덕에게 사랑은 최후의 안식처이자 도피처였는지도 모른다. 이 시기에 윤심덕을 심적으로 북돋아주고 지탱하게 해준 것은 역시 연인 김우진이었다. 그녀는 뭇 남성들의 호기심과 동경의 대상이 되었고, 혼담이 오가는 사람들도 몇 있었지만 그래도 그녀의 마음속에 굳건히 자리 잡은 것은 김우진 한 사람 뿐이었다. 자신이 힘들면 힘들수록 김우진에 의지했다. 그를 만난다는 것은 제 삶에 유일한 위로였고, 희망이었으며 생기였다.

일본에서 귀국한 김우진은 앞서 말한 대로 목포에 머물고 있었다. 그 역시 고뇌의 시간을 보내고 있었다. 또한 외부와 단절된 생활을 하고 있었으므로 가까이 있는 사람들 중에 그래도 커뮤니케이션이 통하는 사람은 윤심덕뿐이었고, 그리하여 윤심덕에 기대는 부분이 전보다 훨씬 커졌다. 윤심덕은 스스로 지쳐갈 때마다 목포행 밤기차를 탔다. 당시 경성에서 목포까지 기차로 13시간 이상을 꼬박 달려야 했으므로, 전날 오후쯤에 출발해 다음 날 새벽쯤 목포역에 도착하면 김우진이 마중을 나와 있곤 했다. 그러면 역 근처 국밥집이나 유서 깊은 전통음식점으로 자리를 옮겨서 이야기를 나누는 식이었다. 1924년 가을부터 윤심덕은 목포에 자주 내려갔다. 또 김우진도 종종 경성 나들이를 하곤 하면서 윤심덕을 만났다.

그때 즈음 윤심덕은 성악가로서의 제 삶에 환멸을 느끼고, 음악회 출연을 가급적 자제하던 중이었다. 김우진과 윤심덕. 자신이 집필한 희곡을 무대에 올릴 기회조차 없고, 자신이 부르고 싶은 노래를 부르지 못한 채 저질 유행가만 부르는 그 비루한 현실에 얼마나 절망하고 답답했을까? 어떤 거대한 힘이 제 목을 서서히 조르며 질식시키는 듯한 느낌이었을 것이다. 일본에서 귀국한 지 일 년여의 시간이 지났지만, 제 욕망을 채워줄 수 없는 새장 안의 새 같은 음악활동과 가장으로서의 삶은 짐스러운 것이었고, 환멸과 좌절만 남았다.

두 사람이 마음을 나누고 의지할 곳이라고는 서로 뿐이었다. 그래서 그들은 만날 때마다 감격에 겨워했다. 지나칠 만큼 과묵한 남자 김우진은 주로 윤심덕의 푸념을 잘 들어주었다. 그는 술에 거나하게 취해야 속말을 꺼내는 스타일이었다고 한다. 같은 예술가로서 함께 어둠의 터널을 건너고 있었기에 두 사람은 서로의 고초에 깊이 공감할 수 있었다. 김우진은 상황을 예리하게 분석해서 뼈 있는, 최선의 조언을 아끼지 않았다. 애정 어린 독설이었다. 제아무리 감정적인 윤심덕이라 할지라도 그의 날카로운 분석과 지적에 때로 상처받고 아프기도 했지만, 그가 그런 거라면 그런 거겠지, 하며 그의 가르침에 순응했다.

어느새 김우진이란 남자는 그녀에게 종교 같은 것이 되어 있었다. 어떤 말을 한들 명쾌하고 바른 판단으로 들렸다. 뼈 있는 말도 애정과 관심 어린 독설이었기에 그녀는 방어할 수 없었다.

그런데 윤심덕은 김우진에게 자신의 경제적 어려움에 대해서만큼은 단한 마디도 꺼내지 않았다. 말할 수 없었다. 그 점에 대해서는 선을 분명히 지키고 싶었던 것이리라. 최후의 자존심이라 해도 좋고, 정신적 안식처인 제 사랑에 대한 예의라 말해도 좋았다.

물론 촉이 예민한 김우진이 이를 눈치 못 챌 리 없었다. 그는 가끔 윤심덕의 자존심을 건드리지 않는 방법으로 도움이 될 만큼의 돈을 송금해주기도 했다.

밤늦게까지 함께 술을 마신 두 사람은 김우진의 집으로 갔다. 호랑이 같은 부친의 눈을 피해 윤심덕은 며칠 동안 제수의 방이나 식구들의 눈을 피해 김우진의 부하직원의 집에 묵었다가 경성으로 다시 올라가곤 했다. 이런 사실을 김우진의 아내는 몰랐을까? 물론 그럴 리가 없었다. 제아무리 아흔 아홉 칸 대저택이라고 하지만 며칠을 묵는데 눈에 안 띄기란 불가능한 일이었다. 그녀는 남편의 여자친구에게 호의적이었고 예의를 깍듯이 지켰다. 김우진이 갈구했던, 자신에게 부족한 무언가를 윤심덕이 채워준다는 걸 여자의 직감으로 깨달았던 것일지도 모른다.

그래서 되레 두 사람이 죄책감을 느낄 정도였다. 윤심덕은 그가 설사 자신의 세상 모든 것이고, 죽을 만큼 사랑한다 한들 그의 가정이 파괴되는 걸 원치 않았다. 그것만은 지켜주고 싶었다. 윤심덕은 미안할수록 그의 아내와 아이한테 활달하고 친근하게 대했다.

당대 남자들과는 달리 엄격한 도덕률을 가진 김우진 역시 이로 말미암아 죄의식에서 자유롭지 못했다. 윤심덕의 존재에 대해 처자(妻子)한테 미안함을 항상 갖고 있었다.

윤심덕은 김우진을 만나고 돌아갈 때마다 용기를 얻었다. 하지만 막상 경성역에 내려서면 그 용기는 파도에 씻긴 모래성처럼 온데간데없이 허물어져 버렸다. 자신을 둘러싸고 있는 모든 환경이 궁핍하고 어지러웠다.

한편 윤심덕의 나이도 이십대 중반을 넘어서 후반으로 접어들었다. 당시에는 조혼이 성하던 시절이었으므로, 여인의 나이 서른이 가깝도록 혼인을 못한 걸 큰 흠으로 치부하던 때였다. 윤심덕의 부모는 당연히 마음이 급할 수밖에 없었고 들어오는 혼담마다 거절하는 딸을 채근하기에 이르렀다. 교제기간이 길어짐에 따라 윤심덕으로서는 김우진의 존재에 대해 더 이상 함구하고 있을 수만도 없었다. 그녀의 부모는 김우진을 결사반대했다. 바르고 똑똑해 기대를 저버리지 않던 딸의 애인이 처자가 있는 몸이고, 고작 첩실로 들어갈 형편이라니…….

그녀의 부모는 아연실색해 며칠을 식음을 전폐하고 몸져누웠다. 그렇다고 가만히 앉아 불구경할 수만도 없는 일이었다. 여기저기 물색해 딸의 수준에 맞는 혼처를 찾았다. 그러나 윤심덕의 마음에는 오로지 김우진 한 사람뿐이었다. 그가 아니면 아무 의미도, 아무 관심도 없었다. 부모의 온갖 압박과 강권에도 흔들리지 않았다.

하지만 그녀도 시간이 지날수록 불안했다. 벌써 제 나이가 스물여덟 살이었고, 성악가로서 대성할 가능성도 보이지 않았으며 목포에 눌러앉아 꼼짝 않는 김우진과의 지지부진한 관계도 그렇고, 모든 게 엉망진창이었으며 따라서 그녀도 매일 매일이 불안하고 초조했다. 마침 그때 평양의 일가친척을 통해 일본유학파에 집안 좋은 호남형 청년과의 혼담이 오갔다. 게다가 그는 윤심덕을 평소 흠모해온 청년이었으니 윤심덕이 결정만 내리면 혼인은 일사천리로 진행될 것이었다. 윤심덕은 그와 몇 번 만났고, 곧 경성 장안에는 윤심덕이 아무개와 결혼한다는 소문이 파다하게 퍼졌다.

그러나 이 혼담은 얼마 가지 못하고 결국 깨졌다. 훼방꾼은 김우진이었다. 아무리 천 리 길 먼 곳에 있어도 귀 하나쯤은 열어두고 윤심덕에 얽힌 이야기를 놓치지 않았던 김우진이 그녀가 다른 남자와 혼담이 오간다는 이야기를 전해 듣자, 초조하고 불안해 못 견뎌 했다. 며칠 후 그는 경성에 올라와 윤심덕을 만나 며칠을 함께 보냈다. 사랑을 확인하는 자리였다. 윤심덕은 매우 기뻤다. 몇 년을 만났지만 좀체 마음을 알 수 없었던 그의 마음을 확인했으므로. 혼자 하는 외롭고 고독한 짝사랑이 아니라 마주보면서 하게 되었으므로 그에게 감사했다. 이때 두 사람의 동거설이 장안에 퍼졌다. 그러나 그건 사실이 아니었다.

결혼에 대한 부모의 압력은 이후에도 계속 돼 결국 집을 가출해 그녀는 하숙을 했다. 그럼에도 그녀는 여전히 가장이었고, 식솔들을 보살펴야 했다. 그즈음 그녀는 여지가 전혀 보이지 않는 성악가로서의 활동을 줄이고, 조선 최초의 시험방송국으로 개국한 J.O.D.K(경성방송국호출부호, 1926년 2월 16일 일제가 식민지 유화정책을 위해 이미 일본 도쿄(JOAK), 오사카(JOBK), 나고야(JOCK)에 이어 네 번째로 경성에 개국한 조선 최초의 라디오방송 호출부호)에 출연해 노래를 부르고 사회도 보았다. 당시 방송국이라고 말하기도 민망할 정도의 졸렬한 수준의 J.O.D.K가 시험방송전파수신이라는 이름하에 1924년 말경 시험방송을 시작했던 때였다. 그런데 방송에 나가면서 그녀는 자신이 원하는 것과는 다른 대중음악 위주로 노래를 불렀다. 방송국 측에서 청취자들의 구미에 맞게 그렇게 요구했다. 순수음악가였던 그녀로서는 맥 빠지는 일이었지만 그 요구를 거절할 수 없었다. 생계를 위해 어쩔 수 없는 타협이었다. 그녀의 이름은 삽시간에 알려졌고, 어느새 인기대중가수로 이름을 날리게 되었다. 이를 가장 못마땅하게 생각한 건 바로 연인 김우진이었다. 그녀의 친구들도 마찬가지였다. 네가 왜 기생이나 부르는 천한 노래를 하고 있느냐는 것이었다. 그들에게 그녀는 일시적인 아르바이트일 뿐이라고 항변했다. 그녀는 당시 이태리 유학을 준비하고 있었고 따라서 유학비용을 모아야 했다.

또한 윤심덕은 자신의 미래가 암담할 때마다 두 동생들한테서 희망과 위로를 얻었다. 이화여전에 재학 중인 성덕과 특히 연희전문 성악과에 재학 중인 남동생 기성이 자기 못지않게 재능을 가지고 있었기에 제 못 다한 한을 풀어줄 거라 생각했다. 어떻게든 뒷바라지를 잘해 자신이 못다 이룬 꿈을 그들을 통해 이루고 싶었다. 생활력이 강했던 윤심덕은 도덕적으로 지탄을 받을 일이 아닌 한, 제가 할 수 있는 일은 다했다.

그녀가 방송을 통해 대중가수로서 인기를 얻자, 레코드 회사들에서 취입 요청이 쇄도했다. 그녀는 자신에게 곡 선택권이 있을 때에만 취입에 응했다. 아무리 돈이 필요해도 일본의 노래 따위를 부를 수 없다고 생각했기 때문이다. 당시 방송출연료와 레코드 취입료라 해봤자, 다섯 식구가 먹고 살기도 빠듯할 형편이었다. 그러므로 윤심덕이 느끼는 가족의 생계와 동생들의 학비에 대한 책임감은 그녀의 어깨를 짓누르는 무거운 것이었다.

이즈음, 그렇잖아도 잦은 구설수에 휘말리는 윤심덕을 아주 구렁텅이에 내던져버리는 일 하나가 터졌다. 바로 막냇동생 윤기성이 미국의 한 대학에 장학생으로 선발되어 가게 된 것. 윤심덕은 너무나 기뻤다. 하지만 여기에는 문제가 하나 있었다. 장학생이었으므로 학비와 숙식 걱정은 없었지만 미국에 도착하기까지 두 달 동안의 배 삯과 여비 등 총 6백여 원의 돈을 준비해야 했다. 당시에는 꽤 큰돈이었고, 경제적으로 어려움을 겪고 있었던 윤심덕이 준비하기에는 만만치 않은 액수였다. 천하의 윤심덕이 동생을 유학 보낼 여비를 걱정한다는 소문이 경성 장안에 퍼지자 돈 꽤나 있는 남자들한테서 만나자는 요청이 쇄도했다. 요즘 말로 하면, 바로 연예인 스폰서 제의였다. 대부분 당대 최고의 스타 윤심덕의 손 한번 잡아보고 싶고, 더 나아가 품안에 한번 안아 보고픈 아버지뻘 남자들이었다.

그때까지 윤심덕은 뭇 남성들의 동경과 선망의 대상이었다. 주위에는 항상 그녀의 눈에 들고자 하는 남자들로 북적거렸다. 소위 지색(知色)을 겸비한, 인텔리 신여성을 바라보는 남자들의 호기심어린 시선이었다. 더군다나 의례적으로 누구에게나 싹싹하고 친절했던, 유명 애니메이션 주인공인 씩씩한 '캔디'처럼 밝고 쿨하고, 활달한 성격은 종종 남자들에게 착각과 오해를 불러일으키기도 했다. 때문에 어제는 이 소문이, 오늘은 저 소문이, 갈수록 온갖 망측한 소문만 장안에 무성했다.

여성 예술가를 예술가로서 아끼고 사랑하는 풍조가 아예 없었던 그 시대의 남자들은 윤심덕을 마치 쇼윈도에 전시된 인형처럼 어떻게 하면 손에 넣을까, 궁리하는 데에만 혈안이 되어있었다.

그러던 어느 날, 꽤 설득력 있고 목격자도 있는 스캔들 하나가 기어코 터졌다. 바로 경성 장안의 갑부 이용문과의 스캔들이었다.

이 스캔들에 대해 알려진 바에 의하면, 장안의 갑부로 소문이 자자했던 낙산 아래 이용문은 일체의 어떠한 조건도 없이 동생 기성의 유학여비를 대주겠다면서 만날 날짜까지 정해 자신의 비서를 윤심덕에게 보냈다는 것이다. 이용문은 당시 독지가로 활동한 것은 아니었지만 젊은 미학도 김은호를 비롯하여 기회가 닿을 때마다 유망한 청년들의 유학자금을 대주어 일본에 유학을 보내고 있었다.

그런 이유로 윤심덕 또한 평소 이용문의 성품과 장학 사업에 대해 입소문을 통해서 종종 들어 알고 있었기에 그의 제의를 심각하게 생각하지 않았다. 동생 기성의 능력을 인정한다는 걸로 생각했다. 게다가 당시로서는 별 뾰족한 방법도 없었다. 그녀는 내심 김우진이 목에 박힌 가시처럼 걸렸지만, 자기만 떳떳하면 된다고 생각했다. 결국 그녀는 이용문의 돈을 받기로 하고서 약속일자와 시간에 맞춰 그의 집을 홀로 찾았다. 두 사람 모두 경성에서 내로라하는 유명 인사였기에 초면도 아니었다.

그로부터 며칠 뒤, 이용문의 측근은 윤심덕이 방문한 날에 이용문의 수표장에서 육백 원의 은행 절수가 뜯겨져 있었다는 사실을 공공연하게 말하고 다녔다. 그러나 그 육백 원의 수표를 윤심덕이 가져갔는지, 그녀와는 상관없이 다른 용도로 쓰였는지는 확인할 길이 없어서 온갖 추측만 난무할 지경이었다. 다만, 얼마 뒤 윤기성은 예정대로 미국유학을 떠났다.

윤심덕은 그 일로 상상도 못했을 엄청난 구설수에 휘말렸다. 자신이 그때껏 일궈놓은 모든 명성과 기반이 뿌리째 흔들렸다. 사람들은 그녀가 돈 육백 원에 이용문한테 자신을 모두 내어준 것처럼 멋대로 추측했고, 온갖 욕설과 손가락질을 퍼부었다. 사실을 먼저 확인하고 나서 기사를 써야 할 언론은 언론대로 갖은 추측성 기사를 남발해 윤심덕을 더 곤혹스럽게 했다.

다음은 당시 이 스캔들을 다룬 ≪동아일보≫ 기사다.

(상략) 하여간 윤양이 혼자서 이용문 씨 집을 한번 다녀온 이후부터는 그의 일 동일정이 전보다 훨씬 달라졌던 것도 사실이라 합니다. 그때 세상에서는 윤양이 시내모처에서 이용문 씨와 살림을 하느니 어쩌느니 하고 소문이 낭자하였지마는 이것도 양편에서 절대 비밀에 부치려 하는 일이라 오직 일반의 상상에 맡기고 구 태여 말하고 싶지 않습니다만 윤양이 자기 일신의 안락을 위하거나 또는 허영에 눈이 어두워 이용문 씨를 가깝게 사귄 것은 아니요. 오직 하나 되는 자기의 오라 비를 미국에 유학 보내려는 일단 정성으로 이씨와 가깝게 지냈다는 것은 의심의 여지가 없을 줄 압니다.

-≪동아일보≫, 1925년 8월 5일 기사

생뚱맞게도 위 기사는 이용문과 윤심덕이 만난 지 9개월여가 지나고 나 서 나온 기사였다. 제대로 뒷북 친 격이었다. 그러니까 9개월여가 지나도록 두 사람의 스캔들은 계속해서 사람들의 입방아에 오르내렸던 것이다.

또, 1926년 8월 4일, 윤심덕이 김우진과 함께 대한해협 격랑 속으로 사 라지고 나서도 이용문과의 스캔들은 계속 언론에서 심심풀이처럼 반복해 서 보도되곤 했다. 다음은 윤심덕의 사망 직후, 세안의 관심이 뜨거워져서 다시 사람들의 입에 바삐 오르내리자 당시 유명월간지 『신민』이 중요기사 로 보도한 기사다.

(상략) 그 당시에 이모(李某: 이용문·이하동일)가 얼마만큼이나 경제적으로 윤 양을 도와주었는지는 모르는 바이나 이모도 그의 황금의 감채로써 윤을 유혹하

였던 것이오. 윤도 또한 어떠한 정책으로 그의 황금을 탐하여 몸을 허락한 것도 또한 사실이니 그동안에 윤이 경성에 두 채나 집을 사고 그의 아우를 미국으로 유학을 보내고 또 그의 몸에 고가(高價)한 의복이 걸친 것은 무엇보다도 웅변으로 그간의 소식을 말하는 것일 것이다.

윤은 냉리(冷悧)한 사람이다. 남자 이상의 명철한 두뇌의 소유자이니 남에게 속는 일은 절대로 없었을 것이다. 그리고 적어도 그는 자기에게 손해가 나는 일이면 결코 아니하는 사람이다. 그런 까닭에 부호 이모의 첩 노릇을 하는 일이 그리 좋은 일이 못 되는 것과 같이 자기 일생에도 큰 관계가 있을 것은 누구보다 더 잘 알았을 것이다. 그러나 그는 평양 사람이다. 평양 여성의 공통되는 일종의 미덕을 갖추고 있었으니 그것은 자기의 일평생을 그르치더라도 그 대사에 그 가족이나 안일하면 족하다는 그릇된 희생심에서 그의 과거의 영예를 헌신같이 버리고 또 그의 구만리 길은 전도를 망쳐 가면서도 기꺼이 이모의 품에 안기게 된 것이니 이 일종의 기생심리로 인하여 그 평생에 일대 오점을 남기게 된 것은 또 숨길 수 없는 사실이다. 과연 윤이 이모의 첩이 되었다는 소문이 한번 퍼지자, 윤에게 대하여 어지간히 많은 촉망과 기대를 가지고 있었던 관계이지마는 사회 일반에서는 혹독한 비난과 매도를 가하였다.

'그래. 일본까지 가서 공부하고 오더니 끝끝내 남의 첩이 되구말아!'

'그 말괄량이가 황금의 세력에 눌리었지 무어야. 저는 별 수 있나!'

이와 같이 가지각색의 냉소와 비난의 소리가 전 사회에 팽일 하였었다. 그러나 남보다 갑절이나 뱃가죽이 두꺼운, 그에게는 마이동풍과 같았다. 그 후의 그는 악단과 사회(경성방송 사회)를 모두 등지고 세상을 숨어 살다가 모든 것이 뜻과 같이 되지 않는 까닭에 일시 잠겨 있던 이모의 가슴을 박차고 다시는 조선 땅을 밟지 않겠다는 결심으로 몇몇 우인(友人)의 쓸쓸한 전송리에 가만히 정든 경성을 떠나 찬바람 불고 눈보라치는 만 리 이역 하르빈으로 떠나갔던 것이다.

-『신민』, 1926년 9월호

예나 지금이나 미디어의 속성이라는 게 이토록 잔혹하다. 위 기사는 전형적인 추측성 기사였다. 이용문과 윤심덕은 윤기성의 유학비용 때문에 딱 한 번 만났던 것으로 판단된다. 그럼에도 마치 윤심덕이 이용문의 첩이었던 것처럼 표현하는 것은 우월함을 보이는 신여성들을 어떻게든 깎아내려 사회에서 매장하고자 하는 당시 남성중심사회의 전형적인 성(sex)이데올로기이며, 망신주기이고, 더불어 성숙하지 못했던 대중사회의 증명인 것이다. 당시 윤심덕의 마음속에서 굳건히 자리했던 것은 김우진뿐, 다른 누구도 아니었다.

결국 윤심덕은 이 치욕스러운 스캔들로 인해 그동안 어렵게 쌓아올린 모든 것을 잃게 되었다. 남은 것이라고는 욕설과 돌팔매질, 불신뿐이었다. 외출조차 맘대로 할 수 없게 되었다. 갈수록 우울감과 좌절도 심해졌다. 더 이상 경성에 머물 수가 없었다. 해서 그녀는 하얼빈으로 비상 탈출을 결심하게 된 것이다. 하얼빈에는 그녀가 어린 시절부터 부모님처럼 따르던 남산현교회의 전 목사인 배형식 목사가 있었다.

한편, 이 스캔들로 가장 충격을 받은 것은 단연코 김우진이었다. 그가 아무리 진보적 성향이 강한 인물이라 하더라도, 조선여성의 케케묵은 정조관념에 대해 맹렬히 비난했던 자라 할지라도 연인 윤심덕이 자기 이외의 다른 남자와의 스캔들로 사람들의 입에 오르내리며 이름을 더럽히는 것을 이해하기는 불가능했을 것이다. 그것도 돈 몇 푼 때문에.

김우진은 윤심덕에 대한 실망이 대단했다. 화가 났다. 차라리 자기한테 돈 이야기를 했더라면 상황이 이렇게 흘러가진 않았을 것을, 나는 대체 그녀에게 어떤 존재인가, 하는 생각에 윤심덕이 참을 수 없이 원망스럽고도 허탈했다. 윤심덕에 대하여 많이 안다고 생각했지만, 전혀 다른 사람 같았다.

김우진은 철저한 무신론자였고, 또한 어려서 모친을 잃고 정에 굶주린 사람이었기에 언제부터인가 그는 내면의 공허를 여성을 통해 위로받고 싶어했다. 일본인 간호사 후미코가 그랬고, 윤심덕과 동반자살을 결행한 것도 그런 점을 증명한다. 겉으로는 마르크스주의와 이성적 사고로 철저하게 무장을 한 듯 보이지만, 사실 그가 내면에 신봉하고 있던 것은 낭만주의였다. 이것은 그가 정신적으로 많은 영향을 받았던 베르그송의 생명철학, 혹은 표현주의와도 통하는 것이다.

다섯 번이나 결혼한 자기 아버지를 부도덕하다고 혐오하고 경멸했지만 결과적으로는 자기도 같은 오류와 부정을 저지르는 것에 자괴감이 들었고 자가당착에 고통스러워했다. 그럼에도 불구하고 윤심덕을 제 마음 속에서 밀어낼 수는 없었다.

김우진은 윤심덕이 하얼빈으로 떠나기 전, 얼굴을 마주했다. 물론 연인으로서 책망도 되었지만, 그보다는 그녀의 추락과 좌절이 같은 처지로서 공감되어 안타까워하는 마음이 더 컸다. 그는 그녀에게 얼마간의 여비를 손에 쥐어주면서 당분간 경성을 떠나있는 게 좋겠다고 조언했다. 그녀는 며칠 후, 하얼빈으로 떠났다. 때는 1924년의 연말이 가까워진 무렵이었고, 그녀는 모진 추위와 바람뿐인 하얼빈에서 한겨울을 보냈다. 배형식 목사 부부의 살뜰한 보살핌 속에서 처음에는 이태리 유학을 목표로 이태리어도 배우려 다녔지만 그것도 잠시 뿐이었다. 그녀는 내면의 깊은 자상으로 인해 이미 만신창이가 된 후였고, 우울증과 고독으로 밤마다 독한 술에 절어 있었다. 이역만리 춥고 건조한 하얼빈, 즉 만주벌판의 기후 탓도 있겠지만 마음을 나눌만한, 우울을 털어주고 위로해줄만한 이 하나 없이 그녀는 그렇게 심신이 지쳐갔다. 가족과 김우진이 있는 조선으로 어서 돌아가고 싶은 생각이 간절했으나, 그럴 용기가 나지 않았다. 그토록 승승장구했던 조선 최초의 소프라노 윤심덕의 꿈은 '전근대적인 사회 속 여성'이라는 암초를 만나 좌초되고 말았다. 일본에서 귀국한 지 불과 2년도 채 되지 않아서.

윤심덕이 하얼빈으로 도피하자, 당시 유명 월간지 『개벽』은 다음과 같이 그녀를 조소하는 글을 실었다.

경성 여류음악가로 갈채를 받던 윤심덕은 근래 낙산 부호 이용문의 애첩이 되어 (중략) 이용문이 기첩을 데리고 수렵을 떠나자 윤심덕은 약간의 금전을 얻어 가지고 하얼빈(교회)으로 뺑소니 쳤단다. (중략) 하여간 예술에는 국경이 없다더니 윤심덕은 금전 앞에선 처첩의 구별이 없는 모양이다. 예술가인지 예술가(穢術嫁·더러운 술수로 시집가다는 뜻) 인지.

-월간지 『개벽』, 1925년 2월호

윤심덕이 도피 생활을 끝내고 조선으로 돌아온 것은 그로부터 반년여가 훨씬 지난 1925년 6월 말경이었다. 형부의 부음을 전하는 동생 성덕의 화급한 전보를 받은 직후였다.

### ::: 질기고 질긴 패랭이꽃처럼

그 시간은 김우진한테도 마찬가지로 좌절과 절망의 시간이었다. 김성규가(家)의 장남과 상성합명회사의 총책임자로서, 그리고 가족을 거느린 가장으로서의 생활은 그에게 짐스럽고, 환멸과 실망, 회한만이 가득한 것이었다.

자기가 있어야 할 곳은 서재와 무대였으나 그럴 수 없음에 매우 절망했다.

가장 큰 좌절의 원인은, 극작품을 썼지만 그것을 무대에 올릴 기회가 없다는 점이었다.

그는 그 누구보다도 해박한 식견과 아무도 생각하지 못한 선구자적 비평으로 당시 문단과 연극계에 뛰어난 이론을 제시한 평론가였으며, 단군 이래 역사상 최초로 신극운동을 일으킨 연극운동가였다. 하지만 당대 일반 대중들은 물론이고, 문화예술계에 있는 사람들조차 그의 진가를 너무 알지 못했다.

일본식 저질 신파극에만 열렬히 환호했던 당시 극장관계자들과 관객들은 김우진식 리얼리즘과 표현주의 연극에 눈길조차 주지 않고 외면했다. 극작가에게 이보다 더 슬프고 쓸쓸한 일이 있을까? 불면의 밤을 보내며 썼던 작품들은 그의 살아생전 단 한 번도 무대 위에 오르지 못했다.

김우진은 1925~1926년을 전후로 희곡과 평론을 주로 집필했다. 그는 일제의 핍박에서 벗어나려면 민중의식이 먼저 깨여야 하고, 종합예술인 연극이 중요한 역할을 할 수 있으리라 생각했다. 우리 연극이 제대로 발전하기 위해서는 서구의 근대 극운동과 그 범주에 속하는 서구 신진 극작가들의 철저한 작품 분석이 먼저 바탕이 되어야 함을 강조했다. 그래서 그는 서구의 극작가들의 작품을 우회적으로 설명하는 연극평론을 많이 남기기도 했다. 즉 우리 연극이 타산지석으로 삼아야 할 프랑스의 자유극장운동이라든가, 신예 극작가들의 작품 분석을 통해 발전의 비전을 제시하는 게 목적이었다.

무엇보다 그는 이 시기에 뛰어난 평론들을 많이 남겼는데, 그 중 「자유극장 이야기」, 「구미현대극작가론」, 「소위 근대극에 대하여」 등은 당시에 쓰인 논문이라 믿기지 않을 만큼 탁월한 논문들이다.

"나는 밥 먹는 나라가 싫다. 빵 먹는 나라에서 살고 싶다."

라고 말할 만큼 서구사회를 동경했고, 특히 프랑스식 자유극장운동을 우리나라에도 도입하고자 했다.

> (상략) (서양의 대표적인 신예작가) 이것을 소개로 하려는 것이나, 단순한 번역은 아니외다. 내 힘껏 충실하게 하기는 물론이거니와, 무엇보다도 시대적 의의와 역사적 과정으로의 의의에 힘써 보려 합니다.
>
> -김우진, 「구미현대극작가론」, ≪시대일보≫, 1926년, 1월~6월말까지 연재

위 논문은 김우진이 서양의 대표적인 신예작가들의 작품세계의 소개를 통해 조선의 잠자는 연극계를 자극해보려는 의도가 담긴 것으로 해석된다. 19세기 후반, 프랑스의 안뜨완느가 전개했던 '자유극장운동'을 자세하게 소개함으로서 조선에서도 그와 비슷한 연극운동이 일어나기를, 혁명적 부흥의 바람이 불기를 기대하고, 이를 이끌어보고자 했다.

김우진이 위 평론에서 소개한 유럽의 극작가는 총 4인이었다. 미국의 극작가 유진 오닐, 영국의 극작가 A. A 밀른, 체코의 극작가 채펙, 이태리의 루이지 필란델로였다. 이들의 공통점은 1860년대 이후에 출생한 3, 4대에 해당하는 신예극작가들이며 구미예술계에 신선한 새바람과 희곡의 열풍을 일으킨 것이다.

당시 김우진은 위 글의 서문에서도 그 자신이 직접 언급했다시피 단순한 번역이나 소개의 목적이 아니라, 시대적·역사적 의의로 잠자는 조선의 연극계를 깨워 새 생명의 바람을 일으켜 보고자 하는 다부진 각오가 있었다. 그가 직접 선별하고 직접 번역했으며, 각 작가들의 작품세계와 기법을 분석하고 논문을 써서 소개한 것은 후대에 이르러서도 대단한 공로로 인정받고 있다.

특히 각 작가들의 작품의 세계와 연출 기법 등까지 심층적으로 분석함은 당대를 크게 압도하는 작업이었다. 이는 그가 작품 분석능력과 영어실력이 그만큼 뛰어났기에 가능한 일이었다. 그는 연극을 통해 암울한 식민지 조선에서 희망을 구하고자 했다.

일체의 어떤 깨달음도 없이 그저 관객들의 말초신경만을 자극하는 저질 상업극뿐이었던 조선 연극계를 확 뒤엎어버리고 새로 재건해야 한다고 생각했던 김우진은 연극에 대한 포부를 다음과 같이 밝혔다.

> 극장은 오락물이 되어서는 안 되며, 인생의 이미지가 되어야 한다. (중략) 오늘의 극장은 어제의 극장에 대한 반항이 되지 않으면 안 된다. 목적을(에) 달키(닿기) 위해서는 혁명가는 제한을 넘을 필요가 있다. 죄 있는 것을 박멸키 위해서도 무죄한 것도 용서치 못하게 된다.
>
> -김우진, 서연호 엮음, 『김우진 전집』, 연극과인간, 2000

그의 이러한 선구자적 면모에도 불구하고 그 노력과 열정을 아무도 알아주지 않았다. 그저 허망하게 맴도는 슬픈 메아리였다.

김우진이 위 연극평론에서 소개했던 작가들의 희곡이 비로소 우리나라의 연극무대에 올려진 것은 그의 사후, 1930년대에 활동한 극예술연구회 시절이었다. 김우진은 생전에 이런 말을 남겼다.

> 생이란 것은 고민이오, 전투요.
>
> -김우진, 「창작을 권합네다」, 『오월』, 1925

그에게 사는 것은 하나의 고민 덩어리오, 치열한 전투였다. 부잣집 아들이 고민 같은 게 뭐 있을까? 유람이나 다니며 인생 엔조이하면서 대충 살면 되지, 무얼 그렇게 치열하게 전쟁하듯 고민하며 살았을까, 싶기도 하지만 그래서 김우진이 아니던가.

김우진은 동료 작가들에게 전투적인 자세로 목숨마저도 던져 참된 창작에 임할 것을 당부하며 올바른 창작의 방향을 제시하기도 했다.

또 위 글에서 춘원 이광수와 같이 일본의 아류로서 일본문학이나 일본을 통해 변질된 서구문예의 모방에 급급하던 1920년대 당시 동료 문인들을 신랄하게 비판했다. 특히 김우진은 「이광수류의 문학을 매장하라」는 제목으로 평론을 쓸 정도로 이광수와 최남선 등 당시 이름을 떨치던 계몽주의 문인들의 저격수였다. 후에 이광수는 이때의 앙갚음이었는지, 김우진과 윤심덕의 대한해협 정사 사건에 대해 '일고의 가치도 없는 헛된 개인적인 죽음에 지나지 않다'며 그를 조소했다.

김우진이 제시한 올바른 창작의 방향을 살피면 다음과 같다. 그 첫 번째는, 작가라 함은 모름지기 대립적이며 전투적인 자세로 현실을 바라보고 인식해야 한다는 것이다. 두 번째는 도덕에 어긋나지 않는 기반에서 전통사상을 뒤엎고 '살부(殺父)의식'마저도 마다하지 않을 만큼 우리 생활을 철저히 변혁시키는 내용을 써야 하며, 세 번째는, 사회·경제적 입장에서 여성문제를 과감하고 심도 있게 다루어야 하며, 네 번째는, 인생철학과 생명, 죽음, 신, 이상 등 보편적인 주제도 앞의 세 가지 항목을 바탕으로 해서 접근해야 한다고 주장했다. 즉, 작가의 자유의지에서 우러나는 진실된 창작의 열의를 강조했던 것이다.

실제로 그는 1925~1926년 사이, 가열차게 줄줄이 작품을 쏟아냈다. 현재에 전하는 48편의 시 중 14편이 이 시기에 집필한 것이며, 주로 이 시기에는 희곡 창작에 박차를 가했다. 「이영녀」(1925)와 「정오」(1925), 제 고통을 기록한 자전적인 작품 「두더기 시인의 환멸」(1925), 그리고 그의 대표작으로 손꼽히는 「난파」(1926), 「산돼지」(1926)에 이르기까지 다섯 편의 희곡작품을 탈고하였다. 1926년 마지막 작품 「산돼지」를 일본에서 탈고한 후, 그는 작심이라도 한 듯 세상에서 종적을 감추었다.

또, 위에 언급된 「창작을 권합네다」(1925)와 미발표작인 「아관계급문화와 비평가」(1925), 「이광수류의 문학을 매장하라」(1926), 그리고 당대 가장 뛰어난 평론으로 인정받는 「축지 소극장에서 〈인조인간〉을 보고」(1926, 개벽), 「곡선의 생활」(1926) 등도 이 시기에 집필되었다.

그는 관심분야였던 연극평론 집필도 게을리 하지 않았다. 「우리 신극운동의 첫길」(1926)과 「구미현대극작가론」(1926), 「자유극장 이야기」(1926) 등의 연극 비평을 통해서 서구의 근대연극운동, 특히 소극장운동을 소개하고 우리 현실에 이를 적용, 발전하고자 실천적인 방법을 모색하였다.

김우진의 희곡은 대체로 가정과 사회의 인습에 의해 불행한 결말을 맞는 여성, 혹은 예술가의 불행한 삶에 초점이 맞춰져 있었다. 「이영녀」를 비롯해서 그의 생전 마지막 탈고작 「산돼지」에 이르기까지.

흔히 예술가가 자살을 결심하는 계기는 두 가지 이유라고 한다. 하나는, 자신의 창작력이 외부의 힘에 가로막혀 앞이 보이지 않을 때이고, 두 번째는, 본인의 창작력이 고갈되어 이전 작품들보다 더 나은 작품을 도저히 창작할 자신이 없을 때에 그들은 깊고도 깊은 절망에 빠져 자살을 떠올리게 된다고 한다.

김우진의 경우는 계획적인 자살은 아니었던 듯하다. 그러나 굳이 둘 중에 선택하라고 한다면, 첫 번째 유형이었을 것이다.

그의 귀국 이후의 현실은 본래 그의 뜻이나 계획과 엄청난 간극이 있었다. 그는 집안의 가업 따위에는 관심이 없었지만, 일본에서의 귀국 이후 가업은 오롯이 그의 몫이 되었고, 집은 그에게 '감옥'이 되었다. 하루 업무가 끝난 밤에 서재에 틀어박혀 글 쓰는 것 외에는 열정적이고 주체적으로 자유롭게 할 수 있는 일이 없었다. 여전히 자신의 희곡작품은 일본의 자극적이고 저급한 신파극에 밀려 극단 관계자들에게 외면당했고, 신극운동을 전개하고자 했던 자신의 포부도 물거품이 되어갔다. 모든 게 엉망진창이었다.

한편, 하얼빈에서 돌아온 윤심덕은 순수 음악가로서의 활동을 완전히 접었다. 닛토 레코드사와의 전속 계약으로 레코드 취입은 했지만, 악단에 설 수는 없었다. 대신 그녀는 여러 돌파구를 모색하다가 김우진의 조언대로 연극배우로 전신했다. 무엇보다 김우진이 계획하는 신극운동에 자신도 함께 첫 삽을 뜨고, 동참하고 싶어서였을 것이다.

당시 여배우라 함은 요즘과는 달리, 거리의 부량 여인이나 매춘부한테 시키더라도 따귀를 맞을 만큼 탕녀 이미지가 강한 천하디 천한 직업이었다. 그러나 윤심덕은 제 발로 걸어가서 극단 토월회 문을 두드렸다. 일종의 자기를 조소하는 사회에 대한 반항심과 반발 심리에서였다고도 할 수 있겠다. 시간이 지나 이용문과의 스캔들이 잊혀질 만도 했지만 실상은 그렇지 않았다. 여전히 세간에서는 윤심덕을 탕녀 취급을 했고, 금태 안경만 끼고 지나가도 꼬투리를 잡아 매도하기에 바빴다. 세상이 그럴수록 윤심덕은 오기가 생겼다. 남들 보라는 듯이 더욱더 화려하게 치장을 하고 바깥 외출을 자주 했다. 남성들은 오랫동안 여성들을 이용하고 능멸하는 축첩행위를 다반사로 저질러 왔으면서도 여성에게는 조금의 실수와 허물도 용납하지 않는 그 왜곡되고 가식적인 시선을 경멸하며 비웃었다. 낡고 해진 인습을 그녀 식대로 저주했다.

그녀의 첫 공연이 있는 날, 집안의 망신거리라며 무대 위에 서지도 못하게 하려는 가족들과 그녀의 007작전을 방불케 하는 숨바꼭질이 펼쳐질 만큼 배우로의 전신은 집안의 반대가 심했다. 유학시절, 도쿄 제국극장의 지배인으로부터 전속 여배우 스카우트 제의를 받은 윤심덕이 아니었던가? 여배우로서의 성공은 따 놓은 당상이라 생각했다. 그녀는 당시 토월회 단장 박승희에게 여배우 지망생처럼 편지를 보냈다.

> (상략) 제가 누구인지는 만나보시면 아실 듯합니다. 이 사람은 오래전부터 무대예술을 동경하여 될 수만 있으면 꼭 한번 무대생활을 하고자 하는 사람입니다. 이런 사람이라도 만일 쓸 때가 있다 하면 한번 찾아주십시오. 그러면 그 때에 자세한 말씀을 하겠습니다. 과연 내가 누구일까요? 서대문정 1 정목 73. 윤리다.
>
> ―유민영, 『윤심덕과 김우진, 비운의 선구자』, 새문사, 2009

위 편지를 받은 토월회 단장과 간부들은 크게 기뻐했다. 여배우가 부족한 까닭에 여장을 한 남자배우를 써야 했고, 항상 고민이 깊었기에 위 편지의 주인공을 반길 수밖에 없었다. 약속날짜에 약속한 장소에 나간 토월회 단장 박승희와 전무 김을한은 그녀가 바로 윤심덕이라는 것에 소스라치듯 놀랐다. 윤심덕이 여배우를 자청했다니. 한마디로 토월회는 잔칫집 분위기였다. 박승희는 훗날 윤심덕과의 첫 만남을 다음과 같이 회고했다.

> 그 인물이 미인은 아니었지만 번듯한 얼굴에 큼직한 키는 매우 활달해보였다. 당시 경성에서는 보기 드문 타입의 여성이었다.
>
> ―박승희, 「토월회 이야기」, 『사상계』, 1963년 8월호

당시 화제의 인물이었던 윤심덕의 입단으로 토월회는 갑자기 유명세를

탔다. 스캔들 메이커였던 윤심덕이 악단의 여왕이 아닌, 무대의 여왕으로 전향해 연극의 여주인공으로 출연할 것이라는 소문이 돌자, 당시 유명 일간지들은 앞 다퉈 대서특필했다. 윤심덕의 여배우로서의 자신의 신념과 포부는 다음의 동아일보 문화사회부의 기자와의 인터뷰에서도 분명하게 드러난다.

금번 내 생활의 전환은 새삼스럽게 지은 것도 아니오, 우연히 맺어진 것도 아닙니다. 일찍부터 생각하여 오던 바가 금번에 실현되었을 뿐입니다. 그리고 오해 많던 과거의 내 생활을 변명하기 위하여 나선 것은 더구나 아닙니다. 물론 아직은 우리 일반 사회에서는 여자가 배워가지고 가정으로 들어가 현모가 되고 양처가 되지 않으면 교원이 되고 산파간호부가 되거나 사무원 같은 것이 되기 전에야 말썽 없을 것이 어디 있겠습니까. 더구나 여자배우라 하는 것 같은 것은 부랑무식한 타락자가 아니면 차마 못할 것으로 알아온 이상 나의 이번 나선 길을 최후의 말로(末路)라고까지 할 줄 압니다.

물론 그러한 각오까지 가지고 나서게 되기는 오로지 힘을 다하여 새로 지으려는 조선 예술의 전당에 한 모퉁이의 무엇이라도 되려는 당돌한 걸음이 이에 이르게 된 것뿐입니다. (하략)

-《동아일보》, 1926년 2월 6일 문화사회면 기사

윤심덕은 어떻게든 이번만큼은 꼭 성공하고 싶었다. 설사 가수로서 재기를 한다 한들 이제는 자기를 받아줄 무대가 없었고, 자기의 일생 전부를 걸고 있는 김우진이 곧 경성에 소극장을 짓고 본격적으로 신극운동을 펼칠 것이라는 기대도 있었으므로 그와 함께 하기 위해서라도 꼭 성공해야만 했다. 연극은 그녀에게 마지막 희망이었고 유일한 돌파구였다.

그러나 결과적으로 말하면 윤심덕의 이러한 안간힘에도 불구하고, 연극 배우로서의 그녀의 첫 데뷔작 「동도」는 대실패로 끝이 났다. 딱딱한 연기와 노래를 부르는 듯 개성이 강한 음성 등은 차치하고서도 이미 실패가 예정되었다고 해도 과언이 아닐 것이다. 여기에는 몇 가지 문제점이 있었다. 먼저, 그녀의 부모와 형제들은 그녀가 천한 직업인 배우를 하는 것을 굉장히 못마땅해 했다. 그래서 그녀의 뒤를 밟아 극장에 들어서면 쫓아 들어와서는 소란을 피우며 연습을 방해했다. 매스컴과 사람들의 관심과 흥미꺼리로 전락한 점도 그녀에게는 큰 부담이었을 것이다. 이용문과의 스캔들 이후 세안의 시선은 그녀에게 더 이상 곱지 않았다. 마치 온 고을에 소문난 비행청소년을 바라보듯 했다. 현실이 그러했으니, 연기 연습이 제대로 됐을 리 만무했다. 더욱이 그녀는 대학시절 졸업 작품으로 오페라 「나비부인」과 입센의 「인형의 집」을 무대에 올렸을 뿐, 연기의 기본을 익히지 못했다. 게다가 흥행여부에만 혈안이 된 토월회가 그녀에 대한 사람들의 관심 하나만 믿고 연습 기간도 충분하지 않은 공연을 졸속으로 무대에 올려버렸다. 그리고 무엇보다도 그녀를 '연극배우 윤심덕'으로 정교하게 다듬을 전문연출가가 부재했다.

다시 말하면, 연극을 노래 부르듯이 쉽게 생각한 윤심덕도 잘못이었지만, 그녀를 좋은 배우로 재탄생시키려는 노력보다 그녀를 미끼로 이용해 떼돈이나 벌어보려 한 당시 지나치게 상업화된 토월회도 실패의 책임이 컸다. 매스컴과 대중의 질책 속에서 토월회는 실패를 당연한 것으로 받아들였고, 반성의 기미도 없이 다음 작품을 모색했다. 박승희 대표는 윤심덕의 장점을 살리기 위해 다음 작품으로 「카르멘」을 무대에 올렸다. 오페라 「카르멘」을 각색한 것이다. 그러나 이마저도 처절한 실패로 끝이 나버렸다. 윤심덕의 열정적인 노래만 있었을 뿐, 연기는 부재중이었기 때문이다.

연이은 두 공연의 실패로 만신창이가 된 토월회. 결국 네 탓 내 탓하며 내분이 격화됐다. 정의감에 넘치고 바르지 못한 일을 보면 바로잡아야 속이 시원했던 윤심덕은 토월회 내분 속에서 가난하고 추악한 당시 조선 연극계의 현실에 아연실색했다. 이 더러운 똥물에 내 인생 전부를 걸었단 말인가, 환멸에 몸서리를 쳤다. 그녀는 입단한 지 한 달 만에 토월회를 박차고 나와서 김기진, 김복진, 안석영 등 뜻을 함께 하는 배우들과 '백조회' 극단을 조직했다. 여기에는 너무 상업적으로 방임하게 운영된 토월회를 못마땅하게 여긴 김우진의 물밑조종도 있었다.

하나, 새로 창단된 극단 백조회는 연극 한 편 무대에 올리지 못 한 채 흐지부지 사라져 버렸다. 배우로서 활동한 기간은 고작 보름 남짓, 윤심덕은 공연히 토월회 해체에만 기여했을 뿐이라는 비난을 받았다. 엎친 데 덮친 격으로 배우로서의 전향마저도 실패함으로서 그녀의 이미지만 더욱더 실추되고 말았다.

성악가였을 때는 선망의 대상으로 바라봤지만 무대 위 여배우로 나선 후부터는 사람들은 숫제 천박한 욕지기를 일삼았다. 당시만 해도 여배우한테는 이름보다 '저X'이라는 경멸조로 대하기 일쑤였고, 천하의 윤심덕도 예외가 될 수 없었다.

윤심덕은 또다시 좌절과 절망의 쓴 잔을 마셨다. 가족과도 이절하다시피 한 채 술과 우울의 늪에 갇혀 시간을 보냈다. 이제는 무얼 해보겠다는 의지도 욕망도 다 사라진 뒤의 허탈함뿐이었다. 그저 그 암울한 상황을 견딜 수 없을 때면 목포에 있는 김우진한테로 달려가곤 하는 것밖에는 그녀를 치유해줄 수 있는 건 없었다.

윤심덕의 나이 이제 서른 살이었지만 그녀의 손안에는 아무것도 없었다. 방송 출연과 닛토 레코드사와의 전속계약으로 이따금씩 음반을 낼뿐.

윤심덕은 매사 히스테릭하게 변했고, 차츰 과대망상증과 피해망상이 생겼다. 가끔 만나는 지인들한테 다음과 같은 말을 몇 번이나 반복해 중얼거렸다고 한다.

"나는 찰나에 산다. 다시 말하면 찰나에 사는 사람이다. 이 찰나미를 얻을 수 없게 된다면, 그때 가서 나는 죽는 사람이다. 즉 사십 살이 넘도록은 이 세상에 실아 있지 않을 것이다."

그렇다. 어쩌면 이때부터였는지 모른다. 그녀에게는 세상의 반인 여성들의 위에서 아주 오랫동안 군림해온 남성중심사회의 이데올로기를 비롯해 이 세상의 모든 것이 자신의 모든 걸 걸고 기어올라야 하는 거친 암벽이었다. 끝내 화해하지 못한 부모마저도.

김우진은 비록 몸은 목포에 있었지만 조선의 연극계 동향과 윤심덕의 일거수일투족을 손바닥을 들여다보듯이 훤히 꿰뚫고 있었다. 그녀가 장거리 전화와 편지로 그때그때 자기 상황에 대해 이야기했고 조언을 구했기 때문이다. 김우진은 윤심덕의 전부였으며 영혼의 지배자였기에. 특히 하얼빈에 다녀온 이후 더더욱 김우진에 대한 의존도는 더 깊어졌으며 그를 갈망하는 마음 역시 커져만 갔다. 그건 김우진의 마음도 다르지 않았다. 두 사람의 사랑은 농도가 더욱 짙어졌다. 그러나 김우진도 상황이 녹록치 않은 건 마찬가지였다.

1926년 늦봄은 마치 한여름처럼 유독 더웠다. 기상관측사상 폭염이 심했던 해로 기록이 남아있기도 하다. 심신이 지친 김우진은 이 해 더위를 무척 힘들어 했다. 다른 이들이 보기에도 눈에 띨 만큼 나날이 수척해졌다.

그 사이 김우진한테는 가족 한 사람이 더 늘었다. 장남(김방한: 1925~

2001월 10월 18일)이 태어난 것이다. 그는 자식들한테 애정이 깊었는데, 특히 돌이 아직 지나지 않은 아들을 많이 귀여워했다고 한다. 자식들을 향한 어쩔 수 없는 부성애와 연인 윤심덕에게로 향하는 갈망 사이에서 이율배반적인 죄의식 때문에 고통스러워했고 갈등했다. 그가 연인과 아들 사이에서 얼마나 괴로워했는지는 다음 시에 오롯이 드러난다.

당신 생각이 날 때 방한(芳漢)이 안꾸 올라와요./ 당신이 한번 잊고였던 잔디 위에 앉아서/ 오! 봄이 좋구료./ 아지랑이, 비, 먼 닭 우는 소리/ 봄이외다, 봄이구료. 봄./ 탈탈 뛰는 방한(芳漢)이 포동포동한 흰 손목을 잡을 때/ 졸지에 내 사지는 떨렸습니다./ 이상스럽게도 생각키는 며칠 후 때밋/ 아, 고만둡시다./ 봄이요. 봄이요, 봄./ 피리소리까지 들려오는구료.

-김우진, 서연호 엮음, 『김우진 전집』, 연극과인간, 2000

그가 정신적으로 고뇌하고 극심한 방황기에 있었던 이때에 윤심덕으로부터 이틀이 멀다하고 편지가 날아들었다. 그는 연인 윤심덕의 편지를 읽으며 함께 괴로워했다. 윤심덕의 어두운 서신은 그의 우울을 더욱 보태는 격이었으리라. 당대 최고의 엘리트라 자신했던 그가 느낀 이상과 현실의 괴리감은 실로 엄청난 부피로 커져 그의 목을 조여 왔다. 우리는 어디로 가고 있을까. 어디가 종착역일까, 그런 생각을 수도 없이 했을 것이다.

가족중심주의만을 내세우는 완고하고 전근대적인 부친과의 끝없는 의견 충돌과 대립, 곳간지기로서의 무미건조한 일상, 도무지 앞이 보이지 않는 조선의 척박한 문화예술계 현실, 아무것도 장담할 수 없는 자신의 암울한 미래, 한 여인을 희생시키지 않고서는 이룰 수 없는 사랑, 온전히 자기한테만 기대는 윤심덕에 대한 부담감 등등. 그의 가슴은 온갖 상념들로 곧 범람이라도 할 듯 불안하게 출렁였다. 그 어떤 것도 해결책이 없었다. 그나마 밤 시간에 백수재에 틀어박혀 책을 읽고 글을 쓸 수 있어 힘든 고뇌의 시간을 버틸 수 있었다. 마치 문학이 없어질 때 병이 나거나 아프고, 작품이 완성됐을 때 그 병은 비로소 차도가 보이며 문학이 영원히 사라지자 그 또한 죽고만, 그의 처녀작 「공상문학」의 주인공처럼 김우진에게 문학은 현실 도피의 의미, 즉 어두운 세상을 벗어날 수 있는 힘이었다.

(상략) 예술가는 혁명가라고 합니다. 창작은 혁명가의 폭탄이라고 합니다. (중략) 창작의 길은 절대합니다. 새 생명을 낳으려는 어머니 모양으로 전 우주의 집중이외다. 소위 신사상, 신문예란 것이 들어오긴 전혀 일본을 거쳐 들어왔습니다. 그래서 놋그릇에 담은 냉수가 놋 내가 나듯이 일본 앵화국(櫻花國) 대화(大和)라는 거쳐 들어온 조선 예술가, 사상가, 주의자들은 일본식으로 되지 않으면 안 되겠고, 또 따라서 도국민성(島國民性)을 본받아 천박 부화(浮華)하고 불철저한 피상적 행락적(行樂的)사상과 문예밖에 안 나게 됩니다. 그뿐 아니라, 신조사(新潮社) 춘양당(春陽當) 야루스 같은 문학청년의 눈을 번쩍 띄게 할 만한 서책이나 소개서만 탐독한 결과 헛된 향락주의 피상적인 인도주의 이상주의에만 드러누워서 완롱에 여념이 없습니다. 이런 정도로 여전히 나간다 하면 조선이란 참 가련하게 되었습니다. 자기주의에 대한 통찰력을 기르지 않고 자기에 철저하게 인생의 전면을 직관하는 창작생활이란 조금도 볼 수가 없습니다.
-김우진, 「창작을 권합네다」, 『오월』, 1925

이상의 글에서 알 수 있듯이 그는 당시 일본문학의 아류이거나 일본을 통해 유입된 사양문예의 단순한 모방작에 불과했던 1920년대의 작가들을 신랄하게 비판했다. 주로 이광수와 김동인, 염상섭 등의 작품들이 그의 도

마 위에 올라 날카롭게 칼질을 당하였다.

앞서 언급한 대로 그는 당대 최고의 스타작가였던 이광수 문학에 대해 매우 비판적이었다. 「이광수류의 문학을 매장하라」(1926)에서 그는 이광수 문학이 말하는 '계급을 초월한 순수예술'을 부정했다. '굶주린 자에게 현란한 화류장을 갖다 준들 무슨 가치가 있겠냐며 사람은 나면서부터 계급적 동물이기에 지배와 압박에서 벗어날 수 없는 동시에 그것 없이는 살 수 없음'을 주장했다. 따라서 그는 춘원 문학의 한계를 하나의 유희나 소일거리로 문학을 치부하는 것이라고 보고, 이광수식 안이한 인도주의와 계몽주의적 이상주의 등을 맹렬히 비판했다.

그러나 김우진이 말하는 '계급문학'이 마르크스주의에서 파생된 계급문학과는 엄연히 구분되어야 하며, 1920년대 지식인들 사이에서 유행한 사회주의와 무정부주의 아나키즘과도 다른 것이다.

김우진이 말하고자 했던 참다운 문학은 로맹 롤랑의 민중예술론에 입각해, 고통스러운 민중의 치열한 삶을 표현한 문학이다.

그즈음 김우진은 문단 활동을 활발하게 하며 날카로운 글로 평판이 났기에 문단에서도 서서히 이름을 알리기 시작하던 때였다.

그는 목포에서 대부분의 시간을 보냈지만, 장녀 진길이 경성에서 소학교를 다니게 되면서부터 자주 상경했다. 경성에 올 때마다 그는 윤심덕을 만나 회포를 풀었다. 윤심덕은 그동안 많이 달라져 있었다. 더욱 여성스러워졌고, 이미 이골이 난 듯 사람들의 시선 따위에 신경을 쓰지 않았다. 두 사람은 그저 자기들의 사랑만이 전부였다.

그래서 향간에는 두 사람의 여관에서의 동거설과 김우진이 가족에게 버림받고 윤심덕에 빌붙어 사는 한량이 쯤으로 억측 소문이 나기도 했다. 하지만 이건 사실이 아니다. 김우진으로서는 진저리가 쳐지는 일이었지만 사업도 그런대로 잘 꾸려가고 있는 중이었다. 이 시기는 두 사람 모두 각각 세상과 최후의 투쟁을 하던 때였다. 그들은 모두 외로웠다. 사랑을 해도 그 외로움의 부피는 결코 줄어들거나 가벼워지지 않았다.

이쯤해서 김우진의 여성관에 대해 언급할 필요가 있을 것 같다.

김우진 전집을 살펴보면 '이해적으로, 공리적으로 이 남자, 저 남자의(에)게 부속ㅎ야(부속하여) 생활하는 것'을 '기생여자충'이라 규정하고 있다. 그는 작품 「초야권」에서 이광수의 소설 「춘향뎐」을 인용하여 주인공 춘향의 낡은 정조관념을 비판, 여성의 처녀성숭배를 미신적이고 야만적인 풍습으로 규정했다. 이 같은 처녀성 숭배에 편승해 그 '습 밑해 숨어 안겨서 남성의 아리와 기만과 착취를 고맙다고 바라먹고 있는 여성'을 경멸했다. 또한 김동인의 소설 「감자」도 스토리와 공감능력, 설득력이 결여된 작품이라며 혹평했다.

이광수의 「춘향뎐」과 김동인의 「감자」를 김우진 식대로 보완해 집필한 게 바로 「이영녀」(1925)일 것이다. 김우진은 주인공 이영녀를 통해, 낡고 전근대적인 정조관념의 껍데기를 뒤집어쓰고 변사또의 온갖 핍박을 참고 견디며 수절에 성공해 신분상승을 이룬 영악한 춘향이로부터 벗어나, 살기 위해서는 매음조차도 불사하는, 하지만 그 때문에 파멸해가는 근대적인 여성을 형상화했다. 주인공 이영녀는 비록 매춘을 해 생계를 잇지만 내면의 품격이나 정숙함은 손상되지 않았으며 방황하는 남성을 따뜻하게 품어줄 줄 아는 돈과 권력자에 강한 면모를 보인다. 이는 김우진식 「춘향전」인 것이다. 그는 순수한 영육의 결합인 연애와 결혼을 긍정했다.

그러나 여성이 자립하지 못하며 남성에 기생하는 생활방식을 매우 경멸하고 부정했다. 따라서 겉으로는 크게 내색하지 않았지만 윤심덕이 일으켰던 이용문과의 스캔들은 그에게 큰 충격이었고, 윤심덕에게 실망이 컸을 것이다. 한때 '질기고 질긴 패랭이꽃'이라 별명을 붙여줄 만큼 강한 여자인 줄 알았던 윤심덕이 그 후에 자신에게 의존하는 것을 보며 실망하기도 했을 것이다. 그가 출가 직후 윤심덕과 연락을 끊고, 일본으로 간 것도 이를 뒷받침하는 일일 것이다.

희곡 「이영녀」를 비롯하여 대표작 「난파」 등 그의 대부분의 작품들에서는 '사랑'과 '죽음'의 코드가 불가분의 관계로 뫼비우스 띠처럼 연결되어 있다. 이를 두고 일부 학자들은 '낭만적인 숙명론'이라고도 말한다. 아무래도 그가 와세다 대학교 재학시절 접했던 서양문예사조의 낭만적인 영향이 아닌가 싶다.

또 다른 혹자는 김우진의 여성관을 '환멸의 여성관'으로 정의하기도 한다. 김우진은 모성의 부재 속에서 자랐다. 엄격하고 성공지향적인 인물이었던 부친과 정들만 하면 바뀌는 여러 명의 계모들, 오로지 부친의 뜻에 따라 결행된 애정 없는 조혼, 첫사랑 후미코의 죽음, 그리고 연인 윤심덕의 스캔들로 인한 심적 괴로움 등은 그에게 여성에 대한 박탈감과 환멸을 가져다주었을 것이다.

이에 반해, 자기중심적이고 매우 이기적인 애정관을 보이는 경향도 있다. 대개 모성이 결핍된 남자들에게서 보이는 특수성으로 생각되는데, 그는 연인에게서 자기 위인과 자기 충만을 얻을 목적으로서 사랑하는 게 아닌가, 하는 인상을 진하게 풍긴다. 스스로 일기를 통해, 심적 변화가 왔을 때 윤심덕에게서 등을 돌렸다고 고백했다. 즉 현실에 따라 사랑의 온도도 변하는, 즉 현실적으로 곤경에 처했거나 좌절한 남성들이 여성의 육체를 도구로 하여 위기와 좌절감 극복의 통로로 삼듯 남성 우월적 사고가 강해 보이기도 한다.

김우진의 희곡 속에 등장하는 여성은 대부분 신여성이다. 그런데 이 여성들은 윤심덕의 분신이라 말해도 좋을 것이다. 그는 이광수처럼 신여성을 맹목적으로 찬미하지 않았다. 신여성의 일탈과 방황, 나아가서는 방탕에 대해 혐오하고 경멸해 마지않았다.

김우진과 윤심덕. 서로를 사랑했으나 그 속이 완전히 투명하거나 깨끗하다고 말하기는 어려울 것 같다. 그 이유는 암울한 시대적 상황에서 예술인이라는 두 사람의 공통분모가 서로를 어쩔 수 없이 얽히고설키게 만들었기 때문이다. 그 끈끈한 유대는 김우진보다 윤심덕이 더 깊고 끈질겼으며 고독한 마음의 반려자였고 최후마저 함께 하고팠던 단 하나의 기둥이었다.

하지만 솔직하게 말해서 김우진의 윤심덕에 대한 마음의 깊이는 알 수 없을 듯하다. 그 점에 있어서 윤심덕도 마찬가지였으리라.


## ::: 출구 없음. 비상구는 오로지 단 하나. 완전한 사라짐!

김우진은 돌연 출가를 결심했다. 매번 되풀이되는 아버지와의 갈등과 제 번민과 고뇌를 극복할 힘이 더 이상 남아있지 않았다. 끓어 넘치기 일보직전의 액체처럼 그는 위태위태했다. 게다가 배우로서도 실패한 윤심덕을 보면서 이 땅에서 신극운동이 말처럼 생각처럼 그리 쉽게 풀리지 않을 것이란 불길한 예감이 그를 절망하게 했다. 언제부턴가 제 영혼을 집어삼킨 우울에서 벗어나는 게 참 힘들었다. '죽음'의 문제에 대하여 심각하고 골똘하게 생각하다가 「주검」이란 제목의 시를 쓰기도 했다.

네 이름은 영원히 풀지 못할/ 그러나 네 가슴살과 같이 친한 이러라,/ 아무리 생각한들 무엇이 나올까마는/ 단지 매력을 가지고/ 이 가슴을 간지럽게 잡아 다닐 때/ 나는 모든 승리를 보노라 영광을 보노라./ 오, 엄청나게 목마른 주검의 나라!/ 주검의 나라!/ 그 뒤에는 하느님의 창조한 중/ 가장 달고 쓰고 맛있는 침묵이 있을 것 같구나./ 이지의 승리라고? 무슨 수작이야!/ 지금까지 속아온 것도 분한데, 지금 또 흘러 넘어 간담?/ 오, 주검의 나라!/ 그 뒤엔 참으로 영원한 안식의 나라가 있을 것 같구나./ 나 혼자 뛰고 울고불고 할 안식의 나라가 있을 것 같구나./ 고독하지만 내 혼자의 나라가 날 기다리고 있을 것 같구나./ 이 가슴!/ 이 가슴!/ 이 가슴의 물결이여!

-김우진, 「주검」 서연호 엮음, 『김우진 전집』, 연극과인간, 2000

누구나 깨달을 수 있듯이 위 시에는 죽음을 향한 강한 동경이 담겨 있다. 즉 현실에서 도피하고자 하는 욕망이 그만큼 크고 강력했다. 자신이 살기 위해서는 이 '감옥'을, '구속'을 벗어나야 한다는. 며칠 후 그는 죽음만이 오로지 자신을 이 척박한 환경에서 구할 수 있다는 뉘앙스를 풍기는 아래의 시 「주검과 이름」을 다시 썼다.

에네르기의 배꼽자라고./ 영광의 주류라고./ 나는 네 이름만 부른다만./ 이 가슴 속을 네가 알아줄 수 있겠니./ 부둥켜 쥐이고서 터져라 하고 울어보기도 하지만/ 그러나 아!/ 네 이름은!/ 네 이름은!/ 네 이름은! 나를 구원할 수 있을 것 같구나.

-김우진, 「주검과 이름」, 서연호 엮음, 『김우진 전집』, 연극과인간, 2000

그는 자신이 살기 위해서는 부친을 비롯해 자신을 둘러싼 속박에서 벗어나 가급적 멀리 떠나는 게 해답이라고 생각했다. 여기에는 윤심덕도 포함된다. 독일이나 영국으로 유학을 가서 연극과 철학을 공부하고 싶었다.

무더위가 한창 기세를 떨칠 때인 1926년 6월 초, 그는 기어코 출가를 결행했다. 고향인 장성에서 요양을 하겠다는 핑계로 간단히 짐을 꾸려서 떠났다. 여비도 얼마 챙기지 않았다. 당시 주변인들의 증언에 따르면, 이때 그가 이제 갓 돌이 지난 어린 아들 방한을 품에 안고서, 그리 서럽고도 애틋하게 울먹였다고 한다. 그의 아내와 가족들이 그 모습을 곁에서 지켜보며 한참을 함께 울었다고 전해진다. 김우진에게 아버지는 곧 '집'으로 일컬어지는 존재였으며 존경은 하지만 한없이 원망스럽고 미운 존재였다. 그렇다고 해도 그를 거역할 수도 없었다. 아마도 살아서는 이 집에 다시 발을 들이지 않겠다는 내면의 암시 같은 게 있었는지도 모를 일이다.

김우진은 그 길로 경성으로 올라가, 소학교에 다니고 있는 딸 진길과 친구 조명희를 만났다. 윤심덕한테는 별다른 연락을 취하지 않았다. 내면에 쌓인 고통이 마침내 폭발해 출가를 결행한 그는 그것에 대하여 항변하는 글을 남겼다. 「항변(Aprotesto)과 출가」란 제목이 붙은 이 대화체의 글은 그의 죽음으로 세상이 떠들썩할 때에 당시 유명 일간지에 발표되었다.

"출가는 왜 하냐?"

"내 속의 생활을 완미케 하려고."

(중략) "너 아버지가 그리도 미우냐?"

"한량없이 밉다. 그러나 존경은 한다. 그렇기 때문에 내가 아버지 말을 한번이나 잊었니? 다만 쿠마모도에서 문과(와세다)대학으로 갈 때, 진길이 의상문제(짧은 단발머리에 짧은 치마를 입힘)를 내 맘대로 밀고 나갔을 때, 또 이번 출가."

(중략)

"…아무리 못난이라도 제각기 제 멋대로 제 특징과 가치관에 의하여 살아야 한단 말이다. 인습과 전통과 도덕에 얽매어 있는 나는 이 모든 외부적인 것에 대한 반역에 선언을 지금 행동하고 있다. … 아버지 같은 이는 (나한테) '문학의 중독'이라고 하겠지. 중독도 좋아. 내게는 이것만이 제일이니까. …(중략) 우리 아버지가 나를 잊지 못하듯이 나도 그 애를 잊지 못하겠지. 그러나 그런 사랑의 힘보다 더 큰 사랑의 힘이 있다. 아버지, 당신은 저를 없이 여기시어요. 그것이 당신의 권리이니까. 저는 아버지의 돈으로만 살아왔으니까. 하지만 저는 이 심장 속 회오리바람으로써 처음으로 아들이라는 울타리를 뛰어넘었습니다. 그래서는 못쓴다고? 대체 무슨 법칙이 있기에 저를 이 속박 속에 집어넣었습니까. 아버지도 역시 사람이 아니요? 저도 역시 사람이 아니요? 저는 아버지 무릎 밑에 앉아서 아버지를 축복했습니다. 그런데 당신은 저를 이런 엄청난 고통 속에다가 넣어두고 있었지요. 그것이 아버지가 저한테 주시는 사랑이요." …W. Hasenclever「Der Sohn」

-김우진, 「항변과 출가」, 『조선지광』, 1926년 9월호

이상은 지면 관계상 그의 글에서 일부만을 발췌한 것이다. 위 글의 끝부분에서 하젠 클레베의 대표적 희곡인 「아들」의 대사를 일부 인용한 것은 그만큼 비장한 각오로 출가를 결행한다는 의미이기도 했다. 그에게 출가란 오랜 기간 심사숙고 끝에 내린 최후의 결단이었다. 살고자 하는 자의 탈출! 그런 까닭이었기에 다시 '컴백홈'을 한다는 것은 있을 수 없는 일이었다. 다시 말하면, 그것은 '아버지'로 상징되는 '부르주아 가정', 그리고 '구시대적인 낡은 전통'과의 타협은 절대로 있을 수 없는 일임을 증명하는 것이었다. 출가를 결행함으로써 그는 일체적이고 사회적인 가치와 낡은 전통, 인습에 저항하며 자신의 원초적인 생명력을 실현했던 철학자 니체의 생명주의 사상을 실현에 옮겼다고 해도 과언이 아닐 것이다.

김우진은 이 글을 조명희를 통해 세상에 공개하게 함으로서 다시는 집으로 돌아가 김성규의 자식으로 살아갈 생각이 없음을 증명했다.

김우진이 경성에 올라갔을 때에는 마침 6·10만세 사건으로 장안이 떠들썩했다. 그가 경성에 있으면서도 윤심덕을 만나지 않은 이유도 그런 을씨년스러운 사회분위기 탓도 있었을 것이다. 일본을 경멸하고 민족적 자부심이 남달랐던 김우진으로서는 다른 이들이 목숨을 걸고서 독립운동에 나설 때 자기는 아버지에 반항해 집을 뛰쳐나오고, 더욱이 애인이나 만난다는 게 매우 수치스러운 일이라 여겼기 때문이다. 마음 같아서는 독립운동에 참여하고 싶었다. 하지만 그에게는 더 급한 일이 있었다.

그는 조명희와 한 달 정도를 함께 지낸 후, 독일 유학을 목표로 일단 조선을 떠나 도쿄에 머무르기로 했다. 물론 윤심덕은 이 사실을 까맣게 모르고 있었다. 얼마 후에 조명희를 만나 연락이 뚝 끊긴 김우진의 행방을 수소문하고 나서야 그가 일본에 마무르고 있다는 사실을 알았다.

윤심덕의 상황도 엉망진창이기는 마찬가지였다. 재기의 최후 수단이었던 배우로서의 꿈이 보름 만에 물거품이 되고, 더 이상 어떠한 삶의 의지도 느낄 수 없었던 윤심덕이 하숙방에서 두문불출하던 어느 날, 조선총독부 학무과장이 보낸 전보 한 통이 배달되었다. 전달 사항이 있으니 조만간 다녀가라는 내용이었다.

학무과장은 그녀를 만나자마자 입에 침이 마르도록 노래 솜씨를 한참 추켜세운 뒤, 일본의 유행가를 부를 것을 종용했다. 말이 종용이지, 그건 사실상 식민지 예술가로서 거절하기 매우 어려운 압박이었고 압력이었다.

김우진의 영향이든 아니든 간에 기독교인으로서 민족의식이 강했던 윤심덕은 횟수로 하면 약 3년이 채 못 되는 가수 활동 중에 민족의 자존심에

해가 되는 일본의 노래를 단 한 번도 부르지 않았다. 총독부에 미운털이 박힐 만했다.

일본인 학무국장은 그녀에게 '총독부의 장학생으로 일본에서 음악공부를 하고 왔으므로 그에 보답하는 것이 마땅한 도리'라며 총독부 촌탁가수로서 일본 노래를 부른다면 조선인들도 일본 노래를 따라 부를 것이고, 식민문화정책에 이바지하는 일이라며 흡족한 대우까지 약속하며 회유했다. 이는 그 당시 대부분의 예술가들에게 가해진 문화식민지 장악 및 조선의 문화말살정책 중 일환이었다.

윤심덕의 답은 오로지 하나였다. 무엇보다도 조선인으로서 일본의 노래를 부를 수도 없거니와 총독부의 촌탁가수라 함은 총독부 관리들의 연회장에 불러 다니며 노래를 불러야 할 게 불 보듯 뻔했다. 그것은 일종의 총독부 전문 기녀를 뜻했고, 더 속되게 표현하면 노리개나 마찬가지였다.

하지만 그 면전에서 거절을 하면 자기 뿐 아니라 가족들까지 위태로울 지경에 처할 것이었다. 궁지에 몰린 그녀는 닛토 레코드사와의 계약에 대하여 설명하고, 며칠 후 오사카 본사에서 음반을 녹음한 후 돌아와서 생각해 보겠다며 대충 얼버무리고 자리를 모면했다.

이 음반은 윤심덕이 남긴 마지막 음반이었다. 그 유명한 곡, 백여 년이 지난 지금까지도 꾸준히 후대 음악인들에게 리메이크되는 곡, 바로 '사의 찬미'가 녹음된 음반이었던 것이다.

당시 누구도 이 음반이 그녀의 마지막 음반이 될 줄 알지 못했을 것이지만, 그녀는 직감했을 것이다. 이게 생애의 마지막 음반이 될지도 모른다는 걸.

그녀는 당시 자포자기상태였고 정신적으로도 내상이 깊었다. 마침 이화여전 피아노과에 재학 중이던 여동생 성덕에게 미국 유학의 기회가 생긴 것이 그나마 위안이었고, 마지막으로 피투성이가 된 채 조선의 흙바닥에 널

브러진 자신의 못다 이룬 꿈을 내걸었다.

곧 미국 유학길에 오를 동생에게 경제적으로 도움이 되고자 닛토 레코드사와 더 많은 음반을 내기로 합의했다. 당시 닛토 레코드사 경성 지점장이었던 이기세는 윤심덕의 유행가 음반이 항상 잘 팔렸기 때문에 더 많이 내는 것을 환영했다.

사실 윤심덕의 계획은 그러했다. 동생 성덕의 유학비용의 일부 뿐 아니라, 김우진과 같이 일본에서 몇 달 보내는 데 필요한 경비 마련의 목적도 있었다.

음반 녹음은 닛토 레코드사 본사가 있는 오사카에서 진행될 예정이었다. 오사카로 떠나기 며칠 전, 김우진의 목포 본가에 연락해서 그의 일본 숙소 주소를 알아보려 했으나 본가에서 알 리가 만무했다. 본가에서는 그가 일본에 간 것조차 모르고 있었다.

하는 수 없이 윤심덕은 김우진과 막역한 사이인 조명희를 찾아갔다. 갖은 협박과 회유를 동원해 그를 조르고 졸라 김우진이 기거 중인 곳을 알아냈다. 바로 도쿄의 홍혜성의 양철지붕 옥탑방이었다.

7월 16일, 윤심덕은 며칠 뒤 미국으로 출발 예정인 동생 성덕과 함께 오사카 행 관부연락선에 올랐다. 두 사람을 배웅했던 당시 닛토 레코드사 문예부장 이서구의 증언에 따르면 다음과 같은 대화가 오갔다고 한다.

"심덕 씨, 레코드 녹음 잘하고 돌아올 때 고급 실크 넥타이나 하나 사다 줘요."

"죽어도 사와요?"

"그래. 죽으려거든 넥타이나 사서 부치고 죽든지 말든지 하고…."

평소 친분이 두터웠던 두 사람 사이에 희희낙락하며 이런 농담이 오갔다고 한다. 윤심덕이 세상에서 종적을 감춘 지 며칠 후, 이서구는 실크 넥타이를 받기는 했지만 그것을 도저히 목에 맬 수도, 그렇다고 버릴 수도 없어서 사십 년이 훨씬 지나도록 책갈피에 보관했다고 한다. 죽어도 사오느냐는, 그녀의 뼈 있는 농담이 어쩌면 자신의 운명을 예감했거나, 영영 돌아오지 않으리라 각오한 게 아닐까?

또한, 일본에 도착해서 닛토 레코드사 이기세의 아내 박월정에게 보낸 편지를 보면 이런 심증에 더 확신이 생긴다. 그녀는 박월정에게 27일이나 28일 경에 도쿄에 가서 재미지게 놀고, 재미만 있다면 지구 어디든지 오래 머무르겠다는 내용의 편지였다. 즉, 그녀는 조선으로 빨리 귀국할 의사가 없었던 것이다.

암튼 그녀는 조만간 그녀의 고단한 육신을 품어줄 대한해협을 건너, 7월 20일 오사카 항에 도착했다. 음반 녹음은 닛토 레코드사 본사에서 순조롭게 이루어졌다. 피아노 전공자인 동생 성덕의 반주에 맞춰 윤심덕이 노래를 불렀다. 성덕의 피아노 연주 솜씨가 워낙 뛰어났고, 눈빛만 봐도 필(Fell)이 통하는 의좋은 자매였기에 따로 리허설이 필요하지 않았다.

하지만 증언에 따르면 어찌된 일인지 이들 자매의 분위기는 매우 침통하고 슬퍼보였다고 한다. 음반에 녹음하는 곡이 대부분 사랑이나 그리움, 이별이 주된 내용이기에 분위기에 휩쓸린 탓도 있고, 며칠 후면 타국으로 떠나 길게는 몇 년을 보지 못할 자매라는 이유도 있었겠지만 분위기가 어쩐지 사뭇 달랐다는 것이 목격자의 증언이었다. 자매 사이에 오가는 눈빛 속에 내내 눈물이 그렁그렁 맺힌 채였다고 한다.

원래 계획은 26곡을 녹음하기로 되어있었다. 그러나 윤심덕은 한 곡을 더 추가로 녹음하겠다고 했다. 그 곡을 꼭 마지막 곡으로 음반에 넣고 싶다고 제작진에게 간청할 정도였다. 바로 그 유명한 노래 '사(死)의 찬미'다.

윤심덕의 절친 이서구의 증언에 따르면, '사의 찬미'는 이오시프 이바노비치(1845~1902.9.28, 루마니아 출신 작곡가)의 곡 '도나우 강의 잔물결'의 원곡에 윤심덕이 자작시를 붙여 탄생하였다. 항간에는 김우진의 시라는 말도 있지만, 공식적으로 확인된 바에 따르면 윤심덕의 자작시다. '사의 찬미'의 노랫말은 이 글의 맨 뒷장에 남겨두겠다.

녹음 작업이 끝나고 마침내 레코드가 나오자마자, 경성의 이기세에게 부쳤다. 그리고 절친 이서구와 남상일한테도 약속한 실크 넥타이를 보냈다. 대부분의 계획된 자살자들이 그렇듯 윤심덕은 그렇게 차근차근 주변을 정리했다.

동생 성덕이 미국으로 떠나기 전날 밤, 자매는 오사카의 한 료칸의 다다미 방에 나란히 누워 손을 꼭 맞잡고, 다음과 같은 대화를 나눴다고 전해진다.

"나는 김우진, 그 사람을 많이 좋아하고 사랑해. 내게는 그 사람뿐이야. 사랑이란 아낌없이 주는 것이지만, 그와 동시에 아낌없이 빼앗는 것이기도 해. 그것이 본래 사랑의 본체야. 나는 사랑이란 방사하는 에너지가 아니라, 빨아들이는 에너지라고 생각해."

그건 윤심덕 제 사랑에 대한 신념이었다. 그즈음, 윤심덕은 일본작가 아리시마 다케오의 애정관에 심취해 있었다.

'나의 개성은 끊임없이 외계를 사랑으로 동화시켜 버림으로써만이 성장하고 완성되어 가는 것.'이라 말했던 아리시마 다케오는 에세이 「아낌없이 사랑은 빼앗는다」를 남기고, 당시 사랑에 빠진 유부녀와 함께 동반자살을 했다. 그가 정사한 후 청춘남녀들 사이에서는 그를 모방한 정사가 유행하기도 하였다. 물론 윤심덕도 그 영향을 받았을 가능성이 크다.

그러나 김우진과 윤심덕의 정사가 아리시마 다케오의 정사를 모방했다기보다 두 죽음이 가지는 표면적인 유사성이 클 뿐이다.

윤심덕은 저한테 한 마디 말도 없이 일본으로 훌쩍 떠난 김우진이 야속했을 것이다. 그동안 그의 뜻을 너무 존중해준 게 억울했을지도 모른다. 어쩐지 그마저 멀어져가고 있는 듯한 느낌이 들었을 것이다. 어쨌든 당시의 윤심덕한테는 같은 하늘 아래에 있는 김우진 생각뿐이었다. 김우진에게 제 마지막을 걸겠다고 비장하게 결심했다.

윤심덕은 동생 성덕이 미국으로 떠나고, 모든 일정이 마무리된 8월 1일에 도쿄에 있는 김우진에게 협박성 전보를 보냈다. 자기한테 빨리 오지 않으면 그냥 여기서 죽어버리겠다며 김우진을 협박했다.

7월 9일, 도쿄에 도착한 김우진은 유학시절부터 막역한 사이였던 스키지 소극장 배우 홍혜성의 자취방에 짐을 풀었다. 제아무리 목포 만석꾼의 장남이었지만 출가할 때 여비도 충분하게 챙겨오지 않은 상태였다. 제 것이 아닌, 아버지 돈을 쓰는 것마저 그는 심한 거부감을 가지고 있었기 때문이다. 그는 한 여름의 지글지글 타는 더위를 피할 길 없는 양철지붕 아래의 허름한 친구 자취방에서 모처럼의 자유를 만끽하며 원고를 집필하고, 독일어학원에 다니며 독일 유학을 꿈꾸었다. 그는 무엇보다 영어에는 자신이 있었고, 독일어도 희곡원고 정도는 능히 독해할 만큼의 실력은 되었다.

윤심덕이 그의 목포 집에 일본 숙소를 묻는 실수만 하지 않았더라면 그는 평화로이 글을 쓰고 독일 유학을 준비했을 지도 모른다. 그러나 이 소식은 김우진의 부친 김성규의 귀에까지 들어갔다. 김우진이 요양을 위해 장성에 머무르는 게 아니라, 도쿄, 즉 그로서는 당최 이해 못할 서양물만 잔뜩 묻게 했던 일본에 다시 가 있는 아들이 괘씸해 김성규는 노발대발했다. 하지만 장남에 대한 애틋한 마음이 지극했던 그는, 김우진이 여비도 변변히

챙기지 못하고서 떠났다는 말을 듣자, 무척 측은해 했다. 아들과 타협하지 못할 뿐이지, 그가 김우진을 사랑하지 않는 것은 아니었다.

연로한 부친은 아들이 타국에서 돈도 없이 고생할까봐서 노심초사하는 마음에 날이면 날마다 도쿄에 있는 김우진에게 애끓는 서간을 보냈다.

'아들아, 네가 원하면 내 뭐든 해줄 것이야. 일등차와 일등여관을 약속하마. 네가 원하면 구라파 유학도 시켜주겠다. 제발 돌아만 와다오. 이 애비에게 어서 돌아와 다오.'

하지만 김우진은 부친의 서간에 화답조차 하지 않았다. 출가를 결심했을 때, 부자간의 연을 끊기로 이미 결심했기 때문이었다. 그는 일본에서 아버지의 돈으로 편안하게 살아온 제 자신의 무능력함을 뼈저리게 깨달았다. 마음은 더없이 자유롭고 홀가분했지만 무일푼인 도쿄 생활은 생각보다 훨씬 힘든 것이었다. 더위와 배고픔, 허약한 육신, 그리고 점점 한계가 보이는 독일 유학의 꿈 등은 그를 맥 빠지게 했다. 설사 그렇다고 하더라도 집에 돌아갈 생각은 추호도 없었다. 그 결심만큼은 불변의 신념이었고, 확고한 의지였다. 만일 독일을 가지 못하게 된다면 더 이상 제 인생의 의미는 없다고 생각했다. 죽음마저도 불사할 각오였다. 절대로 집으로의 귀향은 있을 수 없었다. 그는 동생 철진과 친구 조명희 그리고 아내한테만 이따금씩 편지를 보냈다. 먼저 출가 직후, 6월 10일에 경성에서 동생 철진에게 보낸 편지는 다음과 같다.

(상략) 내가 있는 곳을 알려고 하지 마라. 어떻게 지내는지도 알려 하지 마라. 나는 일개의 부르주아 출신인 프롤레타리아가 되어서 어디, 어느 땅이든지 발길

닿는 대로 가보겠다. (중략) 이것은 영구 출가. 예전의 모습, 관계—혈연, 지연—
를 완전히 끊었다. 동생들도 그렇게 생각하길 바라며 이런 각오 없이는 영구히
나를 만날 수 없다. …

-김우진, 서연호 엮음, 『김우진 전집』, 연극과인간, 2000

위 편지에서도 느낄 수 있듯이 그는 이제 제 삶의 시계바늘을 되돌릴 수
없다는 것과 혈연이나 가족에 대한 애정과 미련이 조금도 남아있지 않음을
강조했다. 특히 부르주아인 것에 대한 죄책감 못지않게 자신들의 의사와는
관계없이 조혼으로 말미암은 처자에 대한 죄책감도 그를 압박하는 원인이
됐다. 출가 후, 그는 아내에게 다음과 같은 편지를 써 보내기도 했다.

진길 모(母) 보시오. 나는 먼저 어머니 계신 곳으로 가겠소. 집을 떠나올 때에
아무 말 없이 온 것을 용서해주시오. 여러 말로 기록치 아니합니다. 다만 원하기
는 몸 튼튼하여 진길, 방한이를 위하여 좋은 어머니가 되어주시오. 당신과 같이
있는 동안에 여러 가지 불안하게 한 일을 조금도 생각지 말고 잊어주시길 빕니
다. 6월 24일 우진.

-김우진, 서연호 엮음, 『김우진 전집』, 연극과인간, 2000

그는 이 시기에 허약해진 몸으로 인해 해소와 천식으로 괴로워했다. 거기
에 우울증까지 겹쳐 만일 자신의 뜻대로 일이 풀리지 않는다면 차라리 자
살할 각오였던 것 같다. 어려서부터 늘 죽음의 그림자가 그의 주변을 맴돌
았으니까. 실제로 김우진이 말년에 쓴 시들 중 죽음을 찬미하는 시가 여러
편 보이기도 한다.

하지만 이를 다르게 해석하는 견해들도 적지 않다. 김우진의 희곡 「난파」

에서 죽은 어머니의 세계는 생사를 초월한, 즉 현실로 대변되는 아버지의 세계를 극복한 새로운 세계로 묘사된다. 아버지의 세계가 끝남과 동시에 새로운 세계의 시작을 의미하기도 하는 것이다. 다시 말해, 김우진이 아내에게 어머니의 나라로 가겠다는 편지글의 속뜻은 액면 그대로 죽겠다는 뜻보다, 자신은 이미 출가한 몸이므로 자신을 찾지도, 가족으로 생각하지도 말고 그냥 죽은 사람으로 쳐달라는 매몰찬 통보라는 견해다.

출가 이후, 경제적 상황과 재산 문제가 맞물리면서 빚어진 부친과의 갈등에서 벗어나 김우진의 영혼은 비로소 자유를 얻었지만 육신적으로나 경제적으로는 매우 어렵고 쪼들리는 생활을 한 건 사실이었다. 아버지 덕으로 먹고 산 아들의 경제적 무능력함, 부르주아 출신의 프롤레타리아 지식인의 한계였다. 무일푼으로 도쿄에서 지내면서 아버지의 도움 없이 혼자 힘으로 독일 유학을 갈 수 없을 것 같다는 현실 인식과 함께 회의감이 점차 들었을 것이다.

어쨌든 윤심덕이 일본에 온 줄도 몰랐던 김우진은, 당신이 당장 오지 않으면 죽어버리겠다는 그녀의 전보 내용에 적잖게 당황했다고 한다. 홍혜성은 당시 김우진이 윤심덕이 일본에 와 있다는 전갈을 받고 기뻐했다고 회상했는데, 그게 과연 윤심덕을 오랜만에 만나는 기쁨에서였는지, 외로움과 고독에서 비롯된 기쁨이었는지는 알 수 없었다고 증언했다.

따지고 보면 냉철하고 이성적인 성격의 소유자였던 김우진은 여인을 품고 있으면서도 안정적인 연애감정이나 사랑에 안주하지는 않았다. 엄격한 아버지와 어머니의 부재는 그로 하여금 사람에 대한 의존심을 메마르게 했다고 말할 수 있을 것이다. 또, 김우진 스스로 윤심덕에게 속내를 드러내는 걸 꺼려했기 때문에 그녀에 대한 사랑이 그리 절대적이었거나 너 없이는 안 된다는 식의 깊고도 맹목적인 사랑이었다고도 말하지 못할 것이다. 김우진의 일기에서 보면, 그는 누구보다 윤심덕의 성격을 객관적으로 잘 파악하고 있다. 그가 그녀를, 그녀가 그를 사랑했던 것만큼 사랑하지 않았다는 것을 증명하는 하나의 예로서 그가 그녀에게 먼저 다가가거나, 먼저 연락하지 않았다는 것이다. 출가 후, 경성에서 일본으로 떠날 때조차.

실제로 그의 희곡작품들 중, 윤심덕을 모델로 한 것으로 추측되는 「두더기 시인의 환멸」(1925)의 여주인공 점자나 「산돼지」(1926)의 정숙은 모두 사랑하는 남자와 헤어지는 결말을 취하고 있다.

그럼에도 불구하고 김우진은 자살 운운하는 윤심덕의 전보에 놀라 그 이튿날 바로 오사카로 출발했다. 친모와 새어머니들, 첫사랑 후미코에 이르기까지, 항상 죽음이 너무 가까이 있었기에 어쩌면 윤심덕마저 잃지 않을까, 하는 강박적 두려움이 그를 오사카까지 달려가게 했는지도 모를 일이다.

두 사람에게는 운명의 날이었던 8월 3일 오후, 두 사람은 오사카에서 해후했다. 그러나 두 사람 사이에 어떤 말과 약속이 오갔는지 정확하게 전해지는 바가 없다. 그저 우리는 추측만 할 뿐이다. 그들이 왜 그렇게 세상과 등질 수밖에 없었는지.

1926년 8월 3일 저녁 8시, 김우진은 윤심덕과 함께 곧 시모노세키 항을 출발하는 부산행 관부연락선 도쿠주마루 호, 즉 덕수환에 몸을 실었다. 이는 파국이었고, 죽음의 귀국선이었다. 승선인 명부에는 각각 두 사람의 아호인 김수산과 윤수선(김우진이 지어준 것으로 알려져 있음)으로 기록돼 있었다. 항간에는 윤심덕이 자살할 의사를 밝혔고, 김우진이 이를 말리려는 과정에서 배에 올랐다는 설도 있지만 이 역시 확인되지 않은 추측일 뿐이다. 여러 정황상 윤심덕은 이미 일본으로 떠날 때부터 조선으로 다시는 돌아오지 않으리라 마음을 굳힌 것 같다. 그만큼 윤심덕의 좌절은 컸고, 비참한 현실을 타개할 수 있는 출구가 보이지 않았다.

그도 그럴 것이, 한 증언에 따르면 그녀가 음반작업을 끝마치고 닛토 레코드사의 한 직원에게 다음과 같은 의미심장한 말을 남겼다 한다.

"나는 이번에 돈도 필요 없고, 옷도 필요 없는 낙원국으로 멋진 여행을 떠날까 해요. …밤중에 연락선 갑판에서 산보를 해도 되겠지요? 수정처럼 맑은 달밤에 금강석가루를 뿌린 듯 하늘에서 반짝이는 별들을 보며 가는 것도 매우 낭만적일 것 같지 않아요? 바람에 한없이 부딪치는 쇠잔한 물결소리를 듣는 것도 매우 좋을 것 같지요?"

생전에 김우진은 연인 윤심덕을 가리켜 '질기고 질긴 패랭이꽃'이라는 별명을 지어주었다 한다. 그토록 생명력이 강인했던 윤심덕은, 그러나 끝내 패랭이꽃이 되지 못했다. 차라리 자신의 아호처럼, 좋아라 했던 꽃 수선화로 남았다.

윤심덕도 연인 김우진과 생애 마지막을 함께 할 생각은 없었을 것이다. 그저 어쩌다보니 그렇게 된 것 뿐일 것이다. 두 사람 모두에게 현실은 척박하고 비루한 것이었다. 그토록 경멸해마지 않는 아버지 때문에 출가했지만, 정작 그의 도움 없이는 아무 희망도 보이지 않는 자신의 나약함에 좌절했던 김우진도, 척박한 현실 속에서 혈투를 벌이다가 끝내 패배한 윤심덕도 죽음 말고는, 다른 출구가 보이지 않았던 것이리라.

누가 먼저랄 것도 없이 두 사람은 비장하게 최후를 정리했다. 김우진은 유학시절 때부터 늘 몸에 지녔던 워터맨 만년필로 동생 철진에게 결연하지만 간단한 유서를 남겼다. 이성적이고 냉철하기 이를 데 없는 그다운 유서였다.

이 여자의 사랑 앞에서는 만사가 다 사라졌다. …아이들의 교육은 네가 책임져 달라.

그는 조선을 떠나기 전 이미 주변을 철두철미하게 정리하고, 자신의 출가에 대하여 일기 형식의 구구절절한 글로 친구 조명희와 동생 철진에게 설명했으므로 더 이상의 것은 필요치 않았다. 앞서 언급했듯이, 끝으로 객실담당 보이에게 자신의 유품들을 모두 각자의 집으로 보내달라고 당부하는 편지와 돈 5전이 함께 들어있었다. 두 사람이 대한해협의 차디찬 물결 속으로 사라진 것은 그 이튿날, 즉 1926년 8월 4일 새벽 4시 경. 칠흑 같은 어둠속에서 젊은 두 선각자의 불꽃같았던 인생에 마침표가 찍히는 순간이었다.

그들의 육신은 마치 어떤 강력한 블랙홀에 빨려 들어간 듯 찾을 길이 없었다.

두 사람의 죽음에 대해 여러 추측이 난무하지만, 그중 가장 신빙성이 있는 것으로 판단되는 것은 어떤 면에서 김우진이 윤심덕의 '죽음의 유혹'을 밀어내지 못한 채 따랐다는 견해다. 즉, 김우진은 죽음을 각오하고 배에 오른 것은 아니지만, 윤심덕이 이대로 조선으로 다시 돌아갈 수는 없다며 마지막을 함께 하자는 유혹에 넘어갔을 가능성이 크다는 것이다. 이에 대해 유년시절부터 그의 내면에 똬리를 틀고 있는 '죽음의 성향'이 나름의 설득력을 부여한다.

다음 날, 두 사람의 정사 사건은 동아일보 등 당시 주요 일간지 일면 머리기사로 대서특필되었다. 장래가 촉망되는 당대 최고의 엘리트들이었던 점과 윤심덕이 갖는 팜므파탈적인 이미지로 인해 대개 군중들의 호기심을 자극하는 선정적인 기사들이었다. 그들과 조우했던 가까운 사람들만이 그 죽음의 진실을 알고 있었을 뿐 , 다른 이들은 그들이 왜 그런 극단적인 선택을 할 수밖에 없었는지 알려 하지 않았다.

당시 동아일보는 8월 6일부터 4회에 걸쳐 '김윤 양인이 정사하기까지'라는 타이틀로 특집 기획물까지 연재했다. 이에 질세라 조선일보도 8월 7일부터 '악단의 여왕 윤심덕 양의 반생'이라는 타이틀로 5회 연속 연재기사를 냈다. 하지만 모두 망자들에 대한 최소한의 예의도 담겨 있지 않은, 흥미 위주의 보도로 일관했다.

김우진은 이를 예상이라도 한 듯, '사회의 오해가 두렵다'며 정곡을 찌르는 글을 죽기 전 마지막 일기로 남겼다.

뼈대 굵은 사대부집안이었고, 더군다나 처자식이 딸린 처지였던 김우진의 집안에서는 철저히 침묵으로 일관하다가 김우진의 시신이라도 찾겠다며 천 원의 현상금까지 내걸었다. 총독부까지 나서 대한해협을 샅샅이 수색했지만 모두 허사였다. 시신을 찾지 못하였기에 온갖 억측과 추측이 난무했다.

말도 많고 탈도 많던 윤심덕의 유고음반이란 이유로 마지막 음반 '사의 찬미'는 조선과 일본에서 날개 돋친 듯 팔려나가, 결국 당시 부유층의 전유물이었던 유성기와 레코드판의 대중화에 기여했고, 민족주의자였던 그녀로서는 바라지 않았겠지만 조선사회에 상륙한 일본 레코드사의 자본을 살찌게 해 오사카 닛토 레코드 본사를 거부로 만드는데 기여했다. 요즘 판매 가치로 따지면 수백만 장 판매와 맞먹을 십만 장 가까이 팔린 윤심덕의 마지막 음반 '사의 찬미'는 그래서 최초의 한류로 통한다.

그로부터 몇 년이 자났어도 그들은 여전히 세안의 입방아에 오르내렸다. 음반 판매량을 늘리려는 수단으로 닛토 레코드사로부터 제거를 당했다는 모살설과 몇 년을 사이에 두고 생존설이 끊임없이 제기되었다. 심지어는 뜬금없이 대두된 '이태리 생존설'에 전국이 발칵 뒤집히기도 했다. 일본 후쿠오카의 한 신문사 사장이 유럽일주 중, 이태리 로마에서 윤심덕이 악기점을 하며 문학 공부를 하고 있는 김우진과 잘 살고 있는 것을 확인했다는 소문이었다. 그토록 귀히 여겼던 장남의 시신이라도 찾으려 혈안이 된 김우진의 집안에서는 곧바로 총독부 외사과에 수색원까지 제출했으나 물론 그 어떤 소문도 사실 확인이 되지 않았다.

당대 촉망받는 문인이자 엘리트였던 김우진과 조선 최초의 가수였으며 최고의 여성명사이자 예술인의 꽃으로 통했던 윤심덕이 조선 최초의 현해탄 정사로 생을 마감하자, 젊은 엘리트 사회에서 그들을 모방한 정사가 한 동안 들불처럼 번져 사회문제로 대두되기도 했다. 그것은 마치 괴테의 명작 「젊은 베르테르의 죽음」에 버금가는 파문이었다.

당시 사회지도층은 두 사람의 정사 사건의 원인을 시대고, 즉 사회적인 좌절로 보려하지 않고 지극히 개인적인, 의지박약한 당사자들의 성격적 결함이나 복잡한 사생활로 인한 두 사람의 갈등으로 치부해버렸다. 특히 김우진으로부터 과거 혹독한 비판을 받았던 춘원 이광수는 그들의 죽음에 대해 '사회적 채무를 다 상환하기 전에 아침이슬과 같이 사라져버린, 조선사회와 조선인들에 대한 사회적 죄인'이란 글로 촌평했다.

여러 정황을 종합해 보면 두 사람의 정사는 사랑과는 별개로 합의에 의해 이루어진 동반자살로 보인다. 무엇보다 두 사람 모두 문화적 기반이 전혀 갖춰져 있지 않은 조선사회에서 온몸을 던지며 겪었던 시대적 고통이 너무 깊었다. 당시 자신들의 앞에 가로놓인 높고도 견고한 벽을 뚫고 앞으로 나아가기가 불가능했다. 삼장법사와 손오공의 관계에서처럼 자식을 손바닥 위에 올려 두고 좌지우지 하려는 전근대적인 부르주아 아버지 김성규와 그런 아버지를 경멸하고 짐스러워 하는 반항적인 아들 김우진 사이에 화해는 끝내 없었다. 여성 예술인의 예술성을 보지 못한 채 성(sex)의 왜곡된 잣대로 바라보는 천박한 사회분위기 속에서 윤심덕의 내면은 검푸르게 멍들어 갔다. 그래서 두 사람은 끝내 '죽음'으로서 무저항적인 항거를 했던 것이다.

그럼에도 불구하고 그들을 잘 알지 못하는 사람들은 여전히 그들에게 '무가치한 극단적 이기주의자들'이라며 온갖 원색적인 비난을 쏟아냈다.

특히 윤심덕의 경우는 더욱 냉혹했다. 윤심덕의 생전 포부는 경성에 음악 학원을 세워, 전국 팔도에서 재주꾼들을 모아 조선 음악 부흥의 기틀을 마련하고자 하는 것이었다. 하지만 그녀의 꿈은 시작도 못하고 좌초되었다. 그녀의 자살 동기 또한 생전에 일으킨 스캔들로 미루어 멋대로 짐작해, '에고이스트'나 '탕녀'로 완전히 낙인찍었다. 그래서 그들은 죽어서도 고독하고 외로울 것이다.

당시 사회의 냄비근성도 이들 죽음에 기여를 했다. 타인에 너그럽지 못한, 쉬 뜨거워지고 쉬 차가워지며 쉬 냉소하는 성숙치 못한 사회분위기에서 치른 값비싼 희생이었다. 두 선각자의 요절로 말미암아, 우리나라의 연극과 양악 발전이 반세기 이상 퇴보했다는 후대의 비판을 피할 길 없는 것도 사실이다.

두 젊은 지성이 각각 자기 분야에서 활동한 시기는 3년이 채 되지 않는다. 그럼에도 불구하고 그들은 독보적인 업적을 남긴 진정한 천재 예술인들이었다. 우리는 그들을 알아보지 못하고 외면하거나 철저히 버렸다. 그 때 우리의 눈과 귀는 온갖 잡다한 소음뿐인 어두운 밀실 안에서 굳게 닫혀 있었다.


::: 김우진 작품이 갖는 문학사적 의의

19세기 초, 당시 조선 문단에서 근대적 사실주의문예가 겨우 시도되던 때에, 김우진은 사실주의와 낭만주의마저 뛰어넘어 표현주의 극을 처음 시도하였다. 이에 마무르지 않고, 프랑스 안뜨완느식 소극장 운동을 조선의 신연극운동에 적용하려 했으며 현재에도 없는 연극 박물관까지 구상했다.

김우진, 그는 애국자였고 민족주의자였다. 그는 일어, 영어, 독어의 능통자였지만, 모국어로 일기를 쓸 만큼 모국어에 대한 사랑이 각별했다. 그런 의미에서 논문 「조선 말 없는 조선 문단에 一言」(1922)은 큰 의미를 지닌다. 서간 형식으로 된 이 논문의 서두에서 그는 자신을 크게 부끄러워하며 책망한다.

> (상략) 나는 있는 대로 개성과 가치를 벌리며 듣는 대로 기억하며 사용할 언어를 수련함에 가장 민감한 십 칠 팔세 시부터 외국에 유거하여 듣는 것, 읽는 것이 모두 외국어였다.
>
>       -김우진, 「조선말 없는 조선 문단의 一言」, 서연호 엮음, 『김우진 전집』,
>       연극과인간, 2000

또, 아일랜드의 민요와 속요를 영역한 「코노오트의 사랑의 노래」와 「코노오트의 종교적 시가」를 펴내 아일랜드의 문예부흥운동의 동력 역할을 한 더글러스 하이디를 모범으로 제시했다. 이 글에서 그는 다음과 같이 단언했다.

> 나는 어떠한 민족성을 알려거든, 그 민족의 가슴 깊은 속으로부터 직접 용출된 민요와 전설을 들어보라 하겠습니다. 우리의 민요와 속요, 동화, 전설에는 찬양할 바나 낙담할 바나 모두 포함되어 우리의 순직한 본상을 인정할 수 있습니다. 운율적 형식과 국어의 우수한 특색을 가진 그것들은 쇠천하는 대로('동전처럼'으로 추측됨) 방치하여 둔 것은 애석합니다. …… 우리의 민요속요나 동화 전설을 수집하고 부활시켜야 합니다. (하략)
>
>       -김우진, 서연호 엮음, 『김우진 전집』, 연극과인간, 2000

즉, 우리의 우수한 민속 문화에 우리 고유의 민족성이 어려 있는 것만큼 그에 밑바탕을 두고서 서양문화를 받아들일 때 비로소 바람직하고 우리 고유성이 배인 새로운 시문학이 창조될 것이라는 의미다. 그럼에도 불구하고 오늘날 너도나도 서양문화를 모방하기에만 급급하고 있어서 아무도 거들떠보지 않아 주옥같은 우리의 민요와 속요, 전설이 버려진 채 산간벽지에서 소멸해가는 게 너무나 애석하고 안타깝다는 것이다. 1920년 초 서양문명이 홍수처럼 쏟아져 들어올 때 우리 고유의 민요와 전설 등에 관심을 쏟고 수집하려 한 그의 선각자적 안목은 실로 대단한 것이었다.

또, 한문과 유학숭상의 사대부 중심의 조선 분위기 속에서 선인들이 수백 년 동안 우리말을 폄훼, 결박함으로써 대중이 무지몽매해졌다고 주장하면서 현대 언어의 확장은 학교 교육 이상으로 신문과 잡지의 대중화가 선행돼야 함을 역설했다.

그는 이론과 실기를 겸비한 조선 최초의 극작가이자 연출가였다. 논문 「우리 신극운동의 첫길」의 서두에서 연극의 3대 요소를 '극장', '희곡작가', '관중'으로 정의하고, 신극운동의 실제는 바로 '관중'이라 보았다. 연극이 제대로 발전하려면 그것을 제대로 볼 줄 아는 안목을 갖춘 관객들이 있어야 한다는 것이다. 그러나 당시 김우진이 한참 신극운동의 꿈을 현실화하려 고군분투할 때 우리의 관객들은 '일본 아류 저질 신파극이나 기생연수회, 또는 남사당패 놀음이나 창루에나 기웃거리는 호남자들, 한량꾼들, 오입쟁이들'이 대부분이었다. 김우진은 그들을 '흥청망청 호사의 기쁨이나 누리면 만족하는 향락주의자들'이라고 강도 높게 비판했다. 그래서 당시 우선적으로 가장 시급한 일은 '치두의 민중을 구축하고 신극운동의 기(氣) 아래서 같이 일하고, 같이 자극하고, 같이 힘을 얻을 선구자가 되기를 바라는 관중들을 양성, 각성, 초환(招喚)하는 게 우리들이 걸어야 하는 신극운동의 첫길'로 생각했다.

김우진이 제안한 관중의 지도방식은, 첫 번째로는 신문과 잡지 등 다양한 매체의 간행물의 지면을 이용해 상연 중인 연극에 대해 소개하고, 여러 사람들이 토의연구하며 계속 공표해 알리는 것이다. 즉, 당시에도 그는 미디어의 마케팅 역할을 중히 깨달았던 것이다. 두 번째로는 전문학교 안에 있는 연극연구회와 같은 동아리들과 연대해 순수극예술에 대한 열정을 환기시키고자 강연회와 전람회, 시연회 등을 적극적으로 개최하여야 하며 관중의 이해를 돕도록 신문과 잡지사에 연극에 대한 상식을 갖춘 전문기자를 둘 것을 종용하였다. 또 조건이 허락한다면 극예술전문잡지를 간행하면 좋겠지만 그마저도 어렵다면 각 신문에 다만 몇 란이라도 현재 순회공연 중인 연극의 소개란을 따로 두기를 제안했다. 그는 1920년대 초에 이미 지금의 『객석』 같은 연극전문지의 발행을 꿈꾸고 있었던 것이다.

논문 「우리 신극운동의 첫길」에서 신극운동의 발전방안에 대하여서도 다수의 처방전을 내놓았다. 우선 첫째로는 신극에 대한 정열의 일반화가 필요하고, 둘째로는 일정 수준 이상의 외국극과 창작극이 적절하게 공연돼야 하며 셋째로는 무대 예술가를 양성하는 게 시급하다고 주장했다. 그리고 넷째로는 소극장과 회원제 도입 방안이다. 그는 이렇게 신극운동의 방향을 다각적으로 제시했는데 이런 주장들은 그로부터 1백년이 지난 지금에도 적용 가능한 대책들이다. 김우진은 시대를 앞서간 인물임에 틀림없다.

특히 회원제에 있어서는, 당시 저급한 관중이 많아서 그다지 도움이 안 될 것이지만 학교에 등교하듯 '엄중함과 절실함, 순실함을 기본으로 극장에 오는 관객이 설령 한사람이라도 있다면 그 관객을 위해 먼저 연출을 해야 하며 그 관객이 바로 우리의 동지이고, 이 동지가 다른 동지를 만들어내며, 그들에게서 또 다른 동지의 수가 늘어가면서 결국 회원제가 실효를 거

둘 것이고 이로써 제대로 된 신극운동이 가능해질 것으로 판단했다.

이뿐 아니라 외국 번역극과 창작극의 문제에 대하여서도 몇 가지 대안을 제시했다. 근대극의 새싹조차 아예 틔지 못했던 당시 조선의 연극계 현실에 통탄하며 우리나라 작가들의 작품만 찾을 게 아니라, 해외 선진극단의 근대극의 각색 공연에서부터 출발하여야 함을 역설했다. 일본 신파극이 아닌, 젊은 작가들이 쓴 근대극의 수입과 그에 걸맞은 수준 있는 연출, 그리고 논리적인 비평을 먼저 염두에 두었다. 다시 말해, 선진 서구와 일본의 근대극을 타산지석으로 삼고 이를 뒷받침할 소개자, 번역가, 비평가가 많이 배출되어야 한다는 주장이었다.

특히 실속 없이 겉멋에만 치중해 결국 대실패로 사라진 토월회의 전철을 다시 밟아서는 안되며 그러기 위해서는 무엇보다 수준 있는 무대 예술가의 양성이 중요함을 강조했다. 가장 어려운 문제이긴 하나, 가능성에 투자해 전문배우를 양성하는 일과 무대미술가, 조명디자이너, 제작자 등의 전문인 양성의 필요성을 언급하며 견문을 넓히기 위해 선진국으로의 유학과 외국어 능통의 필요성도 강조했다.

이러한 연극연출가로서의 전문적이고 선구자적인 식견을 가지고 있었던 김우진은 포부도 원대했다. 독일로 가서 연극에 대한 자료와 도서를 구입해 와 경성에 예쁘장한 소극장을 하나 건축하고, 근처에 연극도서관과 연극박물관도 건축하겠다는 계획이었다. 그래서 무대 예술인들의 연구와 자료를 지원하고 일반인들의 교양을 쌓는데 도움을 주며 무엇보다 지방 순회공연 중 경제적인 어려움에 처한 극단이 경성 공연을 원할 시 무료로 극장을 제공하고자 함이었다. 또, 그런 극단이 경성 공연으로 운영비를 다시 모아 심기일전해서 재출발할 기회를 부여하고 지방 순회공연을 착실히 하도록 경제적으로 지원, 경성 소극장을 떠날 무렵에는 전단원들이 모두 기쁜 얼굴로 용기를 얻어 떠나도록 재충전의 기회를 부여하고자 하였다.

김우진은 이런 원대한 포부를 가지고 도쿄로 가서 연극비평과 집필 중이었던 「난파」와 「산돼지」 등의 희곡작품을 마무리하고 독일 유학 준비를 했다. 그로부터 1백여 년이 지난 현재까지도 연극도서관과 연극박물관은 우리나라 어디에도 없다. 그의 선각자적인 안목이 빛나는 점이다.

김우진 작품의 특징을 간단하게 말하면, 작가 스스로 민족적 각성과 민족어에 대한 자긍심이 뛰어나 우리말을 다듬고 정리하여 일상어가 생생히 살아있는 희곡을 창작했다. 버나드 쇼의 사회비판과 기성의 가치를 부정한 니체에 영향을 받아 부정과 저항의 정신이 돋보인다. 낯설고 특이한 형식, 실험정신과 구성에 초점을 맞추다보니 극적 긴장감이 다소 부족하고 인물의 성격이 분명하게 드러나지 않아, 서사적인 구조와 극적 구조가 조화롭지 못한 탓에 극작술이 미숙하다는 평가를 받기도 한다.

김우진의 희곡은 사실성이 두드러진 희곡이다. 사실주의의 표현법으로 당대의 희곡 중 대사의 리얼리티가 가장 뛰어난 것으로 평가 받는다. 매우 일상적인 대사, 즉 빈정거림과 공격적인 대사가 등장하기도 하는데, 이를 두고 혹자는 '근대적 인간의 소외된 관계에서 비롯된 고립되고 가학적인 어법'이라 평했다.

그러나 김우진의 희곡은 재미가 없다. 그의 단조롭고 지루한 일상이 희곡에서조차 뫼비우스 띠처럼 되풀이되는 것 같다. 김우진 스스로 '희극'이라 말했던 작품마저도 극적 즐거움이 드물다. 근대문학이 가질법한 계몽주의와 선동의 의도도 보이지 않는다. 지루하고 따분한 일상과 권력자에 착취당하는 현실의 암울함만 존재한다. 그의 희곡작품의 무대는 참 단순하고 단조로운 특징을 지니는데 이는 상징주의적인 극의 특성이다.

앞서 언급했다시피 김우진의 문학은 표현주의 사상과 일체의 구속을 거부하는 니체의 생명주의에 뿌리를 두고 있다. 그가 정통 표현주의 작가인 스트린드베리와 유진오닐 등의 영향을 받았음에도 불구하고 표현주의 작가로 인정받지 못하는 까닭은, 작중인물들의 가정 내 비극과 갈등, 남녀 간의 갈등을 주된 사건들로 다루는 표현주의 작품들과는 다소 거리가 있기 때문이다. 즉 김우진의 희곡작품은 신·구 대립이나 문명비판, 피압박계급인 노동자계급의 각성을 담은 문학적 과제를 표현주의와 연관시켰다. 다시 말하면 표현주의 문학을 계승한 것이지만 정통 표현주의 문학과는 거리가 있는 것이다.

끝으로, 그의 주요 작품별 특징을 살펴보면 다음과 같다.

김우진은 시인을 동경하고 꿈꾸었으며 실제 적잖은 시를 남기기도 했다. 그래서 그런지 그의 작품 대부분에서 시인이 주인공으로 등장하고 있다.

「이영녀」(1925)는 한 여인이 어떻게 착취당하고, 성(性)을 짓밟히며 어떻게 몰락하는지 처절하게 낱낱이 보여준다.

「두더기 시인의 환멸」(1925)은 자전적인 성격이 매우 강한, 작가 스스로 제 고통을 기록한 작품으로서, 한 엘리트시인이 자기 현실을 직시하면서부터 일상의 지리멸렬한 질곡을 폭로하는 내용이다.

「난파」(1926)와 「산돼지」(1926)는 그의 말기에 쓰인 대표작이다. 「난파」는 주인공인 시인이 환멸의 세계를 극복하고자 내적 투쟁을 처절하게 벌여 결국 기존의 가치를 모두 버리고 난파해버림으로서 오히려 다시 새롭게 다른 삶을 시작할 수 있는 힘을 얻는다는 내용이다. 바로 다음에 쓰인 「산돼지」가 이를 형상화한 작품이다.

「산돼지」의 주인공 원봉은 모든 기존의 가치를 부정하고 치열하게 투쟁한다. 부친을 경멸하게 된 결정적 계기를 공개하는데 바로 김우진 본인의 트라우마이기도 했던 동학농민혁명과 관련된 내용이다. 「산돼지」는 부친에 대해 부정적 시각으로 다루고 있다. 낭만주의, 자연주의 표현주의 등 여러 희곡기법을 모두 사용했고, 김우진 자신이 포부를 가지고 썼던 최초의 작품이자 그의 마지막 작품이다. 당시 자신이 처한 문제이면서도 넓게는 조선 청년들이 직면한 문제, 즉 가정 내 가족 간의 세대갈등을 주요 모티브로 다루었는데, 자신의 집안 환경과 치부가 외부에 드러나는 게 껄끄럽고 자존심이 상해 주변인들한테 자전적인 이야기가 아니라고 부정하기도 했다고 한다.

김우진의 문학은 한 개인이 당대 여러 사회적 억압과 부딪치면서 이미 일상화된 통제와 압박의 현실을 폭로하고 프롤레타리아계급의 투쟁을 역사 발전의 원동력으로 파악했다. 그의 문학은 모더니즘이니 리얼리즘이니, 사실주의니 하는 범주를 넘어서서 그들의 맥을 일정하게 구현해 진정한 근대문학의 출발점으로 평가받는다. 새로운 근대적 인간상을 구현함으로서 한국 근대문학사의 새로운 가능성을 제시했다.

김우진이 사망하고 나서 1년 후, 고인과 절친한 사이였던 조명희는 먼저 떠난 벗을 그리워하며 『조선지광』(1927.9)에, '그는 과연 사람으로서 굳센 면을 많이 가진 사람'이었음을 회고했다. 아울러 당대의 잡동사니 문단에 오로지 수산(김우진의 아호)만이 참된 물건이었으며 그가 앞으로 40년, 50년만 더 살았던들 상당한 수확과 업적을 이뤄 문단과 사회에 기여했을 것이라고 아쉬움을 토로했다.

꽃망울이 너무 일찍 맺혀 꽃샘추위에 하르르 낙화해 밟혀버린 봄꽃처럼 죽음조차 의문과 신비를 남긴, 그래서 역설적으로 전설이 된 김우진, 그리고 그의 연인 윤심덕. 두 사람의 '사(死)의 찬미'가 쓸쓸하게 메아리친다.

사(死의) 찬미

-윤심덕

1.

광막한 광야에 달리는 인생아

너의 가는 곳 그 어데이냐.

쓸쓸한 세상 험악한 고해에

너는 무엇을 찾으려 하느냐.

눈물로 된 이 세상이 나 죽으면 그만일까.

행복 찾는 인생들아 너 찾는 것 서름(설움).

2.

웃는 저 꽃과 우는 저 새들이

그 운명이 모두 다 같구나.

생에 열중한 가련한 인생아

너는 칼 위에 춤추는 자로다.

눈물로 된 이 세상이 나 죽으면 그만일까.

행복 찾는 인생들아 너 찾는 것 서름(설움).

3.

허영에 빠져 날뛰는 인생아

너 속였음을 네가 아느냐.

세상의 것은 너에게 허무니

너 죽은 후에 모두 다 없도다.

눈물로 된 이 세상이 나 죽으면 그만일까.

행복 찾는 인생들아 너 찾는 것 서름(설움).

4.

잘 살고 못되고 찰나의 것이니

흉흉한 암초는 가까워 오도다.

이래도 한 세상 저래도 한 세상

돈도 명예도 내 님도 다 싫다.

눈물로 된 이 세상이 나 죽으면 그만일까.

행복 찾는 인생들아 너 찾는 것 서름(설움).

# 나혜석

나는 그저 한 인간으로,

조선의 예인(藝人)으로

살고플 뿐이외다.

조선의 루살로메,

화가 겸 작가

나혜석의

파란만장한

스캔들

한 여인이 있었다. 그녀가 살았던 시절은 일제강점기의 칠흑같이 어두운 시대였고, 따라서 이 시기의 여성들의 인권은 한마디로 말하면, 개뼈다귀만도 못한 것이었다. 그러나 그녀는 보통 식민지 여성들과는 출신 성분부터가 사뭇 남달랐다.

학창시절 그녀는 신문 상에 이름 석 자가 수시로 오르내리는 수재로 통했다. 게다가 아버지가 용인 군수를 지낼 정도로 집이 내로라하는 명문 유지였으며, 계집이라는 이유만으로 소학교도 다니기 어려운 시절에 그녀는 조선 여자로서는 최초로 오빠들의 일본 유학길에 동행해 일본에서 미술유학을 마쳤고, 세련된 외모와 넘치는 학식과 교양으로 기꺼이 조선 남자유학생들의 로망이 되어 당대 최고의 엘리트들과 자유연애를 즐겼다.

그녀에게는 '최초'라는 수식어가 항상 따라붙었다. '조선 여성 최초로 도쿄 여자미술전문학교 입학', '한국 최초의 여류 소설가', '한국 최초의 여류 서양화가', '한국 최초의 여성운동가' 등등.

그녀가 바로 1920년대의 조선 대표 신(新)여성 나혜석이다. 첫사랑의 실패로 절망과 발광(發狂) 속에서 보낸 시절도 있었지만, 화가로, 작가로, 외교관의 부인으로 남부러울 것 없는 최고의 전성기를 누리기도 하였다. 하지만 그 전성기는 오래가지 못했다.

빛이 환하고 밝으면 그만큼 그늘도 깊다고 했던가. '그놈의 사랑의 열병' 때문에 그녀의 인생이 한순간에 처참하게 붕괴되고 말았다. 천국에서 지옥으로 추락하는 데는 6개월도 채 걸리지 않았다.

그 지독한 한순간의 '사랑의 열병'으로 말미암아, 연애와 결혼 기간 동안 내내 헌신적으로 외조해 주었던 착한 남편은 언제 자기가 아내를 사랑했냐는 듯 무일푼으로 거리로 내몰았고, 네 아이들은 성장 후에도 어미 따위는 모른다고 부정했으며, 결국 그녀는 가진 것 하나 없이 거리에서 행려병자로 숨을 거두었다. 군수 딸도, 수원 땅에서 누구나 인정하던 수재도, 일본 도쿄 여자미술전문학교 출신의 멋쟁이 엘리트 신여성도, 외교관 부인도, 화가도, 작가도 아니었다. 그저 어느 추운 겨울날, 거리에서 쓰러져 발견된, 시신을 인계받을 가족조차 하나 없는 이름 없이 외롭게 죽어간 한 불행한 노인에 불과할 뿐이었다.

잘못 든 길도 길이 되고 결국 지도가 되는 법. 나혜석의 인생이 이렇게 파국으로 치닫게 된 데에는 만나지 말았어야 할 인연, 피했어야 할 인연을 피하지 못한 데 따른 것이다. 그것은 나혜석에게 있어서 열지 말았어야 할 운명의 판도라 상자와도 같은 것이었다.

흔히 열병 같은 열정은 사랑이 아니라고 한다. 감정에 따라 제멋대로 하는, 속된 말로 제 기분 꼴리는 대로 하는 건 아직 미성숙하기에 뿌리를 내리지 못하기 때문이다. 열병 같은, 이성과 판단력이 마비되어 아무것도 보이지 않고 미쳐버릴 것 같은 감정의 소용돌이에 휘말려서 하는 사랑, 그가 아니면 곧 죽을 것만 같은 사랑, 그런 사랑 안에는 치명적인 아름다움이 있다. 그리고 그 아름다움에는 어리석음과 나약함도 함께 숨어있다. 사랑에 짓밟혀서, 사랑의 칼날에 온몸이 난도질을 당해 눈물 흘리는 여인들이 얼마나 많은가? 참 잘난 여자 나혜석도 그 칼날과 눈물을 피할 수는 없었다.

단 한순간, 남편이 아닌 다른 남자를 품었다는 게 평생 씻을 수 없는 죄가 되어, 손과 발이 모두 형태 없는 작두로 잘려나가 꼼짝없이 사회적으로 매장당해야 했던, 그래서 마치 썩은 물웅덩이에 빠진 개미처럼 아무리 발버둥 쳐도 그 굴레에서 벗어날 수가 없어 서서히 그 속에서 질식해 죽어가야 했던 참혹한 한 시절이 있었다. 이제 꼭꼭 닫아둔 그 시절 이야기의 빗장을 풀고자 한다.


## ::: 내 이름은 '나아기'가 아니다. '나혜석'이다

여인한테는 이름마저도 사치였던 시절이 있었다. 실제로 근대는 물론, 현대로 넘어와 1960년대까지도 이런 일이 빈번했다고 한다. 가부장제도 안에서 딸자식은 이름조차 지어주기 아까운, 즉 호적에도 올리기 싫은, 언젠가 남의 집 사람이 될 사람에 불과했다. 해서 아들이 태어나면 족보를 보고 항렬을 따져가며 돌림자로 이름을 지어주는 데 반해, 딸자식은 그냥 '아가'로 불리다가 그게 결국 이름으로 굳어지는 경우가 다반사였다. 어른이 되어서도, 심지어는 할머니가 되어서도 그들은 "아가"로 불려야 했다. '개똥'이도 그런 이름이고, '무명(無名)'이도 그렇게 생긴 이름이다. '최성녀(최씨 성을 가진 여자)', '윤녀자'도 마찬가지로 그렇게 호적에 아무렇게나 올린 이름이다. 우리의 할머니들, 혹은 그 어머니들의 이름이 대부분 '아가', 아니면 '성녀', '간난'인 이유가 바로 여기에 있다.

그것은 한마디로 인생의 '주체'가 없이, 즉, 고유명사 없이, 단, 일반명사와 보통명사만 있는 것과 마찬가지인 것이다. 진정 자기 인생을 사는 게 아닌, 세상에 태어나면서 제대로 된 이름조차 얻지 못한 그 인생이 오죽할까.

나혜석은 이런 암울한 시대에 여인으로 태어났다. 그녀 역시 예외가 될 수 없었다.

나혜석(羅蕙錫: 1896.04.28~1948.12.10)은 경기도 수원군 수원면 신풍리 일대에서 나주 나씨 가문의 나기정의 5남매 중 넷째로 태어났다. 수원 지역에서는 나씨 가문을 '나 부잣집', 혹은 '나 참판댁'이라 불릴 정도로 고을 유지로 통했으며 혜석의 아버지는 경기도 관찰부 재판주사를 거쳐 국권 피탈 이후에는 용인군수를 지낸 사람이었다. 아들보다 나이가 다섯 살이나 어린 첩을 둔, 즉 그 시절 전형적인 가부장제도와 남존여비사상에 찌든 가장이었던 것이다. 이러한 아버지의 봉건적이고 가부장적인 군림은 후에 나혜석에게 강인한 여성의식을 고취시키는 계기가 되었다.

나혜석에게는 남자형제들 말고 위로 터울이 열세 살이나 나는 언니가 한 명 있었다. 그런데 일찍 출가를 해버린 탓인지 호적상 나혜석이 장녀로 되어 있었다. 세간에는 이를 두고 이복입네, 뭐네 전해지는 말들이 많은 것도 사실이다. 호적에서 누락이 된 큰언니 나계석(1883~1939)은 당시 수원에서 내로라하는 갑부인 최기환과 일찍이 혼인해 살다가 작고한 것으로 전해진다.

이미 아들이 둘이나 있었으면서도 무슨 아들 욕심이 그리도 많았는지, 나혜석의 아버지는 그녀가 태어나자 딸인 것이 못내 아쉬워 이름도 제대로 지어주지 않았다. 이름 짓기를 차일피일 미루어 집안사람들은 아기를 그냥 '아기'라고 불렀다. 결국 그게 이름이 되었고, 호적상 이름도 '나아기(羅兒悧)'가 된 것이다. 참고로 혜석의 막내 동생의 이름은 '간난(후에 지석으로 개명'이었다.

'나아기'는 학교에 입학할 무렵 '나명순(羅明順)'으로 개명되었고, 서울 진명여자보통학교(진명여학교의 개칭)에 다닐 때에 그녀는 비로소 '나혜석'이라는 온전한, 남자 형제들과 같은 돌림자를 사용하는, 동등한 이름을 가지게 되었다. 그녀는 호적에 '나혜석'이란 이름 석 자를 새겨 넣었던 날의 기쁨을 평생 잊지 못했을 것이다. 그날은 그녀가 한 인간으로 새로이 다시 태어난 날이었을 테니까.

1913년 봄, 혜석은 진명여자고등보통학교를 당시 매일신보 등 주요 일간지에 대서특필될 정도로 최우등 성적으로 졸업했다. 당시 한 신문에는 다음과 같은 기사가 실린 것으로 전해진다.

"(나혜석은)……근면한 결과 졸업시험에서 최우등의 성적을 얻었는데 방년 열여덟의 현숙한 화용에는 장래의 무한한 광명이 절로 나타나더라."

그 후, 오빠 나경석의 권유로 마침내 자신의 평소 바람대로 일본 유학길에 올랐다. 그녀는 누가 가르쳐주지도, 일깨워주지도 않았는데도 '여자도 남자와 똑같은 사람'이라고 자각했다. 해서 봉건적인 아버지와 자주 마찰을 빚기도 했다.

'나는 다른 여자들이 간 길은 가지 않겠어. 여류화가가 되어 나혜석이란 이름으로 멋지게 내 인생을 살 거야. 그래서 내 나라 조선을 위해, 그리고 이 땅의 억압받는 여성들을 위해 뭔가 큰 힘이 될 거야.'

그런 결심과 함께 조선 최초의 여류 서양화가로의 다부진 포부를 키웠다. 그녀의 나이는 이제 막 이팔청춘에 들어선 열여덟 살이었다.

## ::: 눈꽃처럼 짧고 아름답고 시렸던 그녀의 첫사랑

첫사랑은 아프다. 상처뿐이어서 더욱 아프고 가슴이 시리다. 하지만 가장 눈부신 시기의, 생애 첫 감정이고 첫 설렘이기에 그만큼 아름답고 아련하고 애잔하다. 나이가 들어 그때를 추억하며, 행여 그 사람과 잘 됐더라면 지금 쯤 행복하게 잘 살고 있을까?란 생각이 들기도 한다.

누구보다, 정말로 어느 누구보다 나혜석의 첫사랑이 그랬다. 그게 인연인 데……, 하지만 다르게 생각하면 인연이 아니니까 그토록 아프게 어긋났는 지도 모르겠다.

나혜석의 첫사랑은 짧지만 강렬했고, 그녀의 인생 전반에 지대한 영향을 끼쳤다. 그녀는 죽을 때까지 이 첫사랑의 기억에서 자유롭지 못했다. 후에 공교롭게도 제 인생을 송두리째 뒤흔들어 놓았던, 가정파탄의 불씨를 제 공한 남자도 자세히 살펴보면 그녀의 첫사랑을 연상케 하는 점이 많았다고 한다. 나혜석에게 첫사랑 소월 최승구는 가슴에 새긴 화인(火印)같은 존재 였다.

1913년 4월 15일, 열여덟 살의 나혜석은 둘째 오빠 나경석의 전폭적이고 도 적극적인 후원과 지지 속에서 아버지를 설득해 일본 유학길에 올랐다. 당시에는 설사 부유한 집안의 딸이라 하더라도 고등 교육의 혜택을 누린다 는 게 그렇게 쉬운 일이 아니었다. 하물며 딸자식한테 일본 유학을 시킨 집 이 조선 팔도에 몇 집이나 되었을까? 보수적이고 가부장적인 나혜석의 아 버지도 마찬가지였다. 딸이 고등학교를 졸업하고, 느닷없이 오빠를 따라 일 본유학을 가서 미술공부를 하겠다고 하자, 노발대발했다고 한다. 계집년 이 무슨 유학이냐며 공부해서 어디에 써먹을 것이냐고, 얌전히 집에 있다가 좋은 혼처 나오면 시집이나 가라고 불호령을 내렸다. 여섯 살 터울 오빠 경석은 그런 아버지를 설득하고 또 설득했다. 동생 혜석의 총명함과 재능을 누구보다 아끼고 인정하고 있었던 그는 혜석에게 일생을 두고 많은 영향을 끼친 사람이었다. 예컨대, 그는 혜석에게 있어서 아버지와 같은 존재나 다름없었다. 남자 문제조차 경석의 손바닥 안에 있었으니까.

경석의 부단한 설득 끝에 아버지는 한발 물러서 혜석의 일본 유학을 허락했다. 그러나 거기에는 '단 1년만'이라는 조건이 붙었다. 1년 후에는 군말 없이 집으로 돌아와 아버지가 정해준 남자한테 시집을 가야 한다는 조건이었다.

아무튼 그렇게 그녀는 일본 유학길에 올랐고, 도쿄의 사립여자 미술학교 서양화과 선과(選科) 보통과에 입학했다. 당시에는 4년제였으나, 후에 학년제변경으로 5년제 여자 미술전문학교로 되었다.

당시에는 일본에서 조선 여자유학생들의 수가 워낙 적은 탓에 유학생들 사이에서 나혜석은 단연 돋보이는 존재였다. 그녀는 '이슈 메이커'로 통했다.

비슷한 시기에 일본에서 함께 유학생활을 하고, 그 후로도 꽤 오랫동안 친분을 유지해 온 작가 김일엽의 증언에 따르면 나혜석의 첫인상은 다음과 같았다고 전해진다.

그녀는 멀리에서도 반짝반짝 빛이 나는 여인이었다. 이지적인 외모에 어울리는 세련되고 단정한 언어구사로 사람들의 마음을 움직였으며 통째로 날아가도 좋을 만큼 싱싱하고 생생했다. 그녀를 만나는 모든 사람들이 그녀 주변을 맴돌았다. (중략) 당시 일본에서 유학하는 남학생들이 모인 자리에서나 다니는 길가에서는 나혜석의 이야기가 빠지지 않았다. 그도 그럴 것이 갸름하고도 동그스름한 흰 얼굴에 서글서글하고 빛나는 매력적인 눈동자를 굴리며 슬기로운 표정을 띤, 웃음을 머금은 혜석의 얼굴은 바라만보아도 남자들의 가슴은 설레게 되었던가

보았다. 더구나 학교 성적이 일본 여학생들보다도 앞서고, 교외의 좋은 자연풍경을 배경으로 해 조용히 앉아서 그림을 그리는 그 자태는, 그림으로도 표현하지 못할, 그야말로 그림을 초월한 한 폭의 명화를 상기시켰다.

-김일엽, 「진리를 모릅니다」, 『여성동아』, 1972

그래서 나혜석은 동경 유학시절, 뭇 조선남성들의 선망의 대상이었다. 당시 조선 유학생들이 많이 지나다니던 길의 담벼락에는 이런 낙서들이 많이 쓰여 있었다고 한다.

"장차 내 아내가 될 여인은 나혜석이오."

그녀는 당시 꽤 알려진 화가 사토가 청혼했으나 거절했다. 그림뿐만 아니라, 유학생들이 펴내는 동인지에도 글을 실을 만큼 글재주도 뛰어났다. 당시 이광수, 염상섭, 전영택 등과 교류하며 동인지에 꽤 많은 글을 발표했다. 물론 오빠 나경석이 동인지의 자금조달을 맡고 있었다는 뒷배경도 무시할 수 없겠지만 설사 그렇다 치더라도 당시 함께 활동했던 문인들의 증언에 따르면 나혜석은 글쓰기를 좋아하고 문장력도 탁월했던 것으로 전해진다.

그녀는 열아홉 살 때 동경 조선 유학생들이 발간하는 기관지 『학지광』에 「이상적 부인」(1914년 12월호)을 발표했다. 나혜석이 당시 생각했던 '이상적인 부인'이란 어떤 것이었을까? 당시 시대상으로는 물론 현모양처가 이상적인 부인이었다. 그러나 개방적인 자기확신자였던 나혜석의 생각은 달랐다. 그녀가 생각하는 이상적 부인이란 '상식이 통하고 개성을 발휘하면서 살겠다는 자각을 가진 여성'이었다.

그러던 어느 날부터 주변의 많고 많은 남자들 중 나혜석의 눈에 들어오는 한 남자가 있었다. 바로 『학지광』의 동인인 시인 소월 최승구(崔承九: 1892 ~1917). 그는 오빠 경석의 가장 절친한 벗으로서 도쿄 게이오 대학에서 수학중인 문학도였다.

두 사람의 만남은 운명적이라도 가히 말해도 좋을 것이다. 오빠의 절친한 벗인 최승구를 평소 자주 봐왔던 나혜석은 「이상적 부인」을 『학지광』에 발표하기 전부터 그의 글에 관심을 가지고 매번 챙겨 읽고 있었다. 최승구 또한 당시 『학지광』의 편집인을 맡고 있었으므로 나혜석이 글을 투고할 때마다 그녀의 글을 가장 먼저 읽는 사람이 바로 그였다.

이런 떼래야 뗄 수 없는 인연과 막힘없는 커뮤니케이션, 적지 않은 공통분모들은 언제나 멋진 로맨스를 만들기에 충분치 않은가.

두 젊은 남녀는 자주 만날수록 가까워지고 오빠 친구 이상, 또 친구의 동생 이상의 감정이 싹트는 것은 너무나 당연했다. 오빠 나경석은 친구 최승구가 누이동생에게는 최고의 배필감이라 여겼다. 그래서 그는 최승구를 이미 매제 감으로 점찍어 뒀다가 누이동생을 일본으로 데려와서 소개를 시켜준 것이다. 나혜석이 사망하고 나서, 그녀의 죽음을 애도하는 글을 쓴 염상섭은 작품 「추도」에서 두 사람의 약혼이 '연애로 시작해서 약혼이 성립된 게 아니라, 거꾸로 약혼에서부터 출발하여 열렬하고도 화려한 사랑의 꽃이 만개했던 것'이라 진술하고 있다. 이 모든 게 당시 나혜석의 보호자였던 경석의 주선과 허락으로 이루어진 듯하다.

어쨌든 감수성이 예민한 문학청년답게 갸름한 얼굴과 호리호리한 체구, 예술가적인 기질, 그리고 말 한마디, 글 한 구절에서도 드러나는 진지함과 총명함, 그러면서도 유머감각이 넘치던 소월은 그녀가 그제까지 꿈꾸어왔던 절대 이상형이었다.

최승구를 아는 지인들의 증언들을 종합해볼 때, 그는 여자처럼 곱상한 얼굴에 당대에서는 보기 드문 미남자였고, 재주도 차고 넘쳐서 천하제일의 명필로 소문이 자자했으며, 뛰어난 한학 실력과 시도 잘 썼으므로 뭇 여성들의 흠모의 대상이 될 수밖에 없었다. 해서 많은 로맨스가 있었지만 결국 그는 나혜석의 남자가 되었다.

최승구도 마찬가지였다. 나혜석을 만날수록 그녀의 다재다능함과 여성적인 매력에 깊이 매료되어 그녀 곁에 이대로 머물고 싶다는 욕망에, 하지만 지금 제 처지에 가당치가 않은 것 같아 번민만 깊어갈 따름이었다.

나혜석과 최승구는 그녀가 『학지광』에 「이상적 부인」을 발표한 1914년 가을부터 본격적으로 교제를 시작했다. 두 사람이 만나면 화제는 끊이질 않았고, 깨가 쏟아지게 즐거웠으며 그는 혜석이 원하는 것이라면 무엇이든 들어주었다. 그 해가 지날 무렵까지 두 사람은 언제나 함께였으므로 유학생들 사이에서는 두 사람의 관계를 모르는 사람이 없을 정도였다.

혜석과 승구는 정말 잘 어울렸고, 서로를 많이 사랑했다. 하지만, 결혼으로 이어지기에는 한 가지 걸림돌이 있었다. 바로 당시 대부분의 조선 유학생들이 그렇듯이 최승구도 고향집에 '충주댁'이라는 아내가 있는 유부남이었던 것.

당시 조혼풍습 탓으로 그는 중학교 졸업 후, 집안 어른들의 뜻에 따라 후다닥 충주댁과 혼례를 치렀다. 그러나 그는 마당에서 혼례식만 치렀을 뿐, 체구가 크고 여성미가 없어 자기가 구현하는 여성상과 차이가 있는 신부의 방에는 얼씬도 않고 바로 일본 유학길에 올랐다고 전해지니…… 허울뿐인 아내고, 남편이 아닌가. 빼지도, 박지도 못할, 서로 못할 짓이 따로 없을 성 싶다.

고향에서 자신의 식솔들을 돌보며 사는 충주댁과 사랑하는 연인 나혜석 사이에서 최승구의 고민은 날로 깊어질 수밖에 없었다.

혜석도 이 모든 상황을 모를 리가 없었다. 더욱이 그는 오빠 경석의 가장 친한 친구였다. 나혜석에 대한 마음이 깊어지면서 최승구는 고향에 있는 아내와 이혼할 결심을 굳혔다. 이름만 아내에 불과한 충주댁과 어떻게 해서든 빨리 관계를 청산하고 혜석과 결혼할 생각이었다. 그는 이 사실을 혜석에게도 알렸으며, 그녀도 동의했다. 그러나 이미 예상했던 바와 같이 때는 1910년대 조선이다. 최승구가 아무리 아내와 이혼을 하고 싶다고 발버둥을 쳐도 뜻대로 성사될 리 만무했다. 당시 조선의 풍습으로는, 아무리 사랑 없는 결혼을 해 남편 얼굴 한 번 못 봤더라도 여인이 시집을 갔으면 그 집 귀신이 되어야 했고, 집안에서도 조강지처를 내친다는 건 상상조차 할 수 없는 일이었다.

그래서 당시에는 이중결혼이 허다했다. 즉 본처는 고향에서 시부모를 봉양하며 살고 있고, 남자는 신여성과 경성에서 새살림을 꾸려 사는 이중결혼 양식이 일반적이었다. 이에, 아예 애정과는 관계없이 부호의 첩으로 들어가는 신여성이나 여학생들도 있어서 사람들의 빈축을 사기도 했다.

최승구는 서신으로 고향에 있는 집안 어른들을 부지런히 설득시켰지만, 그들은 꿈쩍도 하지 않았고, 그는 속만 새까맣게 타들어갔다. 혜석은 그의 속사정을 알고, 이혼이 정 어렵다면 아무도 모르는 곳에 가서 단 둘이 함께 살아도 괜찮다고 말했다고도 한다.

집안 어른들의 반대는 생각보다 완강했다. 그 여자와 정 헤어질 수 없다면 첩으로 들이라 했다. 나혜석을 첩으로 들이다니……. 그건 상상할 수도 없는 일이었다. 혜석은 물론 승구 본인의 자존심도 쩍쩍 금이 가 무너지는, 그런 일이었다. 그만큼 그는 혜석을 깊이 사랑했다.

최승구는 원래 그리 건강하지 못했다. 폐결핵을 앓고 있었다. 나혜석과의 사랑도 풀어야 할 고리가 너무 많았고, 경제상황 악화로 인해 제대로 먹지도 못하고 이런저런 스트레스가 겹쳐 급속도로 병약해져서 심신이 지쳐갔다.

최승구의 사촌동생 최승만의 증언에 따르면, 당시 집안어른들은 나혜석을 소실로 둔다는 것은 얼마든지 받아들이겠으나, 남의 집 귀한 자식을 데려와 일생을 박대한다는 것, 즉 본처를 집 밖으로 쫓아낸다는 것은 절대 불가하고 가당치 않은 일이라며 모두 펄쩍 뛰었다고 한다. 그래서 그로서는 이혼이란 말을 쉽게 꺼낼 수가 없었고, 그런 연유로 마음이 더욱 상해 병이 더욱 깊어갔을 것이라고 회고했다.

한편, 나혜석한테도 한 가지 문제가 생겼다. 애초에 1년간만 일본 유학생활을 허락한다는 조건을 내걸었던 아버지가 1년이 지나자 약속대로 이제 그만 조선으로 돌아와서 적당한 혼처가 나타났으니 마음을 정해 혼인을 하라는 것이었다. 이제 더 이상 미룰 명분도 없었다. 아버지의 뜻을 거역할 수도 없는 노릇이고, 어쨌든 나혜석은 휴학을 하고 조선에 한번은 다녀가야 했다. 하루가 다르게 부쩍 야위어 가는, 아픈 연인 승구를 일본에 두고 떠나기에는 발길이 차마 떨어지지 않았지만, 학비며 생활비조차 조달하지 못하는 당시로서는 별다른 방도가 없었다.

"우리 매일매일 서신으로 일기를 주고받읍시다."

"그래요. 거 멋진 생각이오. 밤마다 내 당신을 그리워하면서 열심히 일기를 쓰겠소."

두 사람은 함께 하지 못하는 대신, 헤어져 있는 동안 일기를 이틀 간격으로 서신으로 주고받기로 약속했다. 그리고 혜석은 아버지를 설득한 후, 곧 돌아오마 약속하고 조선으로 떠났다.

외기러기처럼 일본에 혼자 남겨진 최승구. 그때부터 병마의 고통이 그의 영혼과 육신을 차츰 잠식했다. 상태는 호전될 기미를 보이지 않고 나빠져만 갔다. 그럼에도 불구하고 그는 고국에 있는 연인에게 편지쓰기를 게을리 하지 않았다. 혜석은 그가 착실히 보내오는 일기 형식의 편지를 밤마다 읽고 또 읽으며 가슴에 밀물처럼 차오르는 그리움을 달래곤 했다. 편지에는 종종 자기가 쓴 시나 글도 함께 들어있었다. 그들은 상대의 작품을 너무나 좋아했고, 진심으로 상대의 작품을 존중했다.

간혹 예술가 연인들이 범할 수 있는 치명적인 실수는, 바로 무의식 중 발현되는, 서로 경쟁하거나 상대의 재능을 시기하는 모종의 마음이기도 할 것이다. 두 사람이 같은 분야에 있는 연인이라면 더욱 그럴 가능성이 농후하고, 한쪽이 다른 한쪽보다 사회적으로 더 왕성한 활동을 펼칠 경우 상대에 대한 시기심은 때로는 사랑의 감정마저 위협할 수도 있다. 모두 인간이기 때문에 생기는 감정이 아닐까. 상대의 재능과 성공을 시기하는 마음 따로, 사랑하는 마음 따로. 하지만 이것을 사랑이라 부를 수는 없을 것 같다.

나혜석과 최승구는 그런 속 좁은 사람들과는 차원이 달랐다. 최승구는 나혜석의 문학적 재능을 밖으로 꺼내주고 '사랑'이라는 기름진 거름을 주어 정성을 다해 키워준 진정한 멘토였으며 아낌없이 응원해주었다.

나혜석 또한 그가 꿈꾸어온 여성상을 완벽하게 구현하는 여성이었을 뿐만 아니라, 타고난 재능과 넘치는 교양으로 최승구의 문학적인 영감을 자극하는 뮤즈 역할을 톡톡히 했다. 그래서 그는 나혜석과 교제 이후, 현재까지도 항일 저항시의 대표작품으로 평가받고 있는 「벨지엄의 용사」 등 주옥같은 시들과 산문, 평론들을 줄줄이 쏟아냈다. 마치 소멸을 앞둔 유성의 마지막 눈부신 불꽃처럼 그의 생애 마지막도 그토록 찬란했다.

「벨지엄의 용사」는 당시 개화기의 문예 흐름이었던 신체시의 운율과 형식을 띠면서도 긴박감이 넘치는 독특한 비유법을 통해서 일제에 대한 강한 저항 의지를 표출하였다는 점에서 1910년대에 발표된 대표 항일 저항시로 평가받는다.

「벨지엄의 용사」

-소월 최승구

산악이라도 뻐개지는 대포의 탄알에
너의 아가씨는 벌써 쇄골이 되었고


야수보다도 포악한 게르만의 전사에게
너의 애처는 치욕으로 죽었다.


이제는 사랑하던 가족도 없어졌고
너조차 도망할 길을 잃어 버렸다.
배불러도 더 찾는 욕심꾸러기에게
너의 재산을 다 바쳐도 부족이다.


정의가 없어졌거든 평화가 있을게냐
다만 저들의 꿈속의 농담이다.


너, 자아 이외에는 야심 많은 적뿐이요.
패배는 너의 정부 약한 까닭뿐이다.


벨지엄의 용사여!
최후까지 싸울 뿐이다.
너의 입에 부러진 창이 그저 있다.

벨지엄의 용사여!

벨지엄은 너의 것이다.

네 것이면 꽉 잡아라.


벨지엄의 용사여!

너의 뼈대는 너의 것이다.

너, 인생이면 권위를 드러내거라.


벨지엄의 용사여!

창구를 부둥키고 일어나거라.

너의 피 고이는 곳에 벨지엄의 자손 불어나리라.


벨지엄의 히로여!

너의 몸 쓰러지는 곳에

거 누구가 월계관을 들고 섰을이라.


-최승구, 「벨지엄의 용사」, 『학지광』, 1914년 11월호


최승구는 위 시를 발표한 이후, 경제 상황이 심각할 정도로 악화되었다고 한다. 필자의 추측으로는 위 시의 발표로 말미암아 최승구에 대한 일제의 감시와 탄압이 더욱 심각해지지 않았을까, 싶다. 당시는 그런 시절이었으니까. 시인이 글 한 줄도 자유로이 쓸 수 없었던, 즉 모든 활동이 검열의 대상이 됐던 시대였으니까.

그러나 최승구가 위 시와 같이 현실 비판적인 저항시만 쓴 것은 아니었다.

당시 남자들의 정서상 쉽게 썼을 리 만무한 서정시도 몇 편 있다.

「보월(步月)」

-소월 최승구

나를 생각하는 나의 님

這(저)구름 나를 생각

차츰차츰 건일며(거닐며)

這(저)달에 나를 빗최려(비추려)

휘소(아름다운 미소)로 울어러봄에(우러러보며)

검음으로 애를 태우고

누름으로 나를 울니라.(울리니라)


빡빡한 운명의 줄에

에워싸인 나를 우는 나의 님

따듯한 품속에 나를 갖추려(감추려)

그 깁흔(깊은) 솔밧으로(솔밭) 오르리라


위 시에서 '나의 님'은 누구일까? 나혜석일까? 시의 집필년도나 발표년도가 정확하게 알려지지 않아 나혜석한테 바치는 시인지는 알 수가 없다. 실제로 그는 「정감적 생활의 요구」란 산문에서 연인 나혜석을 '계련(係戀: 마음이 끌려 잊지 못한다)'이라 칭하며 무한한 애정을 드러냈다.

아아! 내가 나의 계련(係戀-풀지 못할 밉고 사랑스러운 계련-)을 얼마나 생각
하고 얼마나 사랑하는지! 그것으로 하여 얼마나 번민하여 얼마나 우는지! 나는
이것을 생각함으로 하여 이런 생각을 얻었소. 우리의 계련은 먼저 감정적 생활을
하도록 해야겠다고.

-최승구, 「정감적 생활의 요구」, 『학지광』, 1914년 12월호

흔히 후대 사람들은 최승구를 아나키스트로 평가한다. 그러나 필자는
그의 글 여러 편을 읽어봤을 뿐인데, 아나키스트의 이미지보다는 오히려 한
여인을 끔찍이 사랑했던, 초가집에서 가난하게 산다 한들 자유가 있고 사
랑하는 그녀와 함께라면 아무 불평도 없을, 행복에 겨워할 소박한 삶을 꿈
꾸었던 한 멋진 청년 시인이었다는 생각이 든다.

한편, 나혜석은 본가에 머무는 동안 아버지와 매일같이 혼인 문제로 승
강이를 벌였다. 아무개 집 아들과 선을 봐라, 아직 결혼생각이 없다……. 눈
만 마주치면 옥신각신이었다. 그렇게 하루하루를 보내기도 신물이 나고 지
옥 같았다. 나혜석은 아버지를 설득한다는 게 불가능해 보였고, 그 생활에
서 탈출할 만한 묘안을 짜내야만 했다.

그래서 진명여학교의 옛 스승한테 사정을 이야기하고 혹시 자기가 당분
간 선생으로 가 있을 만한 학교가 없는지 알아봐 달라고 부탁을 했다. 스승
은 반색을 했다. 마침 여주공립보통학교에서 선생을 구한다는 소식이 있었
다. 그렇게 해서 시간을 벌어볼 생각이었다. 완고한 아버지도 선생의 말이
라면 더 이상 어쩌지를 못할 것이었다. 학비를 마련해 어서 최승구가 있는
일본으로 돌아갈 생각뿐이었다. 그런 이유로 아버지의 친구 집에 얹혀살면
서 봉급을 거의 쓰지 않고 알뜰하게 저축했다. 여전히 최승구한테서는 일
기형식의 서신이 배달되었고 밤마다 그녀는 그것을 읽으며, 또 그녀도 가슴

에 켜켜이 키를 돋은 그리움을 편지지에 한 자 한 자 써내려갔다.

최승구는 여전히 나혜석과의 결혼문제, 즉 다시 말해 본처인 충주댁과 이혼문제로 집안 어른들과 심각하게 대립의 각을 세우고 있었고, 설상가상으로 여유가 없는 경제사정과 지병인 폐결핵마저 손 쓸 수 없을 만큼 악화되어 육체적, 정신적으로 매우 힘들고 고달픈 상황에 처해있었다. 그는 시시때때로 각혈을 했다.

이러한 최승구의 자세한 사정까지 알 리 없는 나혜석은 여주공립보통학교 교사로 1년 가까이 지냈다. 그런데 어느 날부턴가. 그동안 착실히 보내오던 승구의 서신이 며칠씩 거르는 일이 잦아졌다. 나혜석은 자꾸 불안해졌다. 돈도 어지간히 모았고, 이제 일본으로 돌아갈 때가 됐구나 싶었다.

그녀는 학교에 사표를 내고 곧장 최승구가 있는 도쿄로 건너갔다. 그런데 그곳에서 그녀를 기다리고 있었던 것은 1년 전 자기를 밝게 웃으며 배웅해주던 그 재기발랄한 승구가 아니었다. 죽음 일보직전, 뼈만 앙상하게 남은, 긴 대화조차 나누기 힘들 정도로 쇠약해져 버린 승구뿐이었다.

"혜석, 그대를 보지 못하고 죽는 줄 알았소. …… 왜 이제사 오는 거요."

혜석을 보자마자 반가움에 승구는 가죽만 붙은 앙상한 손으로 혜석의 손을 힘겹게 쥐며 눈물을 하염없이 흘렸다고 전해진다. 혜석은 온 정성을 다해 그의 병간호를 했다. 학교에 등록을 했지만 승구의 간호에 전념하고자 잠시 휴학한 상태였다.

그런데 운명의 기구한 장난의 시작이었을까? 두 사람에게 이별의 시간이 다시 찾아왔다. 나혜석 아버지의 갑작스러운 부음 때문이었다. 혜석은 늦가을 낙엽마냥 시들어 가는 승구를 두고 다시 고향으로 향했다. 아버지를 여윈 슬픔보다 승구를 두고 다시 떠나야 한다는 게 더 가슴이 아파 차마 발길이 떨어지지 않았지만 이번이 마지막 이별이겠지, 했다.

아버지의 장례를 치르고, 홀가분한 마음으로 다시 도쿄로 돌아가 보니, 그 자리에 승구는 없었다. 그 사이 승구는 공기 좋은 곳에서 요양을 해야 한다는 의사의 권유에 따라 조선으로 귀국해, 고흥 군수로 있는 맏형 최승칠의 집에 있다는 이야기만 친구를 통해 전해 들었을 뿐이었다.

별 수 없이 나혜석은 중단한 학업에 매진하고자, 도쿄 여자미술학교 서양화 고등사범과 1학년에 복학한 후, 고향에 있는 최승구한테 편지를 띄웠다. 그리고 얼마 후, 반가운 답장이 왔다. 하지만 그것은 최승구가 쓴 편지가 아니었다. 그의 사촌동생 최승만이 대신 쓴, 단 한 번만이라도 좋으니, 남의 자식 살리는 셈치고 한번만 다녀갔으면 고맙겠다는 그의 백부의 간곡한 당부였다. 그때 최승구는 생과 사의 갈림길에 있었던 것이다.

나혜석은 바짝바짝 애가 탔다. 당장이라도 최승구한테 곧장 달려가고 싶었다. 하지만 때는 4월, 한창 학기 중이어서 귀국할 수 있는 상황도 아니었다. 오빠 경석도 귀국을 만류했지만 그러나 어떻게든 그녀는 사랑하는 사람의 곁으로 가야만 했다. 나혜석은 만약의 일을 대비코자 일본 전통기모노 복장으로 귀국, 혼자서 배를 타고 멀리 고흥까지 갔다.

최승구의 상태는 생각했던 것보다 훨씬 심각했다. 죽음의 문턱에 맞닿아 있었다. 두 사람은 손을 맞잡은 채 말없이 바라보고 눈물만 흘렸다. 그 순간에 무슨 말이 필요할까? 숨을 몰아쉴 때마다 검은 피를 토해내는 사랑하는 연인을 차마 지켜볼 수가 없어서, 그리고 본처와 집안 어른들의 눈치가 보여서 나혜석은 반나절 만에 온 길을 되돌아갔다.

그리고 그 다음날, 마치 혜석을 봤으니 이제 됐다는 듯, 이제 아무 여한도 없다는 듯 최승구는 홀가분하게 이 세상과 작별했다. 최승구는 나혜석을 이 세상에서 한 번만이라도 더 보려 마지막 남은 실낱같은 힘을 붙잡고 육신의 고통을 견디며 기다렸던 걸까?

나혜석은 첫사랑 최승구를 죽는 순간까지 잊지 못했다. 어쩌면 먼저 죽은 자식처럼 가슴에 묻고 살았다는 게 옳은 표현일지도 모르겠다. 그도 그럴 것이 당시 최승구의 나이 스물여섯이었고, 나혜석의 나이는 갓 스물둘이었다. 생애 처음으로 하는 사랑, 눈꽃처럼 천지가 환하게 하르르 피었다가 흔적도 없이 샤르르 녹아 사라져버린 사랑! 그 사랑이 어떻게 쉬이 잊힐까.

최승구가 죽고 나서 나혜석은 자살기도에, 한때 발광상태에까지 이르렀다.

최승구의 사망 1년 후, 나혜석은 소설 형식으로 된 「회생한 손녀에게」라는 글에서 실연의 아픔을 절절하게 고백했다.

> 내가 주야로 마음이 아파서 애를 쓰고 가슴을 치며 후회한 것은, '내가 왜 그 친구를 위하여 공부를 폐지하고 철야로 간호하지 못하였던구.' 함이었다. '내 정성을 다하여 그 친구에게 위안을 주었더라면 그는 죽지 않았으리라' 함이었다. 내가 곤히 자다가도 깜짝 놀라 깨면 먼저 내 뇌를 때리며 내 살을 찌르는 것은 내게 이러한 유한이 있음이었다. 그러나 그 친구는 벌써 나와는 딴세계 사람이라. 내가 아무리 안아보고 싶어도 안을 수 없고 만지고 싶어도 만질 수 없다.
>
> -나혜석, 「회생한 손녀에게」, 『여자계』, 1918

또한, 나혜석은 결혼과 불륜, 이혼이라는 모진 세파를 겪고 난, 최승구를 떠나보낸 지 이십 년이 훌쩍 지난 후, 그의 죽음을 추도하는 글을 썼다.

> 슬퍼, 아아, 슬퍼. 해가 가고 날이 가니 슬픈가. 그 얼굴 그 몸이 재 되고 물 되어 가는 것이 슬픈가. 그 세계와 내 세계의 거리가 멀리 갈수록 그는 점점 냉정해가고 나는 점점 열중해가는 것이 슬프다. ……
>
> 아, 그는 나를 버리고 갔다. 그가 내게 모든 풍파를 안겨주고 멀리 멀리 가버린

때가 이 봄밤이다. 내 몸은 사시나무 떨리듯 떨린다. ……아아! 소월아! 소월아!

-나혜석의 추모글 「원망스런 봄밤」 중에서

맞다. 어찌 보면 최승구의 죽음은 나혜석의 인생에 있어서 모든 풍파의 시발점이었다. 그가 죽지만 않았더라면 나혜석의 인생도 큰소리 내지 않고, 그와 함께 진정한 예술적 파트너로, 곱게 늙어가는 부부로 아름답고도 평안하게 살 수도 있었으리라.

그런 한과 미련 때문이었을까? 나혜석은 평생토록 첫사랑의 기억에서 자유롭지 못했다. 그래서 그녀는 아호(雅號)도 소월(素月) 최승구를 본떠서 정월(晶月)로 지었을까?

무엇보다 최승구 또한 그렇게 어이없이 요절하지만 않았더라면 한국 근대시의 역사도 달라졌을 것이다. 짧은 생애에도 불구하고 그는 25편의 시와 산문들을 남겼는데, 특히 그의 시들은 한국 근대시사에서 중간적 위치를 차지하고 있다. 그가 조금만 더 오래 살았더라면 최남선이나 한용운 등과 쌍벽을 이루는 한국근대시의 대표 시인이 되어 있었을 것이다. 현대 시단에서도 최승구가 담당한 과도기의 교량적 구실은 근대시사에서 매우 중요한 것으로 평가되고 있다.

나혜석의 인생에 있어서 이 눈꽃 같은 첫사랑이 가장 안타깝고 가슴 시리다. 어쩌면 그녀에게 이 사랑은 첫사랑이자 끝사랑이었는지도.

1. 김우영과 결혼식

2. 나혜석 가족사진

3. 김우영 초상

4. 나혜석의 자화상

5. 춘원 이광수

7. 최린

6. 나혜석

8. 최승구

## ::: 그냥 스쳐지나갔던 두 남자, 이광수와 염상섭

실연의 상처는 새로운 사랑으로 극복하라 했던가.

남자들, 특히 일본에서 유학중인 남자들한테 유독 인기가 많았던 나혜석. 조선 유학생들 사이에서 당시 최고 인기녀 나혜석의 약혼자로 기정사실화 됐던 최승구가 갑자기 죽자, 그 빈자리를 누가 차지하게 될지에 대한 호기심이 그들 사이에서 다시 고개를 들었다. 가장 유력한 후보가 바로 그 유명한 소설가 춘원 이광수(李光洙: 1892.03.04~1950.10.25)였다.

이광수 역시 나혜석의 오빠 경석과 절친한 사이였다. 당시 일본 내 조선 유학생 모임이라고 해봐야 손바닥보다도 더 좁아서 그녀의 첫사랑 최승구와도 물론 잘 아는 사이였다. 소월 최승구가 그랬듯이 당시 춘원 이광수 역시 고향에 아내가 있었던 기혼남이었다. 그럼에도 불구하고 춘원은 당시 이름만 대면 누구나 다 아는 소문난 천재였고, 유명한 소설가였으며 다정다감한 로맨티스트였고, 당시 보기 드물게 여권신장에도 소신발언을 하는 페미니스트였기에 여학생들의 로망으로 통했다.

당시 이광수는 전영택과 함께 조선여자유학생친목회에 고문으로 참여하게 되는데 이것이 나혜석과의 로맨스의 발단이었다. 나혜석도 그 모임의 주요 일원으로 활동하고 있었기 때문이다. 또, 나혜석은 조선 여성 최초로 소설 「부부」(1917)와 「경희」(1918)를 당시 여자 유학생들의 동인지 『여자계』에 잇따라 발표했는데, 이는 한국 여성소설사에 한 획을 그은 역사적인 이정표였다. 특히 첫 자전소설 「경희」는 우리나라의 첫 페미니즘 문학으로 평가받고 있다. 그런데 그 바닥이 워낙 좁고 일할 수 있는 사람은 적다 보니 이 『여자계』라는 동인지를 물심양면으로 돕고 적극 후원하고 있었던 게 또 춘원 이광수였다.

겹치는 우연, 그로 인해 장래가 촉망되는 두 젊은 남녀 소설가의 거듭되는 만남, 그것은 전혀 어색함이 없는, 너무나 자연스러운 일이었다. 오누이 사이처럼 허물없이 지내던 춘원은 나혜석의 글을 평해주는 것을 좋아해 기꺼이 문학적 멘토가 되어주었다. 혜석도 소월의 빈자리가 그로 채워질 수는 없었지만 그로 인해 위로받을 수는 있었다. 두 사람 사이에서 핑크빛 연정이 무르익는 건 시간 문제였다.

두 사람과 함께 일본 유학시절을 보냈고, 그들과 친분이 꽤 두터운 서양화가 설초 이종우의 증언에 따르면 다음과 같다.

> 그때 그(나혜석)의 마음은 다정다감한 문학청년이요, 페미니스트로 유명한 춘원에게로 쏠려 있었다. 연애의 소질을 남달리 타고난 두 남녀는 아무것도 꺼릴 게 없었다. (중략) 하여간 내가 유학하는 동안 나 여사가 남긴 자자한 소문은 냉큼 가시지 않았다. 그는 곧 귀국했지만 자유연애주의자로서 명성이 높았다.
>
> 나 여사는 키도 보통이고 미모(예쁜 얼굴)가 아니다. 다만 세련된 자태요, 재기가 넘치는 얼굴이다. 성격이 활발하기는 당시의 다른 여성들이 흉내도 못 낼 정도였다. 아주 툭 틔어 있어서 남자들과 대면에 구애받는 것을 못 보았다(첫 대면에서 구애를 받았다). 남이 어떻게 생각하든 간에 자기가 하고 싶은 말을 다 털어놓고야 마는 성미였다. 그가 자서전적인 글을 많이 써놓은 까닭도 그런 점에 연유할 것이다.
>
> ─이종우, 「양화초기」, 《중앙일보》, 1971.08.28

그런데 두 사람의 감정이 그대로 목적지까지 이어지기에는 주변 곳곳에 숨은 지뢰가 몇 개 있었다.

우선 혜석의 친오빠인 나경석의 반대가 심하였다. 나경석은 두 사람이 깊은 관계로 발전되는 것을 바라지 않았다. 전애인 최승구도 고향에 처가 있는 몸이었지만 이광수처럼 대놓고 결사반대를 하진 않았다. 오히려 자진해서 그와 누이동생의 약혼을 먼저 기정사실화 하지 않았던가. 하물며 최승구보다 더 잘나가는 춘원을 왜 반대했을까? 바로 그 점이 문제였다.

그는 춘원이 너무 세상의 중심에 서서 스포트라이트를 한 몸에 받는 까닭에 자칫 동생이 그의 그림자로 살까 우려해 동생의 앞날에 전혀 도움이 되지 않는 인물이라고 판단했다. 그리고 현실적이었던 그는 최승구가 폐결핵이 악화되자, 매제 감으로 점찍어 둔 제3의 인물이 있었다. 어쨌든 나경석은 처음부터 이광수가 누이동생 옆에 발도 못 붙이게 했다.

해서 두 사람 사이에서는 가슴 뜨거운 러브레터만이 오갔다. 춘원 이광수와 정월 나혜석, 혈기왕성하고 당시 조선 최고 엘리트였던 두 젊은 소설가 사이에서 오간 연애편지! 얼마나 뜨겁고 멋진 말들이 현란하게 춤을 출지 궁금하다. 그러나 훗날 이광수가 6.25 전쟁 당시 납북되고, 얼마 후 병사 소식이 들려 왔을 때 그의 유품을 정리하던 중 발견된 이 내밀한 연서들을 '춘원 이광수전집'에 실을 수 있도록 그의 부인 허영숙 여사한테 공개허락을 요구했었다고 한다. 하지만 그녀는 남편의 과거 공개를 완강하게 거절, 이광수와 나혜석 사이에 오간 연서들을 모두 회수해갔다고 전해진다.

그것은 허영숙으로서는 남편의 치부를 드러낸다기보다는, 오히려 자신의 치부를 만천하에 드러내는 것과도 다르지 않았을 것이다. 그도 그럴 것이 나혜석과 허영숙은 보통 친한 사이도 아닌, 정말로 친한 베스트프렌드 사이였다. 허영숙을 여동생과 함께 일본으로 데려가 의학공부를 하도록 도움을 준 것도 바로 나경석이었다. 본래 허영숙과 나혜석은 자매 같은 친구 사이였다. 그런데 이 절친 사이를 비집고 들어와, 양다리를 떡, 걸친 남자가 바로 춘원 이광수였다. 이광수에게 허영숙을 소개해준 사람은 누구였을까? 결과적으로 보면 나혜석이었다. 그것도 제 발로 이광수의 하숙집에 허영숙을 데리고 가서. 나혜석은 요즘 자신이 사귀고 있는 사람이 이렇게 멋지고 잰틀한 남자라는 걸 가장 친한 친구한테 알리고 싶고 보여주고 싶었을 것이다.

당시 허영숙은 일본 의전원, 즉 의학전문학교에 다니고 있었고, 곧 조선 최초의 여의사가 될 귀하신 몸이었다.

당시 상황을 그들과 함께 유학시절을 보낸 김일엽의 증언에서도 찾아볼 수 있어서 참고자료로 덧붙인다.

> …춘원은 나씨(나혜석)와 친한 허영숙이라는 재색을 겸한 의전생(醫專生)도 사랑하였다. 아마 이왕 사귀고 있던 나씨도 정리하기 어려웠을 터이다. 아무튼 나씨와 허씨는 다 같이 이광수를 찾아다녔다. 춘원은 허씨에게 화요일과 목요일에만 오라고 하고, 나씨에게는 수요일과 금요일에만 찾아오라 해놓고 그 날이 아니면 만날 수가 없다 하여 나혜석, 허영숙 두 사람에게 다른 날에는 방문할 생의를 못 내게 하였다.
>
> -김일엽, 「진리를 모릅니다」, 『여성동아』, 1972

그러나 얼마 가지 않아 허영숙은 이광수가 자기와 나혜석 사이에서 양다리를 걸쳤다는 사실에 분노하여 펄펄 뛰었다. 그래서 이광수는 허영숙을 다독거리기 위해 나혜석에게 도움을 요청해, 다음과 같은 편지를 허영숙에게 보내도록 했다. 아마도 춘원 이광수는 당시 나혜석보다 허영숙을 마음에 더 두고 있었던 듯하다.

"내가 춘원 오라버니를 사랑한 것은 다만 성격이 같은 점이 많다는 것밖에는 없었어. 영숙이 너를 나 몰래 사귀었다고 해도 나는 속이 상하거나 실연을 느끼지 않을 정도로 작은 정열이었으니 그것을 무슨 사랑이라 하겠어. 오직 두 분의 사랑의 길에 애로가 없으시기를 ……."

나혜석이 당시 자기에게 열렬히 구애를 했던 훗날 남편이 될 김우영에게 보낸 서신을 보면 그녀는 이광수와 결혼할 생각이 있었음에 틀림없었다. 그러나 나혜석은 오랜 벗을 위해 자기 연정을 기꺼이 접고 욕심나는 남자 춘원을 양보했다. 나혜석은 그토록 도량이 넓은 여성이었다.

그런데 여기에는 나혜석이 춘원을 포기할 수밖에 없었던 결정적이고도 절박한 사정이 있었다. 우정과 사랑으로 엮였던 두 사람한테 정통으로 뒤통수를 가격 당하고 펑펑 울면서 춘원을 의전생 친구 허영숙에게 보내야만 했던 결정적인 이유는 바로 그녀에게서 첫사랑 소월을 앗아간 폐결핵의 악몽이 되살아났기 때문이다. 그렇다. 춘원 이광수도 당시 폐결핵을 앓고 있었고, 점점 심해져 1917년 4월 급기야는 병상에 앓아누웠다. 이때 그의 병상을 구세주처럼 지킨 게 바로 허영숙이었다. 밀착된 공간에서 단 둘이 며칠을 함께 지내다 보면 없던 사랑도 모락모락 안개처럼 피어오르지 않는가? 하물며 페미니스트이자 로맨티스트로 정평이 난 춘원은 어떻겠는가.

결국 나혜석의 결핵 트라우마를 차치하고라도, 이광수에게 심적으로 나혜석보다는 허영숙이 더 끌렸을 것이다. 아플 때 옆에서 엄마처럼 자상하게 돌봐주고 보살펴주는 나이팅게일 이미지의 여성이야 말로 모든 남자들의 굶주린 부분을 채워줄 수 있는 로망이 아니겠는가.

그래서 춘원 이광수도 문학적 동반자 나혜석을 선택하는 대신, 조선 최초의 여의사가 될 허영숙의 남자가 되기로 마음을 굳혔다. 그는 허영숙의 헌신적인 간호 덕분에 당시 1급 전염병이자 불치병으로 통하던 결핵을 홀홀 털어냈다.

물론 통계적으로는 별로 근거가 없지만 결핵은 당시의 엘리트들, 특히 재능 많은 젊은 예술가들을 많이 쓰러뜨렸던 '예술가 전문직업병'이라고 해도 과언은 아닐 것 같다. 아마 당시 위생상태도 안 좋은데다가 가난하고, 영양상태도 좋지 않아서 면역력이 약화되고, 지금처럼 의학도 발달하지 못해 적합한 치료제도 없어서 일단 결핵에 걸리면 운명에 맡기는 수밖에 별다른 도리가 없었다. 그대로 점점 악화되어 최승구처럼 결국 죽어나가거나, 이광수처럼 죽을 팔자가 아닌 탓에 다시 소생하거나 둘 중의 하나였다.

　　어쨌든 필자의 의견을 조금 보태면, 춘원 이광수가 허영숙을 선택한 것은, 그도 결국 따질 것 따지고 가릴 것 다 가릴 줄 알았던, 한마디로 여우같은 구석이 있는 남자라는 걸 의미하는 건 아닐까란 생각이 들었다.

　　그런데 후에 춘원과 나혜석의 교제사실을 안 허영숙의 어머니가 그의 복잡한 여자문제를 문제 삼아 딸과의 결혼을 반대했다. 춘원으로서는 퍽 난감한 상황이었다. 그는 미래의 장모에게 '앞으로 허영숙 이외의 어떤 여인과도 사귀지 않겠다.'는 단호한 맹세가 담긴 편지를 써 보내는 것으로 그 상황에서 어떻게든 모면하려 했다. 보다 자세한 편지 내용은 『이광수전집』에 첨부되어 있는데 아래와 같다.


　　전번에 나경석씨에게 편지를 냈습니다. 혜석씨와 나와의 관계를 말하여 오해를 풀도록 했습니다. 그리고 혜석씨나 양선씨와 교제를 끊은 것은 나의 연애관, 정조관에서 그런 것이라고 말하고 나는 영숙씨 이외의 모든 여성과 교제를 끊을 것이며, 또 새로 사귀지도 않을 결심이라는 것과 이대로 실행할 것이라고 말했습니다.

　　나는 혜석씨나 양선씨를 유혹한 일이 없으며, 오직 내가 사랑을 청한 사람이 있다면 그는 영숙씨 뿐이므로, 나는 일생의 유일한 이성으로서 영(英)을 사랑한다고 말해 두었습니다. 그리고 당신과 나와 친분은 없으나, 성의로써 나의 충정

을 이해해줄 것과 또 혜석씨에게 모든 것을 물어보라 했소이다. 어머님께서 그토
록 나를 반대하시게 한 것은-그러나 말씀 아니하리라. 남의 말은 하고 싶지 않으
니까요. 모두 내가 잘못입니다.

-이광수, 「사랑하는 영숙에게(편지)」, 『이광수전집』, 삼중당, 1971

이광수를 사이에 두고 나혜석과 허영숙은 한때 이렇게 애매한 삼각관계
에 놓여 있었다. 물론 두 여자들은 겉으로는 쿨(cool)하게 여전히 친구 사
이로 잘 지냈지만, 허영숙은 나혜석을 본능적으로 의식하지 않을 수 없었다.
상대는 마치 여왕벌처럼, 당시 최고의 인기 절정에 있던 나혜석이었으므로.

그러나 허영숙이 이광수에게서 나혜석의 흔적을 지울 수는 없었다. 이광
수와 나혜석은 결별 후에도 꽤 오랜 기간 오빠 동생으로 친분을 유지했다.
그리고 이광수의 소설 「어린 벗에게」에서 나오는 여주인공 김일련이 나혜석
을 모델로 했다는 설이 있다. 김일련이 친구의 동생이라는 점과 그녀의 약
혼자가 병사했다는 점 등에서 나혜석을 연상시킨다. 또한, 이광수의 소설
「그의 자서전」(1936)도 나혜석과의 연애시절을 회상하며 쓴 작품임을 짐작
케 한다. 작품의 내용은 일본 유학 중 나혜석을 둘러싼 삼각관계가 자세하
게 묘사되어 있다.

나혜석과 이광수, 이 두 사람의 관계를 정리하면, 정말 많이 꼬여진 실타
래 같다. 우선 그는 오빠 나경석의 친구일 뿐 아니라, 첫사랑 최승구와도 친
구 사이였다. 이것만으로도 충분히 복잡하지만, 그녀는 그와 연애를 하다
가, 자랑 삼아서 친구한테 보여준 것뿐인데, 어느 날 보니 제 사람이 될 것
이라 믿었던 그가 친구와 바람이 나서 떠나가 버린 것이다. 이광수와는 정
말 많이 엉킨 인연이다.

그러나 나혜석에게 로맨스의 대상이 최승구 이후, 이광수뿐이었다고 생

각하면 잘못 생각한 것이다. 전혀 의외의 인물, 황보 염상섭이 있었다. 그러나 이 로맨스는 정말이지 너무 싱겁다. 나혜석 혼자만 뜨거웠다.

주변을 맴도는 그 많은 남자들을 모두 제쳐두고, 하필 그녀의 마음을 흔든 사람이 무뚝뚝하기로 말할 것 같으면 돌부처도 울고 간다는 황보 염상섭(廉想涉: 1897.08.30~1963.03.14)이었다. 황보는 평소에는 말이 정말 없어 과묵하기가 그지없다가도 일단 술이 몸속에 들어갔다 하면 언제 그랬냐는 듯 청산유수로 변했다고 전해진다. 알코올만 들어가면 지킬박사와 하이드처럼 전혀 딴사람으로 변하는 것이다.

황보는 성격이 무뚝뚝해 여성과 다정하게 마주하고 이야기를 나눈다던지, 함께 소풍을 간다던지 할 수 있는 사람이 아니었으므로 그에게 연애는 남의 이야기였다.

일본 유학 시절, 나혜석은 이런 염상섭에게 묘한 매력을 느껴서 그녀 특유의 활달함과 재기 발랄함으로 그에게 본격적으로 구애의 제스처를 보냈다.

나혜석이 그를 만나서 식사를 하거나 차를 마실 때면, 데이트는 안중에도 없고 화난 사람처럼 뚱하니 앉아 열심히 게걸스럽게 음식만 먹어치워 그녀를 실망시켰다고 황보 자신이 생전에 가까운 지인에게 고백했다고 한다. 그래도 나혜석은 단념하지 않고 계속 추파를 던졌는데 황보가 별다른 반응을 보이지 않자 흐지부지 단념한 모양이다.

황보 염상섭은 제 발로 걸어온 당대 최고의 블루칩 나혜석을 왜 마다했을까? 정녕 그녀에게 어떤 매력도 못 느꼈을까? 그렇진 않았던 것 같다. 다만 자신이 감당할 수 있는 사람이 아니라는 걸 깨달았기에 가까이 다가설 수 없었는지도 모른다.

염상섭은 나혜석의 당시 통념을 뛰어넘는 결혼을 소재로 한 소설 「해바라기」(≪동아일보≫, 1923.7~8.)를 연재했고, 나혜석이 몰락해가는 과정을 누구보다 안타깝게 지켜봤다고 전해지며 나혜석이 사망하자, 그를 추모하는 소설 「추도」(『신천지』, 1954)를 발표했다.

### ::: 착한 남자와 나쁜 남자 사이, 김우영

지금부터 정말 '팔자가 드세다'고 표현할 수밖에 없는 한 남자의 이야기를 하려 한다. 본래 팔자가 드세다는 말은 남자한테 잘 붙여지지 않는 수식어지만, 그가 결혼이라는 울타리 안에서 함께 했던 여자들이 그것을 증명한다. 첫 결혼에서는 일찍 상처하는 슬픔을 얻었고, 두 번째 부인은 그 유명한 나혜석이었고, 세 번째 부인은 당대 최고의 기생 신정숙이었고, 네 번째 부인은 한국 역사상 첫 여성경찰서장이었던 양한나였다. 이 환상의 조합으로 미루어볼 때에, 아니 그냥 속된 말로 이 기 드센 여인들을 종합선물세트로 받은 이 남자의 인생도 참 어지간히 피곤했겠구나라는 생각이 먼 바람처럼 스쳐 잠시 쓴웃음을 짓게 한다.

앞서 잠깐 언급한 바와 같이 소월 최승구의 폐결핵이 회복될 기미가 보이지 않자, 나혜석의 오빠 경석은 장차 매제가 될 사람으로 그의 이름을 지우고 곧 다른 이름을 새겨 넣었다. 그 두 번째 이름은 바로 청구(靑邱) 김우영(金雨英: 1886~1958)이었다.

당시 김우영은 일본 교토제국대학 법학부에 재학 중이었는데, 나혜석의 오빠 경석과는 절친한 친구 사이였다. 물론 우리의 예상대로 혜석의 첫사랑 소월과도 아주 잘 아는 사이였고 춘원과도 물론 두루두루 잘 아는 사이였다. 정말 꿈속에서라도 필자가 나혜석을 만날 수 있다면 꼭 물어보고 싶은 것이 바로 그것이다.

"당신 연애한 남자 넷 중 셋이 오빠 친구네요. 뭡니까, 이게? 오빠 손바닥 안에서? 프라이버시 보장도 안됐을 테고 오빠 친구들과 사귀면서 지루하지 않았어요? 혹시 당신은 브라더걸?"

물론 당시는 지금과는 시대적 배경이나 환경이 많이 달랐으니까 무척이나 개화된 나혜석이란 여자도 그럴 수밖에 없었으리란 생각이 든다. 그녀의 남자관계가 오빠의 그늘 안에서 벗어나지 못했다는 건 다시 말해 그녀의 첫사랑 최승구의 그늘 안에서 여전히 옴짝달싹 못했다는 말과도 결국 같은 의미가 될 것이다.

김우영도 마찬가지로 앞서 언급한 두 남자들처럼 조혼한 처지였지만, 그나마 다행이었던 것은 사별한 돌싱(돌아온 싱글)이었다는 점이다. 전처소생으로 딸자식이 하나 딸린 게 흠이라면 흠이랄까.

상처한 지 3년 된 김우영은, 어느 날 나경석의 집을 방문했다가 소문으로만 들었던 혜석을 우연히 먼발치에서 보고 나서 첫눈에 반해 그때부터 본격적으로 구애작전을 펼쳤다. 당시 혜석은 연인 최승구를 떠나보낸 지 얼마 되지 않아 심한 우울감에 빠져 있던 상태라 누구를 새로이 받아들일 마음의 준비가 되지 않았다. 그런데도 김우영은 노크도 없이 그녀의 마음속으로 막무가내로 밀고 들어왔다. 당시에는 아주 진귀한 선물인 과일선물들이며, 구혼편지며 무언가를 매일 그녀에게 부지런히 보내 그녀의 환심을 사려 했다.

나혜석은 진지한 대화도 한번 나눠보지도 않고 구혼편지를 보내는 그를 도무지 이해할 수 없었다. 무엇보다 예술적인 조예나 감각이 있는 것 같지도 않아 그와 커뮤니케이션이 잘 통할 것 같지 않았다. 한마디로 그에게서 느껴지는 매력이 '꽝'이었던 것이다.

하지만 나경석의 강력한 지지 속에서 혜석은 장장 6년 동안이나 김우영과 어정쩡한 관계를 이어갔다. 내가 갖기는 10%쯤 부족해 보이고, 그렇다고 버리기에는 어쩐지 아까운 그런 존재라고 생각했던 것 같다.

실제로 먼 훗날, 그녀는 김우영과의 결혼을, 그를 사랑해서 한 결혼이 아니라, '예술을 편히 하기 위한 어쩔 수 없는 선택'이었음을 고백하기도 했다.

매사 분명하고 이성적인 법학도와 감수성이 풍부한 예술가가 서로 통하는 구석이 얼마나 될까? 사랑이라는 이름으로 상대의 일방적인 양보가 꽤 필요했을 성 싶다. 김우영은 지나치게 결혼에만 집착해 뜨거웠고, 반면 나혜석은 냉수 같기만 했던 6년 동안 김우영이 몇 번이나 혼인을 재촉했지만 그때마다 그녀는 거절했다. 아직도 첫사랑에 베인 상처가 아물지 않아 시시때때로 덧나 고통스러웠을 뿐 아니라, 김우영이 하는 사랑이 '혜석 자신이 아니면 안 되는 이유'를 찾지 못해서였다. 자기 이외의 다른 여성이라도 그는 얼마든지 사랑이 가능할 것 같았고, 결혼해서 평안한 가정을 꾸리고 잘 살아갈 것 같았기 때문이다. 굳이 그의 아내가 자기여야 할 필요성을 그 안에서 찾지 못했던 것이다.

본능적 사랑이라면 나 이외의 다른 여성이라도 무관할 것이오. 하필 나를 요구할 필요가 없으리라는 생각이 들었던 것입니다. 전 인류 중 하필 너는 나를 구하고 나는 너를 짝지으려 하는 데는 네가 내게 없어서는 안 되고 내가 네게 없어서는 안 되는 무엇 하나를 찾지 못하는 이상 그 결혼생활은 영구치 못할 것이오, 행복하지 못하리라는 것을 나는 일찍이 깨달았던 것입니다. 그렇다고 나는 그를 놓기 싫었고, 씨(김우영)도 나를 놓지 않았습니다.

-나혜석, 「이혼 고백장」, 『삼천리』, 1934

이성으로서 마음이 그다지 가지 않았음에도 자기감정에 솔직한 나혜석이 김우영을 6년간이나 사귀었던 까닭은 오빠 경석의 무조건적인 지지뿐 아니라, 김우영의 인간됨도 한몫했었던 것 같다. 훗날 한 회고담에서 그녀는 다음과 같이 언급했는데 당시 착한 남자 김우영을 드라마의 한 대사처럼 증명해주는 듯하다.

연애시절, 김우영은 나혜석에게 이런 말을 했다고 한다.

"좋은 구경을 많이 한 사람과 함께 다니는 것보다 구경을 한 번도 못해본 사람과 다니면서 그 사람이 이것저것 보면서 좋아하고 즐거워하는 것을 보면 나도 덩달아 유쾌하오."

이 말 한마디에서도 그의 순수함과 순박함이 느껴진다. 그러나 달리 생각한다면 당시 김우영은 말을 잘하기로 소문난, 조선 최고의 언변가로 통했다는 점도 염두에 두어야 할 점이다.

그렇게 하여 만난 지 6년 만에 마침내 나혜석과 김우영은 결혼했다. 물론 우리의 기대를 저버리고 호락호락 재미없이 결혼할 나혜석이 아니었다. 여기에도 그녀만의 멋진 서프라이즈가 있었다.

나혜석은 김우영에게 그녀답게 세 가지의 결혼 조건을 제시했다. 당시는 1920년대의 남성 중심의 가부장제가 판을 친 조선의 하늘아래였고, 조선의 그 어떤 여자도 이런 파격적인 조건을 내걸고 결혼할 꿈을 꾸지는 못했을 것이다. '조선 여성의 진보의 첫걸음'이었던 나혜석이니까 가능했으리라. 나혜석의 결혼조건은 다음과 같다.

1. 일생을 두고 지금과 같이 나를 사랑할 것.
2. 그림을 그리는 일을 평생 허락할 것.

3. 시어머니와 전실 딸과는 별거케 할 것.

　당시 조선 유학생들의 최고의 로망이었던 나혜석과 결혼하는 데에만 온통 혈안이 돼 있었던 김우영은 당시로서는 아주 맹랑하고 파격적인 이 세가지의 조건에도 불구하고 앞뒤 생각해볼 겨를도 없이 즉각 승낙했다. 물론 약속이라는 것은 얼마만큼 성의 있게 지켜지느냐, 그렇지 않느냐가 중요한 것이지, 그 당장에 수락하느냐는 그다지 중요한 게 아니다.

　이렇게 해서 나혜석과 김우영은 1920년 4월 10일 오후 3시에 서울 정동교회에서 결혼식을 올렸다. 당시 3백여 석의 식장을 모두 채우고도 ≪동아일보≫에 실린 공개청첩장을 보고 구름처럼 몰려든 사람들로 인해 교회 안과 밖이 발을 디딜 틈도 없었다고 한다. 그도 그럴 것이 나혜석이 워낙 당시에 빅 이슈인 인물인데다가, 김우영도 동아일보의 창간멤버로 활동하는 둥만만치 않은 저력의 소유자였기 때문에 이 결혼식은 1920년 당시 조선판세기의 결혼식이었다.

　그런데 결혼식에 하객으로 참석했던 사람들의 증언에 따르면, 웨딩드레스를 입고서 식장에 입장한 신부가,

　"저는 이런 형식에 얽매인 결혼식은 찬성하지 않습니다. 결혼이란 형식이 중요한 게 아니라 당사자인 두 사람의 마음이 중요하지 않겠습니까?"
라고 말을 해서 주위를 깜짝 놀라게 했다고 한다.

　나혜석은 막상 식장에 와보니까 사람들도 생각보다 너무 많고, 김우영이 독단으로 성대한 결혼식을 벌인 게 마뜩찮았던 모양이었다. 김우영은 그 나름대로 자기 위엄을 드러내는 한편, 모든 남자들의 로망이었던 나혜석이 이제 자기 처가 되었다는 것을 만방에 공포하고 싶어서였을 것이다.

　그런데 나혜석은, '까불지 마, 이 남자야. 너는 날 완전히 가진 게 아니야.'

라며 그녀답게 자기를 차지했다는 승리감에 부풀어있는 김우영에게 보기 좋게 찬물을 확 끼얹는다. 바로 그를 데리고 신혼여행으로 간 게 첫사랑 최승구의 무덤이었던 것이다.

보통 결혼식을 올리고 나서 둘만의 오붓한 시간을 보내고자 신랑의 주도로 떠나는 여행이 신혼여행이다. 그런데 이들 부부의 신혼여행은 되레 모양새가 반대였다. 신혼여행만큼은 그저 아무것도 묻지도 따지지도 말고 자기를 믿고 따라와 달라고 했던 나혜석의 요청에 김우영은 근사한 신혼여행 계획을 접고 그녀의 뒤를 따랐다. 호남선 열차를 탈 때만 해도 김우영은 그 길이 설마 그녀의 옛 애인이자, 제 친구였던 최승구의 무덤으로 가는 길일지 상상조차 하지 못했을 것이다.

그런데 나혜석의 생각은 달랐다. 비록 육신은 이 세상에 없지만, 첫사랑 최승구를 찾아가 자신의 결혼 소식을 알리고 신고식을 치르고 싶었다. 이 거룩한 의식에 동참하지 못하는 옹졸한 심성의 남편과는 앞으로 같이 살 자신이 없었다. 다시 말해 그 의식은 남편 김우영을 향한 무서운 경고이기도 했다. 당신을 내가 죽도록 사랑해서 결혼한 남자가 아니라는 것, 당신한테 내가 두 번째 부인이라면 나한테 당신 또한 첫 번째가 아니라는 것, 나의 사랑은 처음에도 그랬고 지금도 그렇고 이 최승구 단 한 사람뿐이라는 것, 아무리 내가 당신과 살을 섞고 아이들을 낳고 평생을 함께 살더라도 그 자리를 당신에게 내줄 수는 없다는 것, 단지 미술을 편하게 할 수 있는 환경을 확보하고자 당신과 결혼했을 뿐이라는 것을 김우영에게 분명하게 깨닫게 해주고자 함이었다.

최승구의 무덤이 자기들의 신혼여행지라는 사실을 안 김우영의 표정이 어땠을지 정말 궁금하지 않은가. 그로서는 화도 낼 수 없었으리라. 그는 그때부터 깨달았으리라. 자신이 뭘 어떻게 해도 절대 나혜석에게 최승구 같은 존재가 될 수 없음을.

배를 타고 전남 고흥 궁촌(窮村) 벽산(僻山)에 도착해 마을사람들에게 수소문해서 겨우겨우 찾아낸 최승구의 무덤. 비석 하나 없이 잡초로 뒤덮여 초라하기 이를 데 없었다. 그날 비로소 이 최승구의 묘에 석비가 세워졌다. 바로 불과 몇 시간 전에 최승구의 전애인의 남편이 된, 그리고 한때 그의 친구이기도 했던 김우영이 그녀와 신혼여행을 와서 손수 세워준 것이다. 이 무슨 운명의 어이를 상실한 장난질일까.

한때 그의 약혼자였던 그녀는 눈물을 남몰래 흘리며 석비 아래에 그와 나누었던 아름다운 추억이 담긴 연서들을 태운 재를 고이 묻었다. 김우영은 친구 최승구의 무덤에 석비를 세워주며 아내의 과거를 스스로 정리한다는 입장이었을 것이다. 그 내면에는 먼저 간 친구에 대한 미안함, 그럼에도 여전히 아내의 마음 한가운데에 자리한 죽은 자에 대한 불편함, 자격지심, 질투심 등 복잡 미묘한 감정들이 실타래처럼 어지러이 뒤엉켜 마음이 편치 않았을 것이다.

어쨌든 그래도 군소리 없이 아내의 첫사랑 묘지로 신혼여행을 가 석비까지 세워준 김우영은 보기 드문 대인(大人)임에 틀림없다. 그만큼 나혜석을 많이 사랑했다는 뜻이기도 할 것이다. 상대가 원하지 않았음에도, 갈구하지 않았음에도 사랑하는 마음이 클수록 그에 따르는 반작용도 크고 넓은 것은 어쩔 수 없나 보다.

이렇게 나혜석과 김우영의 결혼은 겉으로 보기에는 부족할 게 조금도 없는, 완벽한 세기의 커플로 보였으나 내면 깊숙이 들어가면 처음부터 '첫사랑 최승구'에 대한 기억과 비교의식으로 말미암아 언제 터질지 모를 불행의 지뢰밭에서 출발한 것이었다. 최승구는 죽었지만 그들 두 사람한테는 적어도 죽은 자가 아니었다. 특히 김우영은 결혼생활 십여 년 내내 망자와 속속

들이 비교당하는 기분을 지울 길이 없었으리라.

나혜석은 결혼한 지 6년 후, 남편 김우영에 대해 다음과 같은 글을 『신여성』지에 발표했다.

> 내 남편은 성질이 둥그레하면서도 극열한 감정가외다. 그러므로 보편적으로는 사람이 좋다는 인상을 주는 사람이나 제일 가까운 사람에게는 때때로 기가 막히게 철 안 난 감정을 부립니다. 그러나 대체로 보면 착하고 좋은 사람이외다. 누구든지 남 보기를 자기 표준으로 하니까 남을 다 좋은 사람이라고 믿고 보는 사람이외다. 그러므로 간혹 가다가 남을 너무 믿는 까닭으로 안고 넘어질 때가 있습니다. 이 사람에게 큰 결점은 너무 취미가 박약한 것이외다. (하략) 내 남편은 대체로 말하면 이런 사람이올시다.
>
> -나혜석, 「내 남편은 이러하외다」, 『신여성』, 1926

훗날 나혜석은 김우영과 헤어지고 나서 그에 대해, 세상에 보기 드문 선량한 남편이었다고 회상했다. 지나치게 모범적이어서 그와 사는 내내 답답했고, 머잖아 그녀의 인생에 '토네이도'처럼 등장해 모든 걸 날려버리는 남자 최린같이 예술가적 기질과 정치적 수완이 뛰어난 사람을 만나면 저도 모르게 남편과 비교가 되어 몹시 괴로워서 그와 결혼한 걸 가슴을 치며 후회했다고 고백하기도 했다.

1921년 가을, 김우영은 조선인 최초의 외교관으로서 만주 안동현 영사관의 부영사로 부임했다. 강점시대의 외교관이란, 좋든 싫든 겉으로는 일본 총독부의 멍멍이 노릇을 할 수밖에 없는 자리였다. 외교관 부인의 자리도 마찬가지였다. 겉으로는 저녁마다 이브닝 파티가 있고 평안하고 화려하고 남부러울 것 하나 없는 자리였지만 어디까지나 일본의 요구에 충실히 따라야 했다. 그러나 달리 생각하면 등잔 밑이 어두운 법이 아니던가.

나혜석 부부는 총독부가 신뢰하는 외교관이라는 신분을 역으로 이용해서 독립군의 자금을 운반하거나, 독립군의 무기를 숨기는 등등의 우리 민족의 독립과 관련된 일을 암암리에 도왔다. 그때까지의 나혜석의 삶도 여인으로서도, 작가로서도, 화가로서도 모든 게 완벽하게 평탄대로였다. 폭풍전야의 평온함일까?

마치 천운이라도 내려 받은 듯 3박자가 모두 완벽하게 맞아떨어졌다. 1919년부터 본격적인 사회활동을 시작한 그녀는, 시시때때로 신문과 동인지에 글을 발표하고, 전시회도 여는 등 조선 최초의 여류작가와 화가로서 승승장구했다. 물론 이름만 들어도 누구나 다 아는 외교관 부인으로서도 품격을 완벽하게 유지했다. 그녀에 대한 김우영의 뜨거운 사랑도 여전했다. 부부의 3남매도 건강했다. 단 한 가지 나혜석에게 불만스러운 게 있다면, 창작을 위한 좋은 '자극'을 받지 못한다는 것이었다. 자기한테 잘 맞지도 않는 주부 노릇을 하려니 창작에너지가 빠르게 고갈되어 그녀는 항상 새롭고 신선한 자극에 목말라 했었다.

그러던 터에 1927년 나혜석에게 일생일대의 꿈같은 기회가 찾아왔다. 남편 김우영이 안동현 부영사 임기를 마치자, 총독부에서는 그를 더 이용할 목적으로 그들 부부에게 세계일주 티켓을 포상으로 주었다. 머리도 식힐 겸 밖에 나가서 선진문물을 돌아보고 오라는 것이었다.

나혜석에 대해 호의적이지 못한 증언에 따르면, 총독부의 이 제의가 어떤 의미인지 잘 알았던 김우영은 당시 이 여행을 별로 탐탁치 않아했다고 한다. 그런데 나혜석이 옆에서 자꾸 가자며 꼬드겨 귀가 얇은 김우영은 별 수 없이 따라간 것이라고도 한다. 사실이 무엇인지는 알 길이 없다. 다만, 나혜석에 대해 아직도 왜곡된 정보들이 많았고, 그것이 사실인양 후대에 전해지고 있다는 게 안타까울 뿐이다.

어쨌든 나혜석 부부는 1년 8개월에 걸쳐 세계여행을 했다. 우리나라 여성으로서 세계 일주를 한 것도 나혜석이 최초다. 그런데 결과만 따진다면 이 세계여행이 나혜석의 인생에 있어서 '아니 간만 못한 길'이 되고 말았다. 스스로 지옥문의 뚜껑을 확 열어젖힌 셈이다. 아니, 낭만의 도시 파리만 피해갔더라면······. 그녀의 인생이 그런대로 순탄했을지도 모르겠다. 훗날 나혜석 본인의 표현대로, 자기를 살린 곳도 파리요, 자기를 죽인 곳도 파리니까. 하지만 필연적으로 만나게 될 운명의 사람들은 선연이든 악연이든 언제, 어디서, 어떻게든 만날 수밖에 없으리라.

파리에서 그녀는 절대 만나서는 안 될 한 사람을 만났다. 사랑이 저절로 하고 싶어지는 파리의 낭만에 젖어서, 감수성이 풍부하고 자유로운 영혼을 가진 나혜석은 첫사랑 최승구를 닮은 한 남자를 만나서 잠시 그를 탐했다. 여성이, 여성 예술가가 남편 이외의 다른 '남자 뮤즈'를 원했다는 그 한 가지 이유만으로 그에 대한 죗값은 너무나 가혹했다.

사람을 지나치게 좋아하고 잘 믿었던 김우영, 뒤통수를 제대로 가격 당했다. 그는 아내 나혜석을 파리에서 우연히 만난 자신이 아주 잘 아는 선배이자, 누구나 존경하는 민족지도자 중 한 사람이었던 최린에게 부탁하고 마음 편히 독일 베를린으로 단기법학공부를 하기 위해 떠났다.

그런데 파리에서 만난 이 중년의 두 남녀가 함께 어울려 다니면서 갑자기 마신 파리 물에 체하기라도 했는지 제 신분을 망각하고 결국에는 '불륜남녀'가 돼버린 것이다. 당시 프랑스 내 조선인들 사이에서는 나혜석을 '최린의 작은댁'이라고 불릴 정도였다.

프랑스와 독일, 잘 알다시피 이웃한 국가다. 김우영이 이 소문을 모를 리가 없었다. 그래도 김우영은 거기에 대해 입도 뻥끗하지 않았다. 아내 나혜석을 믿었기 때문이었다. 무엇보다 부부의 넷째 아이도 곧 태어날 텐데. 그 시점에서 불륜이라니…….

김우영은 아내 나혜석과 자신이 존경에 마지않았던 천도교의 도령 최린의 인품을 믿어 의심치 않아 그런 괴소문에 전혀 개의치 않았다.

그런데 1년 8개월간의 세계여행을 마치고 귀국하니, 현실이 생각과는 많이 달랐다. 우선 약 2년간의 외유로 인해 재정이 거덜난 상태였다. 물론 그의 예상대로 귀국하자마자, 조선총독부의 사무관으로 들어가서 천황폐하를 위해 일을 하라는 외무성의 요구가 있었다. 하지만 그는 이 제의를 단칼에 거절했다. 그 까닭은 그가 미국을 방문했을 때, 재미 조선인 송년파티에서 "친일파 김우영!"이라고 소리치며 달려드는 구국청년들에게 피습당한 사건으로 말미암아 그때 받은 충격이 채 가시지 않아 더 이상 제 안위를 위해 조국을 팔아먹는, 떳떳치 못한 일을 하고 싶지 않았다. 그래서 그는 변호사를 개업하기로 결심하는데, 그가 바로 우리나라 초대변호사인 셈이다.

하지만 말이 변호사지, 당시에는 변호사란 직업자체가 생소한 때라서 소송 의뢰가 드물었고 그나마 인맥을 이용해야 하는데, 아내 나혜석과 최린과의 불륜에 얽힌 소문이 조선 땅까지 파다하게 퍼져 그나마도 쉽지 않았다.

"참 청구도 안됐어. 제 아내 간수도 제대로 못하는 사람이 남 변호를 어찌 한다고. 쯧쯧. 지나가는 개가 웃을 일이야."
"서방질한 계집년도 좋다고 데리고 사는 걸 보니 참 속도 없군."

당시 남자들은 김우영이 돌아가고 나면 술자리에서 안주삼아 이렇게 뒷담화를 늘어놓곤 했다. 김우영도 자기를 바라보는 세인의 시선을 모를 리 없었다. 6년을 연애하고, 11년의 결혼생활을 해 오면서 아이 넷을 낳아 기르는 동안에도 여전히 가슴 한 구석에 자리하고 있었던 '최승구 콤플렉스'로도 부족해서 이제는 '외간남자와 바람피운 처도 좋다고 데리고 사는 못난 놈' 딱지까지 붙이고 다녀야 하는가 싶었으리라. 하지만 이때까지만 해도 김우영은 적어도 아내를 내칠 생각은 없었던 듯하다.

이들 부부관계가 파탄 지경까지 간 것은 아내 나혜석의 지나치리만큼 순수하고 정직한 성격 때문이었다. 그녀의 가장 큰 장점이자 결점은, 바로 생각과 행동이 일치한다는 데에 있었다. 자신의 생각이 옳다고 생각하면 그게 물이든 불이든 일단 뛰어들고 보는, 소위 불나방 같은 성격이었다.

당시 김우영은 처자식을 벌어 먹일 형편이 아니었다. 여행 전, 부부가 모아놓은 재산은 시어머니의 수중으로 들어간 상태고, 나머지는 여행경비로 다 써버려서 귀국 후에는 경성에 집 한 켠 마련할 돈도 없었다. 해서 일단 귀국 후, 나혜석은 아이들이 있는 동래 시집으로 들어가 살았다.

그런데 변호사 개업 경비도 만만치 않을뿐더러, 시사촌들이 세계 일주를 하고 돌아온 김우영이 큰 인물이라도 될 줄 알고 자꾸 찾아와 덕지덕지 들러붙는 터라 경제적 어려움은 더욱 가중되었다. 결국 나혜석은 경성에 오고갈 차비조차 없는 처지가 되었다. 더욱이 거주지가 경성이 아니었기에 자기가 나서서 무슨 일을 적극적으로 할 수도 없었다.

나혜석은 답답하고 궁핍한 현실에서 벗어나고자 파리에서 행복한 시간을 함께 보냈던 최린에게 편지를 보냈다. 당시 상황에서 자신한테 도움을 줄 수 있는 사람은 그밖에 없을 성 싶었다. 편지 내용은 다음과 같이 전해진다.

(서략) 긴히 부탁드릴 게 있사외다. 제가 이곳을 떠나 한시라도 비울 수가 없사오니, 고우(최린의 아호) 선생께서 왕림해 주시면 감사하겠사외다. 고우 선생과 첨언하기를, 다시 사귀기를 바라고 있사외다.

요즘 세상에서도 함께 불륜을 의심받고 있는 남자에게 자신의 아내가 위와 같은 내용의 편지를 보냈다는 사실을 알면 남편의 입장에서는 피가 거꾸로 솟을 것이다. 김우영도 마찬가지였다.

나혜석은 부탁을 하는 자의 입장에서 일부러 그렇게 아쉬운 자의 목소리를 냈을 수도 있겠지만, 그 편지를 받은 최린의 해석은 달랐다. 당신이 그리워서 죽겠습니다…….

최린은 자기 친구에게 위 편지에 대해 발설했고, 그 사람은 요정에서 사람들이 모인 자리에서 술안줏감으로 나혜석이 최린한테 연애편지를 보냈다더라 하는 식으로 이야기를 했는데, 결국 며칠 지나지 않아 김우영의 귀에도 들어갔다. 그런데 말이란 게 본래 그대로 전해지지 않는다. 언제나 사람의 입을 거치면서 부풀어지고 왜곡되기 마련. 이 사건도 그랬다.

나혜석의 편지 중, '다시 사귀기를 바란다'는 말이 사람들의 입을 거치면서 어느새 '내 평생을 고우 그대에게 모두 바치겠소.'가 되어 있었다. 파리에서의 불미스러운 소문을 듣고 나서 아내에게 행여 화가 미칠까봐서 최린과 더 이상 연락하지 말라고 다짐을 받아뒀던 김우영으로서는 이제는 더 이상 자신이 덮고 그냥 넘어갈 일이 아니었다. 이 여자가 나를 보자기로 보나, 싶었으리라.

김우영이 나혜석한테 왜 최린한테 그런 편지를 보냈느냐고 캐묻자, 나혜석은 오히려,

"남자가 쩨쩨하게 무얼 그런 걸로 트집을 잡아."

라며 되려 김우영의 자존심을 건드렸다고 한다.

그때 비로소 김우영은 이혼을 결심했다. 김우영은 여기저기에서 쏟아지는 이혼을 종용하는 말들을 못이기는 척 받아들였다. 당시 사람들은 보고 싶었던 것이다. 남자보다 더 잘나서 자기들을 우습게 보는 나혜석이, 억세고

기세서 다른 남자와 바람을 피우고도 부끄러운 줄도 모르는 뻔뻔한 한 여자가 이혼을 당하고서 어떻게 살아가는지 궁금해 했다. 이혼 후 그녀의 비참한 말로를 상상하며 코웃음 치면서 그녀의 몰락을 재미있어 했던 것이다. 이것은 남성중심사회에 위협받은 남자들은 물론, 반대로 나혜석과 같은 편에 서야 하는 여성들도 나혜석을 수치로 받아들였다.

곧 머잖아 부부의 이혼설이 돌았고, 김우영의 주변에는 여름날 짠 음식에 초파리들이 날아들듯 돈 있는 기생들이 본격적으로 구애작전을 펼치기 시작했다.

세상의 어느 누구도 나혜석 편이 아니었다. 나혜석한테라면 선량하기가 끝이 없었던, 그래서 죽은 첫사랑 묘지로 신혼여행을 가서도 아무 불만을 토로하지 않고 오히려 비석까지 세워주었던 그 착한 남자 김우영은 이제 세상 어디에도 없었다. 대신 이혼에 합의하지 않으면 간통죄로 고발하겠다고 협박하는 악당 같은 남편 김우영만 있을 뿐이었다.

결혼 전에 했었던 약속도 지켜지지 않았다. 무엇보다 시집살이를 하지 않도록 해주겠다고 철석같이 약속하고는, 해외여행에서 돌아오자 경제적인 이유를 들어 자기는 경성에 머물고 아내 나혜석은 동래 시집에서 대가족 시집 식구들과 함께 머물도록 했다. 이 시집 식구들도 애초에 나혜석 편이 아니었다.

당시 신여성들이 구시대적 가족제도 안에 흡수되기가 매우 어려웠듯 그녀도 예외는 아니었다. 있는 집 딸로 공부만 하고 자란 탓에 손에 물도 별로 안 묻혀봤을 텐데 시어머니에, 시누이, 고종사촌들까지 층층시하 시집 식구들 속에서 적응하기 수월했을 리가 없었다. 게다가 그녀가 한 결정적인 실수—해외에서 귀국할 때에 시집 식구들의 선물을 단 한 가지도 사오지 않아—탓에 그들에게 미운털이 단단히 박힌 뒤였다. 이런 상황에서 그들이 나혜석을 옹호해, 이혼하겠다고 벼르는 김우영을 진정시키고 가정의 화목을 도모할 리 만무했다.

어느 날, 경성에서 갑작스럽게 내려온 김우영은 식구들을 모두 모아놓고 폭탄선언을 했다.

"처와 이혼하겠습니다."

나혜석한테는 일방적인 통보였다. 아무 잘못도 없는 그녀는 억울했다. 그래서 혜석은 이혼할 수 없다고 했다. 김우영은 식구들 앞에서 냉정하게 툭, 말을 짓씹듯 던졌다.

"서방질한 계집이랑 어떻게 같이 살아요? 더는 같이 못살겠어요."

드라마 '사랑과 전쟁'의 한 장면이 20세기 초 김우영의 집 안방에서도 펼쳐진 것이다. 그 말을 들은 시집 식구들은 기막혀 하면서도 대체로 찬성하는 분위기였다. 특히 과부인 시누이가 옆에서 더 충동질을 했다.

나혜석은 자기가 그동안 다른 여자들처럼 살림만 하지 않았고, 시댁을 새로 짓는 데에는 자기 그림을 판 돈도 들어갔으니까 재산을 반으로 나눠달라고 요구했다. 그러기 전에는 이혼은 어림 반 푼어치도 없는 소리라며 대거리를 했다.

이에 김우영은, 재산은 자기 것이 아니고 모두 어머니(시어머니) 것이라고, 그래서 한 푼도 나누어 줄 수 없다고 응수했다. 대신 당시 5백 원 가량했던 논문서(혹은 밭문서)를 나혜석 앞에 휙, 던져주며, 이것 가지고 꺼지라는 식으로 행동했다. 그런데 당시 5백 원이란 돈은 그렇게 큰 액수의 돈이 아니었다. 나혜석이 제 그림 두어 점만 팔면 충분히 벌 수 있는 액수였다. 김우영은 십여 년을 함께 살았던, 자신의 네 아이의 엄마인 아내 나혜석의 가치를 고작 그 정도로 후려친 것이다. 그 모든 게 제 자존심을 심각하게 훼손한다고 생각했던 나혜석은 이따위 건 받지 않겠다며, 이혼 역시 완강히 거부했다.

곰처럼, 착하고 선량한 사람이 화가 나면 더 무섭다고 했던가. 이 말은 김우영을 두고 하는 말 같다. 그동안 나혜석의 남편으로 산다는 이유만으로, 나혜석을 더 많이 사랑한다는 이유만으로 이래도 참고, 저래도 참은 김우영은 아내의 불륜과 그 불륜남에게 보낸 편지사건으로 인해 배신감에 치를 떨면서 그 치욕적인 관계에 어떻게든 마침표를 찍어야 함을 깨달았던 것이다.

김우영은 나혜석이 이혼할 생각이 없자, 이틀에 한 번씩 경성에서 이혼독촉장을 보내 압박의 강도를 높였다. 어미로서 아이들 때문에 이혼할 수 없다는 나혜석의 간절한 눈물의 호소도 통하지 않았다.

그도 그럴 것이 나혜석은 첫 딸을 낳은 직후, 어느 매체에 「모(母)된 감상기」란 글을 발표한 적이 있었는데, 거기에서 임신에 대한 후회에 산고의 혹독한 고통을 표현하면서 한 가지 충격적인 표현을 더한 것이다. '자식'을 '어미의 살점을 떼어가는 악마'로 표현한 것.

이 글을 남편 김우영이 안 봤을 리는 없고, 그가 받았을 충격이 꽤 컸을 것 같다. 자기 자식을 제 살점을 떼어가는 악마라고 생각하는 여자, 그 여자의 남편은 그 글을 보면서 무슨 생각을 했을까. 그래서 그는 나혜석의 모성애 자체를 신뢰하지 않았다. 그녀의 마음속에 아이들을 생각하는 모성애 따위는 눈곱만큼도 있지 않다고 생각했다. 그래서 김우영은 아내 나혜석을 그토록 한 치의 미련 없이, 참혹하게 내칠 수 있었다. 나혜석은 자신이 불륜을 저질렀음에도 이혼할 수 없는 이유를 다음 네 가지를 들어 김우영을 마지막까지 설득했다.

우리는 서로 떠나지 못할 조건이 네 가지가 있소. 첫째는, 팔십 노모가 계시니 불효요. 두 번째는 자식 4남매요. 학령 아동인 만큼 보호해야 할 의무가 있소. 세 번째는 한 가정(一家)은 부부의 공동생활인 만큼 생산도 공동으로 이루어졌음에 마땅하므로 일가(一家)가 이가(二家)가 되는, 즉, 한 가정이 두 가정으로 나누는, 다시 말해 부부가 이혼하게 되더라도 생계가 있어야 할 것이오. 이것을 마련해주는 게 사람으로서의 의미일 것이오. 네 번째는 우리 나이가 경험으로나, 시기로나, 순정, 즉 사랑으로만 산다기보다 이해와 의리로 살아야 할 것이오. 내가 사과하였고, 내 동기(최린에게 편지를 보낸 동기)가 전혀 악으로 된 게 아니요. 또 내가 앞으로 현모양처로 살겠다고 씨(김우영)에게 약속하였나이다.

-나혜석, 「이혼 고백장」, 『삼천리』, 1934

그러나 김우영의 귀에는 나혜석의 말 따위는 들리지 않았다. 이혼해 달라, 못해주겠다 서로 피 말리는 실랑이를 하는 동안 한 달여가 훌쩍 지나갔다. 평소 부부와 친분이 두터웠던 이광수까지 중재에 나섰지만, 모든 노력이 허사였다. 결국 나혜석은 김우영과 시집 식구들의 압박과 강요, 시어머니의 회유에 심적 부담감을 견디지 못하고 이혼서류에 도장을 찍고서 무일푼으로 쫓겨났다.

시집에는 태어난 지 이제 갓 돌이 지난 막내아들이 있었다. 그 어린 젖먹이를 떼놓고 나와야만 했던 어미의 마음도, 그 젖먹이를 어미로부터 떼어내야만 하는 아비의 마음도 모두 영원히 치유되지 않는 깊은 상처로 가슴에는 이미 피로 낭자했을 것이다.

부부의 사남매를 생각해서 2년 안에 재가하지 않고 상황을 봐서 재결합을 하기로 한 이혼 전의 약속도 거짓이었다. 김우영은 이혼 서류에 인주가 채 마르기도 전에, 기녀 신정숙과 버젓이 혼인신고를 하고 아이들을 경성으로 데려와 새 살림을 차렸다. 나혜석으로서는 모든 희망이 물거품이 되는 순간이었다. 그녀가 돌아갈 곳, 의지할 곳이라고는 조선 천지에 아무데도 없었다.

그러나 나혜석은 조선 여성운동의 진보의 첫걸음 나혜석답게 거기서 멈춰 체념하고만 있지 않았다. 1934년 8월부터 9월, 2회에 걸쳐 당시 문예지 『삼천리』에 「이혼 고백장」을 연재했다. 알다시피 이 글은, 여자로서는 당연히 숨기고픈 비밀—나 이러이러해서 이혼했소—을 세상에 널리널리 공포하는 글이다.

청구(김우영의 아호)씨, 난생 처음으로 당하는 이 충격은 너무 상처가 심하고 치명적입니다. 비탄, 통곡, 초조, 번민-이래 이 일체의 궤로(軌路)에서 생의 방황을 하면서 일편으로 심연의 밑바닥에 던진 '씨'를 나는 다시 '청구'씨, 하고 부릅니다.

청구씨, 하고 부르는 내 눈에는 눈물이 그득 차집니다. 이것을 세상은 나를 '약자야!', 하고 부를까요. (중략)

사건(이혼) 이래 타격을 받은 내 가슴속에는 씨와 나 사이에 부부생활 11년 동안의 인상과 추억이 명멸해집니다.…저녁때면 사퇴(퇴근) 시간에 꼭꼭 들어오지 아니하였으며 내게나 어린애들에게 자애 있는 미소를 띠는 씨였습니다. 연초(담배)는 소량으로 피우나 주량은 조금도 없었습니다. 이 의미로 보면 씨는 세상에 보기 드문 '선량한 남편'이라고 아니할 수 없었나이다. 아니 꼭 신임하였습니다. 그러한 씨가 숨은 반면에 무서운 단결(斷決)성, 참혹한 타기(唾棄)성이 포함돼 있을 줄이야 누가 꿈엔들 생각하였으리까. 나를 반성할만한, 나를 참회할만한 촌분(寸分)의 틈과 촌분의 여유도 주지 아니한 씨가 아니었습니까? 어리석은 나는 그래도 혹 용서를 받을까 하고 애걸복걸하지 아니하였습니까. (중략)

씨의 성격은 어디까지든지 이지를 떠난 감정적이어서 일촌(一村)의 앞길을 예상치 못했습니다. 나는 좀 더 사회인으로, 주부로, 사람답게 잘살고 싶었습니다. 그러함에는 경제(돈)도 필요하고, 시간도 필요하고, 노력도 필요하고, 근면도 필요하였습니다. 불민(不敏)한 점이 불소(不少)하였으나 동기(動機)는 사람답게 잘

살자는 건방진 이상(理想)이 뿌리가 빼어지지 않는 까닭이었습니다. 덤으로, 부부간 충돌이 생긴 뒤에 반드시 아이가 하나씩 생겼습니다. …나는 결코 가사를 범연히 하고 그림을 그려온 일은 없었습니다. 내 몸에 비단옷을 입어본 일이 없었고, 1분이라도 놀아본 일이 없었습니다. 그러므로 내게 제일 귀중한 것이 돈과 시간이었습니다. 지금 생각건대, 내게서 가정의 행복을 가져간 자는 내 예술이 아닌가 싶습니다. 그러나 이 예술이 없고는 감정을 행복하게 해줄 아무것도 없었던 까닭입니다. …부부생활에는 세 시기가 있는 것 같사외다. 제1, 연애 시기 때에는 상대자의 결점이 보일 여지가 없이 장처(長處: 장점)만 보입니다. 다 선화(善化), 미화(美化)할 따름입니다. 제2, 권태시기, 결혼하여 3, 4년이 되도록 자녀가 생하여 권태를 잊게 아니한다면 권태증이 심하여집니다. 상대자의 결점이 눈에 띄고 싫증이 나기 시작됩니다. 통계를 보면 이때 이혼(원문에는 결혼) 수가 가장 많습니다. 제3, 이해시기, 이미 부(夫)나 처(妻)가 피차에 결점을 알고 장처도 아는 동안 정의(情誼)가 깊어지고 새로운 사랑이 생겨 그 결점을 눈감아 내리고 그 장처를 조장하고 싶을 것이외다. 부부 사이가 이쯤 되면 무슨 장애물이 있든지 떠날 수 없게 될 것이외다. 이에 비로소 미와 선이 나타나는 것이요, 부부생활의 의의가 있을 것입니다. (중략)

이때 일이었사외다. 소위 편지사건이외다.(김우영과 이혼의 발단이 된 최린에게 보낸 편지) 나를 도와줄 사람은 C(최린)밖에 없을 뿐이었사외다. 그리하여 무엇을 하나 경영해보려고 좀 내려오라고 한 것이외다. 그리고 다시 찾아 사귀기를 바란다고 한 것이외다. 그것이 중간 악한배(惡漢輩)들의 오전(誤傳)으로 하루아침에 '내 평생을 당신에게 맡기오'가 되어 남편 씨의 대노를 산 것이외다. 나의 말을 믿기보다 그들을 말을 믿을 만치 부부의 정의는 기울어졌고, 씨의 마음은 변하기 시작하였사외다. …이미 씨의 입으로 이혼을 선전해놓고, 설상가상으로 편지 사건도 터지니 일없이 무료하게 남의 얘기로만 시간을 보내던 악한배들은, 씨한테 그까짓 서방질한 계집을 데리고 사느냐며 바보천치라 하여 치욕을 주었사외다. 그중에는 유력한 코치자 그룹이 3, 4인 있어서 소위 사상가적 경지로 보아 나를 남편 없이 혼자 살도록 해보고 싶은 호기심으로 이혼을 강권하고, 후처 후보자를 얻어주고 전후고안을 꾸며주었나이다. 그들의 심사에는 한 가정의 파열(破裂), 어린이들의 전도(顚倒)를 동정하는 인정미보다는 이혼 후에 나와 C(최린)의 관계가 어찌 되는가를 구경하고 싶었고, 억세고 줄기찬 한 계집의 전도가 참혹히 되는 것을 연극구경같이 하고 싶은 것이었사외다. …

그(김우영)는 자기 한 친구가 기생서방으로 편히 놀고먹는 것을 보았사외다. 이것도 자기를 역경에서 다시 살리는 한 방책으로 생각했을 때, 마침 이혼설이 입소문을 타고 공개되니 여기저기 돈 있는 갈보들이 (후처의)후보 되기를 청원하는 자가 많아 그중에서 하나를 취하였던 것이외다.

때는 아내에게 이혼청구를 하고, 만일 승낙치 않으면 간통죄로 고소를 하겠다고 하루가 멀다 하고 위협을 하던 때였사외다. (중략)

"모든 것을 다 내가 잘못했소. 동기만은 결코 악한 것이 아니었소."

"지금 와서 이게 다 무슨 소리야. 어서 도장이나 찍어."

"우리가 갈라서면 어린 자식들은 어찌하겠소?"

"내가 잘 기르겠으니 걱정 말아."

"그러지 맙시다. 당신과 내 힘으로 못살겠거든 우리 종교를 잘 믿어 종교의 힘으로 삽시다. 예수는 만인의 죄를 대신하여 십자가에…."

"듣기 싫어."

나는 눈물이 났으나 속으로 웃었사외다. 세상을 그렇게 비뚜로 얽어맬 것이 무엇인지, 한번 남자답게 껄껄 웃어두면 만사 무사히 되는 것이 아닌가. 나는 씨가 요지부동할 것을 알았사외다. … 씨에게서는 여전히 2일에 한 번씩 이혼독촉장이 왔사외다. …

(자신의 의지와는 다른, 반 강제적으로 이혼 서류에 도장을 찍은 후) 종이 한 장이 사람의 심사를 어떻게 움직이게 하는지 예측치 못하던 일이 하나씩 둘씩 생기고 때를 따라 변하는 양(樣)은 울음으로 볼까, 웃음으로 볼까. 절대 무저항주의의 태도를 가지고 묵언(黙言)중에 타임이 운반하는 감정과 사물을 꾹꾹 참고 하나씩 겪어 제칠 뿐이었나이다. (하략)

-나혜석, 「이혼 고백장」, 『삼천리』, 1934

「이혼 고백장」은 서두를 시작한 후, '결혼까지의 내력', '11년간의 부부생활', '주부로서의 화가생활', '시어머니와 시누이', 'C와의 관계' 등이 고백 형식으로 쓰여 있다.

지금이야 결혼해서 살다가 잘 맞지 않으면 소위 성격 차이로 얼마든지 헤어질 수도 있고, 이혼 경력이 살아가는데 별다른 걸림돌이 될 수도 없다. 하지만 나혜석이 살던 시대는 지금과는 많이 달랐다. 관습상 청상과부의 재가조차 금하고 있던 터인데, 부부의 이혼문제는 오죽했을까. 사실, 가부장제도의 틀 안에서 예나 지금이나 가장 큰 피해자는 언제나 여성이다. 봉건적 가부장제도 울타리 안에서 박해를 받은 여성이 이혼과 동시에 그 울타리를 벗어난들 박해에서 해방될 수 있을까? 아니다. 또 다른, 더 냉혹한 사회적 박해가 기다릴 뿐이다. 나혜석이 그랬다.

나혜석은 A4용지로 25여 장쯤 되는 분량의 「이혼 고백장」을 발표함으로서 사회적으로 완전히 소외되어 사회는 물론, 지인들마저 그녀에게 등을 돌렸다. 당시 사람들은 그녀의 그런 행동을 이해하지 못했다. 그녀의 든든한 후원자이자 보호자였던 오빠 경석조차 동생에게 실망해 경솔한 짓을 왜 자꾸 하느냐며 불같이 화를 낼 정도였다. 다른 남자와 바람을 펴 이혼당한 게 무슨 자랑이라고 저렇게 만천하에 까발리나, 당시에는 누구나 그런 생각을 했을 것이다. 그러나 나혜석은 나혜석답게 세상의 시선 따위에 굴하지 않고 언제나 당당했다.

마지막 남은 전재산을 탈탈 털어 종로에 자그마한 미술학사(미술학원)를 개원했지만 품행이 바르지 못한 이혼녀가 무슨 선생노릇을 하느냐며 조롱 거리가 될 뿐이었고, 벽보를 붙이고 광고지를 뿌리며 아는 사람들을 중심 으로 열심히 홍보도 했지만 좋지 않은 평판으로 인해 몇 달이 지나도록 원생 한번 받아보지도 못한 채로 문을 닫는 수모를 겪었다. 원생이 모이지도 않을뿐더러, 그림을 배우고 싶어 자발적으로 온 원생도 남편이나 아버지가 시쳇말로 '저런 여자한테 배우면 너도 물든다'며 막무가내로 끌고 가버리기 일쑤였다고 전해진다. 당시 나혜석은 호랑 마마 같은 존재로, 모든 여성들 은 멀리해야 할 사람이자 모든 남성들의 적, 다시 말해, 남성 중심의 가부 장제를 위협하는 인물로 비춰졌던 것 같다.

그렇다고 당시 조선 사회에서 '이혼'이 아주 없었던 '희귀한 일'은 아니었 다. 참고로, 1930년경 조선 사회에서의 이혼 건수는 연간 8천여 건이 넘었 다고 한다. 인구 1천 명 당 평균 이혼율은 0.46%로, 미국 1.6%에 비해서는 낮은 수치이지만 독일 0.6%, 프랑스 0.5%, 영국 0.1%, 스위스 0.7%, 그리 고 일본 0.8% 등의 경우와 대비된다.

이혼의 주된 사유는 부인에 대한 학대 및 모욕이 가장 많았고, 다음으로 는 부인의 악의적 유기, 부인의 파렴치죄, 남편의 생사불명, 부인의 직계가족 에 대한 학대 및 모욕, 남편의 직계가족에 대한 학대 및 모욕이 차례로 순서 를 이었다. 경제적인 부분을 제외하면 오늘날과 별반 차이는 없었던 것 같다.

사실, 현실적으로 생각할 줄 아는 여자 같으면 이혼을 했을망정 「이혼 고 백장」 따위는 그 어디에도 발표하지 않았을 것이다. 어쨌든 숨기고픈 자신 의 치부였을 테니까. 굳이 긁어 부스럼 낼 필요가 없고, 당시 남성 중심의 봉건사회에서 그런 식으로 꼬리표가 달려봐야 득 될 게 하나도 없다는 건 삼척동자도 다 아는 사실일 것이다.

그렇다고 나혜석이 「이혼 고백장」을 통해 김우영의 마음을 돌려보겠다는 생각도 없었던 것 같다. 그 까닭은, 가능성은 없지만 만일 그랬다면 「이혼 고백장」을 발표하고 나서 김우영의 눈치를 얼마간이라도 살폈을 텐데, 그녀는 마치 사생결단이라도 벌이듯 다음 목표물을 향해 전진했기 때문이다. 다음 목표물은 바로 자신의 가정과 인생을 파탄 내버린, 불륜남에게 정조 유린죄로 위자료를 청구하는 전대미문의 사건을 연이어 터뜨렸다.

어쨌든 이 직후부터였을 것이다. 전 남편 김우영과 나혜석이 돌아올 수 없는 강을 건너 악연이 된 것은.

한때 김우영은 나혜석에게 헌신적인 남편이었다. 그러나 이혼 후, 그는 철저히 반(反) 나혜석, 나혜석 죽이기 운동에라도 가담한 사람처럼 보였다. 사랑의 배반을 운운하기 이전에, 「이혼 고백장」까지 발표해서 자기 명예에 먹칠을 하는 부인을 용납하기는 어려웠을 것이다. '내가 11년간, 아니 연애 기간까지 도합 17년 동안 사랑하고 함께해 온 여자가 나한테 이렇게까지 칼을 꽂아도 된단 말인가?' 그로서는 나혜석이라는 여자에 대해 진저리가 쳐지고 소름이 돋는 일이었을 것이다.

이미 나쁜 남자가 되어 있었지만, 그때부터 김우영은 나혜석에게 더욱 가혹하게 나쁜 남자가 되었다. 기녀 신정숙과 재혼을 하고 나서, 동래에서 경성으로 아이들을 데려왔지만 어머니인 나혜석과는 완전히 차단시켰다. 김우영은 나혜석이 아이들을 볼 기회조차 주지 않았다.

언젠가 나혜석은 아이들이 너무나 보고 싶은 마음에 아들이 다니는 학교 앞에서 수업이 끝날 때까지 기다렸다고 한다. 하지만 그녀 앞에 나타난 것은 아들 대신, 순사들이었다. 어떻게 알았는지 나혜석이 아들을 만나지 못하도록 김우영이 순사들을 불러 제지했던 것이다. 이혼 직전에 시집 동래에서 안아본 것을 마지막으로, 결국 살아생전 나혜석은 아이들을 두 번 다시 품에 안아볼 수도, 가까이에서 볼 수도 없었다.

뿐만 아니었다. 세뇌교육이 있었는지도 모르겠지만, 얼마나 어머니에 대한 기억이 좋지 않은 것들뿐이었으면 나혜석 사망 이후 재평가가 한참 이루어지던 시점에도, 당시 장성해 각계 주요 요직에 몸담고 있던 그녀의 자식들은, "나는 그런 사람을 알지 못한다, 내겐 그런 어머니가 없다."며 어머니의 존재를 한사코 부정했다고 전해진다.

김우영은 나혜석과 이혼 후, 완전히 다른 사람이 돼 있었다. 그의 지인들의 증언에 따르면, 조선 제1의 웅변가로 통할 만큼 말을 잘 하고, 활달하고 호탕한 성격으로 조선에서 둘째가라면 서러울 정도의 리더십을 자랑하던 그가, 평소 유머러스했던 그가, 나혜석의 불륜 이후 그 모든 풍파에 노출되면서부터 급격히 말수가 줄고 성격이 변했다고 한다.

아들 김진도 당시 아버지에 대해 회고했는데, 자신이 기억하는 아버지는 항상 풀이 죽어있었고, 말투가 어눌했으며 더듬을 때가 많았다고 한다. 젊은 시절 김우영을 기억하는 옛 친구들은 이구동성으로 '유쾌한 대웅변가 김우영'을 증언했지만 자신의 아버지와는 다른 인물을 말하는 것 같았다고 한다.

그런데 김진의 회고에서도 어머니 나혜석에 대한 그리움과 추억보다는 아버지 김우영에 대한 항변이 더 많은 부분을 차지한다.

친일파가 되고 싶지 않아서 관직에 몸담는 대신, 변호사를 개업했던 김우영. 하지만 세상은 그를 변호사 김우영이 아닌, '지 마누라 하나 제대로 간수 못한 등신'으로 기억할 뿐이었다. 그것은 당시 사회에서는 사회생활을 하는 남자의 커리어에 아주 치명적인 주홍글씨로 작용했다. 그가 다시 총독부의 하수인이 되어 친일파가 된 계기였다.

김진의 회고에 따르면, 김우영은 나혜석이 정조유린으로 최린을 고소한 사건이 세상에 알려지면서 그렇지 않아도 신통치 않았던 변호수임이 완전히 끊겨버린 것도 부족해, 이혼한 사이니 이제 남남이었지만 세상 사람들은 그를 여전히 나혜석의 남편으로만 볼 뿐이어서 심적·경제적 타격이 이루 말할 수 없이 컸다고 한다. 또한 나혜석이 『삼천리』 잡지에 써대는 「이혼 고백장」 등의 글에 그의 이름이 수없이 들먹임으로써 그는 졸지에 세상 사람들의 수군거림과 비웃음거리로 전락했다고 한다. 김우영의 입장에서 보면 나혜석은 제 인생을 무너뜨린 악마 같은 여자였다.

　본래 김우영은 필요한 말 이상의 말은 피하는 신중한 성격의 소유자였다. 무엇보다 본인이 없는 자리에서 자신이 타인의 입에 오르내리는 것을 질색했다. 결국 그는 전부인 나혜석으로 인해 아예 세상과 담을 쌓은 사람으로 변해갔다. 그 활발하고 남성적인 성격은 사람들을 만나는 일도 꺼려할 정도로 위축되었으며, 따라서 변호사 일도 제대로 할 수 없었다.

　그런데 당시 총독부에는 김우영이 일본 유학 때 친분을 맺었던 일본인 친구가 요직에 있었다. 김진의 증언에 따르면, 그 일본인 친구는 김우영의 재능과 실력을 진심으로 아끼고 지지하는 사람이었다고 한다. 나혜석이 터뜨린 전대미문의 두 사건으로 인해 되레 김우영한테 불똥이 튀어서 변호사 일을 더 이상 할 수 없자 그 총독부 관리직 친구는 김우영에게 차라리 관직에 들어올 것을 권유했다고 한다. 아이들과 먹고는 살아야지, 않겠냐면서. 미국에서 귀국길에 항일청년 단원에게 피습을 받고, 다시는 일본이 지배하는 관청에서 일하지 않으리라 결심했지만, 그에게는 그 길 말고는 다른 길이 보이지 않았다. 1932년, 결국 김우영은 전라남도 이사관으로 관직에 복귀했다.

　당시 이사관이라 함은 아마도 도지사 정도의 감투가 아니었을까 추측된다. 그러나 김우영의 이른바 '나혜석 트라우마'는 평생 치유되지 않았던 것으로 보인다. 김우영과 함께 일한 동료들의 증언에 따르면, 어떤 날은 잠도 안 자고 몇 날 며칠을 미친 듯이 일을 몰아쳐 해서 아랫사람들을 힘들게 하고, 또 어떤 날은 정말 손도 까딱 않고 먼 산만 바라본 날도 있을 만큼 감정의 기복이 심했다고 전해진다. 상처에 둔할 것 같은 무뚝뚝한 남자들일수록 되레 사랑의 상처를 더 오래 되새김질하여 생채기가 오래 가는 지도.

김우영은 이사관으로 있을 때 뜻을 같이하는 지방 유지들과 함께 '계서'라는 조직을 만들어 조선의 가난한 고학생들을 도와주려는 계획도 세웠지만 총독부에서 공무원이라는 신분을 이유로 들어 탈퇴를 종용하고, 조직을 강제로 해산시키는 바람에 수포로 돌아갔다는 아들의 증언도 있다. 그래서 아들은 김우영이 친일파로 분류되는 현실이 못내 억울해 보인다.

그러나 결과적으로는 안타깝게도 김우영은 일본 패망 후, 최승구를 제외한 나혜석의 남자들 모두가 그랬던 것처럼 친일적인 행위로 인해 반민족행위특별조사위원회(반민특위: 1948)에 회부, 재판을 받았다. 그는 감옥에서 병을 얻어 보석으로 풀려났으나, 이에 그의 네 번째 부인인 한국 최초의 여성 경찰서장 출신인 양한나의 적극적인 노력도 한몫했다는 설도 있다. 현재 그는 친일인명사전에 이름을 올리고 있다.

한 가지, 김진의 회고에서 아주 의미심장한 아버지와의 일화가 눈에 띈다. 나혜석에 대한 김우영의 마음이 언뜻 엿보이는 부분이다.

어느 날, 아직 어린 아들이 학교에서 돌아오는 길에 작은 새 몇 마리를 잡아오자, 새들의 울음소리를 듣고 밖으로 나온 아버지 김우영이 아들을 이렇게 타일렀다고 한다.

"얘야, 너는 저 새들을 좋아하느냐, 그렇다면 저 새들을 새장에서 풀어주거라. 네가 좋다고 새들을 가두고 있는 것은 별로 잘하는 일이 아니야."

새를 좋아하거든 자유롭게 풀어주라는 김우영의 말! 이 말 속에는 김우영이 나혜석과 그토록 모질게 이혼을 고집했던 이유가 숨겨져 있는 건 아닐까?

김우영으로서는 나혜석이란 여인과 십 년 넘게 부부로 함께 살면서 갈수록 감당하기 어려운 여자라는 걸 뼛속까지 실감했을 것이다. 역설적으로 그런 이유로 6년 동안 구애했고, 결혼에 조건을 달고 신혼여행을 첫사랑 무덤으로 가는 등 오만가지 억지와 까탈도 제 사랑의 몫으로 받아들이며 결혼한 것도 사실이지만, 그러나 논리적이고 분석적이었던 김우영은 시간이 지날수록 제 앞에 서 있는 나혜석이란 한 여인의 벽이 두려웠을 것이다. 그는 내내 생각했을 것이다. '나와는 달라도 너무 다른 사람이다. 다른 것은 인내한다고 고쳐지는 게 아니다. 이대로 가면 우리 모두가 파멸로 치달을지도 모른다. 자유가 그리운 새한테 새장은 죽음보다 더한 고통이다.'

김우영은 나혜석이란 이름을 자신의 인생에서, 아니 가능하다면 기억에서 완전히 지우고 싶었을까? 그가 죽기 얼마 전, 1957년에 자신의 자서전 『회고』를 펴냈지만 거기에는 나혜석의 이름이 아예 없다. 일찍 사별한 첫째 부인과 그의 넷째 부인이었던 양한나와의 마지막 결혼생활만 회고록에서 언급하였다. 그것도 첫째 부인과의 '행복한 집안'의 이야기를 실례까지 들어 소개했음에 불구하고 둘 사이에 아이를 넷이나 두었던 나혜석에 대한 기록은 완전히 부재했다. 나혜석과 자신의 이혼에 관해서는 그저 '1930년…, 가정에는 불미한 일이 발생하였다.'고만 적혀 있을 뿐이다. 왜 그랬을까? 나혜석의 남편으로 살았던, 지난날에 대해 정말 할 말이 많을 것 같은데, 너무 할 말이 많다보니 할 말을 잃기라도 한 것일까? 어쨌든 가장 큰 피해자는 선량하고 좋은 남자에서 나쁜 남자가 될 수밖에 없었던 이 남자가 아닐까, 하는 생각이 든다.

## ::: 판도라 상자 속 뱀의 유혹, 최린

나혜석은 당시 여성들 중에서 보기 드물게 개방적인 자기확신자였다. 생각과 행동이 언제나 정확하게 일치하는 사람이었다. 게다가 지극히 감수성이 예민하고 자기감정에 충실한 사람이었다. 그래서 가끔은 현실과는 동떨어진, 엉뚱하고도 당혹스러운 결과를 불러오기도 했다.

나혜석과 최린의 만남, 그것은 영화 〈매디슨 카운티의 다리〉를 떠오르게 한다. 묘하게 오버랩 되는 부분이 많다. 전원적이고도 안정적인 중산층 생활을 유지하던 중년부인 프란체스카 (메릴 스트립 분)는 어느 날 남편과 딸이 여행을 떠나고 모처럼 혼자만의 시간을 만끽한다. 근데 한 낯선 여행객이 집을 방문하면서 사건의 발단이 된다. 그녀는 이 낯선 중년 남자와 짧지만 강렬한 사랑에 빠진다. 신데렐라의 시계처럼 모든 걸 원점으로 돌려야 할 시간이 돌아왔고, 그녀는 그를 사랑하지만 선택할 수는 없었다. 하지만 생의 마지막 순간까지도 그 남자와의 추억을 소중하게 간직한 그런 순애보였다.

영화에서 남자주인공 로버트(클린트 이스트우드 분)는 가족 곁에 남겠다며 이별을 말하는 프란체스카에게 이런 말을 한다.

"당신에게 할 이야기가 있소. 지금이 아니면 다시는 말하지 않을 거요. 누구에게도. …애매함으로 둘러싸인 이 우주에서 이런 확실한 감정은 단 한 번만 오는 거요. 몇 번을 다시 살더라도 다시는 오지 않을 거요. 나는 당신을 원하고, 당신과 함께 있고 싶고 당신의 일부분이 되고 싶소."

그러나 이것은 어디까지나 영화다. 현실에서는 로버트 같은 멋진 남자? 있을까? 없을 것 같다. 영화 속 주인공들은 정말 성숙한 사랑을 보여주지만, 현실에서는 과연 그럴까?

현실 속에서는 사랑이란 이름으로 두 사람이 함께 불장난을 했어도 오리발을 내밀며 꽁지에 불붙은 양 혼자서만 내빼기 바쁜 양심불량 남자들만 수두룩해 보인다. 그들에게 그런 사랑의 추억이, 사랑의 향기가 그토록 절절하게 가슴에 남아있을 것 같지도 않다. 그저 한 순간 감정에 휩쓸린 채, 말 그대로 사랑이 아니라 불륜이 된 관계가 허다하다.

지금부터 영화를 현실로 옮겨 보겠다. 영화 〈매디슨 카운티의 다리〉 속 중년의 사랑은 엔딩까지 군더더기 하나 없이 우아하고, 아름답고, 완전해 보이기까지 하지만, 영화가 현실이 된 나혜석과 최린의 이국의 도시에서의 밀애는 영화에서처럼 아름다운 추억이 되지 못했다.

나혜석과 최린, 끝내 원수처럼 서로를 향해 발톱을 드려내고 할퀴었어야 했어도 그 순간만큼은 서로를 사랑했을까? 그저 서로를 탐하기만 한 것뿐일까?

최린은 나혜석의 남자들 중 유일하게 오빠 경석의 그늘에서 벗어난 인물이라는 데 그 의의가 있다. 18세라는 많은 나이차에도 불구하고 나혜석이 짧은 시간 안에 최린에게 마음과 육체 모두를 허락할 수밖에 없었던 까닭도 큰 의미가 있을 것이다. 바로 최린이 보면 볼수록 첫사랑 최승구를 떠오르게 했기 때문이다. 마치 오래전에 죽은 그리운 옛 연인이 환생해 자신의 눈앞에 나타난 것 같은 착각을 불러 일으켰다. 해서 최린의 마음속까지는 알 수 없지만, 결론부터 먼저 말하면 나혜석의 그 당시 최린에 대한 감정은 소위 말하는 '불장난'은 아니었다. 적어도 나혜석만큼은 당시 남편 김우영에게는 결핍된 무언가를 발견하고, 최린에 대한 감정이 진심이었을 가능성이 농후하다.

최린(崔麟: 1878~1958, 아호: 고우(古友))은 일본 메이지대학 법과를 졸업하고 귀국, 1911년 손병희의 권유로 천도교에 입교했는데 이때부터 승승장구했다고 해도 과언이 아닐 것이다. 비밀결사단체인 신민회에 가입해 항일운동을 활발하게 펼쳤고, 3.1운동 때에는 최남선과 손병희, 한용운 등 민족대표 33인 중 한 사람으로 독립선언서에 서명하여 3년 동안 옥고를 치르기도 하였다. 3년의 수감 생활을 마치고 출소 후, 천도교 교세확장에 노력해 도령과 대도정, 장로 등 주요 요직을 지냈다.

그는 1926년 4월부터 1928년까지 천도교에서 지원하는, 정치시찰을 목적으로 유럽여행에 올랐으며 미국을 거쳐 1927년 9월 마침내 운명의 도시 파리에 도착했다.

나혜석이 최린을 만난 것은 지극히 우연한 일이었다. 당시 나혜석은 남편 김우영과 파리에 머물고 있었다. 며칠 후면 김우영은 단기 법학 공부를 하려 독일 베를린으로 떠날 예정이었기에 그 준비로 한창 눈코 뜰 새 없이 바쁘던 참이었다.

그러던 어느 날, 일본에서 함께 미술공부를 했던 이종우한테서 연락이 왔다. 자기네 자취집에서 조선 유학생들이 모여 최린 선생의 파리 입성을 축하하는 환영회를 가질 계획이니, 꼭 참석해 달라는 전갈이었다. 김우영과 최린은 마침 사회적으로도 잘 아는 사이여서 나혜석 부부는 최린을 맞으러 화가 이종우의 집으로 갔다. 나혜석은 그를 만나기 직전에 직감으로 느꼈다고 한다. 그가 자신의 운명에 어떤 커다란, 거부할 수 없는 영향력을 끼칠 것 같다는 날카로운 예감을.

나혜석은 집을 떠나 제대로 먹지도 못했을 최린과 조선의 남자들을 위해 김치를 담그는 등 손님을 대접하기 위해 음식을 준비하고 있었다.

그러던 중 어디선가 힘이 넘치는 굵직한 목소리가 들렸다.

"안녕합쇼."

바로 그녀의 운명의 남자, 최린이었다. 그들은 그렇게 만났다.

재불유학생 십여 명이 모인 자리에서 최린은 나혜석을 '여중호걸(女中豪傑)', 또, '나혜석이란 묘령의 조선미인'이라 추켜세우기에 바빴다. 물론 그 자리에는 남편 김우영도 있었으나, 최린은 전혀 개의치 않았다.

나혜석은 조선에서 매우 선망이 두텁고 존경받는 인물을 직접 대접한다는 생각에 들뜨고 그에게 무척 우호적이었다. 환영회 분위기는 시종일관 화기애애했다. 김우영은 곧 자신은 독일로 단기 법학 공부를 떠난다면서 최린에게 자기가 없는 동안 아내의 보호자 역할을 해달라고 부탁했다. 최린은 흔쾌히 수락했다. 그리고 며칠 지나지 않아, 김우영은 베를린으로 떠났다. 이때부터 두 사람의 불같은 로맨스는 시작된다.

나혜석은 남편이 허락한 '보호자' 최린과 함께 파리 관광을 했다. 물론 처음에는 두 사람 모두 불어를 할 줄 몰랐으므로 통역을 맡은 유학생이 함께 따라다녔지만, 문제는 만남의 횟수가 잦아질수록 대담해졌다는 것이다. 통역 없이 둘이서만 만나 오붓한 밀애를 즐겼다. 두 사람은 매일 같이 파리 시내, 야외의 극장이나 미술관 구경을 가고, 센(seine) 강에서 뱃놀이를 하며, 볕 좋은 날이면 교외에 소풍도 다녔다. 이런 저런 이야기를 나누며 서로 공통분모와 통하는 점이 꽤 많다는 것을 깨닫고 서로에게 깊이 매료되었다. 모든 게 족쇄고 억압인 조선땅과는 달리, 그야말로 사랑하기 좋은 파리, 바람이 불어오면 왠지 사랑을 하고 싶어지는 자유로운 파리 정취에 저절로 묻혀 그들도 서로를 그렇게 사랑했다.

그랬다. 그 파리가 문제였다. 낭만에, 그리고 자유로운 파리의 강한 빛에 난타당한 그녀는 추스를 기운도 없이 개방적이고 적극적인 쾌남아(快男兒) 최린에게 완전히 삽시간에 압도당했다. 그녀는 타고난 달변과 웅변술, 그리고 탁월한 교양으로 자신의 정신세계를 옭아매는 덫을 전혀 깨닫지 못한 채로 한 남성이 발산하는 지적인 매혹에 주술처럼 쭉, 빨려들었다. 그리고 불나비처럼 불꽃을 향해 자신을 아낌없이 내던졌다. 설사 자신의 모든 게 파괴되어도 상관없었다.

나혜석은 최린의 매력에 빠져, 남편 김우영과 비교가 되어 몹시 괴로웠다. 최린처럼 예술가적 기질뿐만 아니라 정치적 수완까지 겸비한 사람을 보면, 매력 없이 바른생활 모범생이기만 한 김우영이 답답하고 짜증이 나서 견딜 수가 없었다. 내가 왜 많고 많은 남자들 중에서 하필 저런 무색무취의, 재미없는 곰 같은 사람과 결혼을 했던가, 싶었다.

갈 수 없는 길이 더 아름다워 보인다고 하지 않던가. 나혜석은 하루하루 지날수록 최린을 바라보는 눈빛이 점점 달라졌다. 그는 남편 김우영과는 아주 많이 다른 사람이었다. 그는 소름 끼치게 자꾸만 첫사랑 최승구를 연상케 했다. 최승구처럼 두뇌가 명석했고, 언제 어디서든 침착하고 진지했으며 한시와 서화에 능했고, 박학다식해서 노상철학에서 불교철학에 이르기까지, 또 일본, 서양 근현대사, 역사까지 줄줄 꿰고 있었다.

최승구처럼 화술 또한 뛰어났고 사람이 매우 솔직하고 정열적이나, 하는 일에 있어서는 무섭도록 계획적이며 결단력이 있고, 책임의식도 강했다. 또, 사람을 보는 눈이 아주 매섭고 정확했다.

무엇보다 나혜석을 끌리게 한 점은, 최린이 서화에 아주 능했다는 점이다. 실제로 그는 제 1회(1922년) 조선미전에 서화 〈묵란도〉를 출품, 입선한 경력이 있었다. 3.1운동에 참여한 대가로 3년간 옥고를 마치고 나와 자신의 당시 심경을 난초의 절개에 표현한 것이라 전해진다.

십여 년 동안 주부생활에 찌들어 살면서, 늘 새로운 자극에 목말라했던 나혜석이었다. 첫사랑 소월 최승구 이후, 이렇게 예술적으로 통하는 사람은 처음이었을 것이다. 어찌 심장이 모처럼만에 팔딱팔딱 뛰고 떨리지 않을 수 있을까. 여자로서의 삶은 끝난 줄 알았는데 아직도 이런 감정을 느낄 수 있다는 게 신기하고, 자기 안에서 다시 생명력이 움트는 것 같고 덩달아 창작에너지도 마구마구 솟구치는 것 같았을 것이다.

나혜석은 그를 알면 알수록 거물로서의 정치가적 자질뿐만 아니라, 예술가적 자질과 인간미까지 철철 넘치는 완벽한 남자로 인식하였다. 결국 그 인간적인 끌림과 동경은 나혜석으로 하여금 금지된 판도라 상자를 제 스스로 활짝 열어젖혀 금단의 열매를 따먹게 했다.

이에 대해 조카 나영균(1929~) 교수는 다음과 같이 증언한 것으로 알려진다.

"최린은 알려진 대로 예술가 기질이 있는 재사였지요. 깡마르고 얼굴도 가름하며 말 잘하고 글 잘 쓰고 어떤 화제가 나와도 말이 막히는 일이 없었어요. 서도와 묵화에도 상당한 소양이 있었고, 고모(나혜석)가 최린과 함께 며칠 동안 어울리며 떠올린 것은 죽은 전 애인 최승구에 대한 노스탤지어였지요. 연애기간까지 총 17년을 가장 가까이에서 겪어본 김우영은 좋은 사람이지만, 고모의 말에 의하면 '취미라고는 전혀 없는' 사람이었어요. 사는 재미가 별로 없었겠죠. 부러울 것 없는 결혼생활을 하면서도 고모는 만나면 깨가 쏟아지게 재미있고 멋이 있던 최승구와의 추억에서 완전히 자유롭지 못했는데, 이국의 객지에서 만난 이가 의외로 자기와 관심사와 화제가 통해 의기투합하면 친밀감은 어리석을 정도로 각별해지는 거죠. 더욱이 아쉬움이 많이 남은 첫사랑 최승구를 연상시키는 남자를 낭만의 예술도시 파리에서 만났는데…"

첫사랑의 노스탤지어와 막힘없는 커뮤니케이션, 거기에 파리의 열정과 낭만이 +∝로 더해져 두 사람은 기꺼이 사랑의 그물에 포획당했다. 그럴 수밖에 없었다. 그것은 이미 예고된 일탈이었다. 그들에게는 다만 함께 할 수 있는, 즉 신데렐라의 유리구두가 허락되는 그 순간만이 중요할 따름이었으니까.

두 사람 중 누가 유혹의 추파를 먼저 던졌든, 사실 그건 별로 중요하지 않다. 피할 수 없는, 조만간 기어코 일어날 일이기 때문이었다. 두 사람 모두 그것을 은밀히 열망하고 있었는지도 모를 일이다.

기어이 일은 터지고야 말았다. 나혜석의 운명이 뒤바뀐, 열어서는 안 되는 판도라 상자를 연 까닭에 천국에서 지옥의 나락으로 꺼꾸러져버린 그 날은 바로 1927년 11월 20일 저녁이었다. 나혜석은 최린과 함께 오페라 관람을 하고 나서 헤어져, 그녀는 숙소인 셀렉트 호텔로 돌아가 옷을 갈아입으려고 하는데 누군가 호텔방 문을 급하게 두드렸다. 나혜석은 놀라, 문을 열었는데 바로 최린이 서있었다. 그는 나혜석을 미행해 호텔까지 따라온 것이었다.

당시 최린은 매우 흥분되어 있었고, 나혜석에게 동침을 요구했다. 물론 나혜석은 단호하게 거절했다. 그러나 그대로 물러설 최린이 아니었다. 한 번의 No, 의사 표현으로 그냥 물러날 것 같았으면 그렇게 따라 오지도 않았을 것을. 최린 특유의 최단시간 안에 상대를 옴짝달싹 못하게 굴복시키고 마는 감언이설과 협박으로 나혜석을 회유하고 유혹했다.

"당신을 사랑하오. 내가 당신의 장래를 인수하겠소(책임지겠소). 나를 믿으시오. 혜석."

결국 나혜석은 그한테 굴복했다. 그리고 넘어서는 안 될 선을 넘고야 말았다.

혹자는 이를 두고 '강간'이란 표현을 써서 두 사람 관계를 설명하기도 했다. 그러나 앞뒤 정황을 살펴보았을 때 '강간'으로 표현하기에는 억지스러움이 있는 것도 사실이다.

이유야 어쨌든 지켜야 할 선을 처음 넘기가 어렵지, 누구나 일단 그 선이 사라지고 나면 도덕이나 양심의 가책조차 느끼지 못하는 법. 두 사람도 그랬다. 나혜석은 최린과 그날 밤을 함께 보냈고, 이후 수십 회의 육체적 관계를 맺었다고 후에 공개적으로 폭로했다. 이후, 프랑스의 조선인들 사이에서는 나혜석을 '최린의 작은댁'이라고 공공연히 불렀다.

그들의 그러한 성적인 일탈행위는, 자유의 또 다른 이름이기도 했다. 후에 나혜석은 다음과 같이 고백하였다.

> 결국 손을 대서는 아니 된다고 한 과실에 손을 댄 것은 뱀의 유혹이었고, 이브의 호기심이 아니었다. 이로 인하여 받은 신벌(神罰)은 얼마나 엄격하였나. 유혹처럼 무섭고 즐거운 매력은 없는 것 같고 유혹의 낙(樂), 불안, 위구(危懼), 우려는 호기심에 그것이 나갔다.
>
> 동기는 여하한 것이든지 훨씬(활짝) 열어젖힌 세계는 이상히도 좋았고 더구나 무구속하고 엄숙하게 지켜있는 마음에 어찌 자유스러운 감정을 가지지 않게 되겠는가. 나는 확실히 유혹을 받았었고 나는 확실히 호기심을 가졌었다. 우리는 황무(荒蕪)한 형극의 길가에서 생각지 않은 장미화를 발견한 것이었다. 방향(芳香)과 밀봉(蜜蜂) 중에 황홀하였다. ……
>
> -나혜석, 「신생활에 들면서」, 『삼천리』, 1935.02

또, 글을 통해 자신의 연애관을 피력했으나, 결국은 최린과의 밀애시절을 회상하며 쓴 것 같은 뉘앙스를 풍기는 다음과 같은 글도 발표했다.

> 영과 육이 부딪칠 때, 존경, 이해, 동정이 얽힐 때, 피는 지글지글 끓고, 살은 자릿자릿하고 맥은 펄펄 뛰며, 꼬집어 뜯고도 싶고, 투덕투덕 두드리고도 싶어 부지불각 중에 손이 가고 입이 가고 생리적 변동이 생기나니, 거기에는 아무 이유

도 없고 아무 타산이 없이 영육이 일치되는 것이오. 가면(假面)에 영육을 따로 생각하리까.

-나혜석, 「영이냐, 육이냐, 영육이냐」, 『삼천리』, 1937

최린은 자기가 없는 동안 아내 나혜석의 보호자가 되어달라는 김우영의 인사치례 말을 지나치게 오버해서 확대해석한 모양이다. 마치 내가 없는 동안 내 아내를 탐해도 좋다는 뜻으로 이해했는지도.

나혜석 또한 스스로의 감정에 지나치게 정직한 사람인 까닭에 남편과는 전혀 다른, 특히 첫사랑 이후, 예술적으로 '필(feel)'이 통하는 사람을 아주 오랜만에 만나 사랑의 거침없는 소용돌이에 휘말려 결국 한 가정의 안주인으로서 지켜야 할 선까지 넘는 과오를 범하고야 말았다. 한 지아비의 아내이자 세 아이의 어머니로서의 자신의 위치보다, 자신의 평소 소신대로 '여자도 사람이다'라는 철학이 먼저였다. 그러기에 최린의 유혹에 넘어갔고, 그와의 밀애가 즐거웠고, 이브로서의 호기심과 자극에 자신이 모처럼 살아 생동하는 것 같았고, 그러면서도 모든 게 날아갈까 불안했고 초조했다. 사람이기에, 인간이기에 그랬다.

사실 임신, 출산, 내조, 살림 등 10여 년의 결혼생활 동안 여러모로 지친 자신에게 창작에 도움이 될 만한 새롭고 신선한 자극을 찾고 있었던 나혜석은 낭만의 도시 파리와 몹시 예술적이고도 정열적인 남자 최린을 만나면서 창조력을 충전하는 것 같았다. 새로운 자극에 목말라하던 여성 창조자가 내내 기다렸던 마음에 쏙 드는 남성 뮤즈를 만난 것과 같이 말이다.

그러나 이미 제 것이 된 사냥감에게는 먹이는커녕 물조차 주지 않는 법. 이후 최린은 태도를 완전히 달리했다.

얼마 후, 나혜석은 프랑스를 떠나 김우영이 있는 독일로 갔는데, 그곳에서 최린을 다시 만났다.

"나는 공(公)을 사랑합니다. 그러나 남편과 이혼은 아니하렵니다."

떡을 줄 사람은 생각도 하지 않는데 김칫국부터 마신 나혜석이 최린한테 했던 말이다. 당시 최린한테도 가정이 있었을 텐데…. 그러나 그는 그답게 영리하게 상황을 모면했다.

"과연 당신다운 말이오. 나 역시 그 말에 만족하오."

즉, 최린은 나혜석을 단순히 엔조이(enjoy) 파트너로 생각했던 것이다. 나혜석 혼자 이혼을 하고 가정을 박차고나와, 최린한테로 갈까 말까 심각하게 고민했던 듯하다. 실제로 나혜석은 제네바에서 만난 한 교민친구에게 다음과 같은 고민 상담을 했다고 전해진다.

"결혼한 사람이 다른 남자나 여자와 좋아지내면 반면, 자기 남편이나 아내와도 더 잘 지낼 수 있지요?"라고.

이 말에 그 교민친구는 공명(共鳴)하였다고 한다.

이에 대해 그녀는 「이혼 고백장」에서 다음과 같이 항변한다.

나는 결코 내 남편을 속이고 다른 남자, 즉 C(최린)를 사랑하려고 하는 것은 아니었나이다. 오히려 남편에게 정이 두터워지리라고 믿었사외다. 구미일반 남녀 부부사이에 이러한 공공연한 비밀이 있는 것을 보고, 또 있는 것은 당연한 일이오. 중심되는 본부(本夫)나 본처(本妻)를 어찌 않는 범위 내의 행동은 죄도 아니요, 실수도 아니라 가장 진보된 사람에게 마땅히 있어야 할 감정이라고 생각합니다. 그러므로 이러한 사실을 판명할 때는 웃어두는 수요, 일부러 이름을 지울 필요가 없는 것이외다. (하략)

-나혜석, 「이혼 고백장」, 『삼천리』, 1934

배우자 이외의 다른 사람과 외도를 하면 배우자를 이해하는 데 도움이 되고 배우자와의 정이 두터워진다니…, 21세기를 사는 지금 우리도 이해하기 힘든 생각을 나혜석은 1920년대에 했던 것이다. 어찌 보면 이 여자 참 철없다, 완전 깬다, 그렇게 욕할 수도 있겠지만 다른 한편으로는, 그러니까 선각자 나혜석이 아니겠는가.

나혜석은 위 문제를 장발장을 예로 들어 설명했다. 즉, 장발장이 배고픈 조카들을 위해 빵을 훔쳤듯이 자신이 외도를 한 동기 역시 죄도, 잘못도, 실수도 아니었지만 개인의 자유를 억압하는 도덕과 법률로 인해 죄가 되어 억울하게 죄인 취급을 받는다는 것이다.

최린과의 밀애는 그렇게 정리가 되는 듯싶었다. 차라리 그렇게 끝이 났더라면 나혜석 인생에도 더 이상 풍파가 일지 않았을 것이다.

항간에는 독일에서 공부를 하고 있던 김우영이 파리에서 입소문을 타고 불어오는 '나혜석은 최린의 작은댁'이란 매우 불길한 말을 듣고, 사실을 확인하고자 몰래 파리로 잠입, 아내 나혜석의 뒤를 몇 날 며칠 캤다 한다. 그녀는 항상 최린과 함께였고, 소문이 사실로 확인되자, 김우영은 불같이 화를 내며 나혜석을 끌고 짐을 싸 독일로 서둘러 떠나버렸다는, 사실이 확인되지 않은 설도 있다.

김우영이 외국에서부터 그 소문의 진상을 이미 알고 있었든, 조선으로 돌아온 직후에 누구에게 전해 들었든, 사실 그것은 그렇게 중요하지가 않다. 좁은 조선 바닥에서 언제고 알려질 일이었기 때문이다. 법학 전공을 한 김우영으로서는 단순히 소문만으로, 심증만으로 네 아이들의 어머니를 내치고, 가정을 파탄 낼 생각은 하지 못했으리라.

그러나 정작 문제는 그 다음이었다. 꿈같이 짜릿한 1년 8개월의 세계일주를 마치고 귀국을 하자, 나혜석은 조선사회에, 그리고 현실에 적응하기가 매우 힘들었다. 거기에 경제적으로 궁핍했고, 시집살이까지 해야 하는 형편이었다. 남편은 멍청하고 무능해 보이기 짝이 없었고…. 그렇다면 나혜석 입장에서는 그 순간 누가 가장 많이 머릿속에서 맴돌까? 승승장구하는 최린일 것이다. 최린만이 자기를 그 구질구질한 현실바닥에서 구해줄 수 있는 구세주로 생각됐을 것이다. 더구나 나쁘게 헤어진 것도 아니고, 그녀는 그의 인격을 절대적으로 신뢰했을 터.

나혜석의 최린에 대한 존경과 신뢰가 얼마나 대단한 것이었는지는 다음의 한 인터뷰 기사만 보더라도 알 수 있다.

기자: 파리에서 우리 조선 사람을 더러 만났습니까?

나혜석: 예. 여러분을 만났습니다. 우선 선생(기자 지칭)과 한 교회에 계신 최선생(최린)도 파리에서 만났습니다. 그는 배경이 좋으시고 평소부터 내국에 신망(사람들이 믿고 기대함)이 많으시기 때문에 도처에서 대환영을 받으셨지요. 아마 근래 조선 사람으로서 외국에 유람 중에 내외국인에 그리 큰 대우를 받으신 이는 그만한 이가 없을 것 같습니다. 나도 퍽 흠선(欽羨 :우러러 공경하고 부러워한다)하였습니다. 가시거든 최선생께 안부하여 주십시오.

－나혜석, 「구미만유하고 온 여류화가」, 『별건곤』 8월호, 1929

이 인터뷰 기사를 남편 김우영이 안 봤을까? 봤더라면 기분이 굉장히 나빴을 것이다. 아마 나혜석이라는 여자한테 분노를 넘어서 치를 떨었을 것이다. '나혜석은 최린의 작은댁'이란 소문을 삼척동자도 다 아는데, 모르는 사람인양 시치미를 떼도 시원찮을 판에 이런 식으로 공개된 자리에서 불륜남의 칭찬까지 늘어놓다니, 저 여자가 남편을 아예 보자기로 보네, 싶었을 것이다.

그리고 얼마 못 가 기어코 일이 터졌다. 이른바 나혜석 이혼의 직접적인 불씨가 된 '편지' 사건.

앞서 김우영과 관련해서 잠깐 언급했다시피, 나혜석은 귀국하자마자 약 2년 동안의 외유로 인해 재정이 거덜난 상태였다. 김우영은 더 이상 조국과 민족에 반하는 일제의 멍멍이 노릇은 하지 않겠다며 외무성에 사표를 제출하고, 총독부의 사무관으로 들어오라는 제의도 단호히 거절했다.

그는 귀국 직후, 경성에 변호사 사무실을 개업했는데 이 때문에 부부의 재정상황은 더욱 악화되었다. 경성에 있던 집도 처분해서 나혜석은 동래 시집으로 내려가 층층시하 대가족 시집살이를 했다. 경성에 갈 일이 있어도 차비조차 여의치 않아서 주저앉기 일쑤였다.

이렇게 상황이 갈수록 악화되다 보니, 나혜석으로서는 경제난으로부터 타개책이 절실하였다. 그때 불쑥 떠오른 자신의 구세주의 얼굴이 어느 누구도 아닌, 바로 파리에서 함께 밀애를 즐긴 최린이었다. 그의 현 위치로 봐서 자신을 도와줄 수 있을 것 같았기 때문이었다. 그에게 장사 밑천이라도 얻어 경제적인 자립을 해볼 요량이었다. 하지만 당시 그녀가 귀국한 지 반년이 지났고, 최린과 헤어진 지는 2년이 다 되어가고 있었다. 새삼스레 찾아가 내 상황이 이러이러하니, 옛 정을 생각해 좀 도와주십사, 하는 것도 우스워 보였고 젖먹이가 있는 터라 쉽게 경성으로 움직일 수 있는 처지도 못 되었다. 고심 끝에 그에게 정중히 편지를 쓰기로 했다. 생각한 것은 바로 행동으로 옮기는 나혜석이었기에 그녀는 그에게 보낸 편지가 불러올 파장 같은 건 생각해볼 겨를도 없었다.

(서략) 긴히 부탁드릴 게 있사외다. 제가 이곳을 떠나 한시라도 비울 수가 없사오니, 고우(최린의 아호) 선생께서 왕림해 주시면 감사하겠사외다. 고우 선생과

첨언하기를, 다시 사귀기를 바라고 있사외다.

「이혼 고백장」에서 나혜석은 편지를 이렇게 저자세로 쓴 이유에 대해 정말 최린과 다시 사귀고 싶어서 그런 게 아니라, 부탁을 하는 입장에서의 단순한 예의 갖추기에 필요한 수식어일 수도 있고, 어쩌면 질곡의 나날을 헤매고 있는 자신의 고달픈 신세가 그런 식으로 표출된 잠재의식으로 봐도 될 것이라고 항변했다.

나혜석의 편지를 받은 최린. 썩 기쁘지만은 않았다. 파리는 파리고, 조선은 조선일 뿐이었다. 시간을 1년 반 전으로 돌려서 뭘 어쩌겠다고? 우선 귀찮았다. 그렇다고 나혜석을 모르는 척 할 수도 없었다. 하지만 계속 그녀와의 밀회를 즐기다가 자신이 지금까지 쌓아온 명성이 한순간에 초토화될 수 있었다. 그는 고심 끝에 편지를 자기와 함께 일하는 절친한 친구에게 보여주며 조언을 구했다. 그런데 이 친구가 나가서 이 이 일을 크게 떠벌리고 다닌 게 화근이었다. 결국 '다시 사귀기를 바란다'는 말은 '내 평생을 당신에게 맡기오'가 되어 남편 김우영의 귀로 흘러들어가 그의 격노를 샀다.

물론 제아무리 봉건사회의 남성이라고 해도 최린이라고 해서 무사할 리가 없었다. 더구나 그는 누구보다 청렴결백한 이미지가 생명인 종교 지도자였다. 항간에는 최린이 유부녀 나혜석과의 관계로 신상에 꼬투리가 잡히자, 그때부터 보호막으로 이용하고자 친일 행적을 시작했다는 설이 있다. 이때부터 중추원의 참의에 임명되고 본격적인 그의 친일 행적이 시작된 것으로 보아, 최린과 총독부와의 모종의 거래가 있었던 것으로 추측된다. 실제로 뒤에 가면 '정조유린범을 쫓는' 나혜석, 그런 나혜석을 여우같이 잘 '따돌리는 최린', 그런 최린을 잘 '싸고도는 총독부'가 아주 완벽하게 잘 짜인 그림이 그려진다.

어쨌든 나혜석은 이른바 '편지' 사건으로 인해 애써 꾹꾹 누르고 있던 김우영의 분노에 기름을 들이부어 불을 활활 타오르게 하고야 말았고, 결국 이혼을 당해 무일푼으로 쫓겨났다.

그때부터 나혜석은 조선 천지에 몸을 편히 뉘일 곳도 없는 처량한 신세로 전락하고 만다.

나혜석은 이때 한 가지 결심을 했다. 파리로 다시 가자고, 자기를 살린 곳도 파리였고, 자기를 죽인 곳도 파리였으니 가서 영원히 돌아오지 말자고.

> 가자! 파리로. 살러 가지 말고 죽으러 가자. 나를 죽인 곳은 파리다. 나를 정말 여성으로 만들어준 곳도 파리다. 나는 파리 가 죽으련다. 찾을 것도, 만날 것도, 얻을 것도 없다. 돌아올 것도 없다. 영구히 가자. 과거와 현재 공(空)인 나는 미래로 나가자.
>
> 사남매 아해(아이)들아! 에미를 원망치 말고 사회제도와 도덕과 법률과 인습을 원망하라. 네 에미는 과도기에 선각자로 그 운명의 줄에 희생된 자였더니라. 후일, 외교관이 되어 파리에 오거든 네 에미의 묘를 찾아 꽃 한 송이 꽂아다오.
>
> -나혜석, 「신생활에 들면서」, 『삼천리』, 1935

나혜석은 위 글을 쓰기에 앞서 1년 전부터 파리 유학을 계획하여 최린에게 도움을 청했다. 자기로 인해 가정이 파탄 났고, 이혼까지 당했으니 그 정도는 인지상정으로라도 해줘야 마땅하다고 생각했었나 보다. 나혜석은 최린한테 파리로 가는 여행권과 보증인이 되어줄 것을 부탁하고, 아울러 여행경비로 1천 원 지급도 청구했으나 최린으로부터 이 모든 걸 거절당했다. 이에 불복한 나혜석은, 사생결단이라도 내듯 최린을 상대로 '정조유린 손해배상 청구소송'을 내고, 그에 대한 위자료로 1만 2천 원을 청구했다.

자기를 물 먹인 두 남자, 즉 김우영과 최린을 향해 오픈된 장소에서 보기 좋게 펀치를 날린 「이혼 고백장」을 연재하고 바로 뒤이은 또 다른 충격적인, 역사상 유래가 없는 '정조유린 손해배상 청구소송'으로 한 번 더 세상을 발칵 뒤집어놓았다.

나혜석의 오랜 벗 소완규 변호사는 그녀한테 그림 한 점을 받았을 뿐, 일체의 수임료도 받지 않고 나서서 소송을 해준 것이다. 엄연히 그녀는 한 남자한테 농락당한 피해자인데, 모든 화살이 그녀한테 날아가는 걸 친구로서 더 이상 묵고할 수 없었던 것이다. 혹자는 소완규 변호사가 일본유학 시절부터 오랫동안 나혜석을 짝사랑하고 있었지만, 그 마음을 감히 밖으로 드러내지 못한 채 친구로 만족하며 지냈다고 한다.

소송문의 내용은 다음과 같다.

원고(나혜석)는 조선의 양반인 상류가정에서 성장하여 보통학교를 비롯하여 고등여학교와 동경여자미술학교를 졸업하고 대정 십 년경에 경도제국대학출신으로 전 변호사요, 전 안동현 부영사(현재, 전라남도 이사관)로 있었던 김우영 씨와 결혼하여 소화 4년(1929)까지 3남 1녀를 낳고 소위 원만한 이상적 가정생활을 하고 있던 중 남편의 시중과 아이들의 양육을 하는 일편 미술에 전력한 결과 총독부 미술전람회에서 특선되기 전후 6회, 동경미술전람회에서 1회, 또 파리에 있어서 일불 미술전람회에서도 입선되어 조선 여류 미술가로 세계에 평판이 있었다. (중략)

그러다가 소화 2년(1927) 11월 20일에 원고는 피고(최린)에게 끌리어 오페라 극을 구경하고 숙소인 셀렉트 호텔에 돌아오자, 피고 역시 원고를 미행해 왔다.

그런데 피고는 비상히 흥분한 기분으로 원고에게 육체적 관계를 요구하므로 원고는 이에 거절하였으나 피고는 자기의 지위와 명예로써 원고를 유인하고 원고에 대한 장래는 일체 인수하기로(책임지기로) 굳게 약속할 뿐 아니라, 만약 피고의 명령에 복종치 않는 때에는 위험한 상태를 보일 기세이므로 원고는 부득이 육체적 관계를 허락하고, 이래 피고의 유혹에 끌리어 수십 회 정조를 유린당하였다. (중략)

금년(1934) 4월경에 원고는 부득이 자기의 전도를 개척하려고 프랑스 유학을 하기로 하여 피고에게 여행권과 보증인이 되어달라고 하여 여비로 1천 원의 지급을 청구하였던 바, 피고는 의외에도 냉혹하게 이를 거절하였다.

그러므로 이에 대한 위자료 1만 2천 원을 상당하다고 생각되므로 청구한다.

　　　　　　　　　　　　　　　-나혜석, 「정조유린 손해배상 청구소송문」, 1934


이 소송문은 1934년 9월 14일 오후 네 시경 경성 지방법원 민사부에 접수되었다고 당시 ≪조선중앙일보≫는 빅이슈로 보도했다. 「이혼 고백장」 발표 이후, 다시 한 번 나혜석은 세간의 큰 화젯거리가 된 셈이다. 그녀는 더 이상 잃을 것이 없었기에 되레 발가벗겨져 광화문 한복판에 서 있는 것 같은 그 기분이 홀가분했다. 그러나 이 소송 이후, 나혜석과 소완규의 의도와는 달리 더욱 설 자리가 좁아진 것은 오히려 나혜석이었다. 마치 남성지배 사회에서 희생양으로 바쳐진 제물과도 같았다.

그녀는 '조선의 대표 조롱거리'에 불과했다. 그리 사이가 좋던 오빠 경석과도 이절했다. 경석은 누이동생이 집안의 수치라 여겼으므로 어쩌다가 경석의 집에 방문이라도 하면 그가 돌아올 시간에 맞춰 서둘러 집에서 나와야 하는 신세였다. 그녀가 발붙일 곳은 조선 천지 어디에도 없었다.

남성 중심의 전근대적 봉건사회에 「이혼 고백장」과 「정조유린 손해배상 청구소송」이라는 두 개의 폭탄을 연이어 터뜨린 테러리스트 나혜석을 보는 시각은 남성들은 물론 여성들조차 냉혹했다.

당시 여성들은 가정 안에서 일어난 사적인 일을 만천하에 공개하는 그녀의 대담함에 경악을 금치 못했다. 더욱이 남편과 자식들이 있는 유부녀가 외간 남자와 바람피운 것을 창피하게 여기기는커녕 도리어 당당하게 위자료를 내놓으라고 청구소송을 걸었다는 사실에 전 조선여성들 모두가 경악했다.

"그러한 글을 사회에 적나라하게 발표하는 당신의 뻔뻔한 태도에 반감과 불쾌감을 느꼈다."

"필요 없는 폭로는 악취미요, 병적이다. 사남매의 어머니로서 그 노출증적 광태를 버렸어야 하지 않았겠는가."

"당신은 자식들한테 참으로 부끄러운 어미가 될 것이오."

윗글들은 여성독자들이 잡지에 투고형식으로 나혜석에게 보낸 글들이라 한다. 그녀는 이 글들을 보며 무슨 생각을 했을까? 오늘날 악플과도 같을 것이다. 얼마나 허무하고 외로웠을까.

그렇다면 이전에도, 그 이후에도 없었던 사상 첫 '정조유린 손해배상 청구소송' 재판은 제대로 이뤄졌을까? 아니었다. 세상은 늘 그렇듯 약자의 편이 아닌, 강자의 편이었다.

고소문 전문이 일부 언론에 공개되자, 그때서야 사태의 심각성을 알아차린 최린. 자신의 위신이 실추되는 것은 시간문제이므로 일단 무슨 짓을 해서든 막아내야 했다. 최린 측 대리인이 소완규에게 연락을 취해왔지만 소완규는 그와의 만남을 거부했다.

그러던 중 소완규와 평소 친분이 있던 당시 동아일보 사회부 기자가 그를 찾아와서, 나혜석 소송 관련 자료들을 모두 자기한테 넘겨주면 그것들을 정리해서 빠른 시일 안에 1면 주요 기사로 보도해 원고 측에 유리한 판결이 나도록 도와주겠다는, 제법 귀에 솔깃한 제안을 했다. 순간 소변호사는 망설였다. 어차피 당시 사건은 원고 측에 유리하게 되어 있고, 나혜석 역시 이미 '이혼 고백장'과 이번 '정조유린 소송' 보도 이후 완전히 발가벗은 몸이 된 것이나 마찬가지였다. 기자가 그 외 다른 걸 보고한다고 해서 더 이상 부끄러울 것도, 손해 볼 것도 없었다. 오히려 언론에 크게 보도가 나간다면 피고 측은 심적 부담감을 더 크게 느껴 법정에 서지 않고서도 원고 측이 요구하는 위자료 전액을 고분고분 줄지도 모른다는 게 소 변호사의 계산이었다. 그래서 그는 모든 자료를 그 동아일보 기자에게 넘겨주었다.

그러나 그 이야기가 기사화되기 전에 최린의 귀로 흘러 들어갔다. 최린은 1920년 김우영과 더불어 동아일보의 창간멤버 중 한 사람이었을 뿐 아니라, 당시 사주 김성수를 비롯하여 간부층과도 긴밀한 관계를 유지했으므로 신문사 내부에서 누군가 그에게 귀띔을 해주었을 가능성이 크다. 최린은 동아일보 내의 모든 측근과 인맥을 동원해서 그 기사를 막았다.

또한 경찰에까지 손을 써서 나혜석 관련 자료들을 모두 압수해 감으로써 그 기사는 영영 묻혀버리고 말았다.

항간에는 총독부가 최린의 활용가치를 고려해서 그를 사회적 매장으로부터 구한 것이라고도 한다. 결국 이때부터 그의 친일행적은 더욱 노골적이고 구체화되었다.

최린은 시간을 오래 끌어봐야 자기한테 이로울 게 없다고 판단, 원고 측과 합의를 이끌고자 적극적이었다. 기사도 자료도 사라진 마당에 제대로 된 재판도 할 수 없게 된 소완규 변호사도 합의만이 최선이었다. 그는 최린 측 대리인과 몇 번의 접촉 끝에 합의에 도달해 소를 취하했다. 위자료 합의금은 정확한 액수가 알려진 바 없다. 그저 수천 원이라고만 전해지는데 혹자는 2천 원이라고도 하고, 다른 혹자는 7천 원이라도 한다. 이마저도 정확하지 않아 확인도 불가능하다. 또 최린 측이 합의금을 지급하면서 내건 조건에 대해서도 전혀 알려진 바 없다.

이렇게 용두사미로 정리가 됨으로써 전대미문의 '정조유린 손해배상 청구소송'은 남성중심사회의 그저 스쳐 지나가는 미풍에 지나지 않았을 뿐이다. 그 단단한 뿌리를 흔들어 뽑기는커녕 가지조차 제대로 흔들지 못한 꼴이 되고야 말았다. 결국 피해여성인 나혜석은 사회적으로 완전히 만신창이가 되어 매장당하는 수모를 겪고, 가해남성인 최린은 영웅호색으로 당당하게 사회활동을 하며 부귀영화를 누리는 결과를 초래했다.

최린은 3.1 운동에 참여하여 민족대표 33인 가운데 한 사람으로 독립운동가로 활동한 경력이 무색하게 대표적인 친일인사로 변절한 사람이다. 1934년 4월에 중추원 참의에 임명된 이후 일제를 등에 업고 승승장구했다. 그 해 8월, 일선융합(내선일체)과 대동방주의를 내세우는 한일연합친일 조직인 시중회를 조직, 그는 변절자로서 돌아올 수 없는 다리를 건넜다. 1937년, 총독부 기관지 매일신보의 사장에 취임, 내선일체(일본과 조선은 하나이므로 전쟁에 적극 협력하라)를 설파했다.

중일 전쟁과 태평양 전쟁이 발발하자 1940년 국민총력조선연맹 이사, 1941년 조선임전보국단 단장, 1945년 조선언론보국회 회장 등등 각종 친일단체에 주요간부를 맡았으나, 광복 이후 조선총독부 중추원 참의에서 파면되었다.

천도교 측은 그의 죄를 물어 은퇴를 권고하였으나 거부, 결국 교단에서 쫓겨나는 수모를 당했다. 1949년 1월, 반민특위에 체포되어 세 차례 공판을 받았다. 재판과정에서 최린은 자신의 친일행각을 시인했고 재판장과 방청객들 앞에서 참회하는 태도를 보였다. 그는 기자회견에서 자신의 사면을 바라지 않는다고 말했다고 한다. 그는 최후 변론으로 다음과 같은 진술을 남겼다.

"민족 대표의 한 사람으로 잠시 민족 독립에 몸담았던 내가 이곳에 와서 반민족 행위로 재판을 받는 그 자체가 부끄러운 일이다. 광화문 네거리에 사지를 소에 묶고 형을 집행해 달라. 그래서 민족에 본보기로 보여야 한다."

그는 반민특위 재판을 세 차례 받은 끝에 1949년 4월 20일 지병으로 인한 보석으로 풀려났다가 1950년 한국 전쟁 중에 납북되었다. 이후, 북한의 대남한 통일 선전기관에 참여를 요구받았으나 그는 거절하였다고 한다. 이후 최린의 행방에 대해서는 1958년 평안북도 선천군에서 80세의 일기로 사망한 것으로 알려졌을 뿐이다.

최린, 그의 인생에서 나혜석이란 여자는 어떤 의미였을까? 그냥 스쳐 지나는 파리의 달디 단 바람에 불과했을까?


## ::: 여자도 사람이외다

한 유명 소설가가 한 인터뷰에서 매우 그럴듯한 사랑에 대한 정의를 다음과 같이 내렸다. '사랑이란, 본래 굶주린 개 앞에 던져진 상한 고깃덩어리와 같은 것이다. 앞뒤 가리지 않고 일단 덥석 물지만, 그것을 맛있게 다 먹고 난 다음에는 한동안 끙끙 앓아야 한다.'

이것이 아름답지만, 아픈 사랑의 실체다. 하물며 서로가 마주보며 할 수 없는 사랑이란 얼마나 아프고 얼마나 독하고 얼마나 상한 냄새가 진동할까.

나혜석은 한때 남편 이외의 다른 남자를 마음에 품었다는 이유만으로 명성도, 가족도, 자식들도, 친구들도, 자기가 삼십 평생 쌓아올린 모든 걸 다

잃고 남은 생을 세인의 손가락질을 받으며 살아야했다. 그것이 그 시절 그녀에게 주어진 잔혹한 운명이자, 달콤한 사랑의 대가였다.

그러나 나혜석은 그런 왜곡된 세상의 시선에 결코 움츠리지 않고 당당히 맞섰다. '여자도 사람'이라며 남자와 똑같이 자유로운 인격체임을 주장, 그들과 동등한 모든 권리를 여성들도 누려야 마땅함을 피력했다. 성(性)적 억압에서 벗어나 자유를 누릴 권리조차도.

그녀는 사람이 잘 살기 위해서는 영적, 육적 생활이 완전해야 한다고 주장했다. 일본의 오사카, 프랑스 파리 등의 외국의 경우처럼 여성들만을 위한 남자 유곽을 도입하여 독신녀와 과부의 성적 생활, 내지는 성적 자유를 보장해줄 것을 강조하기도 하였으며 특히 그 시절 관습상 엄격하게 제한됐던 과부의 재가 문제에 있어서는 '여자의 문제'라기보다는 '인간의 문제'로 판단, 사회적으로 매우 불합리한 억압이라 여겼다.

나혜석의 정조관은 다음 두 편의 글에서도 오롯이 잘 드러난다.

성욕 한 가지로 인하여 일직이 자기 몸을 구속할 필요가 없을 것 같아요.

절대로 그럴 필요가 없지요. 그러기에 여자 공창(公娼)만 필요한 것이 아니라 남자 공창도 필요해요.

파리에는 남자유곽이 있다면서요.

파리에도 있거니와, 오사카에도 있어 노처녀와 군인부인, 과부들이 출입을 한단 말을 실담으로 들은 일이 있는데요. …

정조관념을 지키기 위하여 신경쇠약에 들어 히스테리가 되는 것보다 돈을 주고 성욕을 풀고 명랑한 기분으로 살아가는 것이 아마 현대인의 시대상으로도 필요할 걸요.

차차 그렇게 될 것입니다.

그러기에 인문이 발달해질수록 독신자가 많이 나고 성욕 해결만 (되어)진다면 가정이 필요 없이 될 수 있는 대로 독신 시기를 늘리게 하는 것이지요,

그러면 정신적 위안은 어디서 얻어요.

생활전선에 나선 그들에게는 과연 고적(孤寂)을 느낄 새가 없고 자기 일이 정신적 위안이 되고 마니까요. …

그렇게 독신생활을 계속할 수 있을까요.

그러기에 독신생활을 장려하는 것이 아니라, 독신으로 지낼 수 있을 때까지 있는 것이 좋겠단 말이지요.

-나혜석, 「독신여성의 정조론」, 『삼천리』, 1935

정조는 도덕도 법률도 아무것도 아니요, 오직 취미다. 밥 먹고 싶을 때 밥 먹고, 떡 먹고 싶을 때 떡 먹는 거와 같이 임의용지(任意用志)할 것이요. 결코 마음의 구속을 받을 것이 아니다. 취미는 일종의 신비성이니 악을 선으로 해석할 수도 있고 추(醜)를 소(笑)로 화할 수도 있어 비록 외형의 어느 구속을 받는 함이 있더라도 마음만은 자유자제로 움직일 수 있나니. 즉 객관이 아니요, 주관이요. (중략)

서양서는 일찍이 19세기 초부터 여자교육에 성교육이 성행하였고, 파리 풍기가 그렇게 문란하더라도 그것이 악하고 추하게 보인다는 것보다 오히려 이름답게 보이는 것은 이미 그들이 머리에는 성적 관계를 의식하였고 동시에 취미로 알고 행동에 예술화한 까닭이다. (중략)

사회의 자극이 심하면 심하여질수록 개인의 긴장미가 필요하니, 즉 마음을 집중할 것이다. 마음을 집중하는 자는 그 인격을 통일하고 그 생활을 통일하는 자이다. 그러므로 유래 정조관념을 여자에게 한하여 요구하여 왔으나 남자도 일반(마찬가지)일 것 같다. … 그러므로 우리 해방은 정조의 해방부터 할 것이니 좀

더 정조가 극도로 문란해 가지고 다시 정조를 고수하는 자가 있어야 한다. 저 파리와 같이 정조가 문란한 곳에도 정조를 고수하는 남자, 여자가 있나니. 그들은 이것저것 다 맛보고 난 다음에 다시 뒷걸음치는 것이다. 우리도 이것저것 다 맛보아가지고 고정(固定)해지는 것이 위험성이 없고, (그게) 순서가 아닌가 한다.

흐르는 물결을 한편으로 흐르게 하면 기어이 여러 방면으로 흐트러지고 만다. 젊고 격렬한 흐름도 그 가는 길에서 틀려가는 것이다. 이것은 자연이니 자연을 누구의 힘으로 막으랴.

-나혜석, 「신생활에 들면서」, 『삼천리』, 1935

즉, 나혜석은 역사상, 특히 조선왕조 5백 년 동안 여자로서 꼭 지켜야 할 으뜸 덕목으로 당연시되어 왔던 '정조관념'을 완전히 부정함으로서 봉건사회인 조선사회를 한바탕 뒤흔들었다. 정조는 그냥 지키고 싶은 사람만 지키는 취미일 뿐이라고 역설, 남성들은 정조관념에서 자유로우면서 왜 여성들한테만 정조관념을 강요하느냐며 그것은 바로 여성들을 억압하고 옭아매는 악습일 뿐이라고 역설했다.

그녀는 다음 글에서 정조를 운운하며 자신을 조선의 대표 조롱거리로 만든 당시 남성 중심사상에 찌든 자들에게 통쾌하게 한방을 날렸다.

조선 남성의 심사는 이상하외다. 자기는 정조관념이 없으면서 처에게나, 일반 여성에게 정조를 요구하고, 또 남의 정조를 빼앗으려고 합니다. 서양이나 동경 사람쯤 하더라도 내가 정조관념이 없으면 남의 정조관념이 없는 것을 이해하고 존경합니다. 남의 정조를 유인하는 이상 (유혹하려 들지 않는 이상) 그 정조를 고수하도록 애호해주는(지켜주는) 것도 보통의 인정이 아닌가. 종종 방종한 여성이 있다면 자기가 쾌락을 맛보면서 간접으로 말살시키고 저작(詛嚼: 음식을 입에 넣

고 씹음) 시키는 일이 불소(不少)하외다. 이 어이한 미개명의 부도덕이냐. …(중략)

보라. 구미 각국에서는 돌비한 행동하는 자를 유행을 삼아 그것을 장려하고 그것을 인재라 하며, 그것을 천재라 하지 않는가. 그러므로 앞을 다투어 창작물을 내나니. 이러므로 일진월보(日進月步)의 사회의 진보가 보이지 않는가. 조선은 어떠한가. 조금만 변한 행동을 하면 곧 말살시켜 재기치 못하게 하나니. 고금의 예를 보아라. 천재는 당시 풍속 습관의 만족을 갖지 못할 뿐 아니라, 다음 세대를 추측할 수 있고 창작해낼 수 있나니. 변동이 행하는 자를 어찌 경솔히 볼까보냐. 가공(可恐)할 것은 천재의 싹을 분질러 놓는 것이외다.

-나혜석, 「이혼 고백장」, 『삼천리』, 1934

그러나 이런 글들을 발표할수록 나혜석이 설 자리는 더욱 좁아져 아예 발을 디딜 틈조차 없었다. '과거가 있는, 게다가 행실도 매우 불량한 여자'로 낙인 찍혀 금기의 대상이 되었기 때문이다. 그 시절 대표적인 남성우월주의자 소설가 김동인은, "제대로 된 작품을 못 내놓으니까 유명인사와 연애질로 유명세를 날리는 저속한 신여성들"이라며 나혜석을 비롯해 몇몇 여류작가들을 향해 악담을 쏟아 붓기도 했다.

나혜석은 마음을 잡고 집중해서 그림을 그리거나, 소설 집필에 전념할 수가 없었다. 설사 작품을 완성한다고 해도 발표할 기회조차 박탈당했다. 조선사회에서 내몰아내야 마땅한 '마녀'나 마찬가지인 존재에게 기꺼이 문을 활짝 열고 그의 작품을 받아주는 데가 있을 리 만무했다. 예술가에게 작품을 발표할 기회가 없다는 것은 사형선고나 마찬가지다.

나혜석은 이에 깊이 절망했다. 그저 잠시 마음이 가는대로 감정의 회오리에 휩쓸렸을 뿐인데, 그에 대가는 이렇게 치명적이었다.

단 한 번의 일탈, 그것도 당시의 사회 관습상 다른 사람이 볼 때의 일탈이었지, 스스로에게는 부끄럽거나 꺼릴 게 전혀 없는, 진심에서 우러나오는 솔직한 제 감정이었고 행위였다. 무엇보다 사회적으로 왕성하게 활동할 능력과 자격이 충분함에도 불구하고 최린과의 스캔들 이후 '사회적 식물인간'이 된 나혜석은 그 부당함을 글로 여러 차례 피력했다.

그녀는 신교육을 받은 여성이 결혼 후 구시대적 가족제도에 묻혀 본연의 재능과 자질이 죽어가는 것에 대해서도 통렬히 비판했다.

조선의 유식계급 남자 사회는 불쌍합니다. 제 일 무대인 정치 방면에 길이 막히고, 배우고 쌓은 학문은 용도가 없어지고, 이 이론 저 이론 말해야 이해해 줄 사회가 못되고, 그나마 사랑에나 살아볼까 하나, 가족제도에 얽매인 가장 몰이해한 처지로 하여 눈살이 찌푸려지고 생활이 신산스러울 뿐입니다. 애매한 요릿집에나 출입하며 죄 없는 술에 투정을 다하고 몰상식한 기생을 품고 즐기니 그도 역시 만족을 주지 못합니다. …

유식 계급의 여자, 즉 신여성도 불쌍하외다. 아직도 봉건시대 가족제도 밑에서 자라나고 시집가고 살림하는 그들의 내용의 복잡이란 말할 수 없이 난국이외다. 반쯤 아는 학문이 신구식의 조화를 잃게 할 뿐이요, 음기를 돋을 뿐이외다. 그래도 그대들은 대학에서, 전문(전문학교)에서 인생 철학을 배우고 서양에나 동양에서 그들의 가정을 구경하지 아니하였는가. …달콤한 사랑으로 결혼하였으나 너는 너요, 나는 나대로 놀게 되니 사는 아무 의미가 없어지고 아침부터 저녁까지 반찬 걱정만 하게 되는 것이 아닌가. 급기야 신경과민, 신경쇠약에 걸려 독신 여자를 부러워하고, 독신주의를 주장하는 것이 아닌가. (하략)

-나혜석, 「이혼 고백장」, 『삼천리』, 1934

그러나 나혜석은 우리나라 여권운동의 선구자답게 여성은 약자가 아닌 결국 강자이며 모든 여성은 위대하다고 다시금 역설했다.

> 여성을 보통 약자라 하나 결국 강자이며, 여성을 작다 하나, 위대한 것은 여성
> 이외다. 행복은 모든 것을 지배할 수 있는 그 능력에 있는 것이외다. 가정을 지배
> 하고, 남편을 지배하고, 자식을 지배한 나머지에 사회까지 지배하소서. 최후 승
> 리는 여성에게 있는 것이 아닌가.
>
> -나혜석, 「이혼 고백장」, 『삼천리』, 1934

### ::: 아무것도 가지지 못한 행려병자로서의 최후

영화 〈포레스트 검프〉에서 나왔던 다음과 같은 대사가 문득 떠오른다.

"인생은 초콜릿 상자에 들어 있는 초콜릿과도 같다. 어떤 초콜릿을 선택
하느냐에 따라 맛이 달라지듯이 우리의 인생도 어떻게 선택하느냐에 따라
인생의 결과도 달라질 수 있다."

나혜석의 인생도 마찬가지가 아닐까. 최린과의 인연을 비켜갔더라면, 여
자로서의 일생도, 조선 최초의 여류화가로서의, 그리고 조선 최초의 여류소
설가로서의 일생도 두루두루 평안하고 순탄했을지도 모른다. 그야말로 남
부러울 것 없이 완벽하고 완전한 인생이 되었을지도.

하지만 운명은 그렇게 되도록 내버려두지 않았다. 그녀에게 아주 몹쓸 장
난질을 쳐 한순간 아무것도 볼 수 없는 장님으로 만들어버렸다. 여자는 본
래 감정에 약하므로 사랑에 빠지기 쉽다. 또, 여자라고 해서 항상 정신적
사랑만을 바라진 않는다. 아주 가끔씩은 도발도 꿈꾸는데, 하필 나혜석은
부부의 권태기와 파리의 낭만적 취기, 첫사랑 최승구를 묘하게 연상케 하

는 최린이 엉망으로 뒤엉켜 강력한 토네이도로 휘몰아쳐 버렸다. 문제는 그 것이었다. 상자 속에 든 초콜릿을 고를 때 신중하지 못했다는 것. 안에 무엇이 들어있는지 미처 파악하지 못하고 모양이 예쁘고 신기한 것만 골라먹다가 낭패를 본 것.

나혜석은 1927년 〈봄의 오후〉로 제6회 조선미전에 입선을 시작해, 1931년에 동경제국미전 입선, 도쿄 이과전 입선, 그리고 콩트 「떡 먹은 이야기」(1934)로 조선중앙일보 현상문예공모에 각각 당선되어 화가로서나 작가로서나 장례가 매우 촉망되었다. 하지만 스스로 「이혼 고백장」을 발표하고, 정조유린 죄로 최린을 소송한 이후, 그녀는 스스로 제 얼굴에 '나는 과거가 있는 여자, 행실이 좋지 못한 여자'라는 주홍글씨를 새긴 셈이 돼버렸고, 따라서 사회적인 활동도 제약받았다. 앞서 언급한 바대로 죽을 때까지 시회적인 식물인간으로 살아야 했던 것이다.

말년의 나혜석은 더욱더 비참한 삶을 살았다. 「이혼 고백장」 발표 이후에 그녀는 더욱 고립의 골이 심화되어, 같은 해 10월 경성의 진고개 조선관 전시관에서 소품 2백 점을 2주간 전시했지만 미술계는 물론, 언론계와 주변 사람들마저 그녀의 전시회에 전혀 관심을 보이지 않았다. 결국 사람구경하기 힘든, 파리만 날리는 전시회가 됐던 것이다.

설상가상으로 이때 마침 당시 열한 살이던 장남 선이 갑작스럽게 발병한 폐렴으로 죽고 만다. 그러나 그녀는 밤새 열병을 앓는 어린 아들 곁을 지켜주지도 못한 세상에서 가장 못난 어미일 뿐이었다. 아마도 여러 정황상 아들이 죽은 지 얼마 후에야 제3자로부터 비보를 우연히 전해 들었을 가능성이 매우 높아 보인다.

어머니에 대한 기억이 가장 많았을 장남은 평소 그래서 어머니를 많이 그리워했다고 한다. 그런 장남을, 아니 딱히 그런 게 아니더라도 제 피붙이를,

품에서 제대로 키워보지도 못해 더욱 가슴 아팠을 그 어린 자식을 먼저 떠나보낸 어미의 마음이 어떠했으리라는 건 감히 말이나 글로 표현해서는 안 될 것 같다. 그 당당하고 대쪽 같던 나혜석도 자식의 죽음 앞에서는 그대로 무너져 내렸다.

연이은 굵직굵직한 사건 등으로 심한 정신적 충격과 스트레스에 신경이 쇠약해진 나혜석은 그때부터 육체적 고통에 시달렸다. 독감으로 말미암은 귀의 통증이 며칠 지속됐는데, 귀 속에서 세상의 모든 소음이 와글와글 들끓었다고 한다. 며칠이 지나자, 그 소음이 이제는 끔찍한 통증으로 바뀌어 송곳처럼 귀를 쑤셔, 병원에 가봤으나 '신경통'이라는 짤막한 소견만 들었을 뿐이었다. 이후 나혜석의 귀는 차츰 어두워져 갔다고 한다.

나혜석의 마음속에는 항상 파리가 있었다. 프랑스 파리를 향한 동경, 그 파리에 가서 그림을 계속 그려야겠다는 생각으로 가득했다. 조선 천지에 자기가 묵을 집 한 켠 없어도 파리에 갈 희망이 그녀를 명랑하게 살게 했다. 자기를 무너뜨리고 죽인 곳도 파리였으나, 자기를 진정 여자로 만들어주고 다시 예술가로 살 수 있을 것 같게 해주고, 다시 인간으로 살고 싶게 한 곳도 파리였으니 파리로 다시 돌아가는 것이 마땅하다고 생각했다. 가서 영영 돌아오지 않을 작정이었다.

그래서 최린한테 여행보증인과 경비를 부탁한 건데, 보기 좋게 거절을 당했고, 온 나라가 떠들썩하게 정조유린 소송까지 건 후에야 합의금으로 돈 몇 푼을 받을 수 있었다.

나혜석은 어떻게든 파리에 가야만 했다. 그래서 병원에도 열심히 다니는 등 건강관리에 특별히 신경을 쓰면서 파리로 떠날 준비를 서둘렀다. 그 무렵 그녀는 매일 밤 꿈에서 파리를 보았고, 그만큼 파리는 그녀에게 절실한 약속의 땅이나 마찬가지였다.

그러나 동경 유학시절부터 인연을 맺어오고, 말년에 친구로 의지하고 지낸 작가이자 승려 김일엽은 그녀의 프랑스행을 별로 달가워하지 않았다. 말도 통하지 않는 곳에서 새로운 환경에 적응하기가 쉽지만은 않을 것이라는 걱정 때문이었다.

결국 나혜석은 그토록 꿈에 그리던 파리로 떠나지 못했다. 미술학사 폐업 등으로 있었던 돈마저 다 날려 경제상황도 여의치 않았을 뿐 아니라, 불안정한 생활로 인해 건강상태가 날로 악화됐기 때문이었다. 수전증(혹자는 파킨슨병이라고도 한다.)이 갈수록 심해져 말년에는 급기야 그림조차 제대로 그릴 수 없는 형편에 이르렀다. 무엇보다 가장 절박했던 이유는, 어머니로서의 당연한 본능, 즉 자식들이 눈에 밟혀서였다.

"출가한 이에게 가장 몹쓸 인연이 부모 자식간 인연이라고 합니다. 어찌 보면 그 인연을 제대로 지우는데 나머지 이승의 삶을 다 소진시키는 셈입니다."

자식들이 보고 싶어 못 견디겠다는 나혜석한테 김일엽이 했던 말이다. 김일엽에게도 동병상련의 아픔이 있었다. 그녀도 유학 중, 일본 황족과의 비극적인 로맨스로 태어난 씨앗이 있었고, 그 아들은 철이 든 후, 어머니의 행방을 좇아 방학 때마다 어머니가 수양 중인 수덕사를 찾곤 했었다. 그러면 김일엽은 그 아들한테 눈물을 감춘 채 눈길 한번 주고, 속세와의 인연을 정리한 나한테는 아들도 없다며 매정히 문전박대해서 돌려보냈다.

그 아들은 나혜석이 기거 중인 수덕여관에 내려와서 나혜석한테 어미의 정을 대신 느꼈다고 한다. 언젠가는 설움에 북받쳐 울먹이는 김일엽의 어린 아들(일당 김태신 화백)에게 나혜석은 순간 제 어린 아이들이 생각나 함께 울면서 "이게 어미의 젖입니다."라며 어머니의 젖도 제대로 물어보지 못했을 그 아이에게 자신의 젖가슴을 만지게 했다는 일화도 전해진다. 후에 김일엽의 아들은 나혜석과 그림에 대한 대화도 즐겁게 나눌 수 있었고, 그녀를 '어머니와 같은 분'이라고 추억했다.

"나도 일엽스님처럼 아이들과 절연할 수 있었으면 좋겠습니다. 잊었다 싶다가도 비가 오거나 눈이 오거나 날만 흐려도 아이들이 눈에 밟힙니다. 그러면 아무것도 손에 안 잡히고 거리에 있는 아이들이 모두 내 아이 같습니다. 어떤 때는 학교 앞에 찾아갔다가 무작정 기다리기도 했습니다. 처음에는 설레기도 했고 시간이 지나서는 부끄럽기도 했습니다. 그러다가 막상 아이가 나오면 제대로 보지도 못하고… 그러다가 김우영 씨가 보낸 순사들 호루라기 소리가 들리면 깜짝 놀라 황급히 돌아서곤 합니다."

말년의 나혜석, 어머니의 존재는 부정하고 아버지만 부모로 인정하는 자식들로 인하여 상처를 많이 받았으리라. 후에 나혜석이 사망하고, 그녀의 재조명 바람이 한창일 때 한 기자가 당시 정부요직의 관리로 있던 그녀의 자식 중 한 명에게 어머니에 대해 질문을 하자, "내게는 그런 어머니가 없다."며 어머니의 존재를 아예 부정했다는 가슴 아픈 일화도 전해진다. 자식들은 어미를 잊었지만, 그 잊혀진 어머니는 자식들을 잊지를 못해 주변을 항상 맴돌았다. 그토록 꿈에 그리던 파리행도 포기한 채로 말이다.

말년의 나혜석은 불교에 귀의한다. 김일엽처럼 정식으로 속세와의 인연을 끊고 승려가 되진 않았지만, 수덕사 아래의 수덕여관에 장기체류하면서 합천 해인사, 진주 다솔사, 공주 마곡사 등 국내 유명 사찰들을 두루 돌며 정신수양에 힘썼다. 그녀는 왜 승려의 길을 택하지 않았을까? 물론 그녀는 승려가 되고 싶어 했다. 해서 수덕사 주지 만공스님을 찾아가서 간곡하게 청하기도 했다고 한다. 그러나 만공은 그녀가 승려가 될 사람이 아님을 알고, 이를 냉정하게 거절하였다.

만공이 그녀에게 이 한 가지만을 물었다고 한다.

"그림과 글을 포기할 수 있으시겠소?"

이 질문에 나혜석의 대답은 빤한 것이었다.

"포기할 수 없습니다."

어찌나 단호한지 다시 물을 수도 없었다고 한다. 속세와의 인연을, 속세에 대한 집착을 놓아버릴 수 없음을, 그래서 새로운 세상에도 들어갈 수 없음을.

후에 만공은 나혜석의 비극적인 최후를 가슴 아파하면서 자신이 품지 못한 것을 후회했다고 한다.

혹자는 이 만공 거절설과는 달리, 나혜석 자신이 불교에는 귀의했지만 승려가 될 마음은 없었다고도 한다. 무엇이 진실인지는 당사자인 나혜석과 당시 유일한 벗인 김일엽은 알고 있지 않을까?

그렇게 나혜석은 아무 곳에도 정착하지 못한 채 이곳저곳 발길 닿는 대로 떠돌아다니며 방랑자 신세로 한동안 살아갔다. 상황이 이렇다보니, 건강이 악화될 대로 악화되어 목소리조차 제대로 안 나올 정도였다고 한다.

이혼 직후까지도 그녀를 지지했던 친구들과 몇 안 되는 후원자들마저도 그녀에게서 멀어져갔고, 이제는 조선 천지에 돌봐줄 사람 하나 없었다. 뿐만 아니었다. 지인들의 증언에 따르면, 나혜석은 기분 내키는 대로 돈을 쓰는 스타일이었다. 왕년에 부잣집 딸로 자라 다소 씀씀이가 헤펐던 것도 사실인데, 그래서 당시 여자들 중에서는 드물게 사회활동을 하고서도, 최린한테서 위자료 소송 합의금을 받고서도 말년에는 제 몸 뉘일 방 한 켠 마련하지 못했다.

건강이 날로 악화되자, 오빠 나경석의 부인의 도움을 받아 48세의 나혜석이 60세의 노인으로 속이고 서울 인왕산 아래에 있던 청운양로원에 들어갔다. 그만큼 나이에 비해 몸이 많이 쇠약해지고 지난 몇 년 동안 아주 폭삭 삭았다고 해야 마땅할 것 같다.

하지만 나혜석은 제아무리 몸이 불편해도 양로원의 노인들과 어울릴 사람이 아니지 않은가? 결국 그곳에서 얼마 머물지 못하고 나와 또다시 방랑자 생활을 하였다.

끝으로, 나혜석의 생애 마지막 인연 이응노 화백(1904.01.12~1989.01.10, 아호: 고암)과의 인연을 말하고자 한다.

해방직전의 나혜석은 유일한 벗, 즉 김일엽이 곁에 있는 수덕여관에 수양차 종종 장기투숙하곤 했는데 그 무렵 그녀를 자주 찾았던 손님이 바로 고암 이응노였다. 당시 고암은 수덕사를 품고 있는 예산이 고향이었고, 일본에서 미술공부를 마쳤으며 수묵화를 그리는 혈기왕성한 젊은이였다. 그 당시 일본에서 신문 보급소를 운영, 사업가로도 성공해서 제법 큰돈을 번 화가였다.

고암은 귀국할 때마다 수덕여관을 찾아 선배화가인 나혜석을 만나고 갔다. 그들은 여름날 쪽마루에 앉아 밤새워 이야기를 해도 좋을 정도로 커뮤니케이션과 정신적인 교감이 매우 잘 통했다.

두 사람이 하는 이야기야 늘 무궁무진했다. 예술가로서의 사는 것의 고달픔이랄지, 세상 돌아가는 이야기랄지, 새로운 미술양식이랄지, 특히 조선미술계의 문제점을 비판하며 서로 의기투합하곤 했다. 두 사람은 나이 차이도 여덟 살 차이밖에 나지 않았다.

그래서 당시 세인들은 두 사람 사이를 꽤 가까운 남녀 나이로 의심, 곱지 않은 시선으로 쳐다보기도 했다. 김일엽의 아들 일당스님이 종종 두 사람을 지켜보았다고 하며 당시를 회상하기를,

"두 분(나혜석과 이응노)은 동료 화가로서 남다른 고분을 갖고 있었습니다. 그러나 그것이 단순한 동료애였는지, 이성 간의 애정이 개입되어 있었는지에 대해서는 나는 알지 못해요. 방학 때 수덕여관에 들르면 그곳에서 나

혜석 아줌마를 찾아온 이응노 화백을 자주 만날 수 있었지만, 어른들의 일이어서 어떤 관계인지 자세히 알려고 하지는 않았었지요. 후일 수덕여관을 이응노 화백이 인수했다는 말을 전해 들었는데 그에게 그 여관은 특별한 추억이 깃든 장소였을 것입니다. 그것은 나에게도 마찬가지고요."

이응노가 일본에서 신문보급소를 해서 번 돈으로 수덕여관을 인수한 것은 사실이었다. 그는 왜 수덕여관을 샀을까? 진정 나혜석과의 추억 때문이었을까? 그는 해방직전 시국이 어수선해서 수덕여관에 은거하면서 그림에 전념해볼까 하고 여관을 샀다고 했다. 아무튼 고암은 해방이 될 때까지 수덕여관에서 지냈다. 종종 좋은 말벗 나혜석을 기다리기도 하면서 말이다.

참 흥미로운 것은, 1945년 해방 당시 나혜석이 수덕사 아래에 있는 한 주막에서 주모로 있었다는 증언이다. 이 증언은 이응노의 동생 이흥노의 주장에 따른 것이다. 해방될 무렵, 나혜석은 수덕사 아래 마을에 잠시 살았다. 그때 아마도 어느 주막에서 주모를 하면서 마을 사람들과 어울려 살았던 모양이다. 그 무렵 수덕여관을 형을 대신해 맡아 운영하던 이흥노가 가끔 주막에 들러 세상 돌아가는 이야기와 이응노의 소식을 전해주기도 했다고 한다.

천하의 나혜석이 주막에서 주모를 하다니! 비참을 넘어서 처참한 말로라고 안타까워할 수도 있겠다. 자료를 확인하면서 필자도 적잖은 충격을 받았으니까. 하지만 정작 나혜석 본인은 이를 '무애(無礙: 막히거나 거치는 것이 없음)'의 길을 걷고 있다고 생각해 아무 부끄럼 없이 당당했다고 한다.

말년의 나혜석, 삶에 대한 욕망도, 작품에 대한 욕망도 한시름 덜어냈다. 육체적인 병마로 인해 그림과 글에 전념하기도 힘들었을 뿐 아니라, 나혜석 스스로 '비움'의 미덕을 깨우친 것이다. 명성을 얻고자, 전시회를 열고자, 상을 받고자 작품을 그리고, 글을 일부러 쓰진 않았다. 오로지 진정 자유로운 예술인 나혜석이 되고자 했다.

흔히 나혜석의 미술작품 중 초기작품보다 후기 작품이 작품성이 현저히 떨어진다는 평을 받고 있는데, 이는 나혜석의 당시 상황을 파악하면 쉽게 이해할 수 있다. 말년의 나혜석은 궁핍한 생활과 영양 결핍으로 인해 수전증, 시력 저하 등 육체적인 장애뿐만 아니라, 필요한 물감도 제대로 살 수 없는 최악의 환경에 처해있었다. 화가가 물감을 제대로 사용할 수 없는 환경에서 그림다운 그림이 나올 수 없는 것은 너무도 당연했다.

글도 마찬가지였다. 혹자는 이를 파킨슨병이라고도 하는데, 날로 악화되는 수전증으로 인해 종이 위에 글씨를 제대로 쓸 수 없는 상황이었다. 쓴다해도 자신조차 알아볼 수 없었다. 건강은 이미 그녀가 무엇을 하기에 커다란 장애가 되고 있었다.

그러나 말년의 나혜석은 제멋대로 떨리는 손과 팔을 끌면서 가열차게 원고 집필에 전념했다. 그녀의 미발표 장편소설 『김명애』도 이 중 한 작품인지 확인되지 않고 있다. 그런데 이 원고들은 안타깝게도 대부분 분실되었다. 그녀의 조카 나영균 교수의 증언에 따르면, 나경석의 집 다락에 보관 중이었던 나혜석의 원고는 6.25 전쟁이 발발해 피난을 갔다가 돌아와 보니 모두 감쪽같이 없어졌다고 한다. 적잖은 분량의 원고와 유화 10여 점 가량도 도난당했다고 한다.

1947년경 양로원에서 박인경 여사(제불화가)가 나혜석으로부터 정서를 부탁받은 원고도 이 나경석의 집 다락 속에 있던 원고 뭉치 속에 포함이 된 원고인지 아직도 확실치가 않다. 이 말은 발표되지 않고, 그대로 사라진 원고가 그만큼 많다는 얘기일 것이다.


1948년 12월 10일 저녁 8시 30분, 서울 원효로의 시립자제원에서 며칠 전 길에서 쓰려져 실려 온 한 행려병자가 사망했다. 그녀는 백발이 성성한 머리에 남루한 헌옷을 입고 있었으며 소지품이라고는 아예 없었다. 그녀가 바로 나혜석이었다. 하지만 그녀를 여류화가겸 여류소설가인 그 나혜석으로 알아보는 이는 아무도 없었다. 그녀의 나이 향년 52세였다.

죽음으로 말해야 할 나이가 아니라, 예술의 경지에 올라야 할 나이, 자신의 예술의 꽃을 피워야 할 나이, 그 나이는 그런 나이임에도 불구하고 나혜석은 그럴 수 없었다.

이것이 진정 그녀가 말하는, 그녀가 바라던 '무애(無愛)'의, 자유인의 삶이 었는지 필자는 아직도 모르겠다. 그 누구보다 예술가의 삶에 충실했고, 항상 최고였던 그녀를 대체 누가, 무엇이 이렇게 다시는 날아오를 수 없는 지옥의 나락으로 굴러 떨어지게 했는지.

다만, 같은 여자로서 선각자 나혜석이 이십 년만 늦게 세상에 태어났더라면, 나혜석 개인의 인생사도 더욱 찬란히 꽃을 피웠을 것이고, 우리나라의 여성인권운동사 역시 지금과는 달리 뿌리를 깊이 내리지 않았을까, 하는 아쉬움이 남는다.

조선 최초의 여류소설가와 조선 최초의 여류화가라는 타이틀도 마찬가지다. 불행한 개인사와 격동의 현대사를 모두 겪으면서 주옥같이 소중한 작품들이 대부분 분실되거나 소실되었다. 혹은 당시 사회상으로 볼 때 행실이 별로 바르지 못한 여인의 작품이라는 이유만으로 홀대를 받거나 버려졌을 가능성도 크다. 해서 그녀가 남긴 작품에 비해 현존하는 작품은 그리 많지 않다. 특히 미술작품은 전기작품이 작품성이 뛰어나지만 많은 작품이 사라졌다.

생전에 나혜석은 100여 점의 그림을 발표했다고 한다. 그러나 현존하는 나혜석의 작품으로 알려진 것은 대략 3, 40점이 된다. 이들 작품은 대부분

수준 미만의 태작들인데다, 그나마 출처가 불분명해서 진위 문제로부터도 자유롭지 못하다. 특히 1927년 조선미전 출품작이나 동경제국미전 입선작품 등 이른바 족보가 확실한 작품이 단 한 점도 아직까지 나타나고 있지 않은 것은 나혜석 본인한테나, 후세인 우리 모두한테나 안타까운 일이다.

한 가지 흥미로운 점은, 사망한 지 올해로 70년이 되는 나혜석이 지금까지도 호적상에는 살아있는 사람이라는 것이다. 그녀의 호적은 김우영과 이혼과 동시에 오빠 나경석에게 입적되어 있다가 그의 사망 후, 호주를 상속한 조카의 호적에 '고모'라는 이름으로 올랐다. 그런데 지금까지도 나혜석의 사망신고가 이루어지지 않고 있어서 그녀는 호적상 의도치 않게 100년 넘게 영생을 누리고 있는 것이다.

나혜석이 세상과 작별할 무렵, 그를 사랑했거나, 그녀가 한때 마음에 담아뒀던 세 남자들, 즉 이광수, 김우영, 최린은 친일인사로 명명되어 반민특위 법정에서 재판을 받고 투옥되었다. 그러나 나혜석의 삶은 다소 누추했을지언정, 더러운 친일의 오물통을 뒤집어쓰진 않았다.

그녀의 공식상 마지막 사랑이었던 최린에 대한 사무치는 실망과 증오는 곧 남성에 대한 회의와 불신으로 이어졌다. 그리고 이것은 다시 첫사랑 최승구에 대한 영원한 사랑의 되새김으로 이어진 것이다. 즉 나혜석의 오십 평생에 있어서 남자들도, 로맨스도 많았지만 유일한 사랑은 소월 최승구와의 첫사랑뿐이었다.

그녀의 삶은 그녀의 첫사랑처럼 불꽃같았다. 화르르 타올랐다가 아스라이 사라졌다. 그녀는 그 속으로 뛰어드는 한 마리의 아름다운 철모르는 불나비였다.

노라

-나혜석

나는 인형(人形)이었네
아버지 딸인 인형으로
남편의 아내 인형으로
그네의 노리개이었네

(후렴)
노라를 놓아라
순순히 놓아다고
높은 장벽을 헐고
깊은 규문(閨門)을 열고
자유의 대기(大氣) 중에
노라를 놓아라

2
나는 사람이라네
남편의 아내 되기 전에
자녀의 어미 되기 전에
첫째로 사람이라네

3
나는 사람이로세
구속이 이미 끊쳤도다
자유의 길이 열렸도다
천부(天賦)의 힘은 넘치네

4
아아, 소녀들이어
깨어서 뒤를 따라오라
일어나 힘을 발하여라
새날의 광명이 비쳤네

-나혜석, 『신여성』, 1926년
「인형의 집」(≪매일신보≫, 1921년 4월 3일) 개작

# 모윤숙

대한민국을 넘어 UN까지 유혹한

여왕벌의 섹슈얼리티

모윤숙으로 인해

울고 웃었던

남자들

일제강점기에서 해방된 직후, 뜬소문으로만 전해지던 '낙랑클럽(낙랑구
락부)'이란 비밀단체가 있었다. 명분상으로는 한국을 방문한 외국인들을
상대로 한 엘리트 여성들의 사교모임이었지만, 안으로 깊숙이 들어가 보면
그리 범상치 않은 모임이었다. 이승만 정권은 조선에만 있는 야릇한 요정문
화를 건전하게 바꾼다는 취지로 김활란을 비롯해 당시 지성과 미모를 겸비
한 대표 엘리트 여성들을 정면에 내세워 정권을 세우고 유지하는데 이 클
럽을 주도면밀하게 이용했다.

해방 직후부터 한국전쟁이 휴전하기 직전까지 이 모임을 이끌고 운영했
던 사람이 바로 한국 현대문학사에서 가장 독보적인 존재였던 여류시인 모
윤숙(毛允淑: 1910.03.05~1990.06.07)이다.

젊은 사람들한테는 얼굴과 이름조차 생소하겠지만, 모윤숙에 대한 기억
이 또렷하게 남아있는 문화계 인사들은 말한다. 당시 보통 여자들보다 몸집
이 큰 데다가 얼굴도 그다지 미인형이 아니었지만, 당시 엘리트 남자들은 그
녀 앞에만 서면 이유를 알 수 없이 한없이 작아졌다고. 색다른 끌림이거나

반대로 상대를 주눅 들게 하는 마력 같은 게 있었던 모양이다. 그녀의 그런 마력을 단번에 알아본 게 바로 소설가 춘원 이광수였다.

당시 유부남이었던 이광수가 봄바람처럼 그녀 곁을 맴돌다가 스쳐 갔다면, 인도의 외무장관이었던 메논은 평생을 쥐고 흔들었던 회오리나 다름없었다. 그러나 두 사람의 애틋한 감정의 불씨는 당시 어지러운 정치상황과 맞물리면서 쉽게 활활 타오르지 못했다. 메논은 훗날 자신의 자서전에 모윤숙을 '자신의 머리보다 가슴을 움직인 유일한 사람'이라고 회고했다. 그는 차마 고백하지 못할 감정의 대가로 '한민당과 이승만 정권의 남한 단독정부 수립'이라는 어마어마하게 큰 선물을 그녀의 품안에 안겼다.

영운(嶺雲) 모윤숙이 누구인가, 하는 물음에 답하는 건 그리 어렵지 않다. 한국 현대사와 운명을 같이한 여걸이라 해도 과언이 아닐 것이다. 문학가로서 이만한 이력을 가진 사람이 또 있을까, 싶도록 시인으로서 첫발을 내디딤과 동시에 이광수와 이승만의 눈에 들어 시인과 정치가로서 승승장구했다. 그만큼 그녀는 성공을 위한 처세술에 능한 사람이었다. 그녀한테서는 카멜레온 같은 생존본능이 엿보인다고 할까?

갈래머리 여고생 때는 일제강점하에서 핍박받는 부모님의 고통—특히 일제의 말발굽에 채여 넘어져서 피투성이가 된 채 쓰러져있었던 모친에 대한 기억—에 눈물지었고, 실제로 독립운동에도 참여했다가 옥에 갇힌 적도 있을 만큼 투철한 항일정신의 소유자였다.

그러나 본격적으로 사회생활에 뛰어들을 때쯤에는 대표적인 친일지식인이 되었다. 어쩌면 그녀의 로망이었던 이광수의 영향이었는지도 모르겠다.

어쨌든 김활란을 비롯해 몇 안 되는 당시 여성지식인들과 더불어 모윤숙은 위안부 모집 등 일본의 식민정책을 충실히 옹호하고 지원하는 일본 제국주의의 나팔수로 활동했다. 그 결과 당시 여성으로서는 보기 드문, 팔십 평생 당차고 대단했던 인생항로와는 별로 어울리지 않게 친일인명사전에도 이름을 올렸다.

일본이 패망하고 쫓기듯 철수한 후, 기댈 곳이 없어진 모윤숙은 그동안 비판의 칼날을 들이대었던 친미세력과 손을 잡고, 투철한 반공주의자로 변신하였다. "이제 세상의 중심은 미국! 조선이여, 어서 양키의 옷자락을 잡아라."며 매일 이어지는 강연과 시 발표로 호들갑을 떨었다. 「국군은 죽어서 말한다」 등의 작품들은 이때 쓴 반공(反共) 작품들이다. 모윤숙은 시인이라기보다는 오히려 권력 지향의 욕망이 강한, 정치가적인 성향을 가진 인물이었다.

모윤숙이 거쳐 지나간 휘황찬란한 길을 간략히 소개하자면, 제3차 국제연합(UN)총회 한국대표로 참석(1948), 대한여자청년단장(1950), 대한민국예술원 회원(1957), 유네스코 총회 한국대표(1958), 펜클럽 한국 위원장(1960), 여류문인협회장(1969), 제8대 국회 민주공화당 전국구 대표로 당선(1971), 한국현대시인협회장(1973), 통일원 고문(1974), 펜클럽 한국본부 회장(1977), 문학진흥재단 이사장(1980) 등을 거쳐 대한민국 예술원상(1967), 국민훈장 모란장(1970), 3·1문화상을 받았고(1979), 작고 후 1991년에는 금관문화훈장이 추서되었다. 주요 이력만 간략히 정리를 해도 이 정도다.

이는 시인으로서 작품에 대한 문학적 평가와는 별개로 우리 현대문학사상 지금까지 그 어떤 작가도 누리지 못한 호사스러운 승승장구였다.

## ::: 정신적 지주 아버지

모윤숙의 어린 시절에 대한 자료는 별로 많지 않다.

함경남도 원산에서 독실한 기독교 집안에서 태어난 모윤숙은 소학교 때 「까막조개」라는 글을 교지에 발표하면서 문학적 재능이 남다른 아이로 교사들한테 기억되었다. 그녀의 아버지는 민족의 독립에 모든 걸 내걸었던 열혈 독립투사였다. 그녀는 아버지처럼 연설을 잘하는 사람을 본 적이 없다고 말할 만큼 그는 뛰어난 언변가였다. 그는 겉으로는 이 마을 저 마을 돌며 그리스도교를 전도하는 전도사였지만, 실제로는 일본군의 눈을 피해 활동한 지하 독립운동원이었던 것으로 전해진다. 독립투사들이 그랬듯 어린 시절 그녀의 아버지도 독립운동을 이유 삼아 가족의 부양책임을 아내에게 떠넘기고 북간도와 모스크바 등 이곳저곳을 떠돌았다. 그 때문에 가세가 몰락해서 모윤숙의 가족은 숙부네 집에 얹혀살아야 했으며 아버지의 사랑을 모르고 자랐지만, 독립운동가인 아버지에 대한 존경심만은 한결 같았다.

어머니 또한 아버지 못지않은 열성 독립운동가였다. 함흥에서 3·1만세 운동이 일어났을 때 누구보다 앞장서 만세삼창을 외치던 어머니는 일본 기마경찰의 말발굽에 짓밟혀 어린 딸 앞에서 피투성이가 된 채 자갈밭에 쓰러져있었다. 그때 고작 아홉 살이었던 어린 딸은 제 눈앞에서 어쩌면 죽어가고 있는지도 모를 어머니를 바라보고서도 악, 소리조차 지를 수 없었다. 후에 소녀는 그때 어머니가 손에 쥐고 있었던, 핏물에 빨갛게 젖은 태극기를 선연히 기억하며 다음과 같은 시를 남겼다.

빨간 빛은 해님이요 / 파란 빛은 달님이지 / 세 줄 그어 네모를 둘렀네
우리나라는 해님 나라 달님 나라 / 어디어디 숨었다가 오늘 나왔나?

우리 엄마 태극기는 불쌍하고 가련해요 / 일본 순사 칼에 찔려 어디론지 가버렸어요

태극기는 울며 갔지 자꾸자꾸 울며 갔지 /

어디서 찾아올까 누가누가 찾아올까 / 꿈에도 안보이네.

-모윤숙, 제목미상, 년도미상

모윤숙은 아들 귀한 딸부잣집에서 나고 자랐다. 가난한 살림살이에 의복이 귀한 시절이어서 그랬는지, 아들을 갖고 싶은 어머니의 바람 때문이었는지 정확한 이유가 전재지지 않지만, 소학교 졸업 때까지 모윤숙은 사내아이 같은 차림새였다. 게다가 또래 여자아이들이 끼리끼리 모여 즐기는 소꿉장난이나 공기놀이 같은 것에도 별 관심이 없었고, 집 근처 바닷가나 동산에 올라 혼자 조용히 산책하기를 좋아했다. 또래보다 조숙하고 어른스러운, 즉, 중성적인 이미지가 강한 알파걸의 성향이 그때부터 엿보였다고나 할까?

어머니는 그런 그녀를 '계집애가 꼭 머슴애같이 생겨먹었다'며 마뜩찮아 했지만, 그 시대의 다른 아버지들처럼 가부장적이지 않았던 아버지는 그녀를 있는 그대로 존중해주며 억지로 여성스러워질 것을 강요하지 않았다. 문학에 대한 끼를 타고나서인지 어른들도 입에 함부로 못 올리는 발칙한 말을 시라고 끄적이는 어린 딸에게 아버지는 진심어린 충고를 했다.

"윤숙아, 모름지기 글이란 자기 목소리를 담아 써야 한단다. 글은 네 생각대로 써야해. 남의 흉내를 내거나 유식한 척 어려운 남의 문구를 모방해 쓰면 넋 빠진 허수아비 글이 되는 거야. 글에서는 글을 쓴 사람의 냄새가 우선 풍겨야 하는 거야. 사람냄새 말이지."

-편집부 펴냄, 『한국역사 속의 여성인물』(하권), 한국여성개발원, 1998

비록 아버지는 독립운동을 하느라 늘 집 밖으로 나돌아 집안 형편이 말이 아니었지만, 모윤숙은 그런 아버지를 조금도 무책임하다고 원망하거나 미워하지 않았다. 오히려 그런 아버지가 자랑스러웠고, 성인이 된 후에도 정신적 지주이자 우상으로 영원히 가슴 속 별이 되었다.

모윤숙의 일련의 작품들이 편향적임은 부정할 수 없는 사실이지만. 다듬고 절제된 시라기보다는 그냥 나오는 대로, 생각나는 대로 술술, 마치 숨 쉬듯 자연스럽고 솔직하게 써내려간 점도 아버지의 조언을 마음속 깊이 흡수시킨 결과물이라 생각한다.

모윤숙은 독립투사였던 아버지에 대한 존경심과 영향으로 말미암아 일제의 창씨개명에 심한 반감을 가졌다. 총독부는 그녀에게도 예외 없이 성과 비슷한 '모리(毛利)'로 개명하라 압박을 가했다. 그녀는 창씨개명을 거부하다가 경찰에 연행되어 2주일간 옥고를 치르기도 했었다. 이때만 하더라도 그녀는 그랬다.

구금기간이 비교적 짧은 이유는, 그녀 스스로 백기를 든 게 아니라 당시 문학에 애정이 남달랐던 일본군 사령관이 "시인은 모름지기 고집이 있어야 하는 법, 예술인이 창씨를 않고 제 나랏말로 글을 쓰겠다는데 무엇이 잘못이냐? 그것까지 문제 삼을 수는 없다."며 모윤숙을 적극 옹호해 풀어줬기 때문이다.

당시 그녀는 이화여전을 갓 졸업하고, 방송국에서 일할 때였는데, 그녀의 회고에 따르면, "나 같이 아무 것도 아닌 사람한테도 이런 강압이 따르거늘 총독부가 보아서 쓸 만한 인재는 모두가 억지와 탄압으로 꼼짝 못하게 눌러서 저희 편을 만들었을 게 아닌가? 그러나 정말 그렇게 해서 그들의 편이 된 이가 몇 사람이나 될까?"라는 의구심을 품었다고 한다.

그러나 그로부터 얼마 지나지 않아, 그녀는 언제 그런 생각을 했느냐는 듯 보란 듯이 그 몇 안 되는 일본의 나팔수로 변절하고야 만다. 일본의 회유와 강압이 그렇게 견디지 못할 만큼 고통스러웠을까? 어쩌면 그녀는 독립운동가였던 부모님보다, 일제강점하에서 핍박받는 민족보다, 자신의 사회적 성공이 먼저라고 생각했는지도 모른다. 어느 날 갑자기 돌연변이를 일으켜 전에 없던 이기적인 유전자가 세포분열을 시작했는지도.

어쨌든 그녀의 친일행적은 매우 적극적이었으며 교묘했다. 그 중심에 소설가 춘원 이광수의 영향을 간과할 수 없을 것 같다.


## ::: 가질 수 없는 단 한 사람, 춘원 이광수


모윤숙에게 춘원 이광수는 소유하고 싶지만 소유할 수 없었던, 영원한 로망이었다. 모윤숙뿐만 아니라, 앞서 이야기한 나혜석을 비롯한 당시 손에 먹물 깨나 묻힌 엘리트 여성들한테 지성과 매너를 두루두루 갖춘 페미니스트 춘원은 곁에 오래 두어도 결코 싫증나지 않을 것 같은, 다음 세상에서도 함께 하고픈 남자 1순위였다. 그림 속 음식에 더 식욕이 당기듯 설사 아내와 자식들이 줄줄이 딸린 유부남이라 하더라도 그의 매력은 전혀 반감되지 않았다.

이광수는 당시 신여성들의 로망과 우상이 될 수밖에 없는, 자존심 강하고 콧대 센 그녀들의 연애세포를 자극할 만큼 매력덩어리였다. 이유는 당시 보통의 평범한 남자들과 사고방식부터가 판이하게 달랐기 때문이다. 제아무리 동경유학을 다녀온, 젠틀한 엘리트 남자라 할지라도 당시 남자들은 결혼과 동시에 다들 약속이나 한 듯 모두 비슷비슷해졌다. 집에서 아이들과 가사노동에 시달리는 아내에게는 무관심하고, 아침마다 아내가 건네는 보약을 단숨에 원샷하고는 보약 먹은 힘을 기방에 가서 기생과의 연애질에 소비했다. 그들은 그것을 당연한 남자들만의 권리, 즉 '풍류'라 여겼다. 어려서부터 전통적인 가부장적인 교육에 길들여진 초부들이야 그것을 제 팔자려니 받아들였겠지만, 나름 고등교육을 받은 신여성들은 그런 전통적인 결혼생활에 반감이 쌓이는 게 당연했다.

그러나 춘원 이광수는 달랐다. 그도 분명 조선의 상남자였지만, 여성들의 희생만 강요하는 전통적인 가부장제의 결혼생활에 반기를 들었다. 부부 사이의 필요충분요건은 단 하나, '사랑'이라 정의하고, 당사자 간의 사랑도 없이 부모의 뜻대로 어린 나이에 이루어지는 '조혼'과 '기방연애'를 경멸해 마지않았다. 특히, 조혼을 '야만의 극치'라고 주장했다.

"애정 없는 부부는 일종의 상행위보다 더한 고용관계외다. 이는 매음(매춘)이오, 간음이외다."라고 말할 정도로 부부 간의 사랑과 소통을 중요덕목으로 손꼽았다. 이는 사랑이라는 말조차 생소했던 시대에 매우 파격적인 주장이었다. 다른 남자들한테 병신, 모질이로 손가락질을 받을 만큼.

그러나 이광수는 다른 남자들의 따가운 시선에 아랑곳하지 않고, 사랑이란 머릿속에서 상상만 하는 것이 아니라, 사랑에 빠진 사람들의 가슴에서 파도치는 격렬한 흐름, 즉 '열정 그 자체'라고 그는 정의했다.

남성우월주의, 남성중심주의가 팽배한 시대였던 당시에 보기 드물게 여권운동가였던 춘원! 그래서 그는 한국 근대소설사상 열정으로서의 사랑을 최초로 성문화(成文化)한 '사랑의 발견자'이다. 무엇보다 그는 누군가를 사랑하고 있다면 그 사랑을 스스로 정당화하는 게 가능해야 한다고 말했다. 내 남편감이, 내 아내가 될 사람이라면, 부모가 정해준 사람이 아닌, 왜 꼭 그 사람이어야 하는지, 왜 그 사람이 아니면 안 되는지 설명할 수 있어야 한다는 것이다. 이는 가족 중심적이고도 구속적인 기존의 전통방식의 결혼관으로부터 '완전한 자유'를 일컫는 것이다.

이광수의 자유분방한 연애와 결혼관에 당시 사랑에 굶주려 있던 여성들이 열광하는 것은 당연했다. 그가 일으킨 센세이션은 지금도 상상할 수 없을 만큼 대단했다.

같은 시대를 살았던 작가들의 증언에 따르면 당시 글을 해독한 젊은이들 사이에서 이광수의 글은 '아편'과도 같은 것이었다고 한다. 사랑이 고팠던 그 시절의 청춘들은 남녀 불문하고 1년에 한두 번 발행되는 『청춘』을 얼마나 애독했는지 모른다고 한다. 『청춘』의 발행 소식이 입소문으로 들리면 다들 서둘러 책방으로 달려가 줄을 서서 기다렸다고.

모두 이광수의 글을 읽기 위해서다. 한 편의 드라마 같은 사랑과 자유스러움이 넘치는 그의 글을 탐닉하며 대리만족이라도 하고픈 열망 때문이었으리라. 행여 그의 소설이 실리지 않으면 판매부수가 현저히 줄었다. 당시 이광수의 소설은 청춘의 뜨거운 피가 흐르는 젊은이라면 꼭 읽어야 하는 필독서로 통했던 것이다.

모윤숙도 그런 청춘들 중 한 사람이었다. 그녀는 이광수의 소설과 논설을 빠짐없이 스크랩해 읽으며 학창시절을 보냈다. 후에 시인이 되어 꼭 그를 만나리라 다짐하면서.

그리고 그 소망은 머지않아 기적처럼 이루어졌다.

때는 1933년 5월, 김광섭과 유치진 등이 활동했던 극예술연구회가 체호프의 작품 〈벚꽃동산〉을 무대에 올리려고 맹연습을 할 때 즈음이었다. 모윤숙은 아침 일찍부터 파트너 이헌구(평론가, 불문학자: 1905~1982)와 한참 왈츠를 멋들어지게 추고 있었다. 마침 소설가 주요섭의 와이프이자 『신가정』의 편집자였던 김자혜가 모윤숙을 찾아왔다.

"춘원 선생님께서 『동광』에 실린 자기 작품이 인상 깊으셨다며 한번 만나고 싶으시데."

'춘원 선생님이 나를? 어머나!' 모윤숙은 깜짝 놀랐다. 그녀는 마치 마음에 둔 상대와의 첫 데이트를 기다리는 여학생처럼 가슴이 설레고 또 설레었다. 2년 전, 이화여전 영문과를 졸업한 그녀는 북간도 용정에 있는 명신여학교의 교사로 재직하며 시 「피로 색인 당신의 얼골을」(『동광』, 1931.12)을 발표해 문단에 등단했다. 1932년 서울 배화여자고등보통학교 교사로 자리를 옮기고 나서 첫 시집 『빛나는 지역』(조선창문사, 1933)을 출간, 본격적인 활동을 시작하였다.

"나도 볼일 보고 곧 거기로 갈 테니까, 오늘 오전 11시까지 동아일보사로 나와요. 편집국장실 옆 응접실에서 춘원 선생을 뵙기로 했어."

김자혜의 말에 모윤숙은 그러겠다고 대답했다. 가슴에서 쿵, 쿵, 소리가 들렸다.

당시 이광수는 동아일보 편집국장 자리에 앉아있었다.

마침내 두 사람은 그렇게 만나게 되었다. 평소 지면에서만 볼 수 있었던 우상을 직접 만난 모윤숙은, 그 모든 게 꿈만 같았다. 춘원은 선배작가로서 새내기 시인에게 근엄하게 말했다.

"윤숙 씨의 시집을 잘 읽어봤소. 특히 「검은 머리 풀어」가 인상 깊었소. 앞으로도 좋은 시를 많이 써달라고 부탁하려고 이리 불렸소. 내가 관심이 있어서 윤숙 씨의 시를 거의 다 찾아 읽어봤소. 시어를 다듬는 게 아직은 서툴러 보이지만 그런 건 아무것도 아니오. 쓰다 보면 차차 나아질 거요. 명심할 것은 시라는 건 제 혼을 가져야 하는 거요. 혼의 시를 쓰시오."

모윤숙의 시 「검은 머리 풀어」는 조국의 재단에 까만 머리를 풀고 향불을 피운다는 민족주의적 내용이다. 자기 시를 거의 다 읽어봤다는 춘원의 말에 이 새내기 시인은 뜨거운 감동을 받았을 것이다. 코끝이 시큰해 당시 무어라 한 마디도 할 수 없었다고 한다. 춘원의 부드러운 카리스마에 눌리어 그녀는 한없이 작아지고 작아졌다. 그때부터였을까? 알에서 부화한 병아리가 맨 처음 제 눈에 띤 존재가 어미인 줄 알고 계속 따라다니듯 모윤숙도 그랬다. 그녀는 차라리 이광수의 그림자로 살고 싶어 했다.

춘원과 모윤숙은 종종 만났다. 물론 공적인 만남이 대부분이었다. 춘원은 그녀의 첫 시집 『빛나는 지역』(1933)에 다음과 같은 서문을 써주기도 했다.

> 모윤숙 여사의 시는 조선시단의 중요한 재산이다. 여사의 시를 읽는 이는 그의 놀라운 상상력과 날카로운 인생관과 자연의 관찰과 향토애를 기초로 한 열정에 깊은 감격을 받지 아니지 못하였을 것이다. (깊은 감격을 받았을 것이다.) 모윤숙 여사는 이화여전의 학창을 나온 지 여직 3, 4년이 못되는 젊은 시인이다. 그러므로 우리는 여사에게 어제와 오늘보다 한없이 위대한 내일을 기대하려 한다. (중략)
>
> 조선에 허난설헌이라는 여성 한 시인이 있었다. 그러나 조선말을 가지고 조선민족의 마음을 읊는 여시인으로는 아마 모윤숙 여사가 처음일 것이다. 여사는 조선의 땅을 안으려 하는 시인이다. …… 나는 모윤숙 여사가 시인인 것을 존경하고 촉망함보다도 조선의 시인인 것을 감사하려 한다. (하략)
>
> -계유 (1933) 9월 이광수.
>
> -모윤숙, 「서문」, 『영운모윤숙 문학전집』, 성한출판사, 1986

당시 조선 문단을 쥐락펴락했던 문단 권력자 이광수에게 이런 아낌없는 칭찬을 받은 새내기 시인은 가슴이 벅차올랐을 것이다. 그래서였나 보다. 언제부턴가 이광수를 향한 감정이 존경과 사랑의 미묘하고 복잡한 두 마음 사이에서 자꾸만 오락가락했다. 물론 모윤숙 혼자만의 안타까운 마음이었다. 이광수는 모윤숙에게 아끼는 선후배 사이 그 이상도, 그 이하도 아니었다. 모윤숙에 대한 이광수의 마음이 어떤 것이었는지 정확히 알 수는 없으나, 그는 사적인 마음 따위를 겉으로 내비치지 않았다. 그는 이미 오래전에 허영숙과 결혼한 몸이었고, 아이들도 있는 한 가정의 가장이었으니 말이다.

그러나 모윤숙은 그 위험한 감정을 애써 부정하려 하지 않았다. 혼자만의 감정이었지만, 제 가슴 안에서 똬리를 튼 그것을 소중하게 품어 키웠고, 때론 영감이 되어 시로 창작되었으며, 때론 그에게 편지를 써 보내기도 했다.

이광수의 답장은 늘 한결같았다. 감기 조심하라, 기관지가 나쁘면 폐가 안 좋아질 수 있으니 항상 조심하라, 나도 과거 폐가 안 좋았으나 아내의 극진한 보살핌으로 나았다, 탄 초콜릿을 먹어라 등등 마치 선생님이 어린 학생한테 보내는 편지 같은 글을 이따금씩 보내올 뿐이었다. 그것도 모윤숙의 아버지 이름으로 보내는 편지 속에 끼워 넣는 방식으로. 목석같은 이 남자를 어쩌나, 그녀의 고민은 밤마다 깊어갔다.

두 사람의 만남은 일을 핑계 삼아 더욱 잦아지고, 편지 왕래도 잦아졌다. 어떤 때는 당시 동아일보사와 가까이에 있는 창경궁에서 만나 산책도 하고, 박물관에 들려 그녀에게 마치 인자한 선생님처럼 유물에 대한 설명도 해주었다.

이광수가 늘 돌부처 같기만 한 것은 아니었다. 한번은 오사카에 출장을 간 그가 「오사카의 밤비」라는 꽤 말랑하고 로맨틱한 시를 영어와 한글로 써 보내주었던 적도 있었다. 모윤숙은 이 시를 내내 소중하게 간직하고 있었으나, 한국전쟁 당시 북한군들에 쫓기는 매우 곤궁한 도망자 처지에 처해 안타깝게도 분실했다고 전해진다.


오사카에 밤비가 내리오. / 자동차는 은비늘 금비늘의 물방울을 뿌리며 어디론가 달아나오. / 나도 어디론가 하염없이 달아나고 싶소. / 매리언, 영운(嶺雲). 나도, 나도 이 밤 어디론가 달아나고 싶소.

그는 어디로, 누구에게로 달아나고 싶어 이런 시를 모윤숙에게 보냈던 것일까?

사실 '영운(嶺雲)'이라는 모윤숙의 아호도 춘원이 지어준 것이다. 언젠가 모윤숙은 이광수와 단둘이 함경남도 함흥에 있는 부전호수를 산책했던 적이 있었다. 멀리 높고 가파른 산중턱에 두둥실 하얀 머리띠처럼 떠있는 구름을 바라보던 이광수가 무심코 혼잣말을 했다.

"윤숙이는 저 산 위에 떠가는 구름 같아. 손에 잡고 싶지만 잡히지 않는 구름."

마음 속 깊이 존경하고 사모하는 춘원으로부터 이런 말을 들은 모윤숙. 어찌 제정신일 수 있었겠는가. 순간, 백조 한 마리가 되어 하늘을 날고 있는 듯한 기분이었으리라.

"왜 잡을 수 없다고 생각하세요? 저 구름이 저라고 하시면 이렇게 선생님 곁에 가까이 있는데요."

엑스터시에 취한 듯 몽롱한 눈빛으로 그녀는 이광수를 바라보며 대꾸했지만, 그는 더 이상 아무 말이 없었다. 대신 다음 말만을 쓸쓸히 남겼다.

"윤숙이의 아호를 '영운'이라 함은 어떠한가. 영운 모윤숙."

그런 계기로 모윤숙은 아호 '영운(嶺雲)'을 관에 들어갈 때까지 제 분신처럼 품었다. 다정다감하고 로맨틱했던 첫사랑 이광수를 생각하며.

모윤숙은 후에 춘원 선생을 가까이에서 모셔온 수십 년 동안 자기에게 잠시나마 진심어린 애정을 보인 적이 그때뿐이었다고 당시를 회고했다.

춘원에 대한 모윤숙의 마음이 얼마나 절절했는지는 다음의 일화에서도 느낄 수 있다.

　모윤숙이 그를 처음 대면했던 해의 어느 겨울날, 그녀는 어머니가 계신 원산에 가 며칠 묵었다. 때마침 젊은 작가 친구인 최정희와 노천명도 같이 갔다. 그 세 명의 젊은 여류작가 지망생들은 춘원 이야기로 밤을 하얗게 지새웠다. 어찌나 '춘원 선생'이란 단어를 입에 자주 올렸던지 다음 날 아침에 모윤숙의 어머니가 "네들, 춘원이 당최 누구래? 춘원, 춘원 아예 입에 딱 붙었더만."이라고 타박할 정도였다.

　이런 일들이 사람들의 입에 자꾸 오르내리자, 모윤숙과 춘원의 사이를 의혹의 눈길로 쳐다보는 사람들도 생겼다.

　항간에는 이광수의 소설 「유정」의 여자주인공 남정임이 바로 모윤숙을 모델로 하여 작가가 이상화한 것이라고 평하기도 한다. 어쨌든 여러 정황상 모윤숙 혼자만의 열렬한 감정은 아니었던 듯싶다. 다만 이광수는 한 가정의 가장인 처지와 사회적인 체면 등을 생각해 모윤숙에 대한 마음을 제대로 표현할 수 없었던 것 같다.

　그러나 항간에는 다른 이야기도 들린다. 춘원 이광수가 1934년 당시 여덟 살이던 아들 봉근을 병으로 잃고 난 직후, 인생의 덧없음과 죄책감을 견딜 수 없어 금강산으로 들어갔을 무렵이었다. 봉근은 그의 두 번째 아내 허영숙과의 사이에서 얻은 맏이다. 그는 이 아이에 대한 애정이 유독 극진했다고 전해진다. 게다가 당시 춘원의 정신적 지주였던 도산 안창호의 장기투옥은 그의 마음을 더더욱 무겁고 황량하게 만들었다.

　자식의 갑작스러운 죽음과 일제의 끊임없는 회유와 변절 요구, 그리 건강하지 못했던 자신의 심신상태 등 그는 지칠 대로 지쳐 있었다. 세상이 그를 가만히 놔두질 않았다. 사람 좋아하는 춘원이었지만, 정작 자신이 힘들 때 아무 도움도 되어주지 못하는 세상과 사람들 곁을 잠시 떠나있고 싶어 했다. 해서 그는 당시 조선일보사 부사장직을 그만 두고, 요양을 핑계 삼아 무작정 금강산으로 입산했다. 금강산은 그에게는 익숙한 곳이었다. 1921년 말과 1923년 두 번에 걸쳐 금강산을 두루두루 돌며 기행문 「금강산유기」를 집필했기 때문이다. 평소 불교사상에 사상적 기반을 두고 있었던 그는 금강산에 머물며 불교 경전을 읽으면서 은둔생활을 했다. 당시 스타급 유명 인사였던 그는, 일거수일투족이 신문에 낱낱이 보도되곤 했다. 당시 신문기사에는 그가 장안사 근처 지장암이라는 절에 머물고 있다고 보도되었다.

모윤숙은 이때를 놓치고 싶지 않았다. 그녀는 서울에 온 어머니를 앞세우고, 무작정 금강산으로 향했다. 장안사에 도착하면 그를 만날 수 있으리라 생각해 발걸음을 재촉했다. 이광수는 그새 정말 스님이라도 된 듯 삭발을 하고, 지팡이를 짚고 금강산 여기저기 암자를 다니며 불경을 읽었다.

뜻밖의 모윤숙의 금강산 출현에 이광수는, 그러나 마치 예상했던 일이라는 듯 덤덤하게 맞아주었다. 춘원은 마치 산신령처럼 지팡이를 짚고 기암절벽 위에 서있었다.

"윤숙이, 여기 이것 좀 봐."

이광수는 절벽 아래 속이 훤히 보이는 맑은 강물 속에서 서로 엉킨 채 기어가는 수천수만의 빨간 벌레 떼를 지팡이로 내리쳤다. 그러자 흡사 한 덩어리처럼 뭉쳐 보이던 벌레 떼가 놀라 사방으로 흩어졌다.

"이것이 우리 인생이야. 서로 물어뜯고 엉키고, 물리고, 흩어지고 하면서 잠시의 인생을 사는 이것들처럼 말이야."

"선생님, 이제 그만 경성으로 돌아오세요. 신문사로 돌아가셔서 일을 하세요. 가족은 얼마나 선생님을 기다리겠습니까? 어서 돌아오세요. 선생님."

"지금 같아서는 세상으로 다시 돌아가고 싶지 않네. 날이 저물기 전에 윤숙이는 어서 산을 넘어야 하네. 길을 서두르게나. …… 사람이니까 사람 사는 세상으로 다시 돌아갈지도 모르지."

세상에 대한 회의로 가득한 그를 이해하기에는 당시 20대 초반이었던 모윤숙은 너무 어렸다. 그녀는 그저 안타까이 그를 바라만 보았다. 그 때 마침 그곳을 지나던 사진사가 두 사람의 의사를 묻지도 않고, 카메라 라이트를 펑, 터뜨렸다. 요즘 말로 하면 파파라치에 딱 걸려든 셈이다. 결과적으로 이 한 장의 사진이 세상에 공개되면서 후폭풍이 일파만파로 퍼져 당시 조선을 떠들썩하게 한 세기의 스캔들이 되었다. 그 유명한 춘원이 모종의 젊은 처자와 금강산으로 도망가 사랑놀음을 하고 있다니! 세상이 발칵 뒤집힌 게 이상할 것도 없었다. 애정 행각이니, 도피 행각이니, 역시 로맨티스트 춘원이니 하며 입에 담기조차 민망한 말들이 삼삼오오 모인 자리에서 심심풀이 안줏감으로 오갔다.

게다가 1938년에 출간된 이광수의 장편소설 『사랑』은 오히려 불난 집에 기름을 들이붓는 격이었다. 인격적으로 완벽한 작가이자 의사인 작품 속 남자 주인공 안빈은 춘원을 연상케 하기에 충분했다. 처자식이 있는데도 안빈에 대한 마음을 멈출 수 없어 그의 곁에 남아 그를 보필하는 의사가 되기로 결심하는 순옥은 모윤숙을 모델로 한 것처럼 보였다.

단순히 우연의 일치였을까? 작품 속 안빈을 향한 마음을 감추려 사랑하지도 않는 남자와 결혼하는 순옥과 실제로 후에 이광수가 소개한 안호상과 덜컥 결혼해버리는 모윤숙은 어쩐지 절묘하게 오버랩된다.

사실은 장편소설 『사랑』에서 이상적인 의사이자 완전한 인격체로 구현되는 남자주인공 '안빈'은 춘원의 주치의였던 '한국의 슈바이처' 장기려 박사를 모델로 한 것이었지만 세상은 진실 따위에는 관심이 없었다.

어쨌든 춘원의 속내까지 알 수 없었던 그 당시 사람들은 이광수의 『사랑』이 작가의 내면 이야기로, 차마 말 못할 모윤숙을 향한 그의 로망의 표현이라고 해석했다.

항간에는 두 사람에 얽힌 로맨스의 뒷담화도 떠돈다. 1936년 어느 날이었다. 이광수가 결핵성척추염으로 경성 의전병원(현 서울대병원의 전신)에 입원했을 때의 일이다.

모윤숙은 간밤에 춘원이 병원에 입원했다는 소식을 전해 듣고 부리나케 달려갔다. 아내 허영숙이 있던지, 작가들이 몰려와 진을 치고 있던지 그녀는 상관없었다. 오로지 그녀의 눈에는 춘원만 보일 따름이었다.

그녀는 밤새 푹 고은 닭곰탕 뚝배기를 두 손으로 조심스레 받쳐 들고, 춘원이 좋아하는 연꽃 다섯 송이를 사 옆구리에 끼고서 병실 안으로 들어섰다.

담당간호사가 그녀한테서 닭곰탕 뚝배기를 받아들었더니, 그녀의 손바닥은 이미 화상을 입어 하얗게 껍질이 일어나 있었다고 한다. 닭곰탕은 아직도 따뜻했다.

"선생님이 좋아하시는 연꽃을 가져왔어요. 곁에 두고 보시고 빨리 나으세요."

모윤숙은 목이 메듯 울먹였다.

"영운, 고맙소. 손을 이리 주시구려."

모윤숙은 손을 내밀었다. 침대에 정좌로 앉아있던 춘원은 그녀의 손을 두 손으로 감싸 쥐었다. 두 사람 사이에서는 만감이 교차했다. 그와 그녀의 마주잡은 손에서는 에로틱의 감정보다 더 진하고 애틋하고 간절한 그 무언가가 흘렀다.

후에 모윤숙은 자기 손을 꼭 쥐었던 이광수의 따뜻한 손을 기억하며 '미켈란젤로의 손'이라 이름 하였다. 이광수를 짝사랑하던 모윤숙한테 그 순간만큼은 '천지창조의 순간'보다 더 경이로웠던 순간이 아니었을까.

잠시 구름 위를 걷는 듯 얼떨떨하게 서 있는데, 이광수가 손을 풀고 들릴

듯 말듯 나지막이 다시 말했다.

"내일 석양 무렵에 오시오."

다음 날, 이광수의 요청대로 석양이 질 무렵에 모윤숙은 다시 병원으로 갔다. 이광수는 그녀에게 시조 몇 수가 적힌 한지를 넣은 봉투를 건넸다.

이광수 특유의 꼼꼼한 글씨체로 쓴 시조였다. 내용은 다음과 같다.

임 주신 연꽃봉을 옥화병에 꽂아놓고
밤마다 내일이나 필까 필까 하였더니
새벽이 가고 또 가도 필 뜻 아니 보여라


뿌리 끊었으니 핀들 열매 바라리만
모처럼 맺힌 봉을 못 펴보고 갈 양이면
제 비록 무심하여도 내 애닲아 어이리


이왕 못 필 꽃은 버림즉도 하건마는
시들고 마르도록 두고두고 보는 뜻은
피라고 벼르던 옛 뜻을 못내 애껴(아껴)함이외다.

-이광수, 시조 「연꽃」 전문,『영운모윤숙전집』, 지소림, 1979.


앞 편 나혜석과의 로맨스에서도 느낄 수 있듯이 이광수는 한 마디로 말하면 상대 여성들을 무척 헷갈리게 하는 스타일이었던 것 같다. 흔히 여성들이 말하는 '나쁜 남자'의 전형적인 케이스, 즉 '밀당(연애에서 밀고 당기기)'에만 고수여서 연애감정을 즐기기에만 익숙했던 것 같다. 한량이의 기질이 있는 작가들이 이른바 '즐기는 연애'에만 유독 흥미를 보인다면 일반화의 오류를 범할지도 모르겠으나, 암튼 그렇다.

이광수 역시 곱상한 외모와 달달한 언변, 부드러운 카리스마까지 겸비해 매순간 여성들의 연애세포를 자극하지만, 정작 끝도, 결단력도 부족한 탓에 사랑까지 도달할 수 없는, '사랑 무능력자' 혹은 '사랑 기피자' 같다는 생각이 든다. 여자 혼자서 가슴에 불을 지폈으나 땔감이 부족해서 흐지부지 불꽃은 꺼져만 가는데, 정작 자신은 팔짱낀 채 제3자의 입장에서 바라만 보는 듯한, 마치 속된 표현으로 '어장관리자'와 같다고나 할까?

실제로 모윤숙의 회고에 따르면, 당시 이광수는 마치 햄릿처럼 감정적이고 어린아이같이 굴기도 했었다고 한다. 때로는 그녀를 사적으로 만난 자리에서 "우리 결혼하자, 너랑 결혼하고 싶다."는 등 무책임하고도 지나치게 감정적인 말들을 쏟아내기도 했다고 한다. 당시 20대의 젊은 처자한테 불혹을 넘긴 남자가 농으로 그랬거나, 모윤숙이 꾸며낸 말은 더더욱 아닌 것 같다. 그토록 불같은 말을 쏟아낸 후, 집에 다녀오면 다시 꿀 먹은 벙어리가 되어 아무 일도 없었다는 듯 시치미를 뚝 떼었다. 당시 보통 여인들과 스펙부터가 남달랐던, 아내 허영숙의 서슬 퍼런 칼날에 그는 몸은 아내한테 결박당한 채 마음만 여러 여자들 사이를 바삐 오갔다.

오락가락, 어정쩡한 춘원의 태도에 단단히 화가 난 모윤숙은 어느 날엔가, 볼멘소리를 했다.

"저는 선생님을 햄릿으로 알았는데, 알고 보니 선생님은 햄릿도 못되시는구만요. 햄릿 근처에도 못가고, 오필리아만도 못하시네요."

타박을 들은 춘원의 실제 표정이 궁금한데, 전해지는 이야기에 따르면 그는 가만히 듣고 있더니 한참 후에 다음과 같이 대답했다고 한다.

"『사랑』을 쓰던 심경을 언젠가 당신에게 말할 수 있을 거요. 언젠가는."

그러나 그런 날은 오지 않았다. 대체 그 심경이라는 게 무엇이었을까?

그 후로 두 사람 사이는 갈수록 소원해졌다. 두 사람 사이가 조용해지니 스캔들입네, 뭐네, 입방정을 떤 세상도 곧 조용해져 갔다.

그로부터 수십 년이 지난, 1979년 4월 12일자 ≪서울경제신문≫에 모윤숙은 늦게나마 이광수와의 스캔들에 대해 짤막하게 언급을 했다.

"세상에서는 춘원과의 로맨스 운운하지만, 그와의 스캔들은 정신적인 감화와 교류였고, 세기의 로맨스 운운은 전혀 근거도 없는 뜬소문이다."

하지만 두 사람의 로맨스는 세기의 연애로 지금까지도 문단에서 소소한 얘깃거리로 오간다.

이광수는 아내 허영숙이 아니었어도, 새로운 사랑을 얻고자 이혼을 감히 결행할 수는 없었을 것이다.

막내딸 이정화의 회고록 「그리운 아버님 춘원」에서 아버지 춘원은 아이들에게 더없이 자상하고 인자한, 당시에는 아주 보기 드문 모범적인 가장의 모습으로 그려져 있다. 틈만 나면 아이들을 무릎에 앉히고 허생전과 율곡 선생, 원효대사의 이야기를 정감 있게 들려주었고, 집에 아이의 친구들이 놀러오면 그 자리에 함께 끼어 노래를 부르고 윷놀이도 즐겨 했다고 전한다. 그래선지 아이들은 다른 집 아이들과 달리 춘원과 허영숙 사이에서 말다툼이 생기면 늘 아버지 편이었다고 한다.

아마도 자신이 조실부모를 해 어려운 가정환경에서 자라 가정의 소중함을 깊이 깨달았고, 집안 어른들의 강요에 의해 어린 시절 치러진 조혼 역시 실패해 누구보다 '가족'의 의미를 소중히 깨달았기 때문이라 추측된다. 설사 마음속에 아내가 아닌 다른 여자들 품었다 한들, 그 가정의 울타리를 제 손으로 허물어뜨릴 용기는 없었을 것이다.

춘원은 허영숙과의 사이에서 2남 2녀를 두었다. 맏아들 봉근을 비롯해 초혼과 재혼, 두 번의 결혼에서 얻은 자식들은 대부분 요절하였고 셋째 아들 영근과 딸 정화만이 살아남았다.

그러나 모윤숙은 아직 춘원에 대한 마음 정리가 끝나지 않은 상태였다. 평생토록 가슴에 남은 생채기였다. 눈앞에 있지만, 마주 볼 수 없는 사람을 사랑하는, 그것은 얼마나 영혼을 드라이하게 하고 답답하게 하는 것인가? 왜 이광수를 가슴 속에서 내려놓지 못했던 것일까? 문득 김춘수 시인의 작품 「꽃」이 생각난다. 작가로서의 의미를 부여해준, 자기가 작가라는 걸 인식하게 해준 최초의 사람이 바로 당시 문단의 대스타 이광수였기 때문이다.

모윤숙은 가끔 일기장에 에세이 형식을 빌려, 춘원에 대한 마음을 써내려갔다.

(상략) 그의 사념은 높은 수목 위에 걸린 태양의 일점같이 항상 고귀한 정열에 타오르고 있다. 그를 회상할 때 나는 현실의 한계를 모른다. 너무 많은 창공의 새가 우리를 위해 노래해 주지 않는가? 먼 들에서 건너와 높은 산을 넘기까지 저들은 내 들창에 수많은 비밀을 알리고 사라진다. 마치 구원받지 못할 나의 멜로디 같이! 창백한 청춘이다.

별이 저렇게 많이 깔린 하늘이 더구나 애달프다. 마음은 눈물과 비탄으로 창가에 숙여져 있다. 침묵이 작은 방을 누르는 동안 삭여진 최후의 기원은.

오직 그대 내 등불 가까이 오라.
내 등불 가까이 오라.
침묵의 흰 하늘 그 달빛 비치는
수림의 언덕 사이로 그대여 오라.

물먹은 보리수 그늘 아래 표류하는 혼! 어둠에 고달프리.

오직 그대 내 등불 가까이 오라.

-모윤숙, 5월 3일 (일기의 1節) 중에서, 『영운모윤숙전집』, 지소림, 1979

한때 도산 안창호 선생을 정신적 지주로 삼아, 상해와 경성에서 독립운동을 했던 것으로 알려진 이광수는 1937년 수양동우회 사건으로 징역 5년형을 선고 받았으나 지병으로 인해 얼마 후, 보석으로 풀려났다. 그 이듬해 도산 선생이 타계하자 변절, 적극적인 친일행각을 벌인 것으로 알려져 있다.

갑작스럽게 이루어진 광복 이후, 일제의 자의적이고도 적극적인 나팔수였던 모윤숙과 이광수의 행보에도 큰 문제가 생겼다. '친일파'라는 꼬리표가 항상 그들을 따라다녔다. 조선 최고의 문학가와 사상가로 명성을 떨치던 이광수의 입지도 예전만 못했다. 광복 이후, 그의 친일 행적, 즉 태평양 전쟁 당시 학병지원과 민족개량주의 등을 요구하는 문필 및 강연활동 등 일본 군국주의에 협조했던 경력 등으로 말미암아 1949년 2월 7일 반민특위에 검거, 구속 수감되었다. 하지만 반민특위가 이승만 정권의 친일파 감싸기로 강제해산조치를 당하면서 그의 친일행적은 제대로 처벌되지 못했다. 마포 형무소에 수감되었을 당시, 자신의 친일행각을 변호하는 「나의 고백」이란 글을 써서 '나는 애국을 위해서 친일을 할 수밖에 없었다'라며 친일을 떳떳하게 자기합리화했다.

아버지가 옥에 갇히자, 이광수의 셋째 아들 이영근(당시 중학 6학년)은 반민특위 위원장에게 '우리 아버지는 폐병 3기이고, 신장결핵 등으로 사선에서 방황한 적이 있습니다.'라며 아버지에 대한 보석 신청과 함께 대신 자신을 수감해 달라는 내용의 혈서를 투서해 논란거리가 되기도 했었다.

이런 이유 때문인지 이광수는 1949년 봄에 고혈압 등의 사유로 특별보석으로 풀려났다. 게다가 이승만 정권의 훼방으로 반민 특위가 무산되자, 한층 자유로운 활동을 할 수 있었다.

그러나 자유도 잠시, 한국전쟁 당시 김규식과 정인보 등과 같이 북한군에 의해 납북되었다. 조선일보 논설위원으로 활동할 당시인데다가 건강이 악화되어 피란을 서둘러 떠날 수 없었기 때문이다.

납북 중 오랜 친구였던 홍명희가 혼신을 다해 곁에서 그를 보살폈으나, 결국 이광수는 1950년 10월 25일 지병인 폐결핵의 악화로 승용차 안에서 향년 59세의 나이로 파란만장한 삶에 종지부를 찍었다.

또, 1921년에 결혼했던 아내 허영숙과는 1946년에 이미 합의 이혼한 상태였다. 두 사람의 이혼사유에 모윤숙이 어떤 관련이 있는지는 알 수 없다. 모윤숙은 그의 두 딸들과도 친분을 나눴던 것으로 알려져 있다. 그 당시 모윤숙도 남편과 별거 중이었다.

어쨌든 이광수는 자상하고 인자한 아버지로 알려져 있으나, 그다지 좋은 남편은 아니었던 것 같다. 남편이 납북되고, 생사도 확인할 수 없었을 한국전쟁 직후, 허영숙은 식솔들을 이끌고 미국으로 건너가 정착했다.

모윤숙은 이광수를 처음 만난 직후부터 자신의 정신적 우상으로 그를 한결같이 따랐다. 그녀의 일생에서 가장 많은 의미를 부여한 남자도 이광수였고, 가장 큰 영향을 끼친 사람도 이광수였다. 그를 닮아가려 노력한 흔적이 곳곳에서 엿보일 정도다. 어쩌면 자의적 친일마저도 그를 따랐는지도 모를 일이다. 한때는 그에게 날마다 맛있는 닭곰탕과 두부전골을 해먹이고 싶다고 생각하기도 했다. 그런 두 사람의 사이도 해방 직후 어지러운 정치적 파란에 휩쓸려 잠시 소홀해졌고, 곧 생사의 갈림길에서 영영 이별을 고했다.

모윤숙은 후에 이광수에 대해 다음과 같이 회고했다.

선생님은 그 후 아주 사라지셨다. 인간 춘원이기에 선과 악의 소용돌이 속에서 인간다운 약점을 지탄 없이 그의 자서전이나 작품 속에 고백하기도 했다. 그것은 모든 인간이 가진 공통의 약점이기도 했으나, 춘원 선생만은 이 약점 때문에 더 가혹한 시련을 받아야 했다.

그는 자기 인생을 속이지 않고 살아가셨다. 어둡고 침침한 세월 속에서도 쉬지 않고, 그의 뜻은 떨리는 일이 있어도 후회함이 없이 이 백성을 목 놓아 부르고 찾았다.

나는 나와 관계된 민족이 누구라는 것을 그에게서 배웠고, 그 민족이 갖은 슬픔과 면적인 저항에 몸부림치는 그의 여러 혼란의 여운을 이해하면서 참으며 껴안고 가야 한다는 것을 그에게서 알았다. 그는 욕된 가시관을 쓰신 채 알 수도, 찾을 수도 없는 먼 길 어딘가로 가시었다. 그것은 그가 써놓은 어느 서러운 작품보다 더 아프게 내 마음 벽에 기록되면서 어느 영혼의 들판으로 구름 되어 가시는 것이었다.

-모윤숙, 「춘원 이광수 선생」,『영운모윤숙전집』, 지소림, 1979

초록은 동색이라는 옛 속담이 절로 떠오르는, 모윤숙은 사람들의 냉담한 시선에는 아랑곳하지 않고 이광수를 '민족을 위해 가시관을 쓴 구세주'로 생각했다. 작별 인사도 없이 어느 날 문득 사라진 이광수의 자취! 그녀는 그 자취를 끝내 잊지 못했다.

뜻이 통하는 사람과 사람의 만남! 마음과 마음의 만남! 그가 누구건, 어떤 처지에 있건, 그 따위 것들은 그리 중요하지 않았다. 나혜석이 그랬고, 김일엽이 그랬고, 모윤숙이 그랬다. 아니, 당대의 많은 신여성들이 그러했다. 외적인 조건에 얽매이지도 휘둘리지도 않는, 영혼의 자유롭고도 강렬한 이끌림! 그것 하나만 있으면 '사랑'이라는 무한 시너지가 생성되었다.

이 시너지는 모윤숙의 대표작품 『렌의 애가』로 승화되었다.


시몬!

당신이 좀 더 내게 가까이 계셨다면!

그리고 숭엄한 저 종소리를 함께 들으셨다면!


그러나 시몬!

당신은 너무 제게서 멀리멀리 계십니다.

내 창문은 너무 당신이 아지 못하는 곳에 세워져 있어요.


두번째 종이 웁니다.

빈 벌판에 유랑의 나그네가 되어가는

카추샤의 애처로운 심정도

이 새벽종이 다시금 알려 주는 애련한 소식이 아닐 수 없습니다.


시몬!

당신이 걸어 주시고 가신

수정 십자가를 만져 봅니다.

검은 구름이 가까운 하늘에 돌고 있습니다.

이제 창문을 닫습니다.


오늘밤 당신을 연상함으로

어두운 밤 시간을 행복으로 지냈습니다.

날이 오래지 않아 밝아 올 테니

아름다운 수면으로 이 밤을 작별하소서.

-모윤숙, 『렌의 애가』 중 일부, 중앙출판공사, 1989

『렌의 애가』는 1936년 발행된 잡지 『여성』 4월호부터 연재를 시작해 1937년 단행본으로 처음 출간된 모윤숙의 장장편 시집이다. 시집과 산문집의 중간 형식을 띠고 있는데 이후 계속 수정되고 보완되어 1978년까지 53판이 출판되었다. 1954년 무렵까지만 하더라도 4만 부가 판매되어 당시로서는 한국 문단사상 유래를 찾아보기 힘든 베스트셀러였다. 오늘날까지도 한국 문단의 몇 안 되는 스테디셀러로 남아 있다. 저자에 대한 비판적인 평가와는 달리, 그녀는 이 시집으로 인해 1950년대까지 꾸준히 젊은이들의 우상으로 자리매김했다.

'렌(Ren)'은 아프리카의 깊은 정글 속에서 홀로 사는 새의 이름이다. 새의 울음소리가 어찌나 처량한지 멀리서도 또렷하고도 슬프게 들린다고 한다. 모윤숙의 영문명이 메리 앤 모(Mary Ann Moh)이니까 작품 속 '렌'이 시인 자신이라는 데에는 다른 이론의 여지가 없어 보인다.

그렇다면 '시몬'은 누구를 의미하는 것일까? 본래 '시몬'은 그리스도의 열두 제자 중 '시몬 베드로'를 지칭하는데, 그는 진리 탐구자로서의 명석함을 지녔고 12제자 무리에서 리더의 위치에 올라 있었던, 하지만 사랑에는 서툴러서 결국 그리스도에게 배신을 안기는 비겁함도 함께 지닌, 매우 인간적인 사람이다. 모윤숙의 '시몬'에 대한 상징성은 이로부터 기인한다는 게 전문가들의 견해다. 대외적인 의미에서 '시몬'은 그녀가 젊은 시절을 보냈던 일제강점기, 즉 남성지배사회에서의 강한 남성상을 상징한다고 할 수 있을 것이다.

그렇다면 시인의 인생에서 시몬은? 그가 그립지만 너무 멀리 있어서 달려

갈 수도, 마음껏 사랑할 수도 없는, 제 손이 닿을 수 없는 절대거리 밖에 존재하는 남성인 '시몬'! 그는 대체 누구일까?

당대 사람들은 렌이 그렇게 애처롭게 부르짖는 시몬이 누굴까를 두고 서로 시샘을 하며 갑을논박을 벌이기도 하였다. 소설가 춘원 이광수일까? 항간에는 이중간첩 이강국이라는 설도 있다. 모윤숙은 '한국의 마타하리'로 불리는 김수임과 단짝이었고, 그녀가 간첩혐의로 사형선고를 받았을 때 적극적으로 변호했다. 그런데 친구와 내연관계였던 이강국을 모윤숙이 좋아했다는 설도 있었다. 또, 김아무개라는 유부남 의사를 뜻한다는 설도 있다. 다른 혹자는 만년에 친분이 두터웠던 유아무개 전 유명대학 총장을 가리키는 것일지도 모른다고 말하기도 한다. 그에게 '월송'이라는 멋진 아호를 붙여준 것도 모윤숙이다.

어쨌든 '시몬이 누구냐'하는 것은 모윤숙만이 알 것이다. 그녀는 생전에 그에 대해서 많은 사람들한테 질문을 받았지만, 어떤 답변도 한 적이 없어 의구심만 키웠다.

그래도 역시나 가장 가능성이 높은 것은, 모윤숙의 정신적 지주이자 오랜 시간 동안 마음 속 깊이 사랑했던 춘원 이광수이다.

작고하기 얼마 전, 그녀는 자신과 절친한 사이인 수필가 전숙희와 북한강변을 산책하던 길에 다음과 같은 말을 했다고 한다.

"숙희야. 나는 지금도 모든 게 그리워. 이렇게 아름다운 날이면 사랑이 하고 싶어."

소설가 유진오는 「렌의 애가」를 여류작가가 쓴 '한국의 젊은 베르테르의 슬픔'이라며 극찬을 아끼지 않았다.

하지만 그녀는 일생동안 제대로 된 사랑을 해보지 못한 불행한 여인이었다. 카멜레온 같은 정치 근성으로 당대 최고의 명예와 권력을 휘둘렀지만,

1. 메논

2. 이광수, 이선희, 모윤숙, 최정희, 김동환

3. 조병옥, 모윤숙, 장면

5. 초대 건국 대통령 이승만

4. 춘원 이광수

인간적인 삶을 살지는 못했다. 춘원을 긴 시간 마음속에 두고 담금질 했으면서도 끝내 그의 사랑을 가질 수 없었고, 그것도 부족해 사랑하는 사람이 소개해주는 엉뚱한 남자와 혼인을 해야 했고 결국 제대로 된 가정을 꾸릴 수도 없었다. 또, 자기를 지지하고 좋아했던 인도인 메논에게는 격변기의 정치적 입장으로 인해 '계획된 우정'만 허락해야 했다.


::: 스스로 축복하지 못했던 결혼, 그리고 파국


1934년 7월 20일, 모윤숙은 당시 보성전문학교 철학교수였던 한뫼 안호상(安浩相: 1902.01.23~1999.02.21)과 당시 독일 영사관 내 응접실에서 결혼식을 올렸다. 안호상은 누구인가. 당대 최고의 '파시스트'로 손꼽히는 그는, 철학자 겸 민족사학자, 독립운동가였다. 그는 반일운동으로 인해 총독부에 미운 털이 아주 단단히 박힌 인물이었다.

독일 국립 예나 대학에서 철학박사학위를 받고, 영국 옥스퍼드 대학과 독일 국립 훔볼트 학술재단의 연구과정을 거쳐 귀국한 초특급 엘리트였으나 당시 총독부에서는 민족주의적 성향이 강한 그에게 교수직을 절대로 맡기지 않았다.

당시 보성전문학교 이사장이었던 김성수의 도움으로 보성전문학교 교수로 부임하게 되었으나, 조선어학회사건과 녹지연맹사건 등에 연루되는 등 계속되는 반일행위로 일급 수배자가 되기도 했다.

아이러니컬하게도 안호상과 모윤숙의 만남 사이에는 이광수가 있었다. 바로 이광수의 소개로 이 두 사람은 맞선자리에서 만난 것이다. 이광수가 모윤숙의 마음을 눈치 못 챈 것도 아닐 텐데. 또 그녀를 다른 남자한테 떠안기고 싶을 만큼, 모윤숙에 대한 마음이 전혀 없었던 것도 아닐 텐데, 어쨌든 고개가 절로 갸웃거려지는 대목이다. 게다가 중매자인 이광수는 두 사람의 결혼식에 그럴싸한 명분도 없이 불참했다. 뭔가 앞뒤가 잘 맞지 않는다.

안호상도 어린 시절 조혼으로 인해 고향에 처자가 있었다. 그러나 그는 독일 유학을 마친 후 귀국해서 경성에서 하숙을 하며 홀로 지냈는데, 어느 날 이광수가 그의 하숙집을 방문했다. 당시 이광수는 동아일보 편집국장을 하고 있었고 안호상의 하숙집 가까이에 살고 있었다. 이광수는 안호상에게 독일어를 배우고 싶다고 했다. 그래서 안호상은 그의 집에서 무보수로 1주일에 두 번씩 독일어를 가르쳤다. 이광수가 괴테를 좋아해서 「파우스트」를 교재로 삼았다.

그러던 어느 날, 이광수가 안호상에게 시집 한 권을 선물로 주었다. 바로 모윤숙의 첫 시집 『빛나는 지역』이었다.

안호상은 자신의 회고록에서 당시 이광수가 건넨 모윤숙의 시집을 읽고서, 고향에 아내와 딸이 있던 처지였음에도 불구하고 이성조차 잃은 채 한 남자가 어떻게 한 여성에게 그토록 맹목적으로 빠져들 수 있는지 그때 비로소 실감했다고 고백했다.

그리하여 안호상은 이광수한테 모윤숙을 소개해달라고 대놓고 조르기에 이르렀다. 그녀와 결혼하고 싶다는 의지도 밝혔다. 상대를 만나 보기도 전에 그는 벌써 결혼을 염두에 두었던 것이다. 모윤숙과 결혼하고자 시골의 조강지처와 이혼할 결심도 되어 있었다.

안호상과 모윤숙의 첫 만남은 차가운 겨울비가 부슬부슬 내리던 어느 날, 지금의 대학로에 있던 경성제국대학 식당에서 이루어졌다. 약속 장소에는 이광수와 모윤숙, 그리고 어쩐 일인지 분위기 싸하게 소복을 곱게 차려입은 소설가 박화성이 함께 나와 있었다.

안호상과 모윤숙은 일곱 살의 나이 차이가 났다. 젊고 생기 넘치고 굵직굵직 잘생긴 얼굴을 마주 대하고 나서 안호상의 결심은 더욱 굳어졌다. 이 여자를 놓치면 안 되겠다는, 이 여자와 꼭 혼인해야겠다고 마음을 굳혔다고 한다. 반면 모윤숙은 달랐다. 당시 모윤숙은 정동에 있었던 가톨릭기관의 성모관 기숙사에서 김수임과 함께 살고 있었다. 당시 근대 교육을 받은 신여성들의 풍조 가운데 하나가 이전의 어머니들의 희생적인 삶을 부정하고 독신을 고집하는 것이었는데 모윤숙도 마찬가지였다. 안호상 혼자서만 뜨거웠지, 정작 모윤숙은 결혼에 대한 의지나 열의를 도통 보여주지 않았다.

얼마 후, 모윤숙은 제 속도 모른 채, 다른 남자를 소개해준 이광수에 대한 원망 내지는 복잡한 심경 때문이었을까? 아니면 이광수의 소설 『사랑』에서의 여주인공 석순옥처럼 사랑하는 사람의 가정을 지켜주고픈 마음에서였을까? 그것도 아니면 자포자기의 그것이었을까? 안호상이라는 사랑하지도 않는 남자와 그녀는 후다닥 혼례를 치렀다. 스스로도 축복할 수 없는 결혼이었다.

결혼식 날, 행복한 표정 대신 마치 도살장에 끌려가는 소처럼 복잡 미묘한 표정을 짓고 있는 그녀에게 보다 못한 친구 김활란이 "지금이라도 당장 때려치우자."고 충동질할 정도였다고 한다.

안호상은 결혼 전 모윤숙의 고향인 함흥에 가서 부모님한테 결혼허락을 받았다고 회고했지만, 그들은 끝내 결혼식에 불참하였다. 중매를 선 이광수 또한 결혼식장에 나타나지 않았다. 당시 이광수의 감정은 무엇이었을까? 그는 결혼식장에 왜 올 수가 없었을까.

결혼식은 날이 어두워질 무렵 분위기 있게 촛불을 켠 채로 진행하는 독일 전통 혼례식으로 조촐하게 행해졌다고 하는데, 당시로서는 꽤 특별한 결혼식으로 화자가 될 만했다.

여류 시인에 대한 한 남자의 환상에서 비롯되었고 또 안호상의 고집대로 일방통행으로 이루어진 결혼이었다. 모윤숙은 가정이라는 울타리 안에서 행복하지 않았다. 한 남자의 아내로, 한 가정의 안주인으로 만족할 여인이 아니었다.

게다가 시골에 있는 안호상의 조강지처 문제도 깔끔히 매듭지어지지 않은 상태였다. 호적상에만 이혼이 되어 있을 뿐, 그와 모윤숙이 결혼식을 올렸던 해에 시골에 있던 조강지처는 6대 독자를 낳고서 시모를 모시고 여전히 그의 집에서 살고 있는 상황이었다.

상황이 이렇다 보니, 안호상과 모윤숙은 갈수록 점점 사이가 멀어지고 갈등의 골이 깊어질 수 밖에 없었다. 게다가 안호상이 여성의 사회활동을 탐탁치 않아해, 활동적인 모윤숙과 자주 불협화음을 냈다.

마침내 모윤숙은 오래지 않아 그와의 사이에서 얻은 딸만을 데리고 나와서 별거하기에 이르렀다. 두 사람 모두 당시에는 꽤 유명인이었고, 이혼을 기피하는 사회통념상 꽤 오랜 기간 동안 별거 상태로 지내오다가 1960년대에 이르러 합의이혼했다.

어떤 순간에도 당차고 당당하게 자의적인 삶을 살았던 모윤숙! 그러나 결혼과 사랑만큼은 제 의지대로 되지 않았다. 그래서일까? 그 후, 그녀는 아예 독신으로 여생을 보냈다.

::: '낙랑구락부' 스캔들의 실체

　푸치니의 대표적인 오페라 작품 〈나비부인〉의 전체적인 스토리를 대략
알 것이다. 1860년경 일본은 메이지유신을 통해 서양문물을 받아들였다.
이때 서양인들의 마음을 사로잡기 위해 전통 기녀들, 즉 게이샤들을 적극
활용했다. 오페라 〈나비부인〉도 당시 일본인 게이샤와 미국인 해군 장교 남
편의 사랑과 슬픈 이별을 그린 작품이다. 실제로 이것은 픽션이라기보다는
일본 역사의 일부분이다. 당시 일본을 방문한 서양인들 중 많은 남자들이
일본 여성들에게 호감을 느껴서 그녀들과 결혼을 하고 수십 년 간 일본에
살았던 일이 허다했다. 이것은 일본의 개화에 결정적인 기여를 했다고 말해
도 과언이 아닐 것이다. 일본은 지금도 그 역사를 자기들 역사의 일부로 받
아들여 부끄럽게 생각하지 않는다.

　해방 직후, 우리의 현실도 이와 다르지 않았다. 다만, 일본과는 달리 그것
을 역사의 일부분으로 인정하지 않았을 뿐이다.

　해방 직후, 이승만(1875.03.26~1965.07.19)은 정권을 차지하고, 유지하
기 위해 김활란과 모윤숙 등 당시 엘리트 신여성들을 대거 포섭, 정권 홍보
메이커로 교묘하게 이용하였다. 김활란과 모윤숙이 아니었다면 해방 후 정
권은 절대 이승만이 손아귀에 쥘 수 없었을 것이다. 특히 '이승만의 양녀'로
불릴 만큼 그의 총애가 남달랐던 모윤숙과 그녀의 외국인 친구 메논은 김
규식에 유리하게 돌아가던 판세를 결정적인 한방의 펀치로 이승만 쪽에 유
리하게 돌려놓았다.

　상황이 이렇게 된 데에 결정적인 기여를 한 것이 바로 모윤숙이 결성한
비밀사교모임 '낙랑구락부', 즉 '낙랑클럽(The Nang Nang Club)'이었다.
그 시절 여성들의 사교모임은 사적이면서도 공적인 이중적인 성격을 띠었

다. 다시 말하면, 남성들의 대외활동을 뒷받침하고 지원해주는, 공개적이면서도 비공개적이기도 한 자리였던 것이다. 달리 말하면 남녀 간 활동 영역이 분명했던 그 시절, 권력의 중심에 있는 남성들과 그림자 역할을 하던 여성들 사이에서 만들어진 정치권력의 은폐된 성적 판타지 같은 것이었다.

낙랑클럽이 언제 어떻게 결성되었는지 정확히 확인되지 않지만 미 국무성의 조사에 따르면 1948년, 혹은 1949년 초부터 1952년 12월까지 존재했다. 낙랑클럽은 외국인들이 쉽게 이해하지 못하는 남성 중심적이고 불건전한 이미지였던 기생집 요정문화를 확 바꾼다는 취지에서 이승만 정권의 전폭적인 지원을 받아 결성되었다. 무엇보다 퍼스트레이디 프란체스카 여사의 뒷받침이 가장 컸다.

낙랑클럽의 여성 회원들은 A여대 출신들로, 미모와 지성을 두루 겸비한 명문집안의 여성들에 한정됐으며 무엇보다 영어를 막힘없이 구사할 줄 알아야 했다. 이들이 맡은 역할은 한국을 방문한 UN 고위관료들을 접대하는 일이었다. 속된 말로, '밀실 외교', '고급 성접대' 쯤으로 해석이 가능해 보인다.

낙랑 걸(girl)들은 UN 고위관료들을 비롯해 주한 외교관들, 군 고위 장성들, 정부 고관들을 접대하며 이승만 정부에 도움이 될 만한 고급 자료들을 수집하고 로비하는 게 주목적이었다.

낙랑클럽이 공식적으로 수면 위로 떠오른 것은, 한국전쟁의 휴전 직후인 1953년 미군방첩대의 보고문서가 수십 년간 미국 국립문서 보관소에 비밀문서로 저장돼 있다가 비밀이 전격 해제되면서였다. 문서에는 보고서 전문의 내용이 미국의 국방력에 영향을 미칠 수 있기 때문에 내용의 외부 유출을 법으로 금지한다고 밝히고 있다. 그러나 지금 보기에는 특별할 것도 없다.

미군방첩대(CIC)가 한국전쟁 직후인 1953년에 내사를 거쳐 밝힌 낙랑클럽의 정체는 다음과 같다.

낙랑클럽은 서울에 거주하는 여성들에 의해 1948년이나 1949년쯤에 사회단체로 조직되었다. 이 단체의 목적은 외국 귀빈, 한국 정부의 고위관리 및 군 장성, 주한 외교관들을 접대하기 위한 것이다. 이 단체는 한국전쟁으로 인해 한때 부산에 있었다.

회원들은 한국의 모 일류여자대학을 졸업한 여성들에게 주로 국한되었다. 이들은 대개 영어를 할 줄 아는 매력적인 여성들로 교양 있는 호스티스였다. 이 단체는 당시 외무장관의 지원을 받아 조직된 것으로 알려져 있다. 이 클럽이 정부의 정책에 우호적이었기 때문에 이 같은 주장은 더욱 설득력을 갖는다. 이승만 대통령의 부인 프란체스카 여사의 재가와 후원을 받은 것으로도 알려져 있다.

다른 미국의 정보기관들은 이 클럽이 이승만 대통령을 지지하는 것으로 판단하고 있지만 공산당에 의해서도 이용되고 있는 것으로 분석했다. 이 클럽을 이끈 주요인물은 다음 다섯 명의 여성들이다.

·이 클럽을 조직하고 이끌고 있는 사람은 YMCA 총재이자 저명한 시인이다. 그녀는 정치인이면서 유엔임시위원회 연락사무소에 근무한 적도 있다. 그녀는 1951년 12월 유엔총회에서 당시 러시아 외무장관 비신스키를 열렬히 포용한 적도 있는 것으로 알려졌다. (지은이 주: 모윤숙)

·전직 언론인이며 현직 국회의원이다. 여자국민당 당수이며 유엔사절로 파견되기도 했다. 이승만 정권 때 상공장관을 지냈다. (루이스 임)

·한국백만장자의 이혼녀. (전 화신백화점 회장의 전부인)

·한국 해군 S제독의 여동생.

·한국의 유수한 의대학장의 전 부인이며, 남편은 공산당에 의해 납북됐다.


낙랑클럽 회원들은 기혼과 미혼, 무직, 직업여성 등 다양한 인적구성을 보이고 있으며 초기에는 150명에 달했다. 이 수는 후에 70명 내지는 80명으로 줄었다. 시간이 흐름에 따라 사업을 중재하고 정부 고위관리의 추천장이나 소개서를 받는 사교단체로 변질되었다.

한국을 방문하는 외국인들과 사업상, 또는 정치적 이유로 저녁을 같이하기도 했다. 외국인 접대행위는 몇몇의 경우 외국인의 정부가 되는 일로 발전되기도 했다. (중략)

또 다른 소식통은 낙랑클럽 회원들이 심지어는 군막사에서도 접대행위를 하는 것으로 전했다.

미군 방첩대가 수집한 자료에 따르면 회원들은 한국정부의 영향력 있는 고위관리들과 상당히 많은 접촉을 가진 것으로 밝혀지고 있다. 기본적으로 접대를 받은 미국인들은 주로 한국에서 건설공사 발주나 노동력 발주계약에 관계되는 사람들로 미국의 이익에 반할 정보를 누설할 위치에는 있지 않다는 것이다. 따라서 이 클럽에서 접대행위를 하더라도 그것은 정보 수집을 위한 것이 아니고, 로비의 성격을 띤 것으로 보인다. 이승만 대통령도 이 클럽의 일부 회원들에 호의적인 것으로 알려졌다.

-김상도, 「6·25무렵 모윤숙의 미인계조직 '낙랑클럽'에 대한 미군방첩대 수사 보고서」, 『월간중앙』 229호, 중앙일보사, 1995년 2월호

즉 '낙랑클럽'은 이승만의 명을 받아 정권을 비호하기 위해 정권의 나팔수였던 두 여인, 총재 김활란과 회장 모윤숙을 대표로 해 '천박한 기생파티가 아닌 지성과 미모를 겸비한 기품 있는 여성들의 사교모임(이승만의 표현)'을 결성, 비밀사교클럽으로 운영하면서 군 장성들과 한국에 우호적인 외국인들을 접대했던 것이다.

현대사에서 비밀에 부쳐져 쉬쉬 했지만 낙랑클럽에 대한 구체적인 증언이 적힌 자료도 심심찮게 발견된다.

해방 이듬해인 1946년, 남한의 우파 정치인들과 친분이 두텁던 모윤숙이 주동이 되어 발족한 낙랑클럽은 미국 고급장교와 한국 정치인을 상대한, 기지촌과는 비교도 할 수 없는 사교클럽이었다.

고구려시대 낙랑공주와 같이 고귀한 신분을 가진 여성들만이 선택되어 입회되었던 것이다. 미군을 만난다지만 상대는 미군정청의 실력자들인 장성급, 고급장교에 한정되었고, 남한에 들어와 있던 각 나라 외교관들과 유엔 산하 각종 단체장들이었다. 사교적인 파티에 참석하여 그런 외국인들로 하여금 남한에 호의를 갖게 만드는 역할을 했다.

그러다보니 A여대 출신을 중심으로 한 달 만에 1백여 명이 낙랑클럽 회원으로 자원했다. 그들 중에는 정부가 수립되고 장관급에 오른 중요 정치인의 부인들도 다소 포함되어 있었다. 물론 김수임도 모윤숙의 추천으로 낙랑클럽의 회원이 되었다.

낙랑클럽은 여성 외교 역할뿐만 아니라, 굶주리고 병든 동포들을 위해 모금을 하고, 가정이 없는 노약자들과 어린이들을 물질적으로 지원하기도 했다. 낙랑클럽이 처음 발족했을 때는 회현동에 있던 모윤숙의 집에 회원들이 모였으나 미군정청과 선을 대고 있던 우익 정치인이 주선하여 일본인 호화저택을 적산가옥으로 불하받았다.

회원들은 그 저택의 넓은 다다미방에서 자주 모임을 가졌다. 클럽운영의 리더였던 모윤숙은 사교적인 호탕한 기질을 십분 발휘하여 위트와 유머 섞인 이야기로 대부분 A여대 후배인 회원들을 사로잡았고, 항상 옆에 있던 김수임은 명랑한 웃음으로 분위기를 즐겁게 했다. 이런 모임에 출석하는 것은 삶의 활력을 보태는 일만이 아니었다. 스란치마 늘이고 안방에서 대청으로 할 일 없이 왔다 갔다 하며 사는 고위층 부인일수록 이 클럽을 돕는 일은 가난한 이웃을 돕는다는 희사보다 나 자신이 사회적 활동을 위해 필요하다는 긍지가 더 컸다. 그만큼 낙랑클

럽 뿐 아니라, 그 시대는 모윤숙의 재치 있는 재담과 김수임의 매력이 여성계의
화제였다.

-전숙희, 「사랑이 그녀를 쏘았다: 한국의 마타하리 여간첩 김수임」,
정우사, 2002

비밀 사교클럽이었던 낙랑클럽이 수면 위로 떠올라 세상에 알려진 게 오
히려 더 이상한 일이었다. 그런데 그렇게 된 계기가 있었다. 대표멤버인 김
수임의 간첩사건 때문에 세간의 주목을 받게 된 것이다. '한국의 마타하리
사건'이라 불리는 이 사건은 낙랑클럽에서 가장 매력적인 회원이었던 김수
임이 미군의 고위 장교와 동거중이면서 또 다른 남자, 즉 공산주의자 이강
국과 밀애 중이었던 게 발각돼 간첩혐의로 체포, 결국 사형에 처해졌던 것
이다. 연인 이강국도 북한에서 이중간첩혐의로 처형됐다. 개인의 사생활로
치부하기에는 상황이 심각했다.

무엇보다 미국 첩보기관이 비밀리에 내사를 벌인 이유도 클럽멤버들이
겉으로는 우익세력의 비호를 표방하고 있지만 다른 한편으로는 좌익세력
들에게 이용당하는 위험한 모양새로 변질되고 있었기 때문이다. 하지만 앞
서 밝힌 바대로, 그들은 낙랑클럽이 정보수집보다는 로비가 목적이라는 결
론을 내리고 조용히 수사를 덮었다.

낙랑클럽은 한국 전쟁 중에도 여전히 건재했다. 부산 피란 시절 김활란
이 송도 앞바다가 훤히 내다보이는 곳에 적산가옥을 사서 '필승각(Victory
house)'으로 이름해 주한 외국인들을 위한 이브닝 파티를 열기도 했다는
기록이 있다. 전쟁 중이라서인지 멤버들이 전보다 줄어 70여 명 정도에 그
쳤지만, 부산 피란시절에도 그들은 여전히 파티를 즐기며 허울 좋게 민간외
교사절로 활동하고 있었던 것이다.

당시 샌프란시스코에서 발행되던 ≪데일리 팔로 알토 타임스≫지의 에니너 스폴딩 기자는 1952년 12월 20일자 신문에 낙랑클럽의 활동무대였던 부산을 방문한 취재기사를 다음과 같이 냈다.

한국에서 가장 전설적인 여성은 한국여성 200명을 주한외교관, 군 고위장성, 정부교관 등을 접대하기 위해 자유당의 접대부로 조직한 시인이며 정치인이다. 미시즈 모로 알려진 모윤숙은 자신의 군단을 '낙랑 걸'로 부르고 있다. (중략)

어쨌든 모윤숙 덕분에 이승만 대통령은 유엔사령부가 생각하고 있는 모든 것을 사전에 알 수 있다. 부산에 있는 낙랑클럽의 지도부는 사회적인 지위와 명성을 갖춘 중년여성들로 구성되어 있으며 이들은 군 장성과 외교관들을 위해 항상 파티계획을 세우고 있다. 모윤숙은 고관들을 위해 직접 파티를 주관하고 종종 바닷가에 있는 그녀의 별장에서 그들을 접대하기도 한다. 낙랑클럽과 친분이 있는 젊은 장교와 기자들을 위해 그녀는 젊고 아름다운 낙랑 걸들을 불러오기도 한다. 어느 날 밤 파티에서는 한 젊은 참석자가 자신이 기대했던 것보다 10년은 더 나이든 여성이 접대하려 나오자 화를 내면서 항의했다.

그러자 15분 안에 한국정부의 고위관리가 젊은 낙랑 걸들을 대동하고 나타났고 나이든 낙랑 걸은 슬그머니 사라졌다.

낙랑 걸들은 두 가지 임무를 수행하고 있는데 밤에는 한복으로 곱게 차려입고 불빛을 받으며 고위관리들을 접대하고, 낮에는 한국군을 접대하기 위한 물품들을 구하기 위하여 미군막사의 문을 노크한다.

모윤숙은 풍만한 육체를 가진 명랑한 여성으로, 항상 한국의 전통 의상 저고리를 입고 있다. 그녀는 또 대부분의 한국여성들이 치마로 발목을 감추는 것과는 달리, 과감하게 발목 위로 끌어올린 핑크색 짧은 스커트를 입는다. 그녀의 집은 밖에서 보면 누추해 보이나 안에 들어가면 널찍한 거실과 푸른 바다가 내려다

보이는 호화로운 곳이다.

모윤숙은 미국 고관들을 접대한 데 대해 어떠한 이상감정도 없다. 대신 그녀는 미군 고관들의 관대함과 낙랑클럽에 대한 원조에 감사해 한다. 그녀의 말을 빌리면, 낙랑 걸들은 샴페인으로 파티를 열기도 하지만, 게릴라들이 뒤덮인 산에 올라가 일선 경찰들에게 따뜻한 저녁을 대접하기도 한다.

클럽명 '낙랑'은 2500년 전 낙랑국 왕실 여성들이 손에 칼을 들고 전쟁에 참여했던 데에서 연유한다고 모윤숙은 설명했다. 전쟁이 끝나면 낙랑클럽을 여성 해방을 위해 동원하는 것이 모윤숙의 꿈이다.

-김상도, 「6·25무렵 모윤숙의 미인계조직 '낙랑클럽'에 대한 미군방첩대 수사 보고서」, 『월간중앙』 229호, 중앙일보사, 1995년 2월호

그렇다면 이승만 정권이 이렇게까지 자국의 엘리트집단 여성들을 외국인들 전용 호스티스로 내몰아 교묘하게 이용했던 까닭이라도 있었을까? 물론 있었다. 당시 미국정부는 자신들의 말을 잘 안 듣는 이승만을 어서 제거하고 싶어 했다. 그의 제거 계획을 52년과 53년 두 차례에 걸쳐 매우 구체적으로 세울 만큼 이승만과 미국정부의 대립의 각은 깊었다. 이승만으로서는 제 정권과 안위를 위해 어떤 식으로든 미국 정부 고위관료들의 속셈을 빨리빨리 파악할 필요성이 있었다. 당시 UN 고위관계자들도 이승만 정권을 전폭적으로 지지하지는 않았기 때문에 이승만으로서는 소위 '안전빵용 미끼'가 필요했던 것이다. 그가 쓸 수 있는 미끼가 바로 낙랑 걸들이었다. 모든 역사는 밤에 이루어지고, 더불어 꼭꼭 자물쇠가 채워진 남자들의 입도 이불 속에서 비로소 가벼워진다고 하지 않던가?

낙랑클럽의 회원들이 미국 및 UN의 고위관리들과 밀접하고도 깊숙이 연관되어 있었기 때문에 오히려 뒤통수를 가격당할까 두려워한 미국 정부

는 이 문제에 대해 줄곧 노터치로 일관했다. 1953년 11월에 작성된 미군 방첩대 수사 보고서에서도 낙랑클럽은 현재 활동을 중지한 상태이고, 모윤숙도 서울에 기거 중이므로 추후에 클럽 활동을 재개할 가능성이 없어 보이며 모윤숙 및 낙랑클럽에 대한 수사는 이쯤에서 마무리 짓자는 식으로 결론을 내렸다.

시간이 흐름에 따라 김수임의 예처럼 일부 낙랑 걸들이 자신이 접대한 외국인들의 정부가 되는 경우도 빈번했다.

1952년 12월, 낙랑클럽은 구설수만 남긴 채 마침내 해체되었다. 클럽의 가장 강력한 후원자였던 프란체스카 여사가 자유당에 해를 끼치지 않고자 모윤숙을 비롯해 자기 수족들한테 경무대 밖에서의 모든 활동을 중지하라고 명을 내렸기 때문이다.

생전 모윤숙은 낙랑클럽에 대한 언급을 딱 한 번 한 적이 있다. 1979년 4월 12일 국내의 한 일간지에 실린 모윤숙의 해당 인터뷰기사 내용은 다음과 같다.

'낙랑구락부'는 어찌 알고 물어? 그건 6.25 피란시절(1951년) 부산에서 생겨 약 2년간 지속되었지. 이승만 대통령이 (나를) 불러 "외국 손님들을 접대할 때 기생파티를 열지 말고 레이디들이 모여 격조 높게 대화하고 한국을 잘 소개하라"고 분부하지 않았겠나. …… 말하자면, 낙랑은 종부의 부탁으로 이른바 파티대행업을 한 셈인데.

부산 송도바닷가 돌멩이 위에 지은 집(국가귀속재산)을 우양(허정) 장관한테서 빌려 '씨 싸인드 맨션'이라고 부르고 파티비용은 청구서에 따라 장면 총리실에서 지불해 주었지요. 한번에 5만원 내지 10만원 정도였던가 몰라.

국무위원들이 귀빈들을 초대하는데 빈객으로 오는 멀레스 미국국무장관, 리

지웨이 장군, 워커장군, 밴 플리트 장군에 무초 미국대사 등이 온 것 같고, 한번은 장면 총리와 무초 대사가 집 뜰 모퉁이 버드나무 밑에서 수군거리는 모습을 보고 우리는 전쟁이 끝나고 통일이 되는 줄로만 알았지. 헬렌 김(김활란)이 외국인을 대하는 매너 에티켓 등 회원 교양을 지도했고, 나는 모닝 캄(morning Calm), 우리나라에 와주셔서 반갑다는 두 마디 환영사만 했지.

서툴러서 손님 구두를 밟는 가운데 종종 사교댄스도 췄고, 미인계도 썼지 뭐. 이 말은 쓰지 말아요. 그러나 낙랑을 통해 우리는 값진 민간외교를 했다고 자부하고 있어요. 숱한 일화 추억들이 많지만 이루 말할 수 없어. 그 시절에 감상을 시집 『낙랑』에다 옮기기도 했지요.

-김상도, 「6·25무렵 모윤숙의 미인계조직 '낙랑클럽'에 대한 미군방첩대 수사 보고서」, 『월간중앙』 229호, 중앙일보사, 1995년 2월호

낙랑클럽의 밀실외교, 즉 섹슈얼리티의 정치화에 대한 평가는 극과 극으로 나뉜다. 비록 떳떳한 방법은 아니었을지라도 어려웠던 시절 나라를 위해 여성들이 자진해서 한뜻으로 일했다는 긍정적인 평가가 있는 반면, 한국의 고학력 인텔리 여성들이 외교라는 미명아래 힘 있는 외국인들을 상대로 접대행위와 정부 노릇까지 서슴지 않은 점은 매우 수치스러운 역사의 단면으로 기억될 것이라는 부정적인 평가도 있다.

낙랑클럽이 갖는 상징적 의미 중 하나는, 힘이 약한 국가의 여성들은 고학력이거나, 그렇지 않거나 그런 것이 중요하지 않다는 것이다. 성(性)을 고도로 이용한, 비굴한 성(性)의 도구화 역사는 지금도 힘없는 국가와 힘 있는 국가 사이에서 뫼비우스 띠처럼 반복되고 있다.

## ::: 사랑과 우정 사이, 그 남자 메논

　역사학자 함석헌의 말대로 '해방은 도적같이' 어느 날 갑자기 찾아왔다. 일제강점에서 영원히 못 벗어날 것만 같았던 당시 조선 사람들한테는 해방된 조선은 꿈같은 얘기였고, 아울러 아무 준비도 되어있지 않은 혼란 상태였다. 당시 조선에는 400개의 크고 작은 정당들이 난립해 있었고, 김구와 김규식, 이승만 등 민족 지도자로 자처하는 인물들의 세력 간에는 추후 정권을 잡기 위한 권력다툼만 치열했다.

　이승만은 정권을 잡기 위해 온갖 술책을 다 동원했다. 이승만을 지지하는 각계 인사 60여 명의 서명까지 위조해 UN으로 보내는 등 교활함과 치밀함까지 보였다.

　이승만이 권력의 수장이 되기 위해 가장 교묘하게 이용했던 사람이 바로 모윤숙이다. 그 까닭은, 바로 그녀의 뒤에 UN을 좌지우지하는 메논(K.P.S Menon: 1898~1982. 인도의 외교관. 중국 주재 인도대사 및 유엔 총회 대표, 인도 외무 장관, 소련 주재 대사 등을 역임) 의장이 있었기 때문이다. '쿠마라 파드마나바 시바상카라 메논'이란 엄청 긴 이름 때문에 인도에서도 일반적으로 K. P. S. 메논으로 줄여서 불린다.

　모윤숙이 메논을 처음 만난 것은 1948년 1월 초 UN 한국임시위원단의 환영 리셉션 자리에서였다.

　일본의 패망과 함께 갑작스레 해방을 맞은 조선의 운명을 어떻게 할 것인가, 하는 안건으로 열리기로 했던 미소공동위원회가 두 차례 모두 두 나라의 완력 다툼으로 결렬되자 미국은 1947년 10월 유엔 총회에 한반도 총선 안건을 상정했다. 이에 유엔 총회는 소련의 불참 속에서 한반도 전역에 걸쳐 총선을 실시하기로 하고 이를 원활하게 진행하고자 유엔한국임시위원단을 구성해 파견하기로 결의했다.

마침내 1948년 1월 7일, 8개국 대표로 구성된 임시위원단이 서울 땅에 도착했다.

위원단의 단장이자, 아아(아시아와 아프리카)의 중립국 대표인 인도 대표 메논은 이때 20만 명이 참석한 서울운동장에서의 환영식에서 이승만 박사의 환영사에 대한 답사로 "조선이 통일국가로 독립하기를 바란다"고 말했다. 그는 인도 시인 타고르가 '아시아의 등불, 코리아'라고 예찬해 마지않았던 한국에 그로부터 10주 동안 머물면서 한번도의 통일정부 수립을, 아니 결과적으로는 이승만 정권 수립을 적극 지원했다.

당시 모윤숙은 남편 안호상과 별거 중이었다. 외동딸 일선(후에 경선으로 개명)과 함께 회현동 자택에서 살고 있었는데 공교롭게도 그녀의 집 바로 앞에 국제호텔이 있었다. 묘한 우연의 일치였는지, 계획된 필연인지 알 수 없지만, 이 국제호텔에 메논을 비롯하여 UN 임시위원단원 60여 명이 묵고 있었다.

항간에는 모윤숙과 메논의 첫 만남이 낙랑클럽 사교모임에서 이루어졌다는 설도 있지만, 어디에서 어떻게 처음 만나게 되었는지 자세하게 전해지지는 않는다. 공식적인 첫 만남은 임시 위원단의 환영 모임에서였다.

어쨌든 이국의 완벽한 신사 메논은 동양적인 매력을 가진 여인 모윤숙한테 첫눈에 반해버렸다. 그녀가 얼마나 마음에 들었으면 그날 저녁에 정말 엎어지면 코가 닿을 거리에 있는 그녀의 회현동 집에까지 데려다주고, 다시 자기 전용차와 비서를 보내 자기 숙소인 국제호텔에까지 정중히 초대를 했겠는가.

모윤숙은 메논과의 첫 만남을 다음과 같이 회고했다.

국제호텔의 현관에 들어서자, 한국의 밤 11시답지 않게 활기찬 웃음과 대화의 소리가 새어나왔다. 영어와 프랑스어였다. 메논 씨는 방에도 올라가지 않고 라운지에서 포도주를 마셨다고 했다. 실로 내 일생에 밤 11시에 이국의 외교관들이 둘러앉은 자리에 초청받기란 처음이었다. 그들은 하나씩 일어나 악수를 청하고,

"집이 (이 호텔의) 이웃이라지요."

하며 우리 집 지붕을 바라보았다. ……

메논 박사는 타고르와 사로지니 나이두, 간디 (작품)의 명구절을 조용히 읽어주었다.

불우한 역사 속에서 연꽃처럼 피어난 성자 간디가 3.1 운동 때 조선사람에게,

"총과 칼을 던지는 일본인들에게 돌을 던지지 말라, 코리안이여, 조용히 칼을 받고 무저항으로 그들에 저항하라."

는 말을 전해주었다는 얘기를 해주었고,

"언젠가는 그 등불이 아시아의 어둠을 밝히리라."

고 읊은 타고르의 얘기를 들려주었다. (중략)

그해 (1948년) 1월 어느 날 밤, 유엔한국위원단의 환영모임에서 K.R.S 메논 의장을 만나게 된 것도 우연만은 아닌 듯싶다. 시인은 아니되 시를 낭송할 정도로 즐겼고, 또 존경하는 분이었다. 그는 한국에 익숙해진 친구의 자세로 나를 대해주었다. 나의 서먹서먹한 말과 동작은 그의 세련된 외교지능에 물리었고, 소화할 수도 없었다. 그러나 나는 그가 인간적인 우정으로 나를 대해주는 것을 거부할 수는 없었다.

인도와 한국의 공통적인 식민지시대의 공감 같은 것이, 또는 그것이 시로 표현된 「부러진 죽지」(나이두 시집)를 읽었다는 나의 성의에 대하여 인도적인 아픔과 운명이 쉽사리 전달되었으리라는 신뢰감에서였는지는 모르나 우리는 첫눈에 믿음 사이가 되었다. ……

그는 품위 있는 친절과 소박한 인간으로 나에게 수없는 질문과 대답을 기다렸

다. 그는 그 때 인도의 외무장관이었지만 관료적인 기풍이란 하나도 없었고, 덤덤한 태도로 상대방을 안심시키는 데에 능하였다. 나는 그의 폭넓은 이해력 안에서 내 딴에는 할 수 있는 일을 다 하려고 노력하였다. (하략)

-모윤숙, 「그날 밤」, 『영운모윤숙 전집』, 성한출판, 1986

'식민치하 백성'이라는 당시 인도와 조선의 비슷한 환경에서 비롯된 동병상련의 그것이었을까? 아니면 항간에 떠도는 소문처럼 모윤숙의 미인계에 메논의 혼이라도 쏙 빠진 것일까? 아무튼 겉으로 보기에는 두 민족주의자의 만남은 꽤 성공적이었고, 나름 시너지 효과를 냈다.

한반도의 총선 문제에 있어서 인도 정부의 입장은 확고했다. 어느 한 쪽에 치우치지 않고, 철저히 중립노선을 지키는 것. 실제로 당시 인도 정부의 수장이었던 네루 수상에게서도 자국의 대표로 파견된 메논에게 끝까지 중립노선을 지키라는 공문이 수차례 날아왔다. 그러나 메논은 모윤숙과 친분이 쌓일수록 자국의 입장을 대변해야 하는 외교관의 의무를 망각했다. 결국 그는 자국의 입장과 정반대의 길로 들어섰다. 남한만의 단독 정부 수립, 즉 이승만 정권을 지지하기로 결심하고, 유엔에 자신의 뜻을 피력했다. 이는 UN에서도 예상 밖의 놀라운 일이었다. 뿐만 아니라, 메논이 이승만을 지지한다는 사실 자체가 한반도 전체 총선을 주장했던 김구 및 중간파, 좌파에 이르기까지 모두 적으로 돌리며 분노를 사는 행위였다. 그럼에도 불구하고 메논은 모윤숙을 져버릴 수가 없어 그녀가 지지하는 이승만이 정권을 잡도록 막후지원을 펼쳤다. 이는 그에게 모윤숙이 그만큼 의미 있고 가치 있는 사람이었다는 것을 뜻했다.

훗날 메논은 자서전에서 당시를 회고하며 다음과 같이 고백했다.

'나의 일생의 외교생활 중, 단 한 번 머리보다 가슴이 움직이는 대로 일을 처리했다.'라고.

이승만은 UN한국임시위원회의 실세인 메논을 가만히 놓아주지 않았다. 그가 모윤숙에게 친밀감을 가지고 있다는 걸 알고 난 후부터 그녀를 미끼처럼 이용해 메논을 자기편으로 적극 끌어들였다. 사실 그 당시 이승만이 정권을 쥐리라고 아무도 예견하지 못했다. 상해임시정부를 이끌었던 김구와 김규식이 가장 국민의 지지층이 두터웠다. 이승만은 이 점을 누구보다도 더 잘 알았다. 그렇기 때문에 그는 조급했다. 유일한 그의 '구세주'였던 메논이 자기한테서 조금이라도 멀어지려 하면 모윤숙을 곧장 불러들여서 메논 좀 어떻게 해보라고 닦달했고, 메논이 누구를 만나는지 대해서조차 신경을 곤두세웠다. 이승만은 메논에 예민하고 집요하게 더듬이를 추켜세워 감시의 끈을 놓지 않았으며 팔다리를 꽁꽁 묶어 놓았다.

당시 모윤숙과 메논이 걸핏하면 붙어 다녀서 신문기자들 사이에서는 두 사람이 사귄다는, 두 사람이 밀애 중이라는 등등의 민망한 소문이 나돌기도 했다. 실제로 모윤숙도 이런 항간의 낯 뜨거운 시선을 모르진 않았다. 한번은 선거판세가 자기한테 불리하게 돌아가는 듯하자, 발등에 불 떨어진 이승만이 체면이고 뭐고 다 집어던진 채 혈안이 되어 모윤숙한테 메논을 데리고 급히 자기 거처로 오라는 전갈을 보냈다.

"이봐, 미스 모. 메논 박사와 오늘 저녁에 우리 집에 와서 식사를 같이 하지. 그 사람이 하지 중장 말만 믿고 있는 것 같은데, 그러다간 큰일 나겠어. 메논 박사 좀 우리 편으로 만들어. 시간이 없어, 시간이."

닦달하는 이승만에게 모윤숙은 다음과 같이 대꾸했다고 전해진다.

"메논 씨와 같이 차를 타고 다닌다고 기자들이 뒤에서 수군대요. 그분이 저한테 친절하게 대해주시는 건 사실이지만 우리 사회에서는 여자가 이런 경우에 처신하기가 참 곤란해요."

그러나 이승만은 모윤숙의 난처한 입장 따위에는 전혀 관심을 두지 않았고, 자신의 대통령 자리가 더 우선이었으니 소문이 귀에 들어올 리 없었다.

당시 메논과 국제호텔에 함께 묵었던 다른 UN 위원들도 두 사람의 친분 관계를 다들 알고 있었다. 그에 얽힌 한 일화가 전해진다. 어느 날, 메논이 UN에 1주일 동안 출장을 갔다가 다시 서울로 돌아왔다. 그는 퍽 피곤해 보였지만, 다른 위원들과 칵테일파티를 일찌감치 마치고 나서, 모윤숙의 어린 딸한테 선물로 줄 초콜릿 상자를 들고 회현동 그녀의 집으로 달려갔다. 이 날에도 이승만은 모윤숙한테 귀국한 메논을 불러 따뜻한 저녁을 대접하라 명했다. 그로서는 출장을 다녀온 메논의 눈치가 내심 궁금했으리라.

회현동 집에 함께 초대받은 유머러스한 사무총장이 메논에게 제법 뼈 있는 농담을 건넸다.

"일주일을 어떻게 참았소? 미스 모가 보고 싶어서. 아주 우리 이 집의 2층과 저 호텔 당신 방 사이에 구름다리를 하나 놓는 게 어떻겠소? 두 분 만나기가 훨씬 수월하지 않겠소?"

"참 좋은 생각이네요. 그렇게 하면 정말 좋겠군요."

그 자리에 함께 있던 임길재도 사무총장의 농담에 맞장구를 쳤다.

모윤숙의 집과 메논이 묵고 있는 호텔방 사이에 오작교를 놓아주고 싶을 만큼 다른 사람들이 보기에도 두 사람의 관계는 남달리 친밀하고, 마음에서 마음이 서로 이어진 것처럼 느껴졌던 것이다. 사실 모윤숙이 영어를 그다지 잘하는 편도 아니었다. 그들의 대화는 언어장벽에 종종 막혔고, 짤막한 토막영어 정도만 오갔을 뿐이다. 모윤숙은 당시 메논과의 소통에 대해 다음과 같이 언급했고, 그의 인간 됨됨이를 찬미했다.

산책 중에 나는 메논 씨에게 말했다.

"당신은 짧은 영어로 설명하는 내 뜻을 잘 모르실 거에요."

하고 손짓해가며 이 박사의 뜻을 전했다.

"나는 미스 모의 말을 듣는 게 아니오, 당신의 정열과 성의를 보고 이해하는 거지요, 말이 무슨 힘이 있겠소."

그는 실로 대화의 멋을 아는 사람이었다. 나는 어디까지가 공동적 대화이며 어디까지가 마음 설레는 사적 대화인지 분계선을 가리기 어려웠다.

메논 씨는 한국을 꿈의 나라요, 낭만의 나라라고 했다. 우리는 종교나 문학, 혹은 인간과 인간 사이에서 일어나는 여러 가지 감정에 관해 서로 이야기를 나누었다. 나는 그에게로 향하는 존경의 밀도를 즐거워했다. 그것은 나에게는 새로운 마음의 빛깔이요, 울림이요, 갈망이기도 했기 때문이었다. ……

천편일률적인 기생파티에 메논 씨는 진력이 나있었지만 세련된 그는 불쾌한 기분을 표정에 나타내지는 않았다. 하지만 적당히 기회를 잡아 비서와 나를 데리고 요정을 빠져나와 한강 가를 드라이브하면서 한국의 작은 강과 하늘을 예찬했다. ……

-모윤숙, 『영운모윤숙 문학전집』, 지소림, 1979


모윤숙의 회고 속에서 메논은 핸섬한 외모뿐만 아니라, 오늘날에도 보기 드문 자상하고 인자한 성품과 막히거나 꼬이지 않은 인간관계, 최고의 외교력까지 두루두루 겸비한 완벽한 관료로 기억된다. 모범적인 관료의 표본으로 삼아도 손색이 없을 정도로 그는 외교관으로서의 자질이 뛰어난 인물이었다.

그런 그도 모윤숙 앞에만 서면 달라졌다. 모윤숙이 최면이라도 걸었나, 싶을 만큼 한마디로 제대로 판단할 수 없는 바보가 되었다. 그는 한국에 머무는 동안 매일 아침 덕수궁(한국임시위원회의 회의 장소)으로의 출근길에 모윤숙의 집 앞에 커다란 세단을 세워두고 안으로 들어가서 문간방에서 혼자 놀고 있는 딸 일선을 안아 올려 굿모닝 키스를 했다. 마치 자기 딸인 양, 마치 모윤숙에게 하고 싶은 키스를 딸에게 대신하며 대리만족이라도 얻는 것처럼. 저녁에는 자기 비서를 시켜 일선에게 과자와 초콜릿을 듬뿍 보내주기도 했다. 친아버지 안호상도 그런 자상함을 베풀지는 않았으리라. 여인이 혼자 살면 저절로 주홍글씨가 새겨졌던 당시에 사람들이 그들의 모습을 보고 수군거리는 게 당연했지만 어쨌든 모윤숙으로서는 메논한테 참 고마운 일이었다. 그는 모윤숙에게만큼은 어떤 허물도 덮어줄 것처럼 친절하고 자상하였다. 때로는 세심한 연인처럼, 때로는 배려 깊은 친구처럼 모윤숙을 챙겼다. 그것이 설사 진심보다, 처세를 바탕으로 한 과잉친절이라 해도 말이다.

지나치게 성숙한 남녀의 만남, 그래서 선을 넘어서는 안 되는 사이였지만, 모윤숙은 메논의 핸섬한 얼굴과 다정한 말투에 갈수록 마음이 흔들렸다. 그러다가도 일 때문에 만난 친구와의 우정이라 애써 규정지으며 파도 같은 제 마음을 다잡았다.

그러나 이 만남은 헤어짐이 이미 예정되어 있는 만남이었다. 메논 역시 고국에서 처자식이 기다리고 있는 몸이었으니까.

모윤숙은 메논이 한국을 떠나기 전날을 다음과 같이 회고했다. 그가 한국의 입장을 최종적으로 전하려 유엔으로 떠나기 전날 밤, 이승만은 모윤숙에게 메논을 데리고 자기 집 이화장으로 급히 오라고 연락했다. 정말로 마지막 기회인데 권력에 목마른 자에게 무엇이 눈에 보였겠는가.

메논도 자기가 이승만에게 이용당하고 있다는 걸 모를 리 없었다. 그는 천성이 타고난 외교관이었다. 수완과 처세에 능했지만 더불어 자기 생각을 남들한테 함부로 쉽게 드러내지 않았다. 그래서 모윤숙을 만났을 때에도 정치 이야기는 일부러 교묘하게 피하던 그였다. 모윤숙이 그의 의중을 파악하려고 일부러 정치 이야기를 꺼내면 그는 되레 한국문학과 풍속 이야기로 교묘하게 말꼬리를 돌렸다. 이승만과의 만남도 별로 달가워하지 않았다. 내가 궁금한 건 그게 아니잖아, 이 눈치코치 없는 사람아!, 모윤숙으로서는 속을 알 수 없는 그가 답답하고 불안할 수밖에 없었다. 한번은 그 문제로 메논과 티격태격했던 적도 있었다. 그녀는 회고록에서 다음과 같이 당시를 회고했다.

자기가 맡고 있는 임무와 사사로운 교제를 엄격히 구분하는 메논 씨의 절도에 결국은 내가 두 손을 든 꼴이 되었다.

"마치 문학토론이나 하려 한국에 오신 것 같군요. 덕수궁(한국임시위원회 회의)에서도 문학이나 문화에 대한 토의를 하시나요?"

그동안에도 그가 다소에 눈치를 못 채고 있었던 까닭이었다. 내 쪽에서 먼저 말을 꺼내자 그는 금방 웃음이 터져 나올 듯한 환한 표정을 지었다.

"사실 덕수궁에서 한국문학 토론이나 했으면 좋겠어요. 그런데 머리 아프도록 복잡하기만 한 이야기만 오가거든요. 당신은 한국이 어떤 길을 가야 한다고 생각합니까? 또 누가 길잡이가 될 수 있을까요? 남북한 국민의 의사도 적당히 조화시킬 수완도 있어 보이고. ……."

"이승만 박사는요?"

나는 다그쳐 물었다. ……

메논 씨의 표정은 종잡을 수 없이 밝았다 어두웠다 했다. 그의 책임은 너무나 무거웠던 것이다.

-모윤숙, 「이 박사와 메논」, 『영운모윤숙 문학전집』, 성한출판사, 1986

모윤숙도 그의 입장과 생각을 모르진 않았다. 이승만과 메논, 그 팽팽한 줄다리기의 한가운데에서 입장이 매번 난처했던 건 오히려 모윤숙이었다.

한국에서의 마지막 날 역시 늦은 시간에 이승만한테 가자고 불러내면 그가 싫어하거나 거절할 게 뻔했다. 그렇다고 이승만의 요구를 묵살할 만한 그럴듯한 변명거리도 생각나지 않았다. 궁리 끝에 모윤숙은 잔꾀를 부리기로 마음먹었다.

모윤숙은 며칠 전에 메논과 창경궁 산책을 하며 인도의 명소 타지마할에 대한 이야기를 하다가 우리의 옛 조선시대에도 임금과 왕비가 묻힌 왕릉이 여러 곳 있다고 자랑했던 게 문득 떠올랐다. 모윤숙은 떠나기 전에 금곡릉 산책이나 같이 하자고 말했었다.

모윤숙은 날이 어둑어둑해졌지만, 금곡릉 산책을 핑계 삼아 메논을 불러냈다.

"왕릉 산책을 하기에는 너무 늦은 시간이 아니오?"

메논 역시 뜨악하게 여겼지만 그는 모윤숙의 말이라면 그 어떤 말도 일단 신뢰하고 보는 사람이었다.

그러나 정작 그들이 도착한 곳이 금곡릉이 아니라 이화장 앞마당이라는 사실을 알았을 때, 그는 차에서 내리면서 화가 나서 버럭 소리를 질렀다.

"노티 걸(Naughty girl)!"

그가 모윤숙에게 그렇게 화를 낸 건 그 때가 처음이자 마지막이었다.

믿었던 친구에게 속임을 당했다는 사실에 화가 나 연거푸 씩씩거리는 메논한테 모윤숙은 그저 미안하다는 말밖에 다른 할 말이 없었다.

곧 이승만이 버선발로 뛰어나와 메논을 얼싸 끌어안았다.

"잘 오셨어요. 메논 박사. 어서 들어가십시다."

메논은 더 이상 화를 낼 수도 없고, 난감해서 겸연쩍게 웃어보였다.

"미스 모가 금곡릉 달구경을 가자는 바람에 따라 나왔지요. 우리는 여기가 목적지가 아닙니다. 호텔로 돌아가겠어요."

메논은 말했으나, 이미 되돌아 나오기에는 늦어버렸다.

이 날 저녁, 네 사람의 회동이 결국 대한민국의 운명을 바꿔 놓았다. 주연은 모윤숙과 이승만이고, 비중 있는 조연 역할은 외국인인 메논과 프란체스카가 담당한 한 편의 단막극을 보는 듯하다.

이승만과 메논이 서재에서 담소를 나누며 인삼차를 마시고 있는 동안 프란체스카 여사는 모윤숙을 주방으로 불러냈다. 여사는 모윤숙한테 정체 모를 두루마리 한 개를 건넸다. 두루마리를 펼쳐보니 한지 위에 먹 글씨로 쓰인, 이승만을 지지한다는 저명인사 60여 명의 서명이 적혀 있었다. 모윤숙은 뿌듯함과 자랑스러움으로 가슴이 쿵쿵 뛰었다. 조금만 더 걸어가면 목적지에 닿을 것 같았다.

그 날 밤, 모윤숙은 이화장에서 돌아오는 길에 이 두루마리를 메논의 코트 주머니에 넣어주었다. 메논은 그걸 펼쳐보자마자 펄쩍 뛰며 볼멘소리를 했다.

"이런 공식적인 서류는 정식 절차를 거쳐서 나한테 와야 해요. 이렇게 사적으로 받아서는 안 됩니다."

거절하는 메논을 모윤숙은 어렵게 설득했다.

"결국 모든 것은 시일이 지난 후에 역사가 의장님께 가만히 일려줄 겁니다. 저는 의장님을 믿습니다. 온 한(韓)국민과 함께 이 서류에 쓰인 대로 우리 한국 사람들은 이런 지도자를 지금 필요로 하고 있다는 것을 잊지 말아주십시오."

그녀의 간절함이 그의 마음속에 전해졌던 것일까? 메논은 모윤숙에게 가만히 악수를 청했다. 이해하고, 공감한다는 암시가 담긴 악수였다.

메논의 유엔총회 참석 기간 중에도 이승만은 조급해 그새를 참지 못한 채 모윤숙의 이름을 빌려 그에게 거듭 남한단독정부수립과 자기를 지지해 달라는 편지를 보내 그를 진절머리 나게 했다. 그도 이승만이 보냈다는 것쯤은 이미 눈치 채고 있었다.

결국 메논은 하지 중장의 의도나 중립노선인 인도 정부의 훈령 또한 묵살하고, 아니 제 자신의 애초 생각과도 정반대로, 모윤숙을 위한, 모윤숙의 뜻에 따르는 선택을 하였다.

그는 유엔 소총회의 보고서에서 다음과 같이 이승만을 찬양했다.

> "이승만 박사라는 이름은 남한에서 마술적 위력을 가진 이름이다. 네루가 인도의 국민지도자인 것과 같은 의미에서 그는 한국의 국민적 지도자가 될 것이다. 이 박사는 한국의 영구적 분할을 옹호하기에는 너무도 위대한 애국자이다."

그 구체적인 증거물로 모윤숙이 건넸던, 60명의 각계를 대표하는 지지자들의 서명이 적힌 두루마리를 펼쳐 보이기도 하며 이승만의 노선을 채택하도록 역설하는 누를 범했다.

하지만 알고 보면 이 두루마리 또한 이승만의 교묘한 술책에 의한 것이었다.

그 날 저녁 이화장에서 프란체스카가 모윤숙에게 건넨 두루마리에 적힌 서명은 대부분 가짜로 밝혀졌다. 훗날, 당시 이승만의 플랜 메이커였던 윤치영이 하루 내 다른 필적으로 서명을 적고 도장을 파느라고 아주 진땀을 뺐노라고 모윤숙에게 실토했다.

즉 프란체스카가 이승만을 대신해서 모윤숙에게 건넨 이승만 지지서명 두루마리는 이승만 측에 의해 고의로 조작된 것이었다. 당시 메논은 물론 모윤숙도 이 사실을 까맣게 모르고 있었다. 모윤숙은 이 사실을 알고 이승만에게 자기를 왜 속였냐고 따져 물었다. 허허 웃던 이승만의 대답은 실망스러울 만큼 간단했다.

"정치라는 게 원래 그런 거야."

첫 단추를 잘못 끼운 탓일까? 반세기가 지난 현재 정치상황을 보더라도 이와 별반 다르지 않은 것 같다.

앞서 언급했듯이 먼 훗날 메논은 자신의 옥스퍼드판 자서전에서 이 선택에 대하여, '나의 공적 가운데에서 나의 심장이 나의 두뇌를 지배한 유일한 경우'였다고 당시를 회상했다. 그는 그 선택이 나쁜 결과를 초래하지 않았다는 점에서 스스로를 위로했다고 한다.

메논은 그 위조된 두루마리를 유엔본부로 가져가, 각계각층의 국민들이 이승만을 지지하고 원하고 있다며 남한 단독정부 수립을 적극 주장했다. 그리고 유엔에서의 긍정적 답신을 가지고 2주 후에 다시 남한 땅을 밟았다.

마침내 메논은 유엔한국위원단의 임무가 아주 종료되어 고국으로 떠나야 할 시간이 다 되었다. 인도로 떠나기 전날, 모윤숙과 메논은 이화장이 아닌 진짜 금곡릉에서 마지막 산책을 했다. 두 사람한테는 공식적으로 할 수 있는 마지막 데이트였을 것이다. 모윤숙은 당시를 다음과 같이 회고했다.

메논 씨는 어느 대, 어느 왕과 왕비가 묻혀 있느냐고, 실로 엄숙하고 아름다운 침묵의 표현이라고 금곡릉의 인상을 말해주었다. 이 마지막 금곡릉 산책이 있은 이틀 후, 메논 씨가 다시 그곳을 방문하자고 해 우리는 또렷한 불빛을 등에 받으며 그 언덕을 또 한 번 올라갔다. 이것이 그와의 마지막 산책이었다. …… 나는 그가 한국을 떠난다는 사실이 섭섭했다. 네루 수상의 전보를 몇 번씩이나 보이며,

"빨리 오라고 야단인데 한국에서 얼른 떠나지지가 않으니 참 이상하오."

하던 그의 모습은 지금도 잊히지 않는다. ……

다른 대표들과 비행기에 오른 메논 씨는 다시 트랩을 내려와,

"언제든 인도에 와주오. 만나고 떠나는 것도 이 지구가 도는 것처럼 되풀이 되는 순서라고 생각하오. 인도! 인도엘 꼭 들러주오, 당신."

하고 그동안 몇 번씩이나 되풀이한 마지막 말을 마지막으로 또 한 번 다짐했다.

그리고는 다시 일선이를 안아 올려 이마에 키스를 했다. 트랩에 오른 그는 비행기 유리창에 손가락으로 둥근 원을 몇 번이고 그렸다. 다시 만나지기를 바란다는 것이다.

그처럼 짧은 시일에 그분을 만났다 헤어지는 일이 왜 그토록 허전한지 알 수 없었다. 수없이 원을 그리던 그의 손은 희미한 공중으로 큰 소리를 내며 떠가는 비행기와 함께 하늘가에 숨어버리고 말았다. 2개월 10일을 분망하게 지냈던 그의 실존도 환영같이 없어져갔다.

고마운 사람! 나만이 아는, 잊을 수 없는 은인…… 그는 정치가라기보다 우정과 신의에 가득 찬 영혼을 가진 세계의 외교관이었다. (하략)

-모윤숙, 「메논과의 석별」, 『영운모윤숙 문학전집』, 지소림, 1979

당시 조선의 하늘 아래에 사는 무뚝뚝하고 횡포적인 남자들과는 달리 로맨틱하고 젠틀했던 그와 함께 보낸 70일! 그리고 어쩌면 그에게서 받은 사랑의 징표일지도 모르는, 손목시계!

비록 사람들이 흔히 말하는 에로틱한 사랑을 나누지는 않았을 테지만, 서로가 있어 결코 지루하지 않았을 것이다. 오히려 이광수의 무심함을 달래주며 남편과의 별거 기간 동안 죽어있던 모윤숙의 연애세포를 다시 살아나게 해주고 차가운 돌덩이 같았던 가슴도 설레게 했을 것이다.

외교관이라는 직업과 어울리지 않게 유난히 정이 많았던 메논! 그새 또

덜컥 정이라도 들어버린 것일까? 아쉬움이 채 가시지 않았던지 그는 귀국 중 잠시 경유 중인 도쿄에서 다시 모윤숙에게 절절한 작별인사를 편지로 써 보냈다. 정작 모윤숙은 그를 비행기에 태워 보낸 후, 그를 만나기 이전의 70일 전으로 기억의 시계를 되돌려 무덤덤한 상태였는데도 말이다. 메논이 보낸 편지도 친구와 같이 읽을 만큼.

이승만은 정권을 쥐는 데 결정적 기여를 했던 모윤숙의 공적에 대해서 그다지 크게 치하하지 않았다. 반면 거절당해 이루어지지 않았지만 한때 청혼도 했던 여자인 임영신, 즉 루이스 임에게는 장관 자리를 한 자리 턱 내주었다. 건국 이래 최초의 여성 상공부장관이었다. 하지만 어떤 이유에서인지 공이 가장 컸던 모윤숙한테는 그저 집 한 채 장만해주는 것으로 고마움을 대신했다.

모윤숙과 메논의 인연은 여기서 끝나지 않았다. 1949년 2월, 모윤숙은 파리에서 열린 유엔총회에서 대한민국의 승인을 받고 귀국 길에 인도를 방문했다. 친구 메논이 떠나면서 몇 번이고 인도에 꼭 와달라고, 다시 만나자고 비행기 창문에 입김을 호호 불며 동그라미를 그리지 않았던가? 모윤숙도 그를 보고 싶은 마음이 간절했다. 어쨌든 메논은 자기와 제 조국을 위기에서 건져내 준 잊지 못할, 고마운 사람이었으니까.

이 인도여행에 대해 모윤숙은 다음과 같이 기행문을 남겼다.

나는 인도에 내렸다. 내가 아는 사람이란 4억 5천만 인구 중에 메논 한 사람뿐이다. K.P.S. 메논. 인도엔 메논이란 이름이 수없이 많다. 이 글을 쓰면서 생각나는 일은 인도의 국방장관이요 중공(중국 공산당)과 가까운 이념을 가진 크리슈나 메논 씨를 우리나라의 어떤 이들은 K.P.S. 메논 씨와 혼동하여 그 무식의 판단이 나에게까지 치명상을 가져온 일을 잊을 수 없다. 메논이란 이름은 우리나라에 김씨만큼 흔하지만 본이 다 다르다. 이런 낯선 나라에 나는 그래도 그분만을 믿고 내렸던 것이다. 공항에는 윤나는 세단차를 타고 나온 한 사람의 비서인 듯한 남자와 살짝 머리를 빗어 넘긴 사리의 여인 한 분이 나를 보고 손짓을 한다. 메논 씨의 부인이었다.

　나는 메논 씨가 외무장관으로 무척 바쁜 줄은 알았으나 부인만이 나를 맞아주는 일이 서먹하기도 하고 의아하기도 했다. 호텔로 가서 하룻밤만 지내고 떠나겠다는 내 말에 메논 부인은 강력 만류하며 자기 집이 호텔보다 나을 터이니 같이 가지고 자기 차에 나를 몰아넣다시피 했다. 남편 얘기는 없었다. 여행에 얼마나 고단하겠느냐는 말뿐이었다. 눈부신 은빛 분수와 알 수 없는 꽃향기에 둘린 수천 평의 정원 한가운데 화강암으로 높이 솟은 저택! 으리으리한 모습이었다.

　그날부터 나는 메논 씨의 관사인 외무장관 댁에 한 달을 머물면서 그의 형인 당시 검찰총장으로 퇴직한 메논 씨의 안내를 받아 타지마할부터 러크나우의 나이두 여사 댁에까지 극진한 대접을 받으며 인도를 구경했다. 그러나 한번도 (모윤숙의 친구) 메논 씨와 한가한 시간이 허용된 적은 없었다. 항상 부인이 나와 함께 있었고, 부인으로부터 인도의 역사와 생활풍습 얘기를 들었다.

-모윤숙, 「고독한 이국」, 『영운모윤숙 문학전집』, 성한출판, 1996

모윤숙 딴에는 정부 승인도 받았고, 정치적인 입장에서 벗어나 이제는 플라토닉한 커뮤니케이션이 통하는 친구로서 자유롭게 메논을 만나고 싶어서 인도를 방문했으리라. 그러나 기대는 곧 실망으로 변했다. 메논은 이제 막 나라를 세우고자 꼼지락대는 한 나라의 평범한 아주머니가 감히 만날 수 있는 상대가 아니었다. 마치 모윤숙을 피하기라도 하듯 숨바꼭질하기에 바빴다. 대신 제 남편을 만나는지 안 만나는지 마치 철통 감시라도 하는 것처럼 항상 과잉 친절을 베푸는 메논의 부인이 지겹도록 따라다닐 뿐이었다.

그의 부인 아누지 여사는 인도 국회의장을 지낸 나이르의 딸로 재색을 겸비한 아름답고 매력적인 여성이었다.

모윤숙은 딱 한번 공식 석상에서 메논을 보았다. 네루 수상의 국빈 환영 만찬장이었다. 물론 이 또한 당시 외무장관이었던 메논이 주선한 만찬이었다. 메논은 현직 외무장관이라는 직위를 이용하여 그동안 모윤숙과의 개인적 친분을 이런 공식적인 자리를 통해 공식적인 답례로 승화, 명료하게 정리하고자 했던 것으로 보인다. 하지만 모윤숙은 굉장히 메논한테 서운했다.

모윤숙은 이 만찬장에서 비로소 메논을 보았다. 보고픔에 인도에까지 발길을 하게 했던 그 사람! 꼭꼭 숨어 숨바꼭질하듯 한 달여가 다 되어가도 얼굴조차, 왔느냐는 인사조차 물어주지 않았던 야속한 그 얼굴! 그러나 그것도 수상이 대접하는 만찬장이었기에 그녀는 메논과 짧은 안부 인사조차 나눌 기회가 없었다. 다만, 눈인사만 오고갔을 뿐이다.

모윤숙은 이 만찬에서 국빈예우를 받았지만, 왠지 모르게 굉장히 심기가 불편했다. 딴사람처럼 보이는 메논 때문이었다. 그래서 네루 수상이 인도의 첫인상이 어떤지 물었을 때, 모윤숙은 반항심에 이렇게 대답했다.

"사람을 무척 외롭게 하는 나라군요."

그녀의 대답 속에 박힌 가시를 알아차린 네루 수상은 질책이라도 하듯 옆에 서 있던 메논 부부를 바라보았다고 전해진다. 새벽 두 시에 만찬이 끝나, 그들 세 사람은 한 택시를 타고 함께 집으로 돌아왔다. 대저택의 긴 복도 끝에서 메논은 아내와 나란히 서서 처음으로 모윤숙한테 사적인 말을 건넸다.

"굿나잇."

"굿나잇."

모윤숙도 평소와는 달리 들릴락말락 아주 새침하게 대답했다. 네 자리는 딱 거기까지야, 하고 규정짓듯 그들의 침실문은 쾅, 소리를 내며 닫혔다. 열린 창문 너머 건듯 불어오는 밤바람에 이국의 꽃향기가 너무 짙게 후각을 자극해 숨이 막히고 머리가 욱신거렸다. 모윤숙은 가냘픈 후회를 하며 불면의 밤을 보냈다. 내가 여기에 왜 왔을까? 메논이, 그 메논이 나한테 어떻게 이럴 수 있어?

모윤숙은 한국에서와 달리 자기한테 별 관심을 두지 않는 메논이 몹시 서운하고 못마땅했다. 그녀는 다음과 같이 당시 날이 선 심정을 고백하기도 했다.

M선생! 모두가 지나치게 잔인한 친절 속에 저를 가두어놓고 의장님은 만날 수도, 얘기할 수도 없는 거리에 계시는군요.

이게 가난하고 비교도 안 되는 금곡릉을 타지마할에 비교했던 나의 무지에 대한 보복인가요? 왜 선생은 나를 불러 놓고, 한 번의 식사, 한 번의 만남조차 계획 없이 이리저리로 나 혼자만 다니게 합니까? 지난번 복도에서 빼앗아간 내 여권을 빨리 주십시오. 이처럼 낯선 이역과 낯선 사람들 틈에 더 섞이고 싶지 않습니다.

인도의 슬픔도, 기쁨도, 현재도, 미래도, 또 당신 나라의 영광도, 실패도, 그리고 저 하늘과 꽃들과 새들과도 무척 친해진 것 같습니다. 나이두 여사(인도의 대표시인)는 저한테 일주일 더 묵으라 하시지만 싫습니다. 내일 당장 떠나겠어요. 뉴델리에 가자마자 내 여권을 돌려주십시오. 외무장관의 권한이지만 귀국(인도에서)의 진저리나는 고독과 슬픔들이 나를 몰아내고야 말 것입니다.

-정월 그믐(음력) 밤, 러크나우에서 M

-모윤숙, 「고독한 이국」, 『영운모윤숙 문학전집』, 성한출판, 1986

결국 모윤숙은 생각했던 것과는 달리 메논과 단 둘만의 오붓한 시간을 가지지도 못하고 한국행 비행기에 올라 귀국했다.

　모윤숙의 인도방문은 한국과 인도 양국 사이의 문화교류사상 꽤 중요한 역사적 의미를 지닌다고 할 수 있다. 타고르의 존경심으로 이어진 메논과 춘원 이광수의 우정, 그래서 메논은 춘원을 인도에 초대했으나 이광수는 끝내 인도에 갈 수 없었다. 물론 아직 납북되기 전이었으나, 그의 친일행적과 건강상의 이유로 그는 차일피일 미루고만 있었다. 얼마 후, 한국 전쟁이 터지자 춘원은 납북되었고, 결국 타고르의 고향에 이르지 못한 채 타향에서 쓸쓸히 죽음을 맞이했다. 이 인도여행은 이광수를 대신해 모윤숙이 다녀왔다고도 할 수 있다. 훗날 춘원의 인도에 대한 그리움의 끈을 그의 막내딸이 다시 이었다. 막내딸 이정화는 인도 출신 수학자와 결혼해 단란한 가정을 꾸렸다. 거주지는 하와이지만, 시집인 인도에도 자주 방문했던 것으로 알려졌다.

　어쨌든 모윤숙은 인도에서의 실망과 상처를 안고 귀국해, 작가와 크고 작은 여성단체 활동에 활발하게 전념했다. 하지만 승승장구하던 그녀에게도 시련의 시간이 다가왔다. 그녀의 팔십 평생 중 최악의 위기였다.

　1949년 3월 17일 오후 3시경, 일은 순식간에 터지고야 말았다. 현재 연세대학교의 뒷산자락에 자리한 연희대학교 설립자 언더우드 박사의 집에서 교수 부인들의 모임이 있었다. 당시 여성지식인으로 나름 추앙받고 있던 모윤숙도 그 모임에 참석 중이었다. 그런데 별안간 집안에 무장괴한이 들이닥쳐 총격을 가했다. 그들은 연희대 재학생이 낀 암살단이었고, 친일(親日) 행적도 부족해 이제는 친미(親美)와 반공(反共)을 부르짖는 모윤숙의 목을 노린 것이었다. 그러나 그들의 총탄은 모윤숙을 비껴가, 대신 모윤숙과 인상착의가 비슷했던 언더우드 부인을 저격했다. 이것은 그녀에게 닥칠 시련의 서막에 불과했다. 당시 이승만과 한민당(자유당의 전신) 무리에게 정권을 쥐어준 그녀를 향한 좌익의 증오와 분노는 하늘을 찌를 듯 했고, 그녀는 좌익의 A급 표적이 되었다.

그로부터 1년여 후 1950년 6월 25일. 한국전쟁이 발발했다. 한강다리는 폭파당해 폭삭 가라앉았고, 정권의 우두머리였던 이승만은 피란을 떠났는데, 선무방송 중이었던 모윤숙은 피난도 갈 수 없는 처지가 되었다. 막다른 골목에 내몰린 모윤숙, 인민군들은 민족의 반역자 운운하며 그녀를 찾느라 혈안이 되어 있었다. 때마침 소문이 어디에서 시작됐는지, 서울이 함락됐을 당시 그녀가 인민군의 총탄에 머리를 꿰뚫려 탱크에 질질 끌려 다니다가 비참하게 한강에서 죽었다는 소문이 사실처럼 전해졌다. 이는 '모윤숙 사망사건'으로 와전되어 뉴욕타임지를 비롯해 전 세계 매스컴을 통해 신속하게 전해졌다.

한국의 저명한 여류시인 겸 정치가인 모윤숙이 저격당했다고? 모윤숙의 남자 메논은 충격과 경악에 휩싸였다. 그녀가 죽다니, 오! 세상에, 이런 일이!

메논은 그 소식을 전해 듣고 슬픔에 잠겨 인도의 한 신문에 길고 긴 추도사를 개제했다. 그녀를 회상하며 제가 사용할 수 있는 미사어구를 모두 동원하여 나의 벗, 메리언 모를 영원히 잊지 않고 기억하겠노라고, 영면을 빈다고.

그러나 그녀는 멀쩡히 살아있었다. 몸빼(고무줄)바지와 밀짚모자 등 촌티가 좔좔 흐르는 촌부패션으로 위장하고 경기도 일대를 돌며 마을에 들이닥친 인민군들을 피해 생사를 넘나들며 90일 동안 은신했다. 어떤 날에는 물 항아리 속에 몇 시간씩 숨어있기도 하고, 남의 집 부엌 앞에 떨어진 쌀이나 떡 부스러기를 주워 먹고 음식 구걸을 하며, 또 어떤 날에는 절망과 공포에 자살 충동까지 느꼈다고 한다. 실제로 그녀는 자살을 하고자 독약을 먹기도 했으나, 그렇게 죽을 운명이 아니었는지 눈을 떠보니 국군의 품이었다고 한다. 그렇게 해서 탄생한 작품이 바로 반공주의의 대표작 「국군은 죽어서 말한다」이다.

(서략) 조국을 위해선 이 몸이 숨길 무덤도 내 시체를 담을 / 작은 관도 사양하노라

오래지 않아 거친 바람이 내 몸을 쓸어 가고 / 젖은 땅의 벌레들이 내 몸을 즐겨 뜯어 가도

나는 유쾌히 이들과 함께 벗이 되어 / 행복해질 조국을 기다리며 / 이 골짜기 내 나라 땅에 한 줌 흙이 되기 소원이노라.

　　　-모윤숙, 「국군은 죽어서 말한다」 중 일부, 『영운모윤숙전집』, 지소림, 1979

모윤숙의 시집 『렌의 애가』를 출판한 청구문화사의 박원경 사장의 아들 박길준은, 오뉴월 삼복더위에 남루하고 초췌한 행색으로 찾아온 모윤숙이 당시 출판사에 남아있던 자신의 시집 『렌의 애가』를 언제 들이닥칠지 모르는 인민군들의 눈을 피해 불 태워 없애느라 아주 진땀을 뺐다고 당시를 회상했다. 그 까닭은 작품 내용이 공산진영을 비판하고 반대하는 부분이 많았기 때문이다.

어쨌든 그렇게 모진 고초를 겪으면서도 그녀는 꿋꿋이 살아있었다. 얼마 후, 모윤숙이 죽었다는 기사가 오보임을 확인한 메논은 자기 가족의 일처럼 매우 기뻐하고 한편으로는 그동안 그녀가 겪은 고초를 안타까워하며 모윤숙에게 특별한 제안을 해왔다. 딸과 함께 당장 일본으로 건너가 주일 인도 대사관에서 몸을 추스른 후, 인도로 오라는 전갈이었다. 자기가 책임지고 딸이 인도에서 고등학교까지 마치고 나면, 자기 모교인 옥스퍼드로 보내

유학시킬 계획이니 안심하고 인도로 오라는 것이었다.

메논의 진심은 무엇이었을까? 알 것도 같고 모를 것도 같다. 물론 모윤숙도 그랬을 것이다. 그녀는 메논에게로 달려가지 않았다. 자기를 무척 고독하게 했던 인도를 다시 가고 싶지는 않았을 것이다.

그러나 그 후에도 모윤숙은 출장을 핑계 삼아 인도를 몇 번 더 방문했다. 하지만 일부러 메논을 불러내거나 찾지는 않았다. 1954년, 모윤숙과 동행한 조경희가 뉴델리 오베로이 호텔에서 그녀에게 왜 메논에게 연락하지 않느냐고 물어본 적이 있었다고 한다.

그 질문에 모윤숙은 허탈하게 쓴웃음을 지으며 대답했다고 전해진다.

"그 사람한테 연락하는 건…… 바보 같은, 부질없는 짓이야."

당시 그 자리에 함께 있었던 작가들 사이에서 전해지는 입소문에 의하면 그 말을 하면서 그녀는 비통한 얼굴로 벽에 제 머리를 몇 번 쾅쾅 찧었다고 한다.

그 후 메논은 소련 주재 대사를 무려 9회나 역임, 공산당이라면 치를 떨던 모윤숙과는 점점 멀어지는 게 당연했다. 그러나 모윤숙의 마음 한켠에는 늘 메논이 자리하고 있었다.


그는 유엔에 있는 후스쩌 박사를 통해 종종 나에게 문안편지를 보내왔고, 특히 한국의 행복과 나의 건강을 염려하는 글을 잊지 않았다. 옹졸한 나는 모스크바 우표딱지가 붙은 편지가 꺼림칙했고, 그의 오랜 주소련 대사직마저 이해를 못했다.

나는 한국에서의 그와의 우정을 깊이 마음에 새기고 싶었지만, 그 후의 우정을 계속할 수가 없는 것으로 알았다. 그러나 오랜 주소련 대사직을 지낸 후, 출판된 그의 자서전에서 한국과 한국친구들이 그대로 그의 친구로 변함없이 기록되어 있음을 읽었을 때 또 한 번 놀랐다.

정치와 외교를 겸한 그와 단순한 나와의 우정이 맨 처음 이러했듯이 정치와 외교를 초월한 깊고 이해력 있는 우정으로 변함없이 남아있음을 깨닫게 되었다. (중략)

한 이방의 외교관이 기이하게도 나에게 변함없는 신의를 보여주는 것은 실로 그가 정책에만 순응하는 직업의식에서가 아니라 인간의 참된 우정이란 얼마나 위대한가를 몸소 증언한 것이 아닌가 한다. 그는 한국의 은인이요, 나에겐 감당할 수 없는 폭넓은 친구였다.

-모윤숙, 『영운모윤숙전집』, 지소림, 1979

모윤숙은 20여 년이 지나도록 메논과 마음을 통했고, 가끔은 우연히 만났다. 메논이 자기 딸인 양 굿모닝 키스와 초콜릿을 챙기며 귀여워 해주었던 모윤숙의 딸 안경선은 1961년부터 84년까지 메논이 어머니 모윤숙에게 보낸 편지 20통을 소장하고 있다고 한 일간지에 밝히기도 했다.

모윤숙이 메논을 마지막으로 만난 것도 인도 뉴델리에서였다.

메논 씨를 마지막으로 만난 것은 1972년 뉴델리에서다. 고시원장과 인소협회(Indo-Sovier Sociery) 회장직을 맡고 있는 그는 흑해 연안에 별장까지 있어 일 년에 몇 번씩 흑해 연안에 가서 여행을 즐기고 있다.

부인도 20여 년 전에 만났을 때보다는 눈에 띄게 다정했다. '또 20년을 기다리게 하지 말고 인도에 와서 살라'는 말이 부인의 입에서 나왔다. 메논 씨도 인도 남부의 자기 고향에 있는 별장 팔라트 하우스에 가서 푹 쉬고 가라고 했지만 나는 그냥 돌아왔다.

부인이 금실로 수놓은 인도 핸드백을 주어 나는 끼고 있던 자수정 반지를 빼주었다. 메논씨로부터는 지난 봄 그리스에서 75회 생일을 지냈다는 편지가 왔다. 그리스 주재 대사로 있는 아들이 임지에서 아버지 생일을 축하해준 것이다.

-모윤숙, 「이력서를 접으며」, 『영운모윤숙 문학전집』, 지소림, 1979

외교관의 아내답게 사교성이 넘치던 아누지 여사의 말처럼 20년 후 만남을 기약하기도 전에 죽음이 그들을 이별시켰다.

후에 모윤숙은 메논과의 우정에 대해 다음과 같이 술회했다.

"나에 대한 그의 우정은 이해를 떠난 진심이었고, 내가 그를 대한 성의는 급할 때 그를 이용한 것밖에 안 된 셈이 되었다. 나는 그에게서 순박한 우정의 힘이 얼마나 무섭고 또 큰 것인가를 알면서도 그가 내게 대한 친절의 백분의 일 만큼도 당해내지 못했다."

그래서 모윤숙은 메논에게 미안한 감정이 두고두고 가슴 속에 앙금처럼 가라앉아 있었을 것이다.

세월이 흘러 흘러 1983년에 모윤숙은 『신동아』와의 인터뷰에서 다음과 같이 감회를 밝혔다.

"만일 나와 메논 단장과의 우정관계가 없었더라면 남한 단독선거는 없었을 것이며, 따라서 이승만 박사가 대한민국 대통령 자리에 계셨다는 것도 생각할 수 없는 사실일 것이다."

-모윤숙 인터뷰, 『신동아』 1983년 2월호

## ::: 메논의 영원한 친구, 모윤숙

　인도의 델리 대학교 도서관에 소장된 메논의 저서들 중, 당시 대한민국을 쥐락펴락하던 세 여장부 김활란, 모윤숙, 임영신과 함께 나란히 서서 찍은 사진이 수록된 책이 있다. 그는 세계를 누비는 탁월한 능력의 외교관이었고, 당시 '코리아'라는 나라는 식민지에서 이제 막 벗어난 작고 혼란스러운 나라였다. 그러나 그는 코리아와 그 안의 사람들을 평생 기억의 필름 속에 담아두고 잊지 않았다.

　1965년, 옥스퍼드 출판사에서 출판한 메논의 자서전 『많은 세계들』에도 코리아의 여자친구 모윤숙이 비교적 비중 있게 언급되었다.

　한국인들은 매우 친절한 사람들이었고, 우리는 그들 가운데 많은 친구들을 사귈 수 있었다. 그 중 가장 친애한 사람은 메리언 모(Marion Moh: 모윤숙)라는 한국의 지도자적 여류시인이었다. 나는 그녀와 즐거운 시간을 많이 가졌는데, 정치에 대한 이야기는 하지 않았다, 왜냐하면 정치에 관하여는 그녀와 내가 다르다는 것에 대해 서로 동의했고, 대신 해와 달과 별, 사랑의 슬픔과 기쁨 등 일상적인 사항들에 관하여 담론했다.

　모윤숙은 시인일 뿐만 아니라 애국자였다. 그녀의 태도는 상당히 단순했다. 그녀에게는 남한이 한국이었고, 북한은 아데나워(Adenauer)의 동독처럼 하나의 저주일 뿐이었다.

　그녀의 눈에는 남한에 주권공화국을 세우려 투표하는 것은 나라 전체의 독립을 위해 투표하는 것이고, 그것을 반대하는 것은 나라에 대한 배반이었다. 모윤숙은 모든 희망을 나에게 걸고, 심지어 나를 '한국의 구세주'라 부르는 몇 개의 시도 읊어주었다. 이러한 상황 속에서 만일 나의 나라가 유엔 결의를 거부한다면 그녀는 심장이 터져버렸을 것이다. 그리고 나는 한국으로 돌아올 때 그녀의 얼굴을 볼 수 없었을 것이다. 그래서 나는 일들이 되어가는 대로 내버려두었다.

이것은 어쩌면 나의 공직생활 가운데 나의 심장이 나의 두뇌를 지배한 유일한 경우였다. 나는 그때의 나의 행위가 나쁜 결과를 가져오지 않았다는 것에 스스로 위로한다. (중략)

그녀는 나와의 우정 때문에 무거운 대가를 치러야 했다. 북한군이 침범한 직후 델리에 있던 나는 나의 후임으로 유엔위원단에 있었던 아누프 싱을 통하여 그녀의 문안편지를 받았다. 그녀는 그 편지가 마지막 편지일 것이라고 했고, 며칠 후 신문에서 모윤숙이 저격되었다는 보도를 보았다. (중략)

이 배회의 과정에서 그녀는 수일 동안 먹지도 못했고, 그녀가 가장 소중하다고 여기는 것, 즉 내가 그녀에게 준 손목시계마저 팔아야 했다고 편지에 적었다. 이러한 몇 주간의 극심한 고통은 그녀를 너무 빨리 늙게 만들었지만, 그러나 처참한 여인(bitter women)은 아니었다. 그녀는 여전히 매력(sweetness)적이었다.

-K.P.S. Menon, Many Worlds Revisited. 1981

메논의 자서전 『많은 세계들』은 다시 1979년에 증보하여 몇 편의 기행문과 그동안 인연이 깊었던 각 국의 정치인들에 대한 이야기도 추가되었다. 1981년 메논은 다시 자서전에 에필로그를 붙여 『많은 세계들 수정판』으로 개명, 재출간하였다. 여기에서 그는 어느 국가마다 날로 빈부격차는 더욱 커지고 미국만 원자탄을 가져 전보다 더 큰 위협을 느낀다고 외교관에 몸담았던 한 사람으로서 소견을 밝혔다. 평소 시에 조예가 깊었던 그답게 다음과 같은 알쏭달쏭한 시구로 자서전의 대미를 장식했다.

'겨울이 오면 봄도 멀리 있을 수 있을까?'

그로부터 1년 후, 그는 겨울도, 봄도 없는 세상으로 조용히 떠났다.

여성은 자신의 가치를 인정해주고 사랑해주는 사람을 평생 잊지 못한다. 후에 모윤숙은 자신의 인생에 많은 영향을 끼쳤을 뿐만 아니라 자신의 가치를 인정해주었던 이광수와 메논, 이 두 남자에 대해 다음과 같은 글을 남겼다.

> '남들처럼 따뜻한 가정을 못 가진 대신 나는 팬 대회니, 유네스코 총회니, 여성 대회니 하여 무던히도 외국엘 돌아다녔다. 그동안 『풍랑』, 『포도원』, 『정경』 등 책도 몇 권 써냈지만, 여행에서 돌아올 때마다 느끼는 것은 더할 나위없는 고독이다. 춘원과 메논이 함께 두부전골을 먹으며 도란도란 대화를 나누던 그 회현동 집 다다미 냄새도 인생의 무상함만을 일깨워줄 뿐이다.'

정신적 지주였고 고향이었던 이광수, 메논과 함께 제 집 다다미방에 앉아 따뜻한 두부전골을 먹으며 그들의 시적 대화를 감상하던 때, 그 때 그 순간이 모윤숙한테는 언제라도 되돌아가고픈 가장 행복하고 따뜻한 추억이었을 것이다.

모윤숙의 첫사랑 춘원 이광수는 그녀를 조선의 천재여류시인 허난설헌에 견준 바 있다. 그러나 그녀의 천재성과 시적 감수성은 정치적 수완에 꺾이고 묻혔다. 한국 전쟁 이후, 그녀는 권력의 힘을 업고 초고속 엘리베이터에 몸을 실은 듯 승승장구했지만 그녀의 시는 가난해졌고 가뭄에 허덕였다. 대중의 아픔과 상처를 보듬어주지 못하는 시인을 더 이상 시인이라 부르지는 못할 것이다.

높이 올라갈수록 내리막의 경사는 급하다고 했던가. 향년 여든한 살의 나이로 생을 마감하기까지 그녀는 줄곧 높은 자리에만 올라 있었다. 국가에 많은 공을 세운 예술인에게 사후 수여되는 금관 문화훈장의 영예도 그녀를 비켜가지 않았지만, 그녀는 친일문학인 42인 명단과 대한민국 친일반민족행위 진상규명위원회가 발표한 친일반민족행위 704인 명단에도 포함되는 불명예도 함께 안았다.

역사적인 평가와 평판이야 어떻던, 그녀를 당대 최고의 여류시인임을 부정할 수는 없으리라.

역사의 뒤안길로 홀연히 사라진 모윤숙! 친일(親日)과 친미(親美), 반공(反共), 권력의 나팔수 등 그녀가 뒤집어썼던 이데올로기의 껍데기는, 그래서 더욱 외롭고 쓸쓸하고 무거운 것이었다. 시인으로 살고자했으나 정작 자신의 시를 헐벗게 하고 짓누르는. 그래서 그녀의 시는 결국 앙상한 껍데기만 남았다.

기다림

-모윤숙

천년을 한줄 구슬 꿰어
오시는 길을 한줄 구슬에 이어 드리겠습니다.
하루가 천년에 닿도록
길고 긴 사무침에 목이 메오면
오시는 길엔 장미가 피어지지 않으오리다.
오시는 길엔 달빛도 그늘지지 않으오리다.

먼 나라의 사람처럼
당신은 이 마음의 방언을 왜 그리 몰라 들으십니까?
우러러 그리움이 꽃피듯 피오면
그대는 저 오월강 위로 노를 저어 오시렵니까?

감초인 사랑이 석류알처럼 터지면

그대는 가만히 이 사랑을 안으려나이까?

내 곁에 계신 당신이온데

어이 이리 멀고 먼 생각의 가지에서만

사랑은 방황하다 돌아서 버립니까?

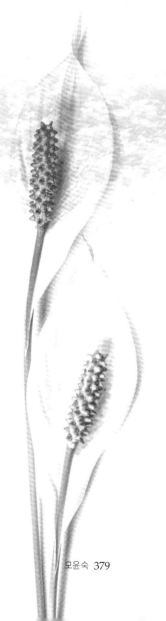

## 이상

1. 이상과 구보〈한겨레-http://www.hani.co.kr/arti/culture/culture_general/799771.html.〉
2. 최정희〈중앙일보-http://news.jtbc.joins.com/article/ArticlePrint.aspx?news_id=NB10539224〉
3. 이상〈위키디피아-https://commons.wikimedia.org/wiki/File:Leesang.jpg〉
4. 이상과금홍(추정)〈뉴시스-https://news.v.daum.net/v/20161109112427415〉

## 김우진

1. 윤심덕〈위키디피아-http://bitly.kr/MCOk〉
2. 김우진〈한국민족문화대백과사전- http://bitly.kr/nD3Q〉
3. 조명희〈위키디피아-http://bitly.kr/AR78〉
4. 홍난파〈한국민족문화대백과사전-http://bitly.kr/WeBp〉

## 나혜석

1. 김우영과 결혼식〈위키디피아-http://bitly.kr/fXL5〉
2. 나혜석 가족사진〈위키디피아-http://bitly.kr/Rniy
3. 김우영 초상〈서울신문-http://www.seoul.co.kr/news/newsView.php?id=20151110500299〉
4. 나혜석의 자화상〈위키디피아-http://bitly.kr/88IL〉
5. 춘원 이광수〈위키디피아-http://bitly.kr/BdwL〉
6. 나혜석〈위키디피아-http://bitly.kr/T1IT〉
7. 최린〈나무위키-http://m1.daumcdn.net/cfile210/image/274BC73C5218C6531772E6?.jpg〉
8. 최승구〈수원 나혜석 기념관 전시 사진〉

## 모윤숙

1. 메논〈https://www.veethi.com/india-people/v._k._krishna_menon-photos-3460-23246.htm〉
2. 이광수, 이선희, 모윤숙, 최정희, 김동환〈위키피디아-http://bitly.kr/aFUHR〉
3. 조병옥, 모윤숙, 장면〈위키피디아-http://bitly.kr/O3Ba〉
4. 춘원 이광수〈위키디피아-http://bitly.kr/BdwL〉
5. 초대 건국 대통령 이승만〈위키피디아-http://bitly.kr/v0jBR〉